南京大学“诚计划”讲座集萃

（人文社会科学）

｜第一辑｜

主　编　闵红平
副主编　杨蕴昊

南京大学出版社

图书在版编目（CIP）数据

南京大学"诚计划"讲座集萃．人文社会科学．第一辑／闵红平主编；杨蕴昊副主编．-- 南京：南京大学出版社，2024.5

ISBN 978-7-305-27793-1

Ⅰ．①南… Ⅱ．①闵… ②杨… Ⅲ．①社会科学－文集②人文科学－文集 Ⅳ．① Z427

中国国家版本馆 CIP 数据核字（2024）第 076334 号

出版发行 南京大学出版社
社　　址 南京市汉口路22号　　　　邮　编 210093

NANJING DAXUE "CHENG JIHUA" JIANGZUO JICUI
（RENWEN SHEHUI KEXUE）· DI-YI JI

书　　名 南京大学"诚计划"讲座集萃（人文社会科学）·第一辑
主　　编 闵红平
副 主 编 杨蕴昊
责任编辑 张　静

照　　排 南京新华丰制版有限公司
印　　刷 江苏扬中印刷有限公司
开　　本 787mm×1092mm　1/16开　印张26.75　字数360千
版　　次 2024年5月第1版　印次　2024年5月第1次印刷
ISBN 978-7-305-27793-1

定　　价 118.00元
网　　址：http://www.njupco.com
官方微博：http://weibo.com/njupco
官方微信号：njupress
销售咨询热线：（025）83594756

《南京大学“诚计划”讲座集萃》编委会

致谢

在本书付梓之际，由衷感谢所有支持“诚计划”讲座以及为本书出版付出努力的老师们。

自2022年5月19日，南大百廿校庆前夕启动“诚计划”以来，为了贯彻落实立德树人根本任务，生动实践“校友南大”战略，南京大学终身教育学院、南京大学校友总会以及相关部门的老师不辞辛苦，前台幕后携手并肩，奉献了无数的汗水与心血。参天之木，必有其根；怀山之水，必有其源。过往讲座的每一次成功举办都离不开所有老师、工作人员的孜孜付出。

本书撰写内容来源于历次“诚计划”直播讲座，而每次讲座的背后，都留下了内容策划、直播保障、财务管理、平台支持、运营推广等团队同心合力、砥砺前行的脚印。所以，首先致谢“诚计划”直播讲座项目的全体工作人员。

此外，感谢参与本书出版工作的老师们，他们的严谨态度和敬业精神，使这本书得以完美呈现在读者案前。

最后，向所有读者们致以最诚挚的谢意。感谢您愿意将一部分的时间和心灵交付给“诚计划”，希望能继续与大家一起探索知识的海洋，一同奋进，共践终身学习！

致谢名单

（按姓氏笔画排序）

丁婷婷　马少玲　马进军　王　毅　王小娟　王宏伟

石红梅　叶　南　包海峰　冯英杰　吕军生　朱张青

孙冬梅　孙素梅　杨建林　吴萍萍　吴愈晓　张　彤

张玉莲　张红军　张訾文　陈　娟　陈　鑫　陈广侠

陈芳怡　陈敦军　季　林　周可君　周鹏程　郇彤彤

赵　玮　赵　娜　赵晓蕾　施　洋　施佳欢　施雪庆

骆　琼　袁悦鸣　夏　静　顾玲玉　顾姝姝　钱　艳

铁　锴　徐　军　徐月瑶　徐林萍　高　倩　高聿加

高诗琪　郭　敏　郭晓文　唐康丹　黄伶俐　常春霞

眭　群　梁惠惠　董　婷　傅　欣　潘若愚

（注：百密一疏，如有遗漏，敬请海涵。）

目 录

读书与人生

【诚计划】第1期

直播时间

2022年5月19日(周四)　19:30—21:00

直播地点

南京大学鼓楼校区21舍终身教育学院演播室

主讲老师：莫砺锋

南京大学人文社会科学资深教授、博士生导师，南京大学中国诗学研究中心主任，中国宋代文学学会会长。

主 持 人：丁婷婷

南京大学终身教育学院主持人

【主持人】丁婷婷：

各位朋友晚上好，欢迎来到直播间，这里是南京大学终身学习智慧服务平台，我是终身教育学院丁婷婷，今天我们将在这里开始南京大学校友终身学习辅助计划的第1期“读书与人生”。读书是我们生活中不可缺少的组成部分，那么读哪些书？为什么而读书？读书和人生到底有着怎样的关系？不知道大家是否有过这些困惑。今天我们为大家邀请到的是南京大学人文社会科学资深教授、博士生导师，南京大学中国诗学研究中心主任，中国宋代文学学会会长莫砺锋。莫教授是新中国第一位文学博士，他曾经登上《百家讲坛》，精彩讲述诗歌唐朝，为无数热爱传统文化的读者所熟知。他曾说，读诗，读中国古典诗歌中的经典名篇，一定会使我们从浑浑噩噩的昏沉心境中蓦然醒悟，从紫陌红尘的庸俗环境中猛然挣脱，从而朝着诗意生存的方向大步迈进。下面就有请莫教授和我们聊一聊，他关于读书、关于人生的体会和感悟。

【主讲老师】莫砺锋：

亲爱的南大校友，各位听众朋友，大家好。很高兴能在南大120周年校庆前夕跟大家谈一谈读书与人生这个话题。读书的重要性我们每个人都是知道的，每个人一生中肯定都在读书，但是我今天讲的读书，是跟各位所从事的专业、所从事的具体工作没有直接关系的读书。

我们看看在这个意义上读书与人生有什么关系，我们又应该怎样读书。

似乎其他民族的语言文字都没有像汉语一样，给予“读书”这个词这么重要的意义。比如我们一般把“上学”叫作“读书”，你问某家的孩子有工作了吗？他说：没有，还在读书。他还在学校里学习。社会上也经常把比较有文化、比较关注学习的人称为读书人，好像在其他语言中没有这种称呼。

那么这是不是就意味着我们社会对读书非常重视，相关工作也做得很好？这倒未必。举个例子，每年的4月23日是我们的读书节，江苏省人大早就通过决议，这一天是江苏人民读书日，好多省市也都有这样的规定。我们追溯一下读书日的来源，它最早来源于联合国教科文组织的世界读书日。那么大家有没有想过这样一个问题：读书日或者读书节为什么放在4月23日？不早不晚，既不在3月，也不在5月，也不在4月22日，也不在4月24日。我们追溯了一下，发现这跟欧洲人的读书习惯有关系。我最早看到4月23日这个日期的时候，产生了一些联想：假如一个西班牙的读者来思考这个问题，那么他也许会联想到这一天正好是西班牙大文学家塞万提斯去世的纪念日，就是写《堂吉诃德》的作者；假如是一个英国的读者来思考这个问题，他可能会联想到这一天是莎士比亚的生日和去世纪念日。相传莎士比亚的死亡与生日是同月同日的。对于我们中国读者来说，4月23日好像没有什么特别的意义。

当然我也追究过这个问题，其实当年某些西欧国家向联合国教科文组织提议，把这一天设立为读书日，主要并不是考虑到塞万提斯或莎士比亚的生日、去世纪念日，他们考虑的是另一个因素。原来这一天是西班牙以及某些西欧国家的一个民间的节日，这个节日叫作圣乔治节。相传古代有一个勇敢的年轻人叫作乔治，他因为做了很多好事，去世以后被封为圣乔治。圣乔治一次机缘巧合，挽救了一位公主的性命，公主感谢他救命之恩，送给他一件珍贵的礼物。这个礼物选得非常好，是一本书。所以过去，圣乔治节的节俗就是人们互相赠书。把书作为礼物，这当然是很有意义的。但是我作为一个中国的读书人，有时候就想：既然是世界读书日，为什么只考虑西欧的某种习俗，不考虑我们中国，不考虑我们亚洲？

当然我后来也想通了，说实话现在中国社会的读书氛围还不够浓厚，比较淡薄。相信大家出国旅行的时候都有这样的感觉，当你在机场、在车站候机或等车，甚至坐在飞机上时，你会发现相邻的一些外国朋友，很可能会从包里拿出一本书，安安静静地读上几页。我很少看到我们的同胞在这种场合下读书，大家经常三五成群大声喧哗或闭目养神，很少有人读书。我们再看一个统计数字，中国政府每年都公布全国平均读书数，平均读书数仅针对成人而言，中小学生不算在里面。成年人每年平均读几本书，是根据书店销量以及公共图书馆的借书量统计出来的。据说这两年数字有所上升，达到了五点几。但就是这个数字，它还是比较寒碜的。我们的社会读书氛围不够浓厚。更重要的是，我们的读者在读书的时候有一点不好的倾向，这个不好的倾向是什么呢？过多地注意书的实用价值，就是读一本书，总是要想：这本书读了有什么用，会给我带来什么具体的好处？我读了这本书以后，是不是可以工作做得更好，挣到更多的钱，在单位里受领导重视、得到升迁？假如跟这些没关系，那么我为什么要读这本书呢？有好多朋友会考虑这样一个问题。这种习惯可能跟我们历史上某些传统有关系。

但中国的古人、我们的老祖宗不持这种态度。孔子在《论语》里说得非常清楚。现在我们主张一个人即使退休、进入老年阶段，还应该读书。孔子有两段话跟这一理念直接有关。第一段话他说："古之学者为己，今之学者为人。"孔子是崇古的，他说古代的风气很好，人们读书为自己而读，现在的读者读书不为自己，而是为别人。他想表达什么？孔子大致是说正确的读书目的应该是完善自我、充实自我，在这个意义上，读书是为"我"读的；而不太正确的读书态度就是为别人读，读一本书是读给别人看的，用读书去服务别人，得到某种好处，或者通过读书改变别人对自己的看法。孔子认为第一种才是好的读书态度。孔子又说："朝闻道，夕死可矣。"一个人如果早上了解到了真理，学到了"道"，哪怕晚上就去世也是好的。为什么呢？你读到了、了解了真理，你懂得了某种知识，充实了自己。大家想想朝闻夕死，这中间不可能产生什么实际的用处，短短的一段时间，很难马上有实用价值，但是孔子很赞成。这个情况和古希腊哲人苏格拉底的一个传说很类似。相传苏格拉底被判死刑以后，到行刑之前，他还坐在牢房里练习用长笛吹一支曲子。有人问他，你都判死刑了，还练这个曲子干什么呢？苏格拉底回答说，我现在有机会好好地练，我就可以学会这支曲子。学习读书是终身的事，它不是为了具体的目的。

那么我再用一个例子来说明这一点，这个例子也许比较有说服力，因为我待会儿讲的主要内容是希望大家跟我们一起读经典，文化经典是最好的、对人生最有价值的事物。那么在讲这个问题以前，我们先来参考一下外国朋友比较正确的一种做法。我向大家推荐一本美国人大卫·丹比写的书，这本书是专门劝大家读书的，叫作《伟大的书》。这本书的具体内容就是介绍在西方文化史上，包括宗教、思想、文学领域最重要的20多种经典，比如《圣经》、莎士比亚剧本等等。那么他怎么会写这本书？原因很有意思。大卫·丹比毕业于纽约的常春藤名校哥伦比亚大学，它的新闻传媒专业排全美第一。大卫·丹比就在这个专业读书，他毕业30年后，事业非常成功，成了一个著名的媒体人。然后他突发奇想：当年在母校学了那么多课程，到底哪一门课程对我的工作、对我的人生起了最大的作用，使我变成一个很成功的人士？仔细思考一番后他得出的结论让自己都吃一惊：最有用的不是任何一门专业课，而是一门人文教育课，美国每个大学生都要读的经典课。他发现这一点以后，又重返母校再次修读这门课，教室里一起听课的学生都比他年轻30来岁。修满一年后，他就写了这本《伟大的书》，现身说法：对他最有用的，对他的人生起最大推进意义的不是新闻采访、新闻理论等专业课，而恰恰是这些文化经典。这个例子就告诉我们，除了必要的专业书外，我们每个人都必须读一些和自身专业、工作没有直接关系的，在离开工作岗位以后仍要继续学习的有价值的书，这些书就是文化经典。

经典的范围比较广阔。南大前几年向全体本科生推出了文化读本，里面包括人文科学、社会科学、自然科学的内容。自然科学中的一些经典，比如牛顿《自然哲学的数学原理》、达尔文《物种起源》、美国蕾切尔·卡逊《寂静的春天》，这些经典每个人都可以读，有利于启迪心智、提升人生境界。但是我觉得最直接跟人、跟人生有关的，可能还是人文方面的经典，因为它本身就是人文科学，是哲学，是历史，是文学，它论述、研究、思考的对象不是物，不是自然，而是人本身。所以我觉得这些经典对人的提升作用是最强的。

讲到这里，有的朋友也许觉得：既然如此，那么莫老师你今天晚上是不是要给我们提供中国读者应该好好读的、属于本民族文化经典的一份书目？对不起，我现在无法提供这样一份书目，因为我们还没有。怎么会没有？我们再回过去看看西方国家。美国很多重点大学开的人文社科、人文科学课程，基本上都用的是同样的书目。耶鲁大学布鲁姆教授编写的《西方正典》，是这方面的权威著作。它里面介绍了26种西方最重要的经典，供大学生进行学习。刚才说的丹比那本《伟大的书》，它提供的书目跟《西方正典》差不多，所以他们的书目是公认的、有权威性的。而目前我们还没有这样一份具有权威性的、大家公认的中华文化经典书目，当我们想要读这些书的时候，可能老师们推荐的书目都是不一样的，我是搞文学的，偏重文学一点，研究哲学的偏重思想一点，大家都不一样。

那么在这种情况之下，我们到底读什么书呢？我个人有一个好办法，就是我们先来了解一下什么叫经典，或者说先对经典下一个定义，我们知道了什么书叫经典，就可以按图索骥，从古书中把这些经典找出来。

经典很难下定义，在我心目中，经典就是好书中的好书，但这样说太抽象了。这里我们再来借鉴一下西方学者的说法。意大利大作家卡尔维诺有一本著作叫《为什么读经典》。我最欣赏这本书的第一篇，这一篇的内容就是解释什么样的书是经典。卡尔维诺对“经典”一连下了14条定义，从各个方面来对经典著作的内涵、性质进行规范。我不记得全部14条定义，我也不完全认同这14条定义，但是我记得其中的两条，我最看重的两条定义是第四条和第五条。我们先看第四条。卡尔维诺说，一部经典著作，就是一部即使重读，也好像是初读那样带来发现的书。可见经典著作是这样的一本书：这本书你每次读都有新的收获，好像是第一次读一样。百读不厌，这就是经典。然后再介绍一下它的第五条定义：一部经典著作，就是一部你即使初读也好像是在重温的书，意思就是这本书你第一次拿到手里，但是打开一读，觉得书里讲的道理是那么亲切，那么透彻，读了以后好像逢见故人，这样的书就是经典。

我为什么特别欣赏这两条定义？因为我曾经用这两条定义，在我读过的书中间寻找经典，我就为自己找到了中华文化第一经典。下面说一说这个过程。我是中华民国生人，我们这一代人在年轻的时候处于一个不正常的读书环境，当时没有书读。具体地说，我当下乡知青的时候，在农村待了10年，务农之余要想找一点书来读，非常困难，因为那时候图书馆都封闭了，书店里也买不到什么好的书，所以无书可读。当然马列著作是有的，我也爱读，但除此以外其他书就不大有了，还想读一些其他书就很困难。那么在这种困难的情况之下，我终于接触到了《论语》。我后来对照了一下，觉得它完全符合卡尔维诺对经典的两条定义，所以我认为它是第一经典。下面我们来举例子说明一下。使我想到卡尔维诺关于经典著作第四条定义的《论语》条文见《子路》篇，原文如下：

叶公语孔子曰："吾党有直躬者，其父攘羊，而子证之。"孔子曰："吾党之直者异于是：父为子隐，子为父隐，直在其中矣。"

我把这段话串讲一下：叶（今河南叶县附近）这个地方的一个老翁告诉孔子，自己家乡有一个人为人非常正直，他正直到什么程度？他的父亲偷了邻居家一只羊，把人家的羊牵回家里来了，他出来告发，告诉大家我父亲偷羊了。孔子听了以后回答说，我们那里也有很正直的人，但不是这样做的。我们那里正直的人是父亲帮儿子隐瞒，儿子帮父亲隐瞒，不互相告发、揭露。这个举动中，正直的品德就显示出来了。

我当年在当知青的时候，读到这一段，怎么也想不通，觉得好像孔子说的没道理，叶公说的才是对的。这个问题一直让我感到困惑，多少年都不得解决。许多年后我考进南京大学攻读研究生，遇见了我的导师程千帆教授，见面寒暄之后我就请教这个问题，我说，程先生，我想不通这是什么道理。程先生说，很简单，这是儒家的亲情原则。在儒家看来，人世间一切人伦关系（人与人之间的关系）的基础、核心是亲情关系。父子关系、夫妻关系、兄弟关系等家族内部的人伦关系，是社会上其他人伦关系的基础，其他关系都是从这里面派生出来的。儒家认为，为了维护社会的平安、稳定，首先要维护好亲情，假如父子之间互相告发、互相检举，亲情就会受到破坏，很难修复。所以这个时候先要维护父亲，先不忙着去检举父亲。当然儒家也主张，父亲犯了错误，儿子是可以劝谏的，要以委婉的方式跟他说，而不是马上到外面去揭发他。后来我向南大法学院的一些朋友请教，他们说这一原则实际上在很多国家的法律体系中都有所体现，叫作亲隐原则。就是当警方发现一个犯罪嫌疑人，这个犯罪嫌疑人的直系亲属以及他直系亲属的配偶等人有权保持沉默，可以不出来做证，这是受法律保护的。我们国家的刑事诉讼法中也有这一条。这个问题说明什么？说明孔子在《论语》中讲的话，就像刚才我举那一段，不是一看就明白的，它的意思必须反复阅读、反复体会才能得到答案。这样的书当然是百读不厌的，即使重读，也会像初读那样带来发现。

使我联想到卡尔维诺关于经典著作第五条定义的，又是《论语》中的什么条文呢？这里就要说一说我们当年读书的困难了。我下乡的时候带了一些书，其中有王力主编的《古代汉语》，书里面举了大概四五十条《论语》的条文，我读了以后非常佩服，觉得说得真好，但是想读《论语》其他的内容就没有了，当时没有办法找到《论语》全书。等到我下乡的第七年，1975年，因为全社会都在批判儒家、批判孔子，为了批判就终于出版了一本《论语》。我一听说有了，赶快跑到新华书店去买了一本回来。我买到这本书如获至宝，因为原文一个字都没删掉，所以我就第一次读到了下面这条条文，见于《论语》的《子张》篇。里面记载孔子说的一句话，是孔子向他的学生曾子说的，孔子说：

> 人未有自致者也，必也亲丧乎！

这里面“自”是自己、自我，“致”是“致敬”的“致”。那么“自致”是什么意思？根据一般的解释，“自致”的意思就是把我的全部感情都投射上去，把我的全部力气都使出来，全心全意地从事某一件事情。孔子说人是做不到“自致”的，你对一个人总用八分心意、九分心意，不大可能用十分心意；你做一件事情用七分力气、八分力气，很难用十分力气。“必也亲丧乎”，语气一转说，假如做某件事情一定做到“自致”的话，那么一定是亲丧。什么叫“亲丧”？就是为亲人办丧事。这里要稍微解释一下“亲”这个字。现在我们社会上有些朋友滥用这个字，在网络上交朋友，面也没有见过就称对方“亲”，这是不应该的，不可以滥用汉字。“亲”是一个非常有尊严的字，在孔子那个时代

“亲”这个字只能用在两个人的身上，一个是你的父亲，一个是你的母亲，他们两个人合称双亲，是他们给了你生命。所以《论语》中的“亲丧”就是为父亲或者母亲办丧事。孔子说人在办丧事的时候，是全心全意的，是“自致”的。

我为什么对这一条感触特别深？因为在我读到这条条文的前一年，就是1974年，我为父亲办丧事。父亲去世以后，我必须把他的遗体送到火葬场火化。我插队那个地方是江南水乡，河道纵横，主要交通工具就是木船。我们生产队就有6条木船，我也学会了摇船。但很麻烦的是，我们县里唯一的火化场它不在河边上，它在一片陆地上，船是摇不到那里的。所以我必须用一个陆地交通工具，把父亲的遗体运过去火化。可惜那时候交通不发达，整个生产大队只有一台手扶拖拉机，我就必须要去借这台手扶拖拉机了。我就到大队干部家里去说，我父亲过世了，我想借这台手扶拖拉机用一用。大队书记不肯借给我，因为他知道我家庭出身不好。我就为难了，我怎么把父亲的遗体运到那么远去火化呢，30里呢。有好心人帮我出主意说，你要送点礼表示心意。他还指示我送两包烟，我就去买了两包香烟送给大队干部。他收下烟以后就把那台拖拉机借给我了。当然我也不会开，请了原来的拖拉机手帮我开，我交了柴油费，然后总算把我父亲的遗体送去火化。

这件事情发生后，我心里很不舒坦，因为我一向反对这样的行为，我觉得给领导干部送礼，这是一个不正当的事情，我平时也是坚决不做的。但是现在我居然做了，我买了香烟去送给他。但是过了一年以后，我买到这本《论语》，看到了刚才说的那段话，我一下子松了口气，压在心头的一块大石头终于落地了，因为孔夫子说过，为父亲母亲办丧事，你就什么事情都可以做了，什么力气都可以使出来了。我平时不肯做的事情也能做了，我一下子就放心了。这一条我觉得跟卡尔维诺说的经典著作的第五条定义，一部经典著作就是你即使初读也好像是在重温的书不谋而合。我1975年第一次读到这条，但是联系自己的经历，觉得非常亲切，好像孔子就在我面前帮我解决心里的疑问，帮我得到解脱。所以像《论语》这样的书，是直接指导我们的人生的。有一位学者在央视讲《论语》，说它是教我们怎么愉快地生活，此言差矣。《论语》是一本指导我们怎么有尊严地生活、怎么有原则地生活、怎么有意义地生活的书，这样的书跟我们人生的关系非常紧密，你可以从幼年时期到老年时期百读不厌，所以我非常愿意向大家推荐《论语》这本书。

那么接下来，我是不是就讲《论语》了？当然不讲。我很喜欢读《论语》，经常拿出来读读，但是我没有研究过它，没有研究过的课题我是不敢讲的。今天，我想讲讲跟我的专业有关的、我研究过的一些东西。

从1979年我考到南京大学读研究生，到今天为止，43年过去了，我一直从事唐宋诗词的研究。我觉得唐宋诗词中的那些经典名篇，那些代表作家，他们的作品就是我们中华文化中的重要经典。这些作品跟我们的人生有特别紧密的关系，值得我们每一个人阅读。虽然你不是从事语文教学的，你也不在学校里读书了，你从事各种具体的工作，你是工程师，你是公务员，但是你都可以读，你像我一样退休了，也可以读，因为它是永远可以陪伴着我们的。

下面就这个话题来讲一讲我对读书与人生的一点认识。唐宋诗词好在什么地方？这些诗词作品最近的离我们800年，最远的离我们1400年，为什么过了这么长时间以后，它还为我们所喜爱，它还受到我们的欢迎，我们还要来读它，我今天还要来讲它？我觉得最大的奥秘就在于它写的内容跟我们每个普通人的生活、跟我们的人生息息相关。它就是写我们普通人的喜怒哀乐，就是写我们普通人人生中的各种遭遇、各种感受，你产生的七情六欲，你产生的喜怒哀乐，以及你怎么思考人生道路这些问题。然后它又是优美的诗歌作品，不是板起脸来进行说教。我们读一些有关政治思想的书，人生修养的书，里面都是教条，都是给你讲抽象的原理，你接受起来也许有一点问题。而唐宋诗词里面这些优美的名篇，你读的时候首先受到审美的感动，觉得真美，文字那么美，音韵这么美，读起来朗朗上口。然后在阅读过程中，你就受到渗透在里面的古人的生活态度、人生态度、价值观的影响。这个过程有点像杜甫描写过的成都郊区那一场春天的夜雨，它随风潜入夜，润物细无声，所以这些作品是有最大的意义的。那么口说无凭，我下面就举两个作者作为例子来说一说：为什么我向大家推荐这些书，为什么认为这些书对我们的人生有最大的价值？

先推荐唐代诗人杜甫。杜甫的诗，现存1458首，内容非常丰富，题材非常广泛：写景大到山川云物，小到草木虫鱼；写生活，写百姓的日常的生活，日常生活的一些细节；也写动荡时代百姓流离失所；也写国家大事，以及他对国家形势的一些思考……什么都有，内容非常丰富。但是我想，假如我们要用一句话来对杜甫诗歌的题材走向、主题倾向进行概括，我愿意用这句话：一部杜诗就是儒家精神的诗语表述。它是把儒家的精神、儒家的学说用诗歌的语言表述出来了，这就是杜诗。为了说清楚这一点，我们先回过去看一看儒家学说、儒家精神。现在大家都说要继承中华优秀传统文化，中华传统文化博大精深、包罗万象，我们在讲这句话的时候到底指什么具体的对象？你不能不分青红皂白，整个继承，它里面也有糟粕。那么到底继承哪些部分？我个人的体会是传统文化大致分成三个部分：第一，器物文化，古代人的一些物质性的东西，小到博物馆里收藏的青铜器、玉器，大到万里长城。器物文化是与时俱进、后来居上的，所以博物馆里的东西尽管很精美，但是现在给你拿到家里去当作实用器具，你肯定不用的。让你从博物馆搬一个青铜鼎回家洗脸、回家煮饭，你肯定不愿意，可见它的实用价值已经微乎其微了。哪怕是万里长城，它在历史上曾经是我们中华民族强大的国防的屏障，但是现在那个地方如果爆发战争的话，它有什么用？飞机、坦克、大炮都挡不住，所以实用价值已经微乎其微了。第二类传统文化，我把它叫作制度文化。比如说古代的政府结构，从隋代到清代末年，朝廷分六部，六部尚书是长官。但是现在国家管理复杂了，有建议说实行大部制，把几个部合并一下，可再怎么合并也不可能并成六个部，起码有二三十个。古代最好的教育机构是民间的书院，但是现在我们说把孩子送去书院读书，读四书五经肯定不行，现在要上现代的、正规的学校，所以制度也会过时，变成一个参考、研究的对象而已。真正有价值的，我们今天真的要花大力气来继承、发扬的，是观念文化。这是指的我们列祖列宗的思维方式、思想结晶和价值判断。他们曾经思考过，我们怎么看待世界上的万事万物，我们怎么对待人生，我们怎么对待不同民族之间的关系，不同民族之间最好以和为贵等等。我觉得这些方面的思考具有永久的价值，它是非物质的、非制度性的。那么请问这方面的传统文化，它的载体是什么？当然是书，是用汉字书写的古籍，那么在这些古籍中哪些古籍最有代表性，最能解决我们今天的问题，跟我们今人的人生有最密切的关系？刚才说了《论语》肯定是的，类似的还有《孟子》《老子》《庄子》《六祖坛经》等等。但是这些书我都不熟悉，我不能过多地讲，我就来讲唐诗宋词，现在讲杜甫和杜诗。

儒家思想是我们这个民族土生土长的、发育得非常完整的一种本民族思想，一种价值判断。儒家思想直到今天，还在为我们现代的文明社会，为国家的现代化提供强大的思想资源。但儒家的经典也非常多，学说也很复杂，我们讲杜诗是儒家精神的诗语表述，我觉得要抓住儒家学说的核心。在我看来，儒家学说虽然千条万缕，它的核心内容就是两句话，第一句，儒家主张仁者爱人，就是人与人之间要互相有仁爱之心，关爱他人。然后在国家、行政的层面上，儒家主张仁政爱民，一个执政团队，一个政府，一定要对百姓好，一定要把改善百姓的生活作为最首要的执政目标，这样就是一个合法的政府。儒家最高的原则就是这两条，仁者爱人和仁政爱民，它们在逻辑上是相通的：一个是低层次的，一个是高层次的；一个是个人关系，一个是群体的关系。这两个原则中间的逻辑渠道就是孟子的那两句名言："老吾老以及人之老，幼吾幼以及人之幼。"

杜诗正是在这个方面成了千古最主要的、最好的诗歌，杜甫这方面的内容写得非常好。他经历了安史之乱、大唐帝国从盛世走向衰落的大变迁时代。他观察了当时的社会，思考了国家的命运，思考了个人命运跟国家、民族命运之间的关系，然后他把自己的思考都写在了诗歌中，通过具体的生活场景，展现他的思考。所以儒家的一些原理、准则在杜诗中间有最好的表现，比如说谴责贫富不均，儒家一向主张贫富不均是社会安定的最大妨碍。其他诗人也谴责，但是恐怕谁都没有写过杜甫那样的警句，"朱门酒肉臭，路有冻死骨"，一针见血地揭示了贫富不均造成的后果，大家一读就懂了。所以杜诗具有强大的感动人心的力量。

我这里就必须要讲一讲大家都熟悉的杜诗名篇，也就是《茅屋为秋风所破歌》。我在苏州中学读书的时候，语文老师给我们讲过，我们也都听懂了，也很欣赏，但是毕竟年轻，没有太多生活经历，没有太深的感受。若干年以后我当了知青了，在长江边上有了一座茅屋，我们两个知青合住三间。几年后，茅屋旧了，然后它遭遇了跟杜甫在成都的茅屋类似的悲剧。因为我插队在长江边上，那里离入海口很近，江面非常宽，有10公里，江边上是一望无际的大平原，这种地貌到了秋冬之际刮大风非常厉害。那一年霜降之后，立冬之前，我正在地里面用镰刀割水稻，突然刮来一阵大风，把我的茅屋刮坏了。大家肯定记得杜甫在《茅屋为秋风所破歌》里说的那句话："八月秋高风怒号，卷我屋上三重茅。"我那次遭遇的风更大，我回去一看，"卷我屋上全部茅"，屋上一根稻草都没有了，可以从屋内看见蓝天白云。当然梁还在，椽子还在。生产队长也跟着奔来了，说这两个知识青年的房子怎么刮成这样子，再仔细看了看说问题不大，椽子还在，只要屋顶用稻草重新铺就行了，过两天就派人帮你们修，但这两天不行，因为要趁着天晴赶快割稻。大家可能不太清楚，用镰刀割稻一天只能割三四分地，速度很慢。我们也同意了，所以那两天晚上，我们就在茅屋里坚持着过夜。虽然地处江南，那时候也已经很寒冷了，气温大概到了0℃，由于一根稻草也没有，室内室外的气温是一样的，比较幸运的是没有下雨。晚上我睡在床上，看那繁星满天。睡在床上看星星说起来很浪漫，实际上很艰苦，因为确实非常寒冷。我们生产队还没通电，晚上黑灯瞎火的，那天晚上我实在睡不着，裹着一条棉被翻来覆去，正在这个时候我听到杜甫的声音，我听到他老人家在我的身边吟诗，他说："安得广厦千万间，大庇天下寒士俱欢颜，风雨不动安如山。"我当时真的非常感动，一千多年前的伟大诗人，他那种关心天下苍生，特别是关心天下不幸人群的伟大胸怀，穿越时空来到我们身边。这种情怀就是儒家精神的诗语表述。他把儒家的仁爱精神放在具体的生活场景中，放在自己的茅屋被刮坏以后，他还把天下的穷人放在这个故事的过程中，这就非常有教育意义，也非常有说服力。从那天开始我就爱上杜甫，在我心目中李白杜甫之间的天平本来是平的，那天晚上开始倾斜，我更愿意接近杜甫了。所以杜诗绝对能够在我们人生中起到引领作用。因为这样的书你读了以后会受到熏陶，会受到感染，会受到教育，从而极大地提升人生境界。

我说读杜诗能使人提升人生境界，是有根据的。因为我知道有一个后代读者，他由于认真阅读了杜诗，人生境界提升了，甚至飞跃了。这个读者朋友们都知道，大名鼎鼎的文天祥。我们看一看文天祥读杜甫的经历。公元1279年崖山沦陷，网络上好多朋友经常讨论崖山之后还有没有中华这个问题。我的观点是崖山之后中华当然存在，崖山亡掉的是赵宋王朝，中华不会亡的。崖山沦陷，南宋最后一支军队在珠江口外面被元朝军队团团围住，南宋的最后一个宰相陆秀夫背着小皇帝赵昺跳海殉国。过了两年多，有一个南宋宰相文天祥在大都，就是现在的北京，在元朝的监狱中慷慨就义，被杀了。这样一南一北两个殉国的宰相，把我们中华民族的民族气节、民族尊严都保存下来了，中华何曾亡？不会亡的。在这个过程中，我关注到文天祥在监狱中坚持将近三年是非常不容易的，因为这个时候南宋已经亡国了，改朝换代已成定局。这时天下定了，变成元朝的天下。元朝劝他投降的理由也很充分：你原来效忠的南宋政权不存在了，现在已经变成元朝的天下，你可以投降了。而且忽必烈劝降开的价码非常高：你肯投降，就做我们的宰相，大元朝宰相。文天祥坚决拒绝，最后从容就义。

什么精神力量支撑着文天祥在南宋彻底灭亡以后，还坚持三年不投降，情愿就义？是传统文化，是传统文化中的经典著作，是好书中的好书。文天祥在大都监狱中写了一首著名的诗叫《正气歌》，《正气歌》最后说："风檐展书读，古道照颜色。"我为什么能坚持下来呢？我在一个刮风漏雨的屋檐下面打开书，记载在书本里的古人的道德光辉照亮了我，我受到传统文化的激励，我读了好书了。那么他读的好书有哪几种？首先是孔孟的书，文天祥就义以后，他的夫人欧阳夫人去为他收尸，从他遗体上解下一根腰带，用布做的，很宽，他事先用毛笔在上面写了一行遗嘱一样的文字，我们后人非常崇敬地称它为《衣带铭》，就是衣带上的铭文。当时没有标题的，就八句话：

> 孔曰成仁，孟曰取义，惟其义尽，所以仁至。读圣贤书，所学何事，而今而后，庶几无愧。

他说得很清楚，是什么精神力量支撑我走到最后？孔子孟子的学说。因为孔子说过杀身成仁，孟子说过舍生取义，意思是人为了一种崇高的道德目标可以牺牲生命，它比生命更宝贵，这引导了我的人生，所以第一是儒家之道、儒家精神。第二是什么？一部杜诗。文天祥在北京监狱里经常读杜诗，我这样说是有证人的，当时有一个人物叫作汪元量，汪元量本来是南宋宫廷里的琴师，元朝军队打破杭州的时候，把他和太后、小皇帝一起俘虏了，抓到了北京，但是一审问发现汪元量不是什么大官，只是个弹琴的乐工，就把他放掉了。所以汪元量留在北京，可以自由走动。等到文天祥被押到北京以后，汪元量经常去探监，这是有文字记载的。汪元量说我每次去探监，总看到文丞相坐在那里读杜诗，把一本杜诗放在前面认真地读。文天祥不但读杜诗，他在监狱中还写了200首《集杜诗》。什么叫“集杜诗”？就是把杜诗中的句子东抽一句，西抽一句，重新组装成一首新的诗。他写了200首五言绝句，都是5个字一句，一共200首，每首4句，一共800句，这800句全是杜诗的原文，一个字都不能改的。他为什么要写200首集杜诗呢？我们都知道写集句是非常麻烦的，又要押韵，又要意思通顺，又不能改字，还不如自己动手写一首。他为什么要写“集杜诗”呢？他在前面的一段小序中说得很清楚，他说我自从遭遇国破家亡以来，我的全部经历，我心中的全部的感想，我所有的感情，我的想法，我的思考，杜诗中都有。我不用自己写诗，我把杜诗中的句子引用过来重新组装，就能表达我心中的想法。所以我一直认为支撑着文天祥坚持到最后的第二精神来源就是我说的第二大经典，对他来说是经典中的经典——杜诗。这就是经典，这样的书你不是读着为了消遣的，你不是读了用来做什么具体工作的，它是用来充实你的生命、提升你的人生境界的，那么这个就是最重要的书，是我最愿意推荐的书。

推荐了一个唐代诗人以后，下面就再推荐一个宋代的，我主要就研究唐宋两朝，宋代当然推荐我们人人都喜爱的苏东坡。苏东坡这个人物，就受广大读者热爱的程度来说可能是古今第一人，这个人太了不起了。讲东坡生平的话，我一直喜欢讲这样一个细节，苏东坡一共活了66岁，在他走到人生2/3的时候，具体地说也就是他44岁的时候，他的生命中发生了一个巨大的波折，这个波折是什么？他突然被朝廷逮捕起来了。他当时正在浙江的湖州市做地方长官，叫知州，突然朝廷钦差赶到湖州把他抓起来了，要押到汴京去。几天后船过长江，这时苏东坡已经成为一个阶下囚了，他已经知道这次朝廷逮捕他的罪名非常重，很担心到了汴京以后被投入大牢，受到审问、受到侮辱，还会牵连亲朋好友。他就想假如我此刻自了残生，那么这一切都没有了，因为船窗外面就是浩渺的江水，跳下去自杀，那么可能的坏结果就不会发生了。他起了这个念头，我们怎么知道？他后来在奏折中自己表述过的，说有过这样一个经历。当然他很快就回心转意了，他没有跨出这一步。

我一直觉得假如我们从这个节点来看苏东坡的一生的业绩的话，我们可以这样思考一下，我们假设那一天晚上，具体的时间就是公元1079年八月初的某一天，苏东坡跳江自杀了，那么他本人的生命就少掉了1/3，这是他个人的重大损失。但是如果这件事情发生的话，它对我们中华民族的文化史会产生什么样的负面影响？现在有一个经常用的词叫作"负面清单"，我为大家开一份负面清单出来。如果公元1079年八月初的一天，这位当时还不叫苏东坡的苏轼跳长江自杀了，那么我们的文化史要损失如下东西：古文宝库中1600篇古文，包括《赤壁赋》《后赤壁赋》在内都要消失了。在宋诗宝库中，包括《荔枝叹》在内的大概1000多首诗就要消失了。在宋词宝库中，包括《念奴娇·赤壁怀古》在内的200多首词就要消失了。在一本叫作《苏沈良方》的中医药书中，大概有450个药方就要消失了。在我们日常语言中有一些格言式的句子，比如说"不识庐山真面目，只缘身在此山中"就要消失了。然后在日本的某一个私人收藏家那里有一幅名画，它叫作《枯木怪石图》，就要消失了。在台北故宫博物院里有一幅书法的精品，这位苏轼两年以后在黄州写的《黄州寒食诗帖》就要消失了。古今的行书艺术有三大宝，第一行书是王羲之《兰亭序》，第二是唐代颜真卿《祭侄文稿》，第三就是这个《寒食帖》。然后在杭州西湖上面那一条像长龙卧波一样的苏堤就要消失了。在遍布全球的中餐馆里面，肥而不腻、入口即化的名菜东坡肉，大家没福消受了，因为他还没发明……如果把这个人的生命砍掉1/3，会损失这么多东西。反过来说这个人贡献实在是太巨大了。

但是他有这么巨大的贡献，人生业绩这么辉煌，他是一帆风顺的吗？不是的，他的人生有特别多的坎坷，遭受了特别多的风风雨雨，以至于他晚年从海南岛流放地回来的时候，路过我们江苏的镇江，走进金山寺，金山寺的和尚拿出一幅他的肖像画叫他来题一首诗。苏东坡就在那一幅画上面题了一首六言诗，就是每句话都是6个字的诗，后面两句这样说的：

问汝平生功业，黄州惠州儋州。

“汝”就是你的意思。问你这个人平生有什么贡献，做了什么事情？我苏轼就到了三个地方：黄州、惠州、儋州。三个地方都是他被流放的地方，而且这三个地方，一个在现在的湖北省，在长江的中游，是一个偏僻的小山城，第二个惠州已经到了南海边上，第三个儋州已经到了海南岛。这三个地方我都去过，特别是儋州。我那年第一次到海南岛去，也是做一个讲座，讲完以后主办方说你第一次到海南，我们带你到三亚去玩。我说三亚不要去，我第一次到海南，请你们把我送到儋州去。我第二天就直奔儋州去，我去的时候大概是七八年以前，那个时候儋州还相当荒凉，它有一个东坡纪念馆，还没开发出来，外面就是稻田，农民牵着牛在上面走。我跟当地的一个老婆婆想要对话，语言都不通。东坡当年去的时候，老乡都是黎族老乡，少数民族语言更加不通，所以他有一首诗就描写，他在集市上碰到一个卖柴火的黎族老乡，两个人根本不能通话，就这样画手势，居然进行了一次交谈，环境就是这么艰苦。三个地方，三次流放，前后加起来9年零11个月，占了他生命的1/6，可以说坎坷无比。但是我一直认为作为一个文学家的苏东坡，作为一个诗人词人的苏东坡，他的辉煌业绩还真的是主要在黄州、惠州、儋州建立起来的，就是他自己说的“问汝平生功业，黄州惠州儋州”，他的文学业绩就是在这三个地方实现的。限于时间我们没法展开来谈三个地方，我们只看第一个地方——黄州。

说到东坡在黄州的文学创作呢，我必须要交代一下他在黄州的生活状态。北宋优待地方官，他以前做地方官的时候收入很丰厚，生活过得很优越，但是北宋政治制度有规定，一旦充军搁置，原来的官职没有了，工资就停发了。到了地方以后就是发一份很菲薄的生活补助，甚至不给你现钱，发一些实物，比如什么酿酒的口袋，发给你几百个，你自己去卖点钱，就这样。所以他到黄州以后，很快就在经济上陷入窘境了。北宋家庭跟我们现在各位朋友的家庭结构不一样，家庭都是大家庭。他有三个儿子，长子结婚了，孙子也出生了，他的奶妈也还跟着他，老太太后来死在黄州的，他家里还有丫鬟，还有书童，反正全家人口很多，20多口人一起跟到黄州，他一下子经济就窘迫了。所以我们天才的苏东坡，万民热爱的苏东坡，到了黄州以后，他就必须要自己开荒种地了。

我太热爱东坡了，我是他的一等粉丝。我一读到东坡在黄州的那些诗、词、小品文、书信，我心里真是不好受，这么大的一个人物怎么沦落到这种程度，是吧？到了黄州必须开荒种地。他本来没有东坡这个号，他就叫苏轼，字子瞻，到了黄州要开荒种地，又没有地，经过朋友的介绍，官府借给他一块荒地，让他开荒，这块荒地在黄州城东边的山坡上，地名就叫东坡，他在上面开了荒，盖了几间房，然后起了一个号叫东坡居士。假如当年黄州官府把城西山坡上的荒地借给他种，或许就会有苏西坡。尽管东坡这块荒地给他带来了一个名传千古的号，东坡居士、东坡老人、坡仙，大家都这样称呼他，但是那块地不是一块好地，它是一块非农耕田，勉强开出来以后，种地效果不好，产量不高。因为是生地不是熟地，所以他第一年种大麦还好，第二年种水稻，40多亩地打下来的稻子还不够全家20多口人的口粮。因为我太热爱苏东坡了，所以我看到这些情况我真是心里非常难过，我不单是同情他，我也感到非常遗憾。朋友们也许会问，莫老师你遗憾什么东西呢？我的遗憾是这一点，我至今没有学会穿越。我知道社会上有很多朋友特别是年轻朋友会穿越，我们文学院有的同学、有的研究生，我看他这几天好像魂不守舍，一问呢，穿越了，穿越到其他地方去了，我一直没学会穿越。我一直想假如我学会穿越的话就好了，我就第一时间穿越到北宋去，我穿越到北宋穿越成功的话，我就立马奔赴黄州当志愿者。

我奔赴黄州当志愿者能做什么？我去帮苏东坡种东坡上的那块荒地。我向听众朋友介绍一下我学的专业。我在南大读研究生，硕士、博士都是学的中国古代文学，今天讲的内容跟我的第三专业有关系。我的第二专业是我本科时候学的，英语语言文学，学了一年，我提前考研的，所以没学到多少东西，也没有发生什么用处。但是我还有人生第一专业，我的人生第一专业从19岁一直学到29岁，10年青春都在学，我自己也觉得学得很到家了，就是长江下游地区的水稻栽培，种水稻从拔秧、插秧到割稻全套，我都干了10年了，我非常熟悉。而且我知道我用的农具，我用的锄头镰刀跟北宋都差不多的。我一直想假如我穿越成功，我奔赴黄州，我就到东坡上去。我相信以我这种苏东坡狂热粉丝的身份，我奔赴那里，我就是累趴在那块荒地上面，我也一定要让它种出更多的稻谷来，让他全家可以吃饱。可惜我没有穿越成功，于是公元11世纪的苏东坡站在黄州城东山坡上，眼巴巴地向未来眺望，公元21世纪的粉丝莫砺锋过不去，我过不去，没人帮忙，那块地就始终种不好。很快到了第三年，这里我要介绍他的一首作品。

到了第三年，他在黄州结交的两位当地朋友劝告他说，我们看你暂时没有机会回到朝廷里去了，你要在黄州长期生活了，你光靠东坡上这块荒地是不行的，你再努力耕种，地不好，打的粮食总是少，所以你还是把家里的细软都变卖掉，太太的首饰啊好的衣服啊都卖掉，换点钱自己去买一块好地来种，好地才能多打粮。东坡一听欣然同意，两个朋友都很热心，帮他打听好了，距离这里28里有一个小村庄叫沙湖，那里的一个田主有一块地非常好，是很肥的地，不要了，要出售，你去跟他谈谈价钱，看能不能把它买下来。所以在苏东坡47岁这一年的三月初七，一早两个朋友就到他家里来，陪他一起步行20多里到沙湖去相田，就是去看那块田能不能买下来。最后为什么没有买成那块田，我怎么研究也研究不出来，不知道是没谈成价钱还是怎么回事，反正没买成，白跑一趟。但是此行催生了一首作品，很多朋友都熟悉的那一首苏东坡的词，叫作《定风波》。尽管大家熟悉，我还是再讲一下。先讲一下写作背景，三月初七，两个朋友一早就来了，准备到沙湖去，他们看看天气，阴，可能会刮风下雨，就先做一点准备，把家里的雨具，雨伞啊，蓑衣啊，也就是用蓑草做的一种雨衣，把它们捆成一捆，然后让家里的一个年轻人，估计是一个书童，先背着到半路去接应。苏东坡已经47岁了，年近半百，宋人年近半百算比较衰老的了，两个朋友估计也跟他年龄相仿，他们三个人在后面走得慢一点，他们想如果走到半路刮风下雨就有人接应。没想到那天的风雨来得非常快，他们刚走出去没多远，突然刮风下雨，但是家里的雨具都被小伙子带走了，没有了，再往前看那小伙子跑得飞快，已经不见影了，所以三个人只能硬着头皮往前走。没过一会儿两个朋友就不淡定了：第一，下了雨以后泥土的路很滑、很泥泞，走不安稳；第二，衣服也淋湿了，很不舒服。所以两个朋友就不淡定了，很焦虑了，要埋怨了。但是我们的苏东坡，尽管他也在泥泞小道上走着，尽管他的衣服也淋得半潮了，但是他一点都不焦虑，他依然跟平时一样淡定从容，甚至不失潇洒，因为他心里明白风雨是暂时的，过一会儿就会过去的，何必太愁呢？所以苏东坡就从路边捡了一根竹竿当拐杖，一晃就撑一下子，不至于摔倒。他们三个人终于走过去了。到了下午回来，天气变了，转晴了，所以就催生了很有名的《定风波》。我下面一句一句地读给朋友们听一下。

"莫听穿林打叶声"，你不要听穿过树林打在叶片上的潇潇风雨之声，不要听风雨之声的意思就是说不要太在意风雨，让它去刮，让它去下好了，随它去。"何妨吟啸且徐行"，这个风雨并不妨碍我们一边嘴里吟诗一边慢慢地往前走。下雨当然不能快跑了，要慢慢地走，为什么呢？"竹杖芒鞋轻胜马"，我们脚下本来穿着草鞋，大家知道草鞋用稻草编的，摩擦力比较大，有点防滑的效果，不需要太怕，而且手里还撑着一根拐杖，这样在这路上走，很轻快，比骑着马还要好。"谁怕"，谁怕风雨，风雨有什么可怕？"一蓑烟雨任平生"，我这个人披着一件蓑衣在风里来雨里去，都走了大半辈子，已经47岁了，都经过那么多风雨了，突然再来一场风雨又有什么关系？我猜想当苏东坡写下"一蓑烟雨任平生"这句词的时候，他心里多半是这样想的：我这个人作为钦犯被朝廷逮捕过，在御史台的大牢里关了130多天，差点被他们判死刑，政治上的大风大雨都经过了，那么自然界中碰到一点小风雨又有什么可怕的呢？

我绝不认为《定风波》这首词是苏东坡词中写得最好的，我也绝不认为这是他的黄州词中最好的。他的黄州词中，《念奴娇》还有《卜算子》都比这首词写得更好、更美，但是就人生价值来说，就我们今天讲的话题——读书与人生的关系来说，这首词对我们具有重大的意义、重大的启发，起到一个熏陶的作用。为什么这样说？我坚定地认为，我们普通人都享受着普通的命运，我们不是命运的宠儿，不是天之骄子，那么在我们的人生中，或早或晚都会碰到一些困难，碰到一些坎坷。换句话说你可能会暂时处在人生低谷，甚至处在逆境中，这些东西我们就把它称为人生的风雨，你多半会在人生道路上碰到风风雨雨。我也一直主张我们年轻的家长在教育孩子的时候，要对他们进行挫折教育，告诉他们你们将来一定会碰到挫折的，你们要做好思想准备，命运没有为你们铺好一条一帆风顺的人生道路，一定是这样子的。那么问题就来了，当我们遇到挫折的时候，当人生的风雨来了，我们跟它不期而遇的时候，你采取什么态度？这是最重要的，我们没法回避的，所以要有充沛的精神力量来对付这些人生道路上的风风雨雨。苏东坡的文学作品，他在黄州、惠州、儋州写的那些作品，他的诗、他的词、他的书信，他的小品文以及他的书法作品，在这方面对我们有巨大的启发意义。在黄州、惠州、儋州三地流放的将近10年时间，他人生经历的风雨可算多了，但是他走过来了。他不仅是走过来了而已，他还在这三个地方焕发出人生的光辉来，把逆境变成了事业上的顺境，这太了不起了。所以我觉得在讲到读书与人生的关系的时候，我也愿意向大家推荐这个古代的伟大诗人、伟大文学家——宋代的苏东坡。

总的来说我认为，像杜诗，像苏东坡的文、诗、词这样的作品，都是我们中华传统文化中最有价值的经典。这些书不是提供给我们娱乐的，不是提供给我们消遣的，阅读这些书最大的意义就是提升我们生命的境界，充实我们人生的意义，使我们的人生过得更加有价值，也让我们更加自觉地追求诗意的人生。所以读书、读哪些书、怎么读，我的态度就是这样。当然各位朋友肯定有具体的工作，你有本行本专业的专业书，但是在那以外，你一定要抽一点时间出来读这些文化经典。作为中国人我们首先要读中华文化经典，包括《论语》《孟子》，包括杜诗、苏东坡的诗词。这就是我对于这个话题的一些认识，希望能够跟听众朋友在某个方面达成心理上的一些交流，所以下面的时间就开放给我们南大的校友，我们亲爱的各位听众朋友，看看大家有什么这方面的想法愿意跟我交流，欢迎大家提问，谢谢大家。

【主持人】丁婷婷：

好，非常感谢莫教授和我们分享您的人生经验和感悟，让我们深受启发，也深受感动。有一位校友就在讨论区这么说，毕业快14年了，越发体会到国学的重要性，感谢母校，感谢莫老。还有几位朋友想借这次难得的机会向莫教授请教几个问题。有一个朋友他提出了一个问题，他说自己现在读书有一个纠结点，不知道是顺着兴趣想到什么读什么，还是系统一些，一个阶段读一个系列，形成一个完整的知识体系，想请教莫教授。

【主讲老师】莫砺锋：

这个问题我觉得很难讲，我不知道这位朋友具体的处境是什么，你现在是什么状态，什么年龄段，你有没有比较强烈的专业倾向。假如说一般的，就是我刚才说的那种非专业、非课程学习的读书，我是这样子想的，读书还是随意的好。你说的那种情况有点像专业学习，专业学习是应该这样子的，一个阶段制订一个严密的计划，这个阶段应该读哪些最基本的书，然后程度逐步加深，再一路读过去，最后形成一个体系。如果不是为了专业学习的话，一般的读书我觉得不必这样子追求，就比较随意地读。只有随意地读，你才能够真正读进去，因为读书最好是保持一个比较愉快的心态来读，不要说愁眉苦脸地读，很吃苦地读，这样是读不好的，这些经典应该说都是给你一种审美的愉悦感的，所以我还是主张比较随意地读。当然我是不太主张读那些消遣性的书。这里我想稍微岔开一点讲。我曾经碰到一个年轻的母亲，她说她的孩子还是喜欢读书的，但是她发现孩子读书的境界不高，就读那些畅销书，如果层次稍微高一点，他就不爱读了。我说这个你不用担心，只要他长期保持读书的兴趣，他一定会转变。那些消遣的书，那些侦探故事、爱情小说当然也有写得好的，但是一般这种书偶尔读着消遣消遣是可以的，如果一个人真喜欢读书的话，你老是读这个你会厌烦的，你会腻歪的，你就不想读了。读畅销书就有点像吃快餐，有的人说我就喜欢吃快餐，我天天吃快餐。但是你如果天天吃快餐、顿顿吃快餐、长期吃快餐，第一肯定营养不良，第二你肯定会产生很多的疾病，因为它不是一个正常的包含五谷杂粮的一日三餐，快餐是作为零食吃的，而经典就是我们日常生活中的必需，它跟快餐文化是不一样的。所以我的意见是读书还是随意的好，但是还是要稍微有点选择，最好读比较有意义的书、比较有价值的书。如果顺着这个方向发展的话，最后你的归属就是读经典。我是这样想的。

【主持人】丁婷婷：

谢谢老师。还有一位朋友提出，有一些读者觉得林语堂先生的《苏东坡传》过于神化苏东坡了，想请教一下莫教授对此有什么评价。

【主讲老师】莫砺锋：

林语堂的《苏东坡传》我也读过几遍了，我稍微讲一讲，这本书我还是有点兴趣的。林语堂的《苏东坡传》，从我们专业工作者的眼光来看，他最大的缺点是不严谨。他是一个作家，他也写小说的，作家喜欢虚构，所以书里面有些细节可能是他虚构出来的。比如说里面说到苏东坡有一个堂妹叫小二娘，林语堂说小二娘是苏东坡一生的恋爱对象，他们俩青梅竹马，终生柔情万缕，这是一点根据都没有的。小二娘就是他亲戚家的一个堂妹，他们之间没有爱情，只有一般的亲情。小二娘后来出嫁了，小二娘的丈夫、小二娘的公公都跟东坡有交往，但是绝没有爱情故事在里面，所以这是林语堂虚构的。他这本书里还说苏东坡经常练瑜伽功，那时候是没有瑜伽功的，苏东坡练的是道教的气功，所以这些细节都是不准确的。但是尽管如此，我还是推荐大家读林语堂的《苏东坡传》，他文笔清丽，很流畅，本来散文也写得好，这本书可读性是很强的。而且它的标题起得好，也许这位朋友会追问，《苏东坡传》这个书名好像也没什么特别吧？一般都是加个人名加个传，有什么特别好？要知道这不是林语堂原来的书名，林语堂这本书是用英文写的，他英文好。他在美国的时候用英文写了这本书，然后翻译过来，最早是两个台湾人翻译的，翻译成中文，都叫《苏东坡传》，大陆引进版权出版，也还是那个名字，《苏东坡传》。它原来标题不是《苏东坡传》，它原来标题叫作*The Gay Genius*，第二个词的本意就是“愉快的”意思，然后第三个词是“天才”的意思，连起来这本书的书名，如果比较准确地翻译成中文，应该是“一位愉快的天才”。这个词用得好，我也觉得苏东坡基本上是以愉快的心情来对待人生的，他哪怕是拥抱苦难的生活，都是张开双臂的。他在海南岛、在惠州生活过得很艰苦，但是你看他的那些小品文，里面很多的内容，都写得很有韵味。他在海南岛时，他的儿子用当地生产的一种山芋做了一味羹，他给它起个名字叫“玉糁羹”，说它是天下绝味，这个东西太美好了。他主要是态度好。所以苏东坡是最热爱生活，也最善于生活的，他确实一生中经常保持着愉快的心态。后代的艺术家画东坡像、雕东坡像基本上都是基于海南岛的形象，戴着斗笠穿着蓑衣在田野中走，但是脸上是愉快的微笑。那么苦难的人生他都以微笑对待，这种人生境界非常了不起。所以林语堂这本书我最欣赏它的标题，标题起得真好。

【主持人】丁婷婷：

谢谢莫老师。然后还有最后一个问题，有位朋友想请教莫老师如何评价儒家治国理念的现代意义。

【主讲老师】莫砺锋：

我觉得最大的价值就在于仁政爱民这一点上面。首先我们要知道儒家并不保守，儒家在政治理论上甚至是主张革命的。孟子说得很清楚，汤武革命，如果一个国家正好出现了一个暴君，像商纣王这样的暴君，人民有权利把他推翻，甚至有权利把他杀掉。“闻诛一夫纣矣，未闻弑君也。”孟子说得很清楚的，我听说杀掉叫商纣王的独夫，没有听过弑君，这个是可以的，他主张的。所以一个政权是不是具有合法性，儒家不是说看其他的，它主要的一个标准就是仁政爱民，你一定要以施行仁政作为你的一个纲领，作为一个政府的价值指导，那么这一点我觉得跟我们现在的党和政府的执政理念是有相通之处的。现在我们的政府也经常说，要改善人民的生活，使全国人民生活得更富裕、更安定、更幸福，这才是好的，一切措施要围绕这个目标转，采取的措施跟儒家的想法，甚至跟刚才杜甫写的诗都是相通的。刚才我说了那首《茅屋为秋风所破歌》，杜甫千呼万唤的“安得广厦千万间”，实际上也就是历史上最早提出来的“安居房”的概念，现在我们政府盖安居房让穷人栖居，与杜甫的理念是相通的。所以在我看来，儒家对于现代政治最大的借鉴意义就在于仁政爱民这一点上。

【主持人】丁婷婷：

好的，再次感谢莫教授为我们大家指点迷津。读书之乐何处寻，数点梅花天地心。最后愿大家都能在书籍的世界中找到属于自己的那一方天地。那么本期讲座就到这里了，朋友们再见。

（文稿整理：汤彦怡、郑涵文）

考古学特征及若干前沿问题

【诚计划】第3期

直播时间

2022年5月31日（周二）　19:30—21:00

直播地点

南京大学鼓楼校区21舍终身教育学院演播室

主讲老师：贺云翱

南京大学历史学院教授，南京大学文化与自然遗产研究所所长，中国考古学会三国至隋唐考古专委会、古代城市考古专委会副主任，第十三届全国政协委员。

主 持 人：吴萍萍

南京大学终身教育学院主持人

【主持人】吴萍萍：

直播间的各位朋友，大家晚上好。这里是南京大学校友终身学习辅助计划第3期："考古学特征及若干前沿问题"。我是终身教育学院吴萍萍。去年10月17日，在仰韶文化发现和中国现代考古学诞生100周年之际，习近平总书记在贺信中强调："努力建设中国特色、中国风格、中国气派的考古学。"那么考古学究竟是什么？考古学研究什么？考古学为当代和未来带来了哪些前沿性问题呢？今天我们很荣幸地邀请到南京大学历史学院教授、博士生导师，南京大学文化与自然遗产研究所所长，中国考古学会三国至隋唐考古专委会、古代城市考古专委会副主任，第十三届全国政协委员贺云翱。贺教授于高考恢复第一年1977年考入南京大学历史系考古专业，2002年入南京大学任教，主持过500多项国家、省、市有关考古学、文化遗产学、文化建设等方面的科研课题，曾发表有关论文和论著200多篇，科研成果多次获国家和省部级奖项。接下来有请贺教授为大家揭秘考古学。贺教授请！

【主讲老师】贺云翱：

"网络世界"里面的各位朋友，今天我受南京大学终身教育学院的邀请，和朋友们交流"考古学特征及若干前沿问题"这样一个话题。考古学是人文社会科学中的物质科学，具有鲜明的跨学科性。社会上一般成员了解考古学，可能经常会发现考古学以某个重大的发现而引起社会的轰动。但是，真正有意义的是，考古学能够从数百万年的历史深处给当代和未来带来若干的前沿性话题，为人们解疑释难，推动人类进步。前沿性的话题对不同的学者而言可能有不同的理解，但是有一点我们应该能够认同，那就是一个国家的领导层如果不断地强调一件事情，这件事情应该就是这个国家当代的前沿性话题。此外，每年被评选出的年度十大考古发现往往是近期考古学前沿话题的指向；在国际科学界有名望的科学刊物，比如在《自然》（*Nature*）或《科学》（*Science*）这两大刊物上登载的学术成果应该也属于前沿性话题。因此，这两年党中央对考古学的强调、每年的十大考古发现以及世界著名科学杂志对考古学若干成果的登载都是我们今天所说的前沿话题的来源。

下面我具体展开一下。2020年9月11日，中央召开科学家座谈会，当时应邀参加会议的学者中有一位就是考古学家，她也是一位女科学家，来自中国科学院古脊椎动物与古人类研究所，从事古DNA研究。她毕业于西北大学文物保护技术专业，名叫付巧妹，而中国科学院古脊椎动物与古人类研究所在我们国家是旧石器时代考古的重要机构。在这次会议上，习近平总书记和付巧妹有一段对话，就涉及我们今天这个话题。2020年9月22日，中央召开教育文化卫生体育领域专家代表座谈会，当时有10位专家在会议上讲话，其中有一位就是考古学家——中国社会科学院考古研究所所长陈星灿。习近平总书记在会议上提出："要深入研究中华文明、中华文化的起源和特质，形成较为完整的中国文化基因的理念体系。"这是给考古学提出的科学任务。2020年9月28日，中央政治局第二十三次集体学习，陈星灿教授应邀讲解《我国考古最新发现及其意义》。在这次中央政治局的学习会议上，习近平总书记做了重要讲话，他提出："透过考古提供的历史线索，总结历史经验，揭示历史规律，把握历史趋势，这是一门大学问。"2020年12月1日，《求是》杂志发表习近平《建设中国特色中国风格中国气派的考古学 更好认识源远流长博大精深的中华文明》的文章。2021年10月17日，中国考古学会在河南三门峡市举行“仰韶文化发现暨中国现代考古学诞生100周年纪念大会”，这次大会我也前往参加，会议现场宣读了习近平总书记给大会发来的贺信。在贺信中，习近平高度评价中国考古人所做的学术贡献，并且要求中国考古界继续探索未知、揭示本源，更好地展示中华文明风采、弘扬中华优秀传统文化，为实现中华民族伟大复兴的中国梦做出更大的贡献。就在前两天，2022年5月27日下午，中共中央政治局举行第三十九次集体学习，再次以考古学问题为核心学习主题，即“深化中华文明探源工程”。原中国社会科学院考古研究所所长，现中国考古学会理事长王巍先生应邀讲解。习近平总书记在学习会上再次发表长篇讲话，充分肯定中国考古界所主导的中华文明探源工程所取得的重大成就，但也提出：“仍然任重而道远，必须继续推进、不断深化。”近期我们全国的考古界正在热议总书记的这次讲话，探讨中国考古人今后几年做什么、怎么做。因此，从2020年、2021年到2022年，我们可以看到，党中央对中国考古学是何等重视！

考古学本来是一个很冷门的学问，全国只有十几个大学有这个专业。像我们南京大学，每年考古学本科专业就招十几个人，自我当年入学到现在依旧如此，没有什么增加。这么小的专业，全中国所有考古学家加起来也就两三千人，在14亿中国人口中几乎可以忽略不计。为什么这么小体量的学科能够具备不断创造前沿性话题的学术能力呢？这种能力又来自哪里？所以我觉得今天要讲的话题，本身就十分有趣，但又是很大的一个题目，只有一个半小时，所以我只能非常简单地谈谈这个话题。

近年，无论是圈内人士还是圈外人士，很多人见面都会和我讨论：贺老师，究竟发生了什么，这几年党中央这么重视考古学？我也在思考这个问题。坦诚地讲，这并不代表我对这一问题已经有了非常清晰的想法，今天我只能和大家谈一点很肤浅的初步体会。

我想从学理层面来认识这个话题：考古学究竟有什么学科特征？它为什么能产生一些前沿性的课题？

我将考古学的学科特征归纳为六个方面：物质性、长时段、重空间、跨学科、兼文理、田野性。

考古学是一门现代科学，不管是中国还是世界上的著名大学一般都会有考古学科的设置，如牛津大学、剑桥大学、哈佛大学、东京大学等，再如我们国家的北京大学、南京大学等。考古学的这些总体特征说明，它是一门现代科学，它是根据古代人类通过各种活动遗留下来的实物来研究人类古代社会历史与文化的一门科学。也有学者认为，考古学是用实物资料来研究人类历史、文化、文明、人地关系等问题，兼有社会科学和自然科学内涵的综合性科学，或认为考古学是一门交叉性科学、边缘性科学。无论如何，考古学是一门带有自身特点的科学。下面我就讲讲所归纳的考古学的这六个特点。

第一是“物质性”。我刚才讲到，考古学的研究对象是实物，这是考古学的唯一性或特殊性，它使考古学具有了实证科学的特点。在所有的社会科学和人文科学里，就研究对象和资料而言，只有考古学具备整体的“物质性”这个特点。

我们知道，不管从事经济学、社会学、法学、语言学、文学还是历史学研究，这些学科主要还是以文本资料研究为主，但考古学是以实物资料来研究人的有关问题的，所以这是它的唯一性。因为考古学研究的是历史上由人类创造产生的物质世界的相关问题，所以有的学者把考古学面对的物质对象称为“文物”，但是我今天特别想和大家讲，“文物”和考古学的“物质文化”是有区别的。南京大学的考古专业叫作考古文物系，既有“考古”也有“文物”，这就说明考古和文物不是一回事。正是因为考古学研究的对象是文化的物质世界或人类创造的物质世界，所以它与研究自然物质世界的自然科学的思维和方法就产生了关联：自然科学研究自然物质世界，而自然物质世界又与人的生存直接相关。另一方面，考古学发现的任何一处遗存及其地点一定和其所在的地貌、地形、自然背景、水资源、动植物资源、矿产资源等相关联。所以说，考古学研究的文化的物质世界背后，隐藏的就是人的生产、生活、人地关系等等，包括人的思想、制度、技术、艺术等物质性世界、非物质性世界和自然世界，实际上是一个整体。考古学研究的不是自然科学面对的纯粹的“上苍统一意志”状态下的“自然物质世界”，而是一个人造的物质世界。所以我们称考古学研究的对象是“物质文化”，这种“物质文化”的世界是因人、因地、因时而异的。需要说明的是，任何由人创造的物质世界，其实同时也是人的思想世界的外在表达或者符号性表达，也就是说，考古学研究的实际上是人的物质世界与精神世界的统一体。这一点也是包括考古学在内的人文科学的特点、难点所在。因为我们所研究的自然世界，不管是哪个国家和地区的，它们都遵循着一些统一的动力、原理、过程、规律，但是人创造的物质世界并非如此。虽然存在人性的统一性，但是就“文化”而言，在不同的时、空背景下和族群中，它有非常复杂的运动机理和行为模式，这个问题我后面还会涉及。

实际上，我们今天可以这样说，考古学研究的是历史上的“物质文化世界”，但当代的人们面对的纷繁复杂的物质文化世界，人文科学中并没有系统地开展研究的学科，这是科学的一大缺陷，幸好还有考古学对人类过去创造的物象世界进行研究。经常会有人问：既然你们研究古代人类的物象世界，今天人类的物象世界你们研究吗？我认为今天的物象世界并不在我们的考古科学范围内，但是应该同样需要研究。换句话说，考古学面对和研究的物质世界，作为人的创造和人的活动的对象物，它包括人的自然开发、人文创造、生存方式和心灵追求等内容。人创造的对象物折射的是人的自身需求，所以考古学研究的实际上是各种人的问题，包括人体、人的心灵世界、物质诉求、生存环境及人与环境的互动等等。人，面临着第一生存系统（自然系统的供给，涉及人的资源开发方式）、第二生存系统（人创造的文化系统）以及人的文明内涵、文明模式、文明动力等各种问题，所以人的物象世界讲起来比较简单，但实际上作为一个考古学家，面对复杂的物象世界，需要去探索的问题也是极其复杂的。

考古学家们经常研究的对象物可能是瓷器、建筑形态、生活器具，带有宗教崇拜色彩的陶器等等。这些物质的文化遗存，有的是五六千年前的，有的是三四千年前的，有的是一两千年前的，也有几百年前的。无论这些物象身处哪个时代，你都可以看到那个时代人们的生产、生活、文化和文明创造；他们的吃穿住行、喜怒哀乐、悲欢离合、生老病死都可以从中观察到；无论汉民族还是中国土地上的其他民族，因其性别、社会阶层、信仰不同，这些物象背后反映的实际都是人的不同需求和创造力。

考古学家们也研究城市、乡村及其中的大型建筑、宗教场所或市场等。这些人类历史上用砖木、石头、金属、织品、颜料、纸张等创造的文化遗存都是考古学的研究对象，不同材料构建出建筑、道路、机器、雕塑、绘画、文字等等物质世界的样貌，这些物质的现象都是在人的心灵指导下构建而成的，其中注入了人们的精神，不管是他们生活的地方还是他们使用的工具都是如此，也就是说，这些物象的本身浸透了人的精神或者心灵主导的力量，所以它们的形状或者用途都是在某种精神的指导下被创造出来的。我在课堂上经常会跟学生讲，在考古学者眼里，这些物象世界都是由人的精神主导而产生的，或者说考古学研究的物质世界是一个包含着物质、制度、精神、自然以及历史辅证文献等内涵的创造体、认知体、知识体和文化系统。这里我引用美国学者爱德华·希尔斯的一段话：“物质的器物实际上是一个双重系统，它既是一个物质和基础的传统，又是一个概念和信仰的传统，以及融化在物体中的工艺、技术和技能理念的传统。”也就是说，人的物质传统作为人类的“文化系统”或者“考古学文化”，“在每一个传递和接受的阶段中，如果没有暂存的物质基础，那么有待解释的象征符号这一层次就不可能持久，它们也就不可能作为传统传递下去；如果没有人的大脑所进行的思想活动，这些象征符号亦无法贮藏”。这就是我们后面要讲到的，考古学的发现对今天的人来说，对未来的人们来说意味着什么？实际上就是发现和建构了一个“文化传统”，这个“文化传统”是过去、今天和未来的统一体。在很多人的认知中，考古学研究的是“老古董”，怎么和当今产生联系？其实考古学正是为了当代和未来，而不是为了过去。如果不理解这一点，大家可能就无法理解考古学有什么前沿话题。

我刚才讲到，考古学家发现的物质遗存是属于一种文化形态，只不过它呈现的是文化遗产的形态，我们今天与它之间实际上并非实用关系，我们挖掘出一处房址不是用来给今天人居住的，挖掘出一个饭碗也不是今天给人们用来吃饭的，实际上我们需要的是对它的一种认知、解释，这是一个学术目标，当然又不仅仅是认知、解释的关系，还有文化的传承关系、启迪关系和创造关系，这就展现了考古学发现的“文化”对现代和未来具有更加广泛的文明创新意义。

为了更好地解释考古学的“文化”，我制作了一个模型，这个模型我借自其他学者，但是我进行了完善，并且予以新的解释：第一，它是“以人为本”的；第二，它是从精神到物质的，或者说是自内向外的。通过这个模型，大家可能就会看出，假设我们设置一个“考古学文化”结构，其中包括四种内涵：最核心的是人，然后是人的精神文化，然后精神文化会通过制度文化，如行为、技术等将实物制造出来，最后呈现给我们的就是考古学家发现的“物质世界”。实际上，当我们面对一个文化的物质世界的时候，我们要穿过这个物质世界深入那个创造者，寻找其创造的理由、机理和过程。

第二是“长时段”特点。狭义的历史学是一门以使用文献资料为主进行历史研究的科学，然而，人类常规的历史学文献年代不超过5500年，中国的历史学文献从甲骨文开始则只有3000多年，而整个人类的历史已经有300多万年，中国的人类历史也有200万年左右；因此，人类99%以上的历史在文献中是没有记录的，研究99%以上的这部分历史只能寄托于考古学。同时，即使是有文献记录的时代，大量历史事实在文献中也没有被记录。在这里，我借用英国著名考古学家戈登·柴尔德的话：“考古学如同望远镜扩大了天文学家的视野一样，扩大了历史的空间范围；也像显微镜为生物学家发现的巨大的有机体外表隐藏着最微小的细胞生命一样，改变了历史科学的研究范围和内容。”也就是说，考古学对于整个历史科学来说，它的作用是巨大的。

那么，考古学300万年以上的长时段的特点对我们人类来说，对我们今天谈的这个话题来说，有什么意义呢？

科学的重要目标之一就是研究事物运动“规律”，自然科学研究的对象存在规律，这一点被太多的科学所证明，已无须赘言。那么，社会及人文科学研究的对象有没有规律，这个问题在学术界还存在一些争议。有人认为人文历史现象没有规律，我也听到过这种观点。但是，考古学告诉我们，人类的社会、文化、文明的运动确实是有规律的，这是考古学重要的研究目标。为什么考古学有这种认识，那是因为认为不存在规律的观点往往缺少长时段历史观察的视角。正因为考古学具有“长时段”的特征，我们会发现，地球原先没有人类，后来有了人类；从最原始的人类到“直立人”状态，演变到“智人”状态，文化也会与之发生相应变化。这个过程并非突然，而是一步一步发展而来的，其中会呈现出规律。人类所处的社会也经历同样的演变，有过漫长的原始社会，再到阶级社会，如奴隶社会、封建社会、资本主义社会等等。只要走进考古学，你一定会看到无数带规律的文化现象。当下经济学很兴盛，你在考古学里同样能够看到人类从最古老的采集狩猎经济发展至农业经济、工业经济的过程及其规律。生产力的核心之一就是工具，人类从石器时代到青铜时代、铁器时代、机器时代，再到今天的计算机时代或智能时代。只要从考古学的长时段视角上观察人类历史的演变过程，我们就会发现，人类创造的社会、文化和文明一定存在运动规律，就是说，考古学证明，人类几百万年以来的发展进程不是无序的、混乱的，而是有因果的、有逻辑的、有规律的。

也正是因为考古学具有的“长时段”特点，我们可以看到今天人类所拥有的一切，包括人类本身、人种、语言、文字、技术、工具、农业、工业、交通、饮食、服装、建筑、乡村、城市、民族、宗教、音乐、舞蹈、戏曲、美术、园林、家庭、私有制、阶级、国家权力系统等等，都是在人类诞生以后的几千年、几万年、几十万年、几百万年的不同的历史进程中，在不同的地区、不同的时段由不同人群所创造出来的。要理解今天这个时代，我们一定要回到考古学那里去，否则我们是不知道它们的来龙去脉的，“只有知道自己从哪里来的，我们才能知道往哪里去”，这句名言用在考古学上再恰当不过了。考古学关注的是在长时段中各类事物的诞生地点及其创造者、诞生过程、运动过程、运动形式、运动动力、运动方向、运动规律等，所以我觉得所谓的各类考古学前沿问题也是由于考古学的这个特征，在人类过去、今天和未来的持续发展进程中不断地被考古学家们发现和提出的。

考古学的第三个特征就是“重空间”。为什么要特别强调考古学重视空间这一点呢？一般人都认为考古学既然属于历史科学范畴，那么它肯定是一门关注“时间”运动的科学。我们当年读本科的时候，有老师在课堂上就提到，历史学是一门时间的科学，地理学是一门空间的科学，但当从事考古学研究多年后，我才发现考古学在重视时间运动的同时，也特别重视物质文化所在的空间，甚至说，离开了空间，根本没有办法对考古学的相关问题展开研究。考古学的物质空间不仅仅指任何一个考古发现所处的地点，还包括这个遗存在特定时期的生存环境、自然资源的供应、人的生存方式和活动范围、文化交流的通道与内容以及文化的空间样态。这个空间不是一个简单意义的文化空间位置记录，而是一个文化空间的运动体系。

考古学是研究历史性文化和文明的科学，而文化和文明作为人类的群体性行为（当然我们不排除个体行为，但主要表现为群体性行为），总是在一定的地点、地域内和环境条件下发生的。我们要探寻文化和文明的发生、发展、结构、特征、传播、互动、资源利用、运动过程等一系列问题，如果离开对特定文化和文明的空间要素的考察，仅通过时间要素是根本不可能完成上述学术目标的。

“空间”对人类生存及对文化、文明的创造而言，本身就具备着独立的意义，因为并不是任何文化或文明都可以在任何空间诞生的，某一种文化或某一种文明，它的出现需要特定的空间条件。我试举一例，人类有四大原生文明：埃及文明、巴比伦文明、印度文明、中国文明，后来的文明都是它们衍生出来的。我们会发现，仅就这四个原生文明，其产生都需要条件，例如它们都处于北纬30°到40°之间，这就表明我们在研究任何一个文化、任何一个文明的时候，离开“空间”是根本无法来研究它的，这就是我所讲的，考古学特别重视“空间”。人类的不同文化和文明共同体之间的沟通、交流、互联，更离不开线形交通空间的作用。对考古遗存的定位、空间记录和研究，构成了考古学文化的一种特别重要的要素，因此，考古学家也特别重视人地关系的研究。在考古学实践中，需要运用各种考察、测绘、记录、分析空间的研究方法，包括测绘法、地图法、历史地理法、航空摄影、地理信息系统、环境考古研究等等，考古学专业的学生如果缺乏空间概念和方法训练，是没办法完成考古学研究任务的。因此，我们的考古学专业专门邀请地理系的老师为学生开设“环境考古”之类的课程，一些考古专业的学生毕业后也会前往自然科学机构从事环境考古学等方面的研究，这种交叉性的科学取向在考古学中是比较有特点的。再比如，许多人关注“丝绸之路”的考古，这是这些年在中国乃至世界上非常热门的前沿性考古学研究课题。打开这张地图，你会发现不管是陆上丝绸之路、海上丝绸之路，还是草原丝绸之路、西南丝绸之路、高原丝绸之路等，它们都在特定的空间里展开，因此考古学研究“丝绸之路”更加重视这种“人地关系”和“空间廊道”的研究。

考古学第四个特征是“跨学科”。我个人认为，考古学其实不是一个学科，而是一个学科群，甚至可以视为一种方法论。考古学和天文学、地理学、语言学、经济学、法学等学科不一样，上述学科的名称及研究对象是具体的、明确的，但是“考古”两个字不是指其研究对象，而是指一种学术行为或者研究方法。考古学研究的对象本身才构成考古学的学术内涵和学术目标，而考古学研究的对象包括人体自身以及人所创造的物质世界的全部，如工具、建筑、城市、乡村、农业、工业、商贸业、工程、艺术、宗教、技术、文字、饮食、服装和装饰、交通、墓葬、驯化动物和植物、生存环境等等，都属于考古学的研究范畴，因此考古学包含许多分支学科，如古人类考古、文化考古、文明考古、城市考古、建筑考古、农业考古、工业考古、经济考古、社会考古、饮食考古、环境考古、陶瓷考古、宗教考古、美术考古等几十个，而不同的考古学分支学科就构成了考古学的学科群。目前中国考古学会设有近30个专业委员会，而且还在不断地“繁衍”。我在中国考古学会四个专业委员会内担任副主任：三国至隋唐考古专业委员会、古代城市考古专业委员会、公共考古指导委员会、文化遗产保护专业委员会。我还参加了宗教考古专业委员会等，这可以说明中国考古学会就是一个多学科的综合体。

就考古学多元的研究领域而言，它研究的多个领域，如果放在当今大学的科学系统中，可能会被划分到不同的院系、学科中：城市考古可能归入城市学系，环境考古可能归入环境系，建筑考古可能归入建筑系，美术考古可能归入美术系等等。但是就考古学而言，只存在一个学科，就叫“考古学”，因此，考古学研究和面对的知识世界是非常复杂的，对求学者及研究者的知识积累的深度与广度、研究方法的多样性等都有特别的要求，这本身证明了考古学研究需要面对诸多学术挑战。当然，我倾向于认为这不仅是一种挑战，还是考古学具有的一种魅力，它几乎对每种科学、每一个对某个学科或方面感兴趣的人张开欢迎的双臂。我们南京大学考古文物系每年招60多个研究生，你会发现，许多的研究生都没有考古学的本科背景。我经常会问他们：你们为什么来报考古专业的研究生？他们往往答道，当年报考本科时听从家长的意见，如今长大了，得听自己的。我觉得这是他们非常了不起的地方，因为他们在自觉自主意识产生之后，便会去追求自己的科学爱好。然而另一方面，考古研究机构招收工作人员时，经常会要求学生必须具备考古学的本科背景，这就很成问题。本科不是学考古的难道就不能做考古学研究了吗？我们中国的第一代考古学家，大多数都不是学考古的，因为那个时候中国没有哪所大学有考古专业，中国最早设置考古专业的是北京大学，那也是在新中国成立以后。另一方面，世界上早期的许多优秀考古学家绝大多数都不是学考古出身的，那么为什么中国的考古机构招人时必须限制于考古学的本科背景呢？谈及高等教育中人才的培养，我个人认为一个人真正的成功，在于他的终身兴趣和学术追求，而不在于他本科是不是某个专业。多学科合一的考古学，为不同学科爱好的求学者提供了发挥才学的可能。今天，不管是南京大学、北京大学，还是其他有考古专业的大学，都会开设不同专业方向的课程。实际上，我觉得很多理工科大学、艺术类大学也将逐步开设考古学，就如同现在美国、日本、欧洲一样，有的理工科大学也会开设考古学方向，用来研究如工程考古、建筑考古、城市考古或者文化遗产等领域。当前我国的考古学似乎主要在大学的文科学系中开设，这表明今天中国的高等教育对考古学领域的跨学科特点及其学术重要性其实并不十分了解。

考古学的第五个特征是“兼文理”。国际上公认的现代意义上的考古科学正式诞生于1859年。为什么？这是因为那一年著名科学家达尔文的《物种起源》发表。进化论、细胞学说、能量守恒定律被并称为19世纪的三大自然科学发现，也为辩证唯物主义的创立奠定了科学基础，这就表明考古学的本质特征是遵循自然科学的实证性及其基本方法，尽管科学界把它划入社会科学或人文科学的范畴，但这并不能改变它天然涉及自然科学和人文社会科学的综合性学科、交叉性学科的特性。如果我们看不到这种特性，是无法来推进考古学的创造、创新和前沿问题研究的。考古学的基本方法论都有自然科学的影子，例如考古学的地层学方法来自地质学的地层学原理，考古类型学方法则来自生物分类学和生物谱系学。除了方法论的兼文理特性，许多交叉学科如海洋考古、工业考古、环境考古等也是依靠跨学科方法发育出来的。值得提及的是，科技方法如今被大量运用于考古学研究，而且还在不断地深化。中国社会科学院考古研究所的袁靖先生曾经就从数字考古、年代测定、古DNA研究、同位素研究、有机残留物分析、环境考古、人骨考古、动物考古、植物考古、冶金考古、陶瓷科技考古、玉石器科技考古等12个领域阐述科技考古助力考古学研究的技术与方法及取得的成就。

考古学的每一次进步都是在自然科学和相关科学的协助下完成的。如果没有多学科的方法论，考古学也不可能完成它的科学任务。我早年编过针对研究生学习的辅助教材《考古学方法与理论》，其中我阐述了考古学具备的四大方法论体系，即考古地层学、考古类型学、考古文化学、考古科技学，而这四种方法论分别来自地质学、生物学、文化学还有其他现代自然科学，也包括一些计量化的研究方法。另外，考古学还吸纳了社会学、统计学、地貌学、摄影艺术、古生物学、体质人类学、环境科学、空间科学、理化科学、材料科学、计算机科学、地理信息系统等不同学科的方法论来推动考古学对自身研究领域的拓展、推动前沿问题的不断产生。

考古学的最后一个特点就是“田野性”。“田野”和“实验”是现代科学诞生的必备条件，现代考古学同样是在这两个条件下诞生的。“田野性”是考古学的最大特色，也最具有重要的方法论意义。中国以及世界上最优秀的考古学家，他们的论文都是书写在广阔大地上的，我自己的体会也是如此。考古学的田野性特征实际与许多现代科学，无论是自然科学还是社会科学，在学理和问题导向上都存在共通性。我是一个做了40多年研究的考古人，接下来我向大家讲述一下我的学习与工作经历。我曾从学于多位考古大家，包括中国最优秀的一些考古学家，如苏秉琦先生、夏鼐先生、安金槐先生、李伯谦先生等，当然还有我们南京大学的优秀考古学家如蒋赞初先生、张之恒先生等，他们都是中国现代考古学诸多领域的开创者、领导人、组织者。

1984年，我前往扬州参与扬州唐城考古发掘。我也曾向著名专家罗哲文先生、郑孝燮先生、徐苹芳先生、纪仲庆先生等汇报考古发现，这些先生很多今天已经不在世。1991年我和中日学者共同前往中国多个县市调查早期佛教遗存，中国早期佛教考古研究是当时中日学者共同调查研究的一个重大课题。

在此前后，我主持或者参与过诸多考古项目，包括发掘海安青墩新石器时代遗址、西汉广陵王刘胥夫人墓、西汉楚王刘注墓、南京六朝墓葬、句容城头山新石器到商周时代遗址、扬州唐城南门遗址、南京钟山六朝坛类建筑遗存、南朝上定林遗址、南京明孝陵和明东陵陵宫遗址、河南南阳南水北调工程古墓群遗址、栖霞山石窟遗址、盱眙泗州城遗址、宝应汉射阳城遗址、如东唐宋国清寺遗址、如皋唐宋掘沟遗址、南京六朝石头城遗址、江宁船墩湖熟文化遗址、方山洞玄观遗址等。参加考古勘探和文化遗产调研的田野项目就更多了，大概有几百项。我曾沿丝绸之路前往新疆、甘肃、青海一带多次做田野调查，跑边疆、跑草原，跑到国境线一带，再前往日本、韩国、瑞典等参加国际性考古考察及学术交流。没有田野实践，也不可能让我们在学术上做出原创性成果。

当年我们进入南京大学，选择考古学就是出于热爱，这种热爱来自田野。我们在课堂里学到的是书本知识，但是当我们真的想成为一个优秀的考古学家时，我们必须走出课堂、走出书斋，这样才能成为一代学人。田野考古学者身处遗址的特定的文化场域，正是在这样的学术训练和实践中，我们获得了一种对先人以及他们生存空间的、我们和他们之间穿破时空的特有的一种体验式理解，蕴含着对历史与当代、他者与我者、发生与可能等各种因素的碰撞和思考，这样的感受是没办法被其他科研方式所代替的。如果不到新疆的沙漠和绿洲上去，如果不跑到海洋遗址上去，我们就无法体验所谓的“海上丝绸之路”和“陆上丝绸之路”发生的场域、环境的重要性及人对文化的创造性意义。作为一个学者，这是非常独特的体验，身处历史现场，我们的脑海会突然迸发出一个个具备前沿性的问题。

我将考古学的这六大特征和考古学前沿性问题如何产生这两个讨论联系在一起，思考考古学科的前沿问题，它们可能有几个来源：第一，来自学科自身的资料、成果、经验、方法、技术、设备、人力等方面的累积和学科内在的学术运动规律；第二，来自时代的提问、挑战和学者的文化自觉与创新追求；第三，来自国家和民众提出的生存和发展的需求；第四，来自全球学科共同体彼此间的交流、开放、交叉和协同。

二十世纪七八十年代以来，世界考古学在进展的同时提出了各种新的前沿问题。我试举几例：第一是旧石器时期现代智人的起源问题中“走出非洲说”和“多元起源说”的争论。有考古学家提出，现代智人都是从非洲走出来的，大概在30万年前，至晚也在五六万年前走出非洲，逐渐分布到世界各地，而原先的“尼安德特人”“丹尼索瓦人”等“直立人”人群在地球上全部消失，这一观点叫现代人“走出非洲说”。但是包括中国的一部分考古学家在内的学者并不认可这种说法，他们认为，在中国土地上的人群包含着双重的来源，既有200万年前左右一直留下来的古老人群，也有后来走出非洲的智人种群，他们之间存在着杂交，如我国著名的古人类学家、旧石器考古专家吴新智先生提出了“连续进化兼带杂交”的观点。另外，世界的人种分析、人类行为研究、农业起源、文明起源等问题，都涉及“我们是从哪里来的”等前沿问题。第二，古典时代考古研究的“阐释学”趋势，倾向于从认知、精神、宗教、功能、社会结构等方面展开考古研究，而不能仅限于物质形态性研究。第三，将生态学方法引入考古及开展多学科合作，如开展环境考古、水下考古、聚落考古、植物和动物考古等。第四，随着文化遗产事业的出现和文化遗产理论的发展，发展出如公共考古、丝绸之路考古、都市考古、湿地考古、性别考古、工业考古等与文化遗产领域相关的考古研究方向。上述四个方面，我认为属于我们今天讲的一些前沿性话题。

正如讲座开始时我介绍的，前沿性话题除了考古学家自己提出的之外，国家需求也是重要的推动力量。2020年9月28日，中共中央政治局第二十三次集体学习中，习近平总书记提出了四方面的问题和要求，我觉得也属于中国考古学的前沿问题和今后努力的方向。这四个方面是：第一，要继续探索未知、揭示本源；第二，做好考古成果的挖掘、整理、阐释工作，考古学界要和经济、法律、政治、文化、社会、生态、科技以及医学等领域研究人员合作来做考古学研究；第三，要做好历史文化遗产保护工作；第四，要加强考古能力建设和学科建设。2022年5月27日，就深化中华文明探源工程进行的中共中央政治局第三十九次集体学习中，习近平强调，当今中国考古学已经取得了很大的成就，但是“任重而道远，必须继续推进、不断深化”，“还有许多历史之谜等待破解，还有许多重大问题需要通过实证和研究达成共识”，我们要“加强统筹规划和科学布局，坚持多学科、多角度、多层次、全方位”研究，我们还要对已有的成就加强“宣传、推广、转化”，“提升中华文明影响力和感召力”，要“建立中国特色、中国风格、中国气派的文明研究学科体系、学术体系、话语体系”。我认为这些都是当代中国考古学最前沿的问题。

根据习近平总书记的要求，我们将其归纳总结为以下几点：

第一，怎么来做中国特色中国风格中国气派的考古学。考古学不光是面向中国，一定还要面向世界，要有面向人类命运共同体建设的考古学研究。就这一方面，我罗列了如下问题，比如：中华民族的起源、中国文化的起源、中华文明的起源、中国多元一体文明格局的形成、中华文化与世界文化的交流与分享、世界不同文明的互鉴比较等方面的考古学研究；与国家出台的区域发展战略相配合的城市考古、区域文化研究与城市遗产保护利用等。另外，当下出台了很多国家文化建设战略，比如国家文化公园，有长城、大运河、长征、黄河、长江等国家文化公园建设问题。这些考古领域都涉及巨大的文化空间，那么这些不同文化空间的“文化”从哪里来、怎么发生、怎么发展、有什么特征、如何代表中华文明的经典符号？这些问题都需要考古学做出回答。除了传统考古学，石窟寺考古、环境考古、边疆考古、文明核心区考古、配合世界遗产申报的考古、技术考古等专门性考古也需要重视，这些研究同样具有前沿性特点和中国特色。

第二，要打通中国考古学和世界考古学的关系，包括“中国考古中的世界考古”和“世界考古中的中国考古”两个领域。需要开展“文明互鉴”和世界文明进程中的中国考古与文明比较研究，包括丝绸之路考古、东亚考古等，都是这一领域下重要的前沿性问题。

第三，要对重大考古学问题作出中国考古界的“回答”，在这个维度下又有以下几个问题需要回答。

其一，要对“人”自身开展考古学研究。人是地球上的万物之灵，是文化的创造者；考古学的前沿问题首先就是研究人，包括人的起源，人的种群、族群，人的迁徙，人的思维、语言、行为的演化，人口繁衍与婚姻形态演化，社会组织形态演化，人的阶级性及其影响，人与人为什么不一样，人的生产方式、生活方式等等一系列问题的研究。比如，“人”是从哪里来的？这个问题涉及南方古猿、直立人以及尼安德特人、丹尼索瓦人、博多人、龙人，还有智人的起源和发展等等。这些问题涉及多个学科，考古学是其中之一。那么，6600多万年前，人科动物是怎么诞生的？有学者认为，当时发生了小行星撞击地球事件，影响了整个气候、环境的变化，从而催生了人类及其高思维力的大脑等等。这又涉及一个千古之问：我们是从哪里来的？从宇宙诞生，到地球诞生，到地球生物诞生，到脊椎动物诞生，到灵长类动物诞生，到灵长类动物中人科动物的诞生；从没有文化的“人”发展出有“文化”的人，从“直立人”发展到“智人”，在这个极其漫长的过程中，是什么导致了今天现代人的胜出？为什么几百万年前诞生的人后来消失了？达尔文提出的“物竞天择、适者生存”的进化论思想是否正确？

前两年我读到一篇论文，作者认为达尔文理论有误，进化的规律应该是“物生天择，善者生存”。我们面临着选择什么来作为人类文明的发展动力这个问题，如果说这种动力从基因产生时代开始就是这样的，我们如果违背了这样的规律就是死路一条。我们究竟选择什么，以及更为具体的行为，如人类的思维、人性、劳动、语言、隐私、婚姻、社会关系、文化等等这些问题，都涉及人的生存和发展的根本性问题。考古学不仅仅要研究作为个体的人，还要研究作为群体的人，涉及很多早期考古学的相关问题。人的来源研究，不仅仅是指生物意义上体质特征的形成，更是指各类文化创造能力的产生和文化行为的生存与演变，例如博多人、龙人、丹尼索瓦人的发现，感兴趣的同学们可以查阅相关论文。人是一种社会化动物，人的文化行为和结果体现了其族群化的社会性特征。许多考古学家都在追求人与物或人与文化的关系，并对隐藏在文化行为背后的原因提出解释。考古学研究人的问题不仅仅通过人骨、人的环境、人的共生物以及人和自然的关系，也可以通过人类的文化遗存来研究人的问题；人是一类具备文化创造能力和文化享用能力的动物，为什么对环境适应能力较差的人最后却成为万物之灵，就是因为人类发展出创造“文化”这样一个独特本领。考古学研究人的文化问题其实就是研究人为什么成为万物之灵这样一个话题。

其二，中华民族从哪里来？中华民族的形成和发展，这也是非常前沿的问题。

其三，农业起源与农业文明的进程、地位。我们今天食用的水稻、小米、小麦、红薯等农作物，饲养和食用的猪、狗、牛、羊等牲畜都是人驯化的结果，这些构成了一种文化，构成了我们的饮食、我们的营养，还构成了我们的阶级与社会关系，这里面涉及很多考古学问题。

其四，城市起源与城市文明的进程与地位。今天是一个城市化的时代，要研究城市考古、经济考古、建筑考古、科技考古、工业考古等，这都涉及城市的起源及本质、城市和乡村的关系、城市和经济、城市和国家文明、城市和建筑文化、城市与技术变革以及城市与工业文化形态等问题，而这些问题都可以通过考古学来进行解释。世界上最早的城市距今9000多年，中国最早的城市距今6000多年，再如我本人主持发掘的南京石头城以及南京考古学家们发现的六朝都城，再推及国际考古学家们发掘的古希腊、古罗马、古印度、美洲文明的城市考古等，这都说明要研究世界上的原生文明，只能通过考古学去实现，研究没有文字记载的时代，都需要考古学家的发现和解释。

这就涉及第五点，即国家文明起源及国家文明诞生后的作用、地位等问题。为什么习近平总书记近年来不断向考古学家们提出这个问题：中国从哪里来，我们中华文明从哪里来，为什么我们和其他的文明不一样？在这些问题上如果不用科学的方法说清楚，这就是一笔“糊涂账”，所以这个任务要交给考古学家们来进行探索。那么，党中央，中国人，包括世界上的考古学家们也会探析中华文明为什么是这样的。我今天初步为大家总结一下相关问题，5000年前诞生的中华文明有很多特征：

1. 中华文明是世界四大原生文明之一，是东亚地区唯一的原生文明，也是世界上唯一没有断裂的文明。中华文明诞生的过程、动力、内涵、运动机理、特征是什么？又为什么可以保持长久的生命力？如果不把这类问题说清楚，就对不起我们的前辈，对不起我们的子孙，也对不起世界上关心这些问题的人。

2. 中华文明的创造者及中华民族，是否有着“持续进化、兼带杂交”的进化特点？

3. 中华文明没有真正的宗教。夏朝、商朝、西周的都城均找不到真正宗教的痕迹，而古希腊、古罗马、埃及、巴比伦文明的都城中都有庞大的宗教建筑。我们信奉“敬天法祖”、以人为本。

4. 中华文明有着“天人合一”的理念。道、阴阳、四象、二十四节气、中医等等，都是“天人合一”观念的产物，为什么？

5. 中华文明发明和坚持使用形、音、义合一的表意文字“汉字”，这种文字的背后隐藏的是综合性思维而非解构性思维。我们为什么形成这种文字？为什么现代科学诞生于西方？那是否由思维所导致的？现在我们学习外语，实际是学习西方世界的解构性思维，再加上自己传统文字造成的擅长的综合性思维，我们在思维方面可以发展得更加完善。

6. 我们的文化和文明是统一的，我们建设了“家国一体”的理念，而这种理念为什么产生？

7. 中华文明体系中的“精神文明”，存在群、家、道、亲、礼、忠、仁、义、信、德、一、公、文等文明核心理念，它们是如何产生的？

8. 中华文明与西方文明比较，存在着生产关系“先行”，并且引领生产力变革发展的特点，这是为什么？

9. 中国也是个具有发明传统的国家。有人说古代中国没有“科学技术”这个传统，但是中国确实有太多的科学技术发明，例如水稻和小米种植、家养动物的驯化、丝绸、中餐、木建筑、玉器工艺、陶艺和瓷器、茶艺、汉语言文字、水利水文、造船、天文历法、二十四节气、造纸、火药、枪炮、印刷术、指南针、中医药、数学、物候学、金属冶炼、纸币、园林、礼器系统、科举制、书法、绘画、音乐、戏曲、道学、儒学、法学、兵学、禅宗、国史—家史体系、藏书和知识管理、重教传统、耕读传家等等，中华文明有太多的发明创造，有的贡献不仅仅福泽中国，也是福泽世界的。我们如何树立文明自信、文化自信呢？考古学对这些问题的研究具有极重要的地位。当然，任何文明都不是十全十美的，我们当然有不足，我们历史上有过分的厚葬，有帝王的奢靡，也有剧烈的阶级冲突等等。当我们研究一个文明时，我们一定是在实证主义的指导下探讨它，而不是从理论出发，考古学恰恰是门实证科学。

其六，人与自然的关系的演化及其研究。

其七，“中国文化”以及不同区域文化、城市文化的创造性和特质性研究。这方面包括土木建筑考古、水稻等农作物考古、瓷业考古、漆器考古、茶文化考古、造纸与印刷术考古、造船与航海考古、美术考古、儒学遗产考古、军事与火药考古、中医药文化考古、园林考古、汉字考古、礼文化考古等。

在考古学文化的研究中，我们会思考许多问题，如自然科学和社会人文科学为什么一个是普世的，一个是多样性的？其中的原理在哪里？这需要考古学来探索这种原理。

其八，“多元一体”的中华民族共同体形成的考古学研究。我们现在有56个民族，历史上也有过很多民族，这些都需要通过考古学来探索其起源并融入“中华民族共同体”的历程。

其九，我们需要关注到技术考古。其中涉及不同技术的诞生、技术与人及社会变迁的关系、技术与生产力及生产关系、技术与产品及文化、技术与环境及资源、技术传承与创新、技术传播及其影响、技术与文明形态、技术的实验室考古研究等问题。

其十，文化遗产考古也是重要的前沿课题。文化遗产考古实际上是把人类的历史创造作为现代化的发展资源，真正实现把历史的物质创造和精神创造全方位地带入国家现代化建设的进程中，实现人类的过去、今天和未来的一体化、协同化和物质与精神均衡化发展。考古学正是文化遗产学的基础性学科，也是实现文化遗产融入现代化实践行动的一个重要学术领域。我们南京大学文化与自然遗产研究所承担过数百个课题，其中一大半都是关于文化遗产方面的。正是基于多年的考古学基础研究和考古学实践，我们才有条件将考古学研究推进到文化遗产的研究体系，并通过这种研究为国家、为社会发展做出我们学科的贡献，我自己也非常希望把考古学专家的成果通过公共考古平台传播给社会，所以我们创办了《大众考古》月刊和公众号。

总的来讲，习近平总书记在2020年9月28日的中共中央政治局学习会议中提到："要高度重视考古工作，努力建设中国特色、中国风格、中国气派的考古学，更好认识源远流长、博大精深的中华文明，为弘扬中华优秀传统文化、增强文化自信提供坚强支撑。""考古工作是一项重要文化事业，也是一项具有重大社会政治意义的工作。考古工作是展示和构建中华民族历史、中华文明瑰宝的重要工作。"我认为，这是党和国家领导人对考古学现代价值所给予的高度重视，也作为我今天讲解的结束语。中国考古学百年来取得了享誉世界的成就，而考古学家则是值得人们致敬的科学群体。在全球化、信息化和智能化的时代，考古学的国际化也不断催生新的前沿问题。我相信，随着我们国家综合国力的提升，中国考古学一定会为国家，也为人类的进步事业做出更多的科学贡献。

关于考古学的特征和若干前沿性问题，我的思考大致就是这些，谢谢各位同学和校友！

【主持人】吴萍萍：

好的，非常感谢贺教授的专业解读，相信直播间的各位朋友也对考古学有了更加全面和深刻的认知。讨论区有很多朋友留言，有位朋友问："请问贺教授，没有宗教学的基础，研究东汉到宋朝的中国文物有没有可能完全脱离了历史实际？"

【主讲老师】贺云翱：

我刚才讲到，中国原来是没有真正宗教的；直到东汉，佛教传入后慢慢地将中国先秦时期老子开创的道家转化成了一种宗教即“道教”，传入中国的佛教、中国本土的“道教”后来和其他外来宗教，例如基督教、伊斯兰教等并行发展。中国文明是一个包容性的文明，所有的这些外来宗教以及思想体系，我们都能够将其包容进来，构建我们自己的一个“中国化”的思想、理论体系。当然，宗教毕竟属于一种社会精神文化现象，并没有影响到我们生活的所有方面，所以我觉得即使不具备充足的宗教知识，也可以研究历史上的各种考古学问题。

【主持人】吴萍萍：

好的，谢谢贺教授。还有一位朋友问：“请问贺教授您怎么看南京考古的优缺点、城市发展与破坏？怎样设置一个合理的平衡和限制机制呢？”

【主讲老师】贺云翱：

这位朋友问的是一个关于“南京考古”的问题。我对南京的考古研究现状非常熟悉，南京大学在南京这方土地上，我又是学考古学的，所以当年读书时老师经常带我们去南京城内的遗址考察，蒋赞初先生还给我们开设了“南京历史”这门课程。大学毕业后，我也在南京这片土地上工作，还做过南京市文物研究所的创办人及负责人，最近几年我一直在继续从事南京的考古研究，有很多南京考古界的朋友，有的还是我们教过的学生，我们不时会交流。我觉得“南京考古”在中国考古中地位是很崇高的，因为南京是中国七大都城、中华文明四大古都之一，也是将中国文化传播到世界的一个重要中心。南京是一个叠加型的古都城市，与洛阳、西安等城市不一样。洛阳、西安等古代都城，其所在地很多并不位于今天的主城区，所以它得以保存下来，并且持续开展考古工作。南京历史时期中十个朝代的首都都城空间，全部都在现代南京的主城区的下面，因此遭到很大的破坏。在这种情况下，我认为南京所有的城市建设工地都应该进行考古，这是保护南京地下遗存的一个最重要方法，当然我本人也是推动南京地下文物保护的一个推手，参与过《南京市地下文物保护条例》的制定。这是第一个方面。第二个方面，南京城具备国际性的特征，例如外来佛教在六朝时代就已成为南京都城的一个重要文化因素；在中国禅宗的发展中，南京牛首山、清凉山都有地位。我们一直在南京开展都城考古研究以及佛教考古等工作。我认为，我们需要更多既熟悉中国文化又熟悉世界文化，既能够主持中国考古又能够主持国际考古的学者。我们需要把城市建设和地下文物保护有机结合起来，做到在保护中发展，在发展中保护。

【主持人】吴萍萍：

好的，谢谢贺教授。最后一个问题，有位朋友问：“请问什么样的学科或者学生能够更好地适应考古学的研究呢？”

【主讲老师】贺云翱：

从学生的角度来说，如果他没有考古学的本科基础，我觉得具备历史学、古建筑学、城市研究、艺术研究、宗教研究、历史环境等专业基础的学生都可以成为一个优秀的考古学家，也许在你们中间就会产生中国新一代的考古学巨人。

【主持人】吴萍萍：

再次感谢贺教授的精彩演讲和细心解答。从一线考古学术研究到教书育人，我们深深感受到贺教授对考古事业的热爱与情怀。今年正值南京大学考古学建系50周年，欢迎更多的同学、朋友来到南京大学学习、探索，揭秘考古学，通过考古工作探索中华民族历史、中华文明瑰宝，向世界讲好中国文物故事。借用贺教授刚说过的一句话“也许在你们中间就会产生中国新一代的考古学巨人”，献给直播间的各位朋友。好的，今天的直播课程到此结束。朋友们再见！

（文稿整理：李佳怡）

国学与人文素养

【诚计划】第4期

直播时间

2022年6月7日（周二） 19:30—21:00

直播地点

南京大学鼓楼校区21舍终身教育学院演播室

主讲老师：徐小跃

南京大学中国哲学、宗教学教授，博士生导师，南京图书馆名誉馆长，江苏省政府原参事，江苏省文史馆馆员，中央“马克思主义研究与建设工程”首席专家，国家社科基金学科评审组专家，国务院政府特殊津贴专家。

主 持 人：赵晓蕾

南京大学终身教育学院主持人

【主持人】赵晓蕾：

直播间的各位朋友们大家晚上好，欢迎来到南京大学瞰学堂。我是终身教育学院干训部赵晓蕾。今天为大家带来南京大学校友终身学习辅助计划第4期：国学与人文素养。主讲嘉宾为南京大学中国哲学、宗教学教授，博士生导师，南京图书馆名誉馆长，江苏省政府原参事，国务院政府特殊津贴专家——徐小跃老师。

中华优秀传统文化是中华民族的血脉，是中华民族共有的精神家园。文化兴则国运兴，文化强则民族强，作为传统文化精华部分的国学也是一门大学问。到底何为国学？何为人文？国学寄寓在何处？国学的核心是什么？国学与我们现代生活有着怎么样的关系？让我们带着这些问题进入今天的讲座，随徐老师一起感受国学的永恒魅力和时代光彩。

【主讲老师】徐小跃：

一

各位好！今天非常高兴能够在这里和大家一起讨论国学与人文素养的问题。所谓“国学”就是“国故之学”的简称，就是中国过去的学术思想，通俗地说，就是中国传统文化。我们可以从两个角度去界定它。

第一是从传统的学术思想，也就是从学术的角度来看待国学。国学存在于经、史、子、集之中。首先，所谓“经”，就是专门指儒家的经典和研究儒家经典而形成的书籍。儒家的经典有“五经”“七经”“九经”“十三经”之说。我们实际上对儒家思想的学习，更多的是通过读《大学》《中庸》《论语》和《孟子》，也叫“学庸语孟”，简称“四书”。学习国学，首先便是要学习儒家的“四书”。其次，国学是在“史”中，所谓的“史”就是历史。在世界各民族中，中华民族是最重历史的民族。我经常讲一句话：“作为稍有素养的中国人，你一定要关注一下被称为‘史学两司马’的两部史学著作，一个是司马迁的《史记》，另一个是司马光的《资治通鉴》。”再次，国学在“子”中。所谓“子”，就是诸子百家的学术。在春秋战国时期，中国产生了许多的学派，最著名的就是儒家、墨家、道家、法家、阴阳家、名家、杂家、农家、兵家、小说家和纵横家。也就是说，除了学习儒家经典和历史经典以外，我们还需要读《墨子》《老子》《庄子》《韩非子》《孙子》等著作。当然，如果说得更学术一点，子部中还收集了部分道教和佛教的一些经典。最后一个部分，就是国学的载体之一的“集”。“集”收录了诗、词、赋等，也就是唐诗、宋词、元曲、楚辞、汉赋以及各时代的文论。通俗地说，所谓的“集”就是收录一切文学的著作。由经、史、子、集而构成的经学、史学、子学、文学，就是学术层面的国学内容。当然，如何去读懂这些书，如何校勘这些经典的版本，研究文字音韵，这些又构成了一门独特的学问，叫作“小学”。国学在哪里？国学就是在这五学之中，就是由经、史、子、集所构成的经学、史学、子学、文学外加小学。从学术的层面看，国学有这些内容。

第二是从思想文化的角度来讲，国学是专门指由儒家、道家和佛家三家构成的思想文化。这样一个判定也是基于对“什么是文化”以及“文化的基础”的认知。说得通俗一点，文化包括的内容非常广泛，众说纷纭，莫衷一是，但是有一点是清楚的：文化的基础是思想。而思想又包括两个方面：一是它的价值取向，二是它的思维方式。也就是说，文化思想，包括价值取向、思维方式，这是儒道佛三家非常关注的问题。当然，这涉及人生的价值和意义，生命存在的方式，以及审美和生存的心理结构等问题。今天我给大家带来的内容，重点是在后面一个问题，希望能通过这次讲座让大家了解中国古人究竟是怎样理解人文问题的，或者说什么是人文精神和人文素养。所以关于国学本身的内容，我在这里不能和大家充分展开讨论，只是用非常简要的语言给大家做一个宏观的介绍。

我们一般说，儒道佛三家是中国文化的三个重要组成部分。中国古人也有这样的说法，叫"天有三光日月星，人有三教儒道佛"。天上有三个光源，太阳、月亮和星辰，在社会人间也有三个智慧之光，一为儒，一为道，一为佛。从这两句话中，我们可以看出中国人对儒道佛三家的高度重视。这三家各有不同的价值观和思维方式，说得通俗一点，儒家、道家、佛家所关注的问题各有侧重。儒家主张积极入世，强调积极有为的精神，因此可以概括为四个字：入世有为。道家对社会人生一般抱有超越和批判的态度，因此它主张超世和无为的精神。道家的无为有一个特殊的所指，并不是像一般人从字面上所理解的无为，不是什么事都不做。实际上，道家的无为有深邃的意旨。道家的价值取向可以概括为四个字：超世无为。佛家对社会采取了一个更加超越的态度，因此它主张出世，还要求大家去放下，可以概括为：出世放下。这是对儒道佛三家特点的概括。

对儒道佛三家的核心的价值观，我也有三个词的概括，也就是三"慈"。儒家主张慈厚，道家主张慈柔，佛家主张慈悲。这个"慈"的一个最主要的意思就是不计较个人的得失，尽心、诚心地给予别人。所以说，儒家、道家、佛家实际上都有给予的精神。给予的精神是一个非常重要的精神，这是儒道佛三家的核心的价值观。对于儒道佛三家各自在社会、身体、心性方面的主张，可以用三句话来概括：以儒治世求安定，以道治身求安康，以佛治心求安宁。儒家所关注的是世间社会，要实现世间社会的安定。道家关注是人的身体，它要实现人的身体的安康。佛家注重心灵的安宁。儒道佛三家“三安”的思想对我们中国社会，对我们的人生都是有重大正面意义的。这就是 “国学”的概念以及国学所关注的主要问题。

二

那么对于“人文”这个概念，或者说人文素养和人文精神，我们一定要结合中国传统经典对它的定义和论述进行讨论。通俗地说，我们现在讲到人文，每个人都会说人文精神、人文素养、人文关怀，但是如果深究下去，在中国传统文化中，人文素养和人文精神究竟具有哪些具体内容呢？中国古人对人文进行了定义，这个定义是在《周易》中呈现的。《周易》是中国传统文化的根源所在，是儒道两家的共同源头。《周易》中说：“文明以止，人文也。”这句话显然是判断句。简单地说，能够安止文明的，就叫人文。当然，如果讲得更生动、更学术一点，这句话实际上是对周易64卦中“贲卦”的一个解释。周易三画卦中，贲卦最下面的是离卦，所谓的离卦代表的是火，火代表的是美丽和光明。上卦叫艮卦，代表山，山的属性就是止。因此贲卦下卦是火，上卦是山，它要表达的是人站在山上观看着山下的火，火代表光明和美丽，所以，中国古人讲这个卦的意思就是“文明以止，人文也”。在这里，文明与人文这两个概念，实际上是可以互相进行解释的。中华文明有它的一种价值取向，有一个目标和方向。这个目标和方向就是两个字：心性。也就是说，中华文明重点的是要讲求人性的变化和净化。它要把人性净化到一个什么样的状态呢？至善的状态。这个至善的状态也就表现出生命的灿烂、美丽、光明。所以说，指向着这一文明方向和目标的种种的德行，就成为人文的本质规定，就成为人文所要实现的目标和任务，就决定了人文有它自身的价值取向和思维方式。

对人文所包含的内容或者文明所包含的内容进行概括和总结。第一点，这种文明，这种人文精神，重视的是对人的生命存在方式的探讨，也就是重视人性的问题。

第二点，中华文化，特别是儒家文化认为，人性就是人之为人的属性，它能够产生只有人所具有的道德。所以，中国的文明，中国的人文精神，所关注的第二个问题就是人的道德。

第三点，中国的文明和人文具有特色的地方，就是要回答人生的意义和价值在哪里。关于人生意义和价值，中国跟西方有着不同的认知。中国人认为人生的意义和价值只有在人与对象所形成的关系中获得。人与人之间形成关系，人与社会国家民族形成关系，人和天地万物形成关系，中华文明或者说人文所关注的就是一种伦理，这是文明和人文所要解决的第三个问题。

第四点，就是人文的教化作用。人文对社会、对人生能起着什么样的作用呢？说得通俗一点，就是人文有什么样的功能？它所肩负的责任是什么？

三

作为一个稍有人文素养的中国人，你一定要知道生命是由两种形式构成的，一种叫气质生命，一种叫德性生命。当然，两个概念是我们用现代的语言来表述的，我们中国古人在几千年前用了两个概念来表达人的这两种生命存在方式，一个概念是“人心”，一个概念就是“道心”。我们在讨论生命的存在方式和人性的问题的时候，一般都要引用作为儒家“五经”或者“六经”之一的《尚书》中非常著名的几句话。《尚书·大禹谟》中有四句话：“人心惟危，道心惟微，惟精惟一，允执厥中。”人的身体有两个组成部分，一个叫人心，人心是非常危险的。还有一个叫道心，道心是非常精微的。我们要持有一种“惟精惟一，允执厥中”的态度，去把人的生命调整到一个本来的状态，一个美丽的状态，一个光明的状态。这四句话在儒家的传承当中太重要了，儒家把它称为十六字心传，这是从尧、舜、禹、汤到周公、孔子、孟子一直相传的十六字心传，这是道统。这四句话重要到什么程度呢？南宋的一个哲学家名叫朱熹，大家都很熟悉，他读到这句话后写了一首《观书有感》：“半亩方塘一鉴开，天光云影共徘徊。问渠那得清如许？为有源头活水来。”这首诗就是在谈儒家的十六字心传，也就是“人心惟危，道心惟微，惟精惟一，允执厥中”。如果真正懂得国学，那么对一些诗词的理解深度就不一样了。他在这里告诉我们要把人心和道心变得光明，要把遮蔽道心的东西扫除干净，只有源头干净了，人所呈现的才是文明的、人文的。这里面的逻辑关系就是这样的。

只要稍懂一点中国传统文化或者国学的人都知道，关于人性究竟是善还是恶这个问题，在中国存在有两种对立的理论，一个是主张人性本善，一个是主张人性本恶。究竟怎么回事呢？

我们都知道，孟子是性善论的代表者。实际上孟子就是抓到了《大禹谟》中提到的人的道心。道心是“惟精惟一”的，是非常光明的，他把道心作为人性来研究，自然得出人性本善的结论。而与他相反的荀子抓住了人心的这一面，所以说他得出了人性本恶的结论。我有一个形象的比喻：人性是人身上的两个频道，左边的频道就是管道心的，右边的频道是管人心的，孟子关注了道心的一面，得出了人性本善的结论，荀子关注了人心的这一面，得出了人性本恶的结论。我们学习国学，对这两者的观点要在概念上进行明确的区分。孟子所讲的道心，在他的思想体系中换成了“良心”，人性就是这个良心的同义语。说得通俗一点，有良心人的就是有人性的人，良心是人之为人的根本，是人与禽兽的区别，是人的本质。听过我讲国学的人都知道，我喜欢引用孟子的那句名言："人之所以异于禽兽者几希。"这句话什么意思呢？人与禽兽的不同之处实际上就一点点。这和《大禹谟》讲的"道心惟危"，是意思相近的。孟子讲，人之为人，就是因为那么一点点的属性，因为一个词就叫"良心"，说得通俗一点就是，人和禽兽的差别非常非常少，这一点点的差别就是人有良心。因此我们中国和西方对人性的定义有一个不同点，西方讲人是理性的动物，我们中国的文化讲人是有良心的动物，一个重理性，一个重心性，这反映出中西文化对人的本质的不同认知。

良心在孟子看来有一个特殊的功能，它能生出人的道德。所以孟子有一句话叫"仁义礼智根于心"。理性、道德是根源于良心的。那这句话反过来说是什么呢？以孟子为代表的儒家坚持认为，人的良心是能产生出仁义礼智等道德的。当然，仁义礼智实际上有分别，它们由人本存的四种心所产生：恻隐之心产生了仁爱、仁德，羞恶之心产生了义德，辞让之心产生了礼德，是非之心产生了智德。原话是："恻隐之心，仁之端也；羞恶之心，义之端也；辞让之心，礼之端也；是非之心，智之端也。"实际上这个心就是人的生命的情感。孟子讲，人天生是具有恻隐的情感、羞恶的情感、辞让的情感和是非的情感，那么因为有了这四种情感才产生了仁义礼智四种道德，这个是我们儒家非常有特色的地方，叫"四心论"和"四端论"。孟子抓到了道心，强调了良心，我们就可以发现，主张人性本善的孟子注重明心和道德，连在一起叫明心重德。那么与他相对立的荀子抓到了人心"惟危"的那一面，他认为人一生下来就有三种表现，人心，或者说人性，第一是好利的，第二是疾恶的，第三是好声色的。他关注的人性完全就是生理、心理方面的欲求和属性。这三个属性不是好的，但是荀子告诉你，人天生有这三个属性，但人不能顺着它。首先荀子说，如果顺着的话就会出现这样一个情况，就是"争夺生而辞让亡焉"。如果顺着人的本性呢，人人都去争，那么相互的辞让就没有了。其次，什么叫疾恶？就是妒忌，看不得别人好，看到别人好就想怎么着把他踩下去。如果顺着人的天生之性的话，就会出现什么情况呢？“残贼生而忠信亡焉。”互相残害，彼此没有忠信了，没有给予，没有帮助，没有仁爱。第三，如果你要顺着人天生好色的本性，那这还得了吗？“淫乱生而礼义文理亡焉。”你看，他对人性的看法是非常深刻的。如果这样来看，人性当然是恶了。那么怎么办呢？一定要把它变化，一定要把它控制住。用什么方法控制呢？荀子说了两个方面，一个叫“师法之化”，一个叫“礼义之道”。主张性本善的孟子得出的结论是明心重德，主张人性本恶的荀子得出的结论是化性重德，这很有意思。实际上，对于人性和人的生命存在方式，如果把孟子和荀子两个结合起来那就完美了，人性就包括这两个方面，生命就是气质生命和德性生命的结合，只不过二人是各执一端而已。主张性本善的孟子和主张性本恶的荀子都走到了这一条道路，这叫殊途同归。这里反映出人文一个很大的任务就在于三个词：明心、化性、重德。孟子注重了道心，这是“明心”，荀子注重了人心，这是“化性”，两者都重视道德的构建。

人文的素养如何体现出来呢？最重要的是要有良心，这才是人文素养的来源。有浓厚的人文素养和人文精神的人一定不能太重利，嫉妒心一定不能太重，怒气不能太大，怨气不能太重，戾气不能太盛。我在这里用了三个“气”。现在有些人不知道哪里有那么多怒气，怨气满天，戾气太重。我有个群，这个群的成员都号称教授、博导、厅长，但发的信息里充斥着这三“气”，没有发过一条正面积极的信息。曾国藩说，人的气质由于天生，很难改变。什么气质呢？就是好利，疾恶，好声色。人好发怒，有戾气，这是天生的，很难改变。那怎么办呢？曾国藩有一个办法：唯有读书可以变其气质。读书的一个作用就是把不好的气质变化掉。现在读书人很多，进入南京大学哪个不读书呀？教授不但读书，还要写书，他的人文素养一定很高吗？他就没有戾气了吗？没有气质不好的地方了吗？不是的。读书也要看怎么读，我们读书一定要入心，光入脑都不行。我想起了北宋有一位大思想家叫程颢，他说：“今人不会读书。如读《论语》，未读时是此等人，读了后又只是此等人，便是不曾读。” 这段话讲得很深刻。《论语》读了那么多遍，你之前是什么样的气质，你读了以后还是这么一个气质，那就等于没有读。我在南京大学经常讲这句话：到南京大学四年，出来以后你的气象一定要有南京大学的气象，如果你毕业之后还是入学以前那个气象，那来南京大学读书干什么呢？因此这个读书是一定要入心的，一定要化性。

第一个问题我给大家一个结论：人文精神、人文素养具体就体现在“明心化性”，要记住这四个字。

四

第二个大问题，即用道德来明心化性，以彰显人性的光辉。为什么讲人文素养和人性就要讲道德呢？儒家坚信，良心是产生道德的根源。儒家的道德观非常丰富，儒家的核心价值观是五个字：仁义礼智信。但仁义礼智信讲的是什么精神呢？一定要知道这五个德解释的是什么道理和弘扬的是什么精神，才能知道这东西是好东西。我曾经对这五个德有这样的概括：仁以爱之，仁的道理和精神是爱；义以正之，义的道理和精神是“正”；礼以敬之，礼的道理和精神是敬；智以善之，智的道理和精神是善；信以诚之，信的道理和精神是诚。“仁义礼智信”所弘扬的道理和精神就是“爱正敬善诚”。如果把注意力集中在这五个字的道理和精神上，那么自然就能理解，为什么我们现在说中华传统的美德是能够滋养社会主义核心价值观的。社会主义核心价值观中，爱国是爱，公正是正，敬业是敬，友善是善，诚信是信。在这五德当中，最重要的德是仁。中国古人有一个比喻：仁是什么？仁就像人的身体，义礼智信就像人的四肢，那人的身体当然是本位的了。因此我下面就简单和大家讲一下儒家最重要的仁德的内涵。

仁是什么道理，是什么精神？学界有不同的看法。《论语》说：“樊迟问仁。子曰：‘爱人。’”这个爱人是仁的本质。有学者否定这个说法，认为这是孔子对樊迟的回答，樊迟在孔门的弟子当中地位不高，他认为只有孔子对颜回的回答才能作为仁的本质。但是我告诉大家，仁是爱的道理和精神是不容置疑的。除此之外，孟子明确告诉我们什么叫仁：“仁者爱人也。”唐宋八大家之首的韩愈界定“仁”时说“博爱之谓仁”。南宋的朱熹怎么讲仁的呢？他说“仁是个温和慈爱底道理”。王阳明说“天地万物一体之仁”。所以说仁是爱是没有问题的。当然，这种爱的道理和精神在儒家那里，特别是在孔子那里又通过两个“德”得到体现，这两个概念就是 “忠”和“恕”。孔子曾经跟他的弟子明确地说：“我和大家所宣传的道都是一以贯之的。”当然，这是后来经过他的弟子曾子的口概括说出的：“夫子之道，忠恕而已。”关于什么是忠，什么是恕，这个问题古今学界有许多不同的看法。实际上这是儒家思想一个非常重要的特点。忠恕一个是管内，一个是管外，忠包括忠诚，是管内的，是管德的那一部分。这个忠就是尽心尽力、诚心诚意、全心全意，这是一个基础和前提，做到了这一点就很好。我如何全心全意、诚心诚意、尽心尽力地给予别人呢？这就体现在德行上。我们儒家的文化就是谈德行。什么叫德行呢？《周礼》有这样一个定义：“德行，内外之称，在心为德，施之为行。”什么叫德？在心就叫德，因此忠是管心的。那什么叫行呢？落实在具体的行动中就是行。

我们之所以讲孔子的忠恕之道，就是因为仁爱体现在忠恕之道当中。而恕道有两个方面，我把它讲成正面的和反面的。所谓正面的，就是大家非常熟知的那两句话，就是“己欲立而立人，己欲达而达人”。这就是恕道的正面意义。朱熹曾经给恕有一个定义，叫“推己之谓恕”。什么叫推己？就是如果你有好处，你就把这个好处推给别人，要使他人也通达显达。所以说在《论语》当中，孔子认为："君子成人之美，不成人之恶，小人反是。"君子已立而立人，己达而达人。我成功了，发达了，我想再去帮助别人，让别人也达到这个境界和状态，这就叫成人之美，这是君子的做法，这是一种给予，这是恕道的正面规定。恕道的反面的意义是什么呢？这是大家更熟知的了，就是你厌恶的，不要强加给别人，不要推己给别人，你自己不愿意别人对你怎么样，就千万不要对别人那样，你自己没有做到，就千万不要要求别人去做到，这就是恕道的负面所体现的道理和反映的精神。当然，大家读"四书"会发现，对这个恕道有不同的表述，因为时间关系我不能全引。大家最熟知的就是《论语》中的一句话："己所不欲，勿施于人。"在《中庸》里也有这样一句话："施诸己而不愿，亦勿施于人。"别人如果要这样对你，你不愿意，你就不要用这种方法去对待别人。当然，《论语》当中的"我不欲人之加诸我也，吾亦欲无加诸人""君子有诸己而后求诸人，无诸己而后非诸人。所藏乎身不恕，而能喻诸人者，未之有也"也是这个意思，如果你自己还没做到的话，千万不要要求别人这样做。不要把你不喜欢的或者你不愿意别人强加给自己的强加给别人。我举个例子，比如说我要在加勒比海地区部署具有杀伤性的武器，你看美国干不干？20世纪60年代的古巴导弹危机是不是这样？闹得一塌糊涂。但是现在有的国家把有威胁性的武器布置在别国的家门口，这有恕道情怀吗？另外，你自己不喜欢的人和事，不要强求别人和你保持一致。我有不喜欢的人，不喜欢的国家，你一定要跟我排队，你不站队就不行。这就是不符合恕道精神。你自己没做到的，就不要要求别人做到。儒家反对这样做。当我读到这句话的时候，我就想到，美国就是这样干的，它有许多自己没做到的地方，却完全要求别人做到。我们学习国学，所谓的人文情怀，就是要宽容，这个宽容的情怀就在恕道的几层意识中充分体现出来。我们现在推进"一带一路"建设，构建人类命运共同体。我现在告诉大家，能把这两件事情做好的，只有具有深厚人文素养、道德情怀和忠恕之道的中华民族。中国能做成这件事，因为我立而立人、我达而达人。我自己没做的就绝对不会让别人做，我不喜欢的就绝对不让别人跟我一样，我所厌恶的绝不强加于别人。我们在推进“一带一路”建设、构建人类命运共同体时都是在践行着这些人文素养、人文精神和人文关怀。我们在讨论什么叫文明、什么叫人文时都要通过大量的事实说明这个问题。所以费孝通总结了四句话，实际上就是恕道正面意义的呈现，这四句话就是“各美其美，美人之美，美美与共，天下大同”。第二个问题我要给大家的结论是，所谓的人文精神、人文素养，具体体现在要重道德，特别是以忠恕之道为代表的仁爱精神。我总结为一句话：你一定要成为一个具有人文精神和人文素养的人，你一定要知道你能不能做到给予，能不能做到对别人尊重、对别人宽容。如果你具有这种仁爱的忠恕之道，以及能给予别人尊重宽容的精神，那么你就是有人文素养的。

五

第三个大问题，强化伦理教化以彰显人生意义和价值，这个问题紧紧扣住了人文这个概念和逻辑。我们前面讲，我们要文明，我们要明心，我们要化性，我们要崇德，我们要依仁和行仁，如此就展开了人生的画卷。而如何使人生富有意义和价值，人文又给予了特别的关照。对于人之道，也就是人生意义价值所在，中华文明有着自己独到的见解。我前面实际上也指出了，这个见解就是在人与人，人与社会，人与国家，乃至人与天地万物的关系中体现出来的。注意这个关键词：关系。在这里我想引用孟子的一大段话：“人之有道也，饱食、暖衣、逸居而无教，则近于禽兽。”大家注意“饱食、暖衣、逸居”六个字。人首先有道要满足吃得饱，穿得暖，住得安逸，但如果仅仅注意这一点，却不注重人文的教化，会怎么样呢？“无教则近于禽兽。圣人有忧之，使契为司徒，教以人伦。”也就是说，在人伦关系中才能凸显人生的意义和价值。那这个人伦是什么呢？“父子有亲，君臣有义，夫妇有别，长幼有序，朋友有信。”人生的意义和价值从哪里体现？两千多年前的孟子讲得非常之清楚。前面我有讲到，除了人与人，人与社会，人与国家的关系，我们还要与天地万物形成关系，这也就是《中庸》讲的六个字：成己、成人、成物。首先成己，再成人，再成物，构成天地人“三才”的和谐。中华文明或者说中国传统文化的一个重要的特征，人文素养的内在规定，有一个非常重要的特点，就是注重在多样性和差异性中寻求和实现美善，乃至达到和谐的境界。孟子有云：“夫物之不齐，物之情也。” 万物本身就不是整齐划一的，这是万物的客观的情形，是它的本性。我们的文化、文明、人文，这些概念是很烦琐的。《说文解字》说：“错画也，象交文，凡文之属皆从文。”凡是跟文相连的事物，都依从文这个概念的本质规定。文的本质规定是什么呢？ “物相杂故曰文”，不同的物相杂一起叫文，“五色成文而不乱”。还有一个词叫“物一非文”，所有的文一定不能够同一，一定要多样，一定要有差异，所以中国人说：“和实生物，同则不继。”“和”就是将不同的东西糅在一起，才能够生长出新的生命，才能够引起变化。金木水火土五行，我们的饮食有不同的食材、不同的调味，只有依靠不同的声响才能演奏出和谐壮美的音乐。这个道理很简单。关于“同则不继”，大家更熟悉的叫“和而不同”。我经常讲把这句话倒过来讲，不要讲和而不同，要讲不同而和，这是中华文明一个非常重要的特点。

我们为什么要支持世界多极化？ 你看我们的古人怎么说。《中庸》中说：“万物并育而不相害，道并行而不相悖。”万物都在地球上，它们的生长不相互妨害，不同的道，比如儒道佛，还有民间宗教，都要让它们并行。什么叫文明？什么叫人文？请大家体会。所以这个问题的结论是，人文精神、人文素养，具体表现在要重伦理，重伦理实质就是要重关系，要尊重差异，追求和谐。一个没有人文素养的人，他是不会承认差别的存在的。如果你认为世界上只有一种声音，那你就错了。

中华文明和中国人文有什么样的特征呢？我总结了四点：中华文明是一种心性文明；中华文明是一种道德文明；中华文明是一种耦性文明；中华文明是一种和合文明。能归至这四种文明的就是人文，“文明以止，人文也”，此之谓也。心性文明、道德文明、耦性文明、和合文明，这是大家需要了解的。我们不要一谈到中华文明就只会讲那几句抽象的话，那就毫无内容。只要有一点水平的人都会讲这一句话：中华文明上下五千年，源远流长，博大精深，光辉灿烂。你讲这四句话没有实际的内容。上下五千年蛮长的，源远流长没有断，博大精深蛮大的，光辉灿烂蛮亮的，但是这并没有解释中华文明的本质属性。通过这样讲述，大家就会知道，中华文明是这样一种文明，它具有它的特征。我们讲到中华文明，不能仅仅就讲它长、它大，这都是客观的。我们要把它更本质的东西抽象出来，关注这些问题就形成了人文的精神。

六

第四个问题，人文的化成功用。人文最后一定要落实在变化上。说得通俗一点，讲到文明、人文，一定要落实在功用上。《周易》说：“观乎人文，以化成天下。”这句话翻译成现代汉语，就是说，通过观察人文，就能够实现变化天下的目的。在这里就必须对天下这个概念进行解释了。我们现代人一讲到天下，就会想到全世界。实际上，中国古人讲到天下，在更多的情况下，不是在空间地域的概念框架下使用的，而是在文化这个概念框架上使用的。具体说来，中国古人所说的“有天下”，指的是仁义道德的流行，公平正义的存在，和平安宁的实现。“亡天下”指的是“仁义充塞”“率兽食人”，带领着豺狼虎豹去吃人，“人人相食”，也就是人吃人。第一句话好理解，仁义充塞，仁义不在了；率兽食人，社会出现极大的不公平，也就是杜甫那所言的“朱门酒肉臭，路有冻死骨”，还有战争和瘟疫所带来的人吃人的惨剧。这是“亡天下”。这种说法来自明清之际我们江苏的学者顾炎武。他说：“易姓改号，谓之亡国。仁义充塞。而至于率兽食人，人将相食，谓之亡天下。”

那么理解了天下这个概念以后，我们就知道了“观乎人文，以化成天下”，这是谈到一个文化责任的问题。怎么化成天下呢？我在这里概括这样几句话，凡是具有人文素养的人，都要有这种责任担当。第一叫净化心性，第二叫变化气质，第三叫淳化世风，这是“三化”。第四叫成就道德，第五叫成长生命，第六叫成全人格，这是“三成”。落实在现实上叫“三和”：和睦家庭，和谐社会，和协自然。我把这几句话再连着说一下，叫“三化”“三成”“三合”：净化心性，变化气质，淳化世风；成就道德，成长生命，成全人格；和睦家庭，和谐社会，和协自然。这种责任感，也就是人文的责任感，又体现在北宋的一位思想家说的四句话之中，这四句话后人称为“四为说”，这就是大家非常熟悉的“为天地立心，为生民立命，为往圣继绝学，为万世开太平”。张载世称横渠先生，所以这四句又叫“横渠四句”。这是他对士大夫，也就是对知识分子提出的四个要求。你做到了四点才可以成为合格的知识分子，才能承担得起化成天下的责任。

通过以上的分析，可以总结出人文素养、人文精神具体包括：一要存有光明善良的良心，二要变化天生不良的气质，三要具备以忠恕之道为代表的道德素养，四要建立起和谐伦理关系，五要肩负起化成天下的责任。

很多人原来只是认为只要是从事那些文化教育的人、文艺演出的人，像教授、博导、导演、艺术家、书法家、歌唱家，这些人一定具有人文素养，那么今天你听了我讲国学与人文素养以后，你们一定会建立起这样一个理念：真正的人文素养不是在于你的名号，不是在于你写了多少书、发表了多少文章，不是在于你写多少字，而是看你是否有良心、道德，有没有把你不好的气质变化掉，有没有一个博大的心胸。古语有言："人而不仁，如礼何？"什么意思呢？如果你仅仅有外在的形式，没有内在仁德良知作为基础前提，那么你遵守礼仪又有什么用？孔子说："礼云礼云，玉帛云乎哉？"光搞一点玉器，搞一点丝绸，那样叫礼吗？"乐云乐云，钟鼓云乎哉？"所谓"乐"，就只是敲敲锣、打打鼓吗？因此我经常讲，作为一个从事文化建设的人，最重要的是我们要有人文精神。

最后送给大家一句话，中华文化具有"文明以止"的人文特征，我们要为此感到自豪。这种精神，这种文明是合乎人性的，是合乎社会发展方向的。只有当我们全面了解了这种人文精神和文明特征后，才能够建立起我们对文化的自信。这就是我今天给大家带来的"国学与人文素养"讲座的理论意义和现实意义之所在。

谢谢大家！

【主持人】赵晓蕾：

非常感谢徐教授的精彩授课，我们评论区的互动也非常积极。有学员或老师提了一个问题，希望得到徐教授的解答和帮助。他问："当代社会要求公民具有科学素养和人文素养，如果是从学校教书育人的这个角度看，您对我们学生提升人文素养有什么建议吗？"

【主讲老师】徐小跃：

道理很简单，作为老师，不能仅仅教学生知识而不教他做人。如果不让他存有良心，不让他具备道德，不把许多不良的气质改掉，没有一个能建立起良好的人际关系的能力，没有对国家、社会、民族的爱和奉献情怀，没有化成天下的责任，那就谈不上人文教育了。所以，我们在教育中更多地要注重我所总结的这五个方面的教育。

如果要在南京大学开人文素质的课，音乐欣赏不错，但那只是形式。"乐云乐云，钟鼓云乎哉？"人文的素养、人文的精神是在把人性本质呈现出来。什么叫素质呢？素就是人本来的面貌。你把人心光明出来，就是"明明德"，你把不好的气质革新掉，叫"新民"。"大学之道，在明明德，在新民，在止于至善。"什么意思呢？大学之道，首先你要把本有的光明的良心光明出来，第二就是要把你不好的气质，比如好利、疾恶、好声色，把这些气质和个性变化掉，这两个方面都达到美丽光明的程度，这就是至善，就叫文明，就叫人文。所以说大家要注意，我们有科学精神固然不错，科学无国界。但是如何运用科学，是要有情怀的。因此我们一定要把人文和科学结合起来，说得通俗一点，我们要加强人文精神的宣传。

【主持人】赵晓蕾：

非常感谢我们徐教授的精彩讲座，通过这场讲座，我们也已经进入了传统文化的殿堂，徐教授为我们深入浅出地阐述了国学智慧和人文精神，接下来就要靠我们自己去领悟和探索，去传承和弘扬，让优秀传统文化的思想净化心性，变化气质，成就道德，成长生命，而后实现家和、国安、天下定。本期讲座到此结束，感谢徐教授的精彩授课，也感谢各位学友、校友朋友们的认真聆听。更多精彩课程，欢迎关注南京大学瞰学堂，我们下期再见。

（文稿整理：苗裕茁）

准确把握实现共同富裕实践途径

诚计劃

【诚计划】第5期

直播时间

2022年6月14日（周二）　19:30—21:00

直播地点

南京大学鼓楼校区21舍终身教育学院演播室

主讲老师：洪银兴

南京大学人文社会科学资深教授、博士生导师，教育部社会科学委员会副主任委员，中央马克思主义理论研究和建设工程首席专家，全国综合大学《资本论》研究会会长。

主 持 人：王小娟

南京大学终身教育学院主持人

【主持人】王小娟：

各位校友晚上好，今天是南京大学校友终身学习辅助计划“诚计划”的第5期，我是主持人王小娟。本期我们非常荣幸邀请到洪银兴教授主讲：准确把握共同富裕的内涵和实践路径。洪银兴教授是南京大学人文社会科学资深教授、博士生导师、教育部社会科学委员会副主任委员、中央马克思主义理论研究和建设工程首席专家，2019年获得中国经济理论创新奖，入选“为江苏改革开放做出突出贡献的先进个人”。洪银兴教授对学生学术的研究非常重视，将自己所获得的一系列科研成果奖以及教学奖的奖金捐赠给南京大学教育发展基金会，用于支持南京大学银星杯本科生学术论文竞赛的开办，银星杯到今年已成功举办了33届。洪银兴教授提出“在南京大学读过书、关心支持南京大学成长的企业家群体共同凝聚在一起，打造南大系企业家，推动政产学研用相结合”。共同富裕是社会主义的本质要求，是中国式现代化的重要特征。习近平总书记强调新的征程上我们必须坚持以人民为中心的发展思想，着力解决发展不平衡不充分的问题，让人民群众共享发展成果，在高质量发展中促进共同富裕。扎实推动共同富裕，需要正确认识和把握实现共同富裕的实践路径。接下来有请洪银兴教授带来精彩的分享！

【主讲老师】洪银兴：

各位校友大家好！今天很荣幸能够有机会跟大家讨论经济学问题。习近平总书记提出了要扎实推动共同富裕，这个问题提出来以后，大家一致认为这个问题既非常切实，同时也存在一些不同的使命，特别是可能部分人认为共同富裕就是第三次分配，也就是杀富济贫，或者也有人认为共同富裕是过去所讲的允许一部分人一部分地区先富起来，即先富和后富的问题，这些解读今天我们先不评价。今天在我报告的题目上面，专门强调要"准确把握"。今天准备讲四个问题，第一个是关于共同富裕的内涵，第二个是现阶段的相对贫困问题，第三个是实现共同富裕的发展路径，第四个是实现共同富裕的改革路径。

一、共同富裕的内涵

共同富裕的概念最早由马克思提出，即"在新的社会制度中社会生产力的发展将如此迅速，生产将以所有人的富裕为目的"。马克思的这句话包含两层意思。第一是强调社会生产力的迅速发展，如果没有社会生产力的迅速发展，就谈不上共同富裕。第二层意思是当生产力迅速发展以后，生产要以所有人的富裕为目的。新中国成立以后历代领导人对共同富裕都有认识，而且都是从社会主义的本质提出来的。毛泽东说过：现在我们实行这么一种制度，这么一种计划，是可以一年一年走向更富更强的，是可以一年一年看到更富更强的，而这个富是共同的富，这个强是共同的强。这是毛泽东最早的关于共同富裕的认识。后来邓小平在南方谈话的时候针对社会主义本质曾提出社会主义的本质就是解放和发展生产力，消灭剥削，消除两极分化，最终实现共同富裕。邓小平的这段话表明，社会主义木质首先是强调解放和发展生产的，因而邓小平的思想是要允许一部分人先富起来以后，再来谈消除两极分化，来谈共同富裕。进入新时代以后，习近平进一步提出了社会主义的本质。习近平指出，消除贫困、改善民生、逐步实现共同富裕是社会主义的本质要求，是我们党的重要使命。新时代下将把消除贫困、实现共同富裕明确为社会主义的本质要求。习近平最开始就强调有三大攻坚战，其中的一个攻坚战就是脱贫攻坚。2021年7月1日宣布全面建成小康社会以及消除了绝对贫困现象。在全面小康社会建成以后，中共中央政治局2021年4月30日会议提出制定《促进共同富裕行动纲要》，将共同富裕问题放到了党的行动纲要里。

关于共同富裕要分两个阶段来看，第一个是全面小康社会建设阶段，第二个是基本实现现代化阶段。在全面小康社会建设阶段我国主要是处于低收入国家阶段，这时存在着绝对贫困，基本任务就是要解决发展和提高效率问题。现在进入了基本实现现代化的阶段，同时也进入了上中等收入国家的阶段。虽然已经消除了绝对贫困，但是仍然存在相对贫困，此时国家的基本任务是要避开或者叫跨越中等收入陷阱，实现共同富裕。许多国家进入中等收入国家阶段的时候，陷入了跨不过去的陷阱，无法进入现代化阶段，其中有一个原因就是不能够解决贫富两极分化问题，所以国家强调实现共同富裕，最重要的一个任务就是要跨越中等收入陷阱。现代化阶段关键的问题是实现共同富裕，在这样的目标下，两个阶段实现路径是不一样的。在全面小康社会建设阶段，为了实现发展和提高效率，增长路径是效率性增长，要效率优先，兼顾公平，允许一部分地区一部分人先富起来。而进入基本实现现代化阶段以后，发展路径需要做必要的调整，不能够单纯追求效率，需要的是效率和公平包容，所以是实现包容性增长，而不是简单地强调效率性增长。

共同富裕涉及几个方面。第一个是指不同区域的共同富裕。在中国地区差距很大的背景下，尽管已经解决绝对贫困问题，但是经济落后地区的相对贫困问题仍然非常严重，所以首先要解决不同区域的共同富裕问题；其次要解决不同收入阶层的共同富裕，或在一个企业中间，或在一个城市中间，都存在低收入阶层、中等收入阶层和高收入阶层，这些不同收入阶层之间收入差距仍然很大，亟须解决。因此，共同富裕涉及的是不同区域、不同收入阶层的问题。第二个是家庭收入和财富占有的差别问题。目前家庭收入的差别比较大，财富占有的差别问题也越来越严重。要强调的是，共同富裕不可能消除富裕程度的差别。共同富裕并不是以后大家住一样的房子、吃一样的东西，而是要准确理解合理区间的概念，差别处于合理区间时，大多数人的收入和财富水平能够达到平均数。这里的"平均数和大多数"的关系源于我在21世纪初去江苏昆山调研，当时省委领导同志要我去研究江苏的全面小康社会建设，探索最先进的地区有什么特点，在昆山我就提出平均数和大多数问题。目前谈到收入水平的时候，多指平均收入水平，但是平均收入水平不能反映贫富的差别。如果一个地区个别高收入群体将整体平均数拉上去，但仍有许多人收入水平在平均数以下，这又如何能算达到全面小康？第三个问题就是不同收入阶层的比例。现在的收入阶层可以大致分为低收入群体、中等收入群体和高收入群体，目前我们国家三个层次的群体中基本上是低收入者占大多数，极少数的是高收入者，即金字塔型的结构。共同富裕就是要让中等收入群体占大多数，即形成一个两头小中间大的橄榄形结构，这才是共同富裕所要追求的。第四个问题是公共品享用问题，享用的公共品和基本公共服务实现均等化，无差别提供公共产品。富裕人群能得到更多的公共产品，低收入者只能得到很少的公共产品，这个就不是共同富裕。共同富裕应该是公共品是无差别的，无论哪个阶层都要能够得到均等的公共产品。目前这个问题还比较严重。现在不同的区域公共品的供给基本上是由本地的GDP水平和本地的财政收入水平来决定的，发达地区老百姓享受的公共产品肯定要比不发达地区老百姓享受的公共产品多。比如发达地区优质教育资源就比较丰富，而不发达地区优质教育资源就非常缺乏，这就是一个不平等，而共同富裕就是要使公共品享用能够均等化、能够公平。第五个是知识富裕水平，居民接受优质教育的机会均等。特别近几年来强调要南京大学这样一个最优质的高校能够多招收贫困地区的生源，真正去帮助一些经济不发达地区。教育扶贫十分重要，一个家庭出一个大学生就从根本上改变了这个家庭的贫困状态，所以解决知识的共同富裕显得尤为重要。

二、现阶段的相对贫困问题

全面小康社会建成意味着我们国家的绝对贫困现象已经解决，绝对贫困就是解决习近平讲的“两不愁三保障”。但是不能认为我们国家不再存在相对贫困问题。

目前导致相对贫困问题的原因可以概括为几个方面。第一个是自然原因，不同地区由于气候、地理、交通等原因造成了相对贫困问题。特别是经济落后地区并不是这些人不努力，关键是它的气候条件、交通条件、地理条件造成了相对贫困问题。南京大学的胡焕庸教授提出来了一条胡焕庸线，从东北的瑷珲到云南的腾冲，在胡焕庸线的东边，人口密度大的同时整体发展水平相对发达，胡焕庸线的另外一边人口密度小、经济不发达、收入水平低。第二个是发展水平原因。改革开放以后我们实行了沿海开放战略，同时在部分发达地区采取了政策开放，因而造成了地区之间的发展差距。城市和农村也存在一个城乡的二元结构问题，在后发展地区中农村发展水平更低，现在相对贫困的人口仍然主要集中在这些地区，农业是现代化的短板。第三个是体制和政策的原因，储蓄能力强、技术水平高、经营能力强的个人，致富能力也更强。如果这些要素在某个人身上叠加，收入会更高。反之，致富能力则很弱，收入也较低。我们曾经实行过效率优先兼顾公平的政策，强调效率优先，也实行过允许一部分地区能先富起来的政策。我们现在的分配体制是各种生产要素参与收入分配的体制，包括资本、劳动、计算、管理、数据都看作是生产要素参与收入分配，但是仍然可能存在这样一种问题，即如果生产要素叠加在某一个人身上，他既有储蓄能力、知识，又有管理能力，收入水平肯定更高，反过来，储蓄能力差、缺乏技术、缺乏知识、没有经营能力的人致富能力也差，这造成了由于生产要素参与收入分配从而形成了收入差距。行业之间的收入差距也非常悬殊，就像大学生到了某一个行业，收入水平很高，但是到另外一个行业收入水平很低，这不代表着能力差距。行业收入差距首先反映了市场对各个行业的评价，在市场决定资源配置的背景下，行业收入水平完全由市场来决定。在马克思主义理论中，行业有差距，部门之间利润也有差别，但可以在竞争中通过资本和劳动力的自由流动来平均化，但是现实中不是这样，主要是受到市场垄断或行政性垄断的影响，要素的流动并不容易，因此造成了行业之间的收入差别。同时不同行业所需要的人力资本的水平也存在差异，这些差异是由就业能力、人力资本存量等来决定的，于是形成了行业差距。

中国现在面对的另外一个问题是财富差距在扩大。包括股票收益在内的金融资产收益和房地产收益显著增加，由此拉动了财富基尼系数的增大，甚至产生资本收益和投机暴富，最终可能导致贫富两极分化。所以在全面小康社会建成以后依旧面临着相对贫困的问题，这是客观存在的。

还有一个问题是社会阶层的分化和固化现象。习近平在《扎实推动共同富裕》一文中提出："要防止社会阶层固化，畅通向上流动通道。"相对贫困问题需要关注社会阶层的固化问题，阶层固化的前提是阶层的分化，而阶层分化实际上是皮凯蒂所提出来的财产占有的不平等和教育资源享用的不平等。

越是贫困地区就越贫困，尽管诸多政策针对性地解决贫困地区的问题，但从比例来讲，贫困地区学生考取名校的机会仍然较少。在阶层分化基础上出现阶层固化，社会阶层代际传递性加强，同代交流性衰减。富裕家庭的子女仍然富裕，贫困家庭的子女仍然贫困，这就是代际传递性。社会成员占有社会资源的不平衡，继承财富在财富总量中占主导地位，这是皮凯蒂的思想，具有一定的合理性。占有优势资源的社会阶层的父辈会努力使其资源（资产，教育投资，人脉）在子辈中传承。继承财产对收入和财富不平等起着决定性作用。资源的代际传承影响到就业机会，出现职业选择机会不公平的情况。现实情况是许多贫困家庭的子女在选择上面不如一些富裕家庭子女选择职业、就业的机会那么多，再加上市场机制的不健全，放大了阶层之间社会资源和机会分配上的不公平，进而减少了底层民众向上流动的空间和机会。比如"富二代""官二代""贫二代"等，体现了阶层固化的趋势。阶层固化的直接危害是导致社会层面之间的贫富差距加大，改变现状的难度加大，导致我们的经济发展丧失活力和动力，对改变贫富分化的状况极为不利。所以习近平最近的讲话总结提出的观点非常重要，要防止社会阶层固化，畅通向上流动的通道。

在此请看我国居民收入基尼系数表（表1所示），基尼系数是反映收入不平等状况的经济系数，越是接近于0收入分配越是平等，越是接近于1收入分配越是不平等。改革开放初期我国人均GDP水平很低，基尼系数也很低，1981年只有0.239， 2009年达到高峰，并且2009年我国刚刚进入中等收入阶段，人均GDP达到3832美元，此时基尼系数达到了0.491，这是属于最高的阶段。

世界上公认基尼系数的警戒线是0.4，2003—2012年我国一直是在0.47、0.48、0.49的水平上，尽管2020年的基尼系数下降到0.468，但是仍然高于警戒线。资本主义国家也存在贫富两极分化，如美国的基尼系数为0.42，英国的

表1　中国居民收入基尼系数

年份	基尼系数	人均GDP(美元)
1981	0.239	197
1988	0.301	283
1995	0.340	609
2002	0.366	1148
2003	0.479	1288
2005	0.485	1753
2007	0.484	2693
2009	0.491	3832
2011	0.477	5614
2012	0.474	6300
2015	0.462	8016
2017	0.467	8816
2018	0.468	9905
2020	0.468	10434

基尼系数为0.3，当然我们社会主义国家是0.468，对我们来讲正是一个适合加快推动共同富裕的时刻。2020年人均GDP达到将近1万美元，但是基尼系数还有0.468，这仅仅是收入基尼系数，并没有将居民的财富基尼系数纳入进来，如果把居民的财富基尼系数纳入其中，基尼系数就不是现在的0.468。这反映了最大的问题就是相对贫困的问题。所以现代化就要提出共同富裕的要求，中国推进社会主义现代化从一开始就明确以人民为中心的定位，也就是要让人民群众共享现代化成果。中央关于现代化的规划里面明确提出2035年基本实现现代化。关于共同富裕有两点要求。第一是“全体人民共同富裕取得更

为明显的实质性进展”，特别强调的是实质性进展。第二是“扎实推动共同富裕”，并且提出了具体的要求。中央关于基本实现现代化的规划里面提出：第一是基本公共服务要实现均等化，特别关注优质的基本公共服务均等化。现在地区之间最大的差距是优质教育和优质医疗资源在不同地区存在着很大的差距。这个问题如何解决？并不可能说做到把发达地区的优秀老师转移到不发达地区去，优秀医生到不发达地区去，当然这是一条途径，但是现在关注的是互联网数字化对于这些问题的解决。第二是中等收入群体显著扩大，目前我国4亿人口是中等收入者，中等收入群体占人口大多数是实现共同富裕的重要标志。

三、实现共同富裕的发展路径

解决共同富裕的路径有两条，一个是发展的路径，一个是改革的路径。

首先看发展的路径。最重要的是习近平所讲的共享发展的理念，解决不同地区城乡之间收入差距的问题，就要通过共享发展。习近平总书记提出：“让广大人民群众共享改革发展成果，是社会主义的本质要求，是社会主义制度优越性的集中体现，是我们党坚持全心全意为人民服务根本宗旨的重要体现。这方面问题解决好了，全体人民推动发展的积极性、主动性、创造性就能充分调动起来，国家发展也才能具有最深厚的伟力。我国经济发展的‘蛋糕’不断做大，但分配不公问题比较突出，收入差距、城乡区域公共服务水平差距较大，为此我们必须坚持发展为了人民、发展依靠人民、发展成果由人民共享，做出更有效的制度安排，使全体人民朝着共同富裕方向稳步前进，绝不能出现‘富者累巨万，而贫者食糟糠’的现象。”相对贫困问题的解决，关键是共享发展，这样才能解决地区收入差距，特别是地区之间的公共服务水平差距问题。从发展的角度来讲，实现共同富裕主要是要处理好“富裕”和“共同”两个方面，也就是做大做好蛋糕和分好蛋糕的关系。如果我们不做大蛋糕，分的蛋糕也小，解决不了富裕问题。所以我们先是要解决“富裕”，然后解决“共同”，也就是既要做大做好蛋糕，又要分好蛋糕。

在当前的背景下，共同富裕在发展的问题上关键有三点：第一是解决区域的二元结构，也就是不同区域的共同富裕问题；第二是要解决城乡的二元结构问题，也就是要解决城乡居民的共同富裕问题；第三是要解决最基层的乡村振兴问题。真正贫穷的人口主要集中在乡村，尤其是在经济落后地区的乡村，那么如何解决发展问题？最重要的是二元结构的现代化问题。现代化一定要关注后发展地区，要把洼地变成高地，后发展地区是现代化的“洼地”，现阶段“洼地”变高地缺乏内生的资源和动力。后发展地区存在几大问题。第一，缺乏创新要素，缺企业家。后发展地区如果有创新要素，就能够摆脱成为落后地区的宿命。第二，人才不足，人才外流，创新人才进不来。第三是基础设施落后，尤其是交通边缘化，难以吸引和集聚发展的要素。后发展地区如果没有发展的外援，没有外力推动，是搭不上现代化的列车的。所以要共同富裕，首先是后发展地区成为现代化的重点区域，通过支援后发展地区实现共同富裕。就像邓小平同志提出的，当一些地区先富起来以后，先发展地区就要去帮助后发展地区，而后发展地区要成为一个现代化的重点区域。

到2035年基本实现现代化，绝对不能仅仅是先发展地区基本实现现代化，应当是包含后发展地区在内的所有地区都能够实现现代化。因此对这些后发展地区强调四化同步，工业化引领，信息化赋能，城镇化和农业现代化补短。特别是要强调工业化引领以及先发展地区和后发展地区的一体联动发展。第一是要求产业要一体化，先发展地区将产业链布局在后发展地区。第二是创新一体化，发达地区创新资源丰富，不发达地区创新资源不丰富。创新的内容也包含两个方面，第一个是科技创新，第二个是创新成果产业化。第三，交通信息设施的一体化，解决通路问题。第四，建立双向的“飞地经济”。后发展地区经济落后的重要原因是城市少，城市小，城市功能弱，集聚不了发展要素，聚集不了人气。先发展地区是在城镇化达到较高水平后实施乡村振兴战略的。而后发展地区城镇化相对滞后，其乡村振兴得不到城镇的支撑。要增强后发展地区集聚要素和人才的能力就要补城镇化的课，不仅要推进城市现代化，还要推进城镇城市化，使其具有城市功能。再通过乡村振兴促使农村相对贫困人口共享发展成果。

四、实现共同富裕的改革路径

针对实现共同富裕的改革路径，首先是需要建立一种效率与公平包容的分配体制。习近平说过，发展必须是遵循社会规律的包容性发展。诺贝尔奖获得者斯蒂格利茨曾提出分配与效率问题不可分割。“在一些不公平程度很高的情况下，它降低了经济效率……然而在其他情况下，不公平却可以加强经济效率。”这是公平和效率两者之间如何协调的问题，不公平会影响效率，但是如果过于公平也会影响效率，因而演变为包容问题。所谓包容是指效率与共享包容：一方面不放弃效率，另一方面共享发展成果。包容性发展是效率与共享包容，坚持促进效率提高的理念和体制。习近平总书记对此曾专门提出：“正确处理效率和公平的关系，构建初次分配、再分配、三次分配协调配套的基础性制度安排。”习近平总书记所讲的三次分配并不是指第三次分配，而是一共有三次分配。第一次初次分配，然后再分配，最后是第三次分配。无论是要素报酬，还是按劳分配，都包容公平和效率的要求。推进共同富裕意味着这两种分配机制在坚持效率要求的同时，放大其中的公平要求。最为重要的是解决低收入直接劳动者同其他要素所有者的共同富裕问题。前文所讲的发展路径主要是后发展地区和农民的发展问题，而改革路径指的是直接劳动者同其他要素所有者的共同富裕。

要素报酬中的收入差距的扩大，即不同的个人所拥有的要素存在很大差别。储蓄能力强的、技术水平高的、经营能力强的，致富能力也强。相反一部分人没有致富能力，在这样一个背景下，如何解决公平和效率?

首先是追求效率原则，即完善评价机制。市场评价各种要素的贡献，按贡献决定要素报酬，各种生产要素参与收入分配的份额，取决于投入、贡献、供求，最终以市场原则进行分配。市场评价各种要素的贡献，即资本要素贡献大，劳动要素贡献大，还是技术要素贡献大。按贡献来决定要素报酬，也就是要素贡献大的要给予更多的报酬。各种生产要素参与收入分配的方案取决于投入、贡献、供求，按照市场原则来进行分配，必须要在投入、贡献、供求三者之间达到一个均衡。经济学要讲均衡，而不是单纯评价某一个方面。

其次要追求公平原则。要缩小不同个人所拥有的参与分配的要素差别，阻断贫困的代际传递。不同的阶层拥有的要素不一样，重点是缩小要素差别，而最重要的途径之一就是推进教育公平，尤其是高等教育的大众化，增加对低收入人群的人力资本投资，克服由起点不公平造成的结果不公平，促使劳动者获取知识和技术要素的收入。针对如何解决机会均等的问题，习近平指出，要为所有社会成员提供平等的依靠奋斗来实现富裕的机会。现实中不是所有富人都依靠继承财富来致富，不乏处于收入底层的劳动者依靠创新创业致富的成功案例，要为处于底层的劳动者改变自身地位提供创业致富的机会。改变阶层固化需要做到以下几点：第一是要素的平等获取；第二是机会均等的市场规则，投资机会均等，竞争机会均等；第三是大众创业万众创新的机会，降低市场准入门槛，便利获取资源和信息，完善创业投资市场等。即使是要素报酬，也能够为底层的劳动者提供致富的机会。财产占有的差距以及由此产生的财产性收入的差距，是两极分化的一个重要原因。现阶段要保障财产占有的公平权利，克服权利不公平导致的收入差距。要克服权利不公平所导致的收入差距，第一是提升效率，不能走剥夺私人财产的老路。改革开放至今，因为我们允许存在私人财产，并且私人财产能够得到保护、得到支持，所以整个社会才能够进步。目前中国要稳增长，首先是要稳资本，不仅要支持私人资本，也要支持外资资本进入，有资本就有就业、有增长、有发展、有财富，中国现在所出现的问题一定是通过稳资本来稳增长，所以不能走剥夺私人财产的老路。第二是解决不公平问题，寻求劳动者的公平性发展。正如生产资料所有权可能混合一样，生产要素的所有权也可能混合。劳动者也成为多种生产要素的所有者。劳动者通过员工持股的方式形成资本所有者和劳动者的利益共同体。探索通过土地、资本等要素使用权、收益权来增加中低收入群体要素收入。鼓励创新创业，由此获取知识产权收入和资本收入。同时，劳动收入和劳动者收入不是同一概念。劳动者收入会随着其拥有更多的非劳动生产要素而提高，这是劳动者在要素报酬机制中的富裕途径。

习近平指出："鼓励勤劳创新致富。幸福生活都是奋斗出来的，共同富裕要靠勤劳智慧来创造。"关键是如何提高劳动报酬在初次分配中的比重。在劳动、资本、知识、技术、管理、数据等要素参与的收入分配制度中，按劳分配的"劳"不仅包括直接劳动者的劳动，还包括从事技术、知识、管理、数据的劳动，这些劳动属于复杂劳动，复杂劳动的报酬应当得到体现，连同生产一线的劳动者的报酬一起能够体现按劳分配为主体。准确评价直接劳动在企业效率提高中的贡献，劳动报酬和劳动生产率提高同步增长。生产率的提高，不论是由哪种要素推动的，都可归结为劳动过程的组织和技术的巨大成就。因技术和组织的原因提高效率的同时劳动者人数也相应减少，反映了劳动效率的提高。准确评价劳动者的必要劳动范围：劳动还是谋生的手段。马克思提出，必要劳动因素包括："自然的和历史地发展起来的首要的生活必需品的价格和范围，工人的教育费用、劳动生产率等。”随着社会的进步，劳动报酬有增长的趋势，因此要建立企业职工工资正常增长机制。同时，对非公有制经济也有按劳分配的要求。混合所有制成为基本经济制度的实现形式后，按劳分配的分配原则也适用于混合所有制经济。完全的民营企业处于社会主义制度的环境中，虽然不可能像国有企业那样按国家规定安排收入分配比例，但需要完善企业工资集体协商制度，保护劳动所得，在制度上保证职工的基本权益。

充分就业是共同富裕的基石。现实中相对贫困的人口主要是失业人口。国家提出的就业优先不是权宜之计，而是在中国式现代化进程中都需要贯彻的战略。就业优先有两个问题需要解决，一个是与资本的关系，稳就业需要稳资本；第二个是和新技术的关系，新技术应用不能偏向替代劳动力。邓小平提出：“现代化的生产只需要较少的人就够了，而我们的人口这样多，怎样两方面兼顾？如果不统筹兼顾，我们就会长期面对着一个就业不充分的社会问题。”科技进步有两个偏向，一个是偏向产业升级性，一个是偏向劳动节约性。当下，在创新资源有限的情况下，新科技偏向于替代简单劳动力，一方面挤出众多的就业劳动力，另一方面使依靠数字和智能技术研发的关键核心技术创新资源供给不足，导致自主创新能力不足，从而延缓了产业进步。因此，不能单纯偏向于替代简单劳动力，更多的是要引导推动产业进步。就业优先就包含科技进步更多偏向产业升级而不是偏向于替代劳动力就业岗位。新科技替代人不能及的领域和环节，不仅涉及艰苦危险的环节，还涉及精度更高、质量更好的环节。“教育与技术赛跑”，实现人的知识能力全面发展，足够应对科技和产业变革导致的劳动职能的不断变革。

再分配要更加公平。健全税收、社会保障和转移支付等再分配机制，防止收入差距的进一步扩大。要无差别地享用公共产品和基本公共服务的均等化。除了优质的基本公共服务、城乡区域配置要均等以外，享用公共品的横向公平和纵向公平也值得特别注意，中低收入者也应当可以平等享用需要付费的准公共品。横向公平享用公共产品，谁享用谁付钱。纵向公平就是按照你的支付能力来享用公共产品。特别要强调这些中低收入者能够平等地享用需要付费的准公共产品，包括医疗、教育等。政府对公共产品供给能力不足时候，需要允许私人和企业进入公共产品的供给领域，以弥补公共产品供给的不足。政府不能推卸提供基本公共服务的责任，私人部门进入只能是补充。从事服务需要得到公共财政支持，其行为尤其是价格和服务质量能起主导作用。私人资本作为补充进入基本公共服务领域后，政府及其公共财政要坚守公平原则，不能被私人行为主导。

重视发挥第三次分配作用。第三次分配是在自愿基础上，以募集、捐赠和资助等慈善公益方式对社会资源和社会财富进行分配，是先富帮后富的机制，所以第三次分配在救灾、济贫、助学等方面发挥着重要的作用。但是不能理解为杀富济贫，也不能赋予过大责任。我认为存在三个基础和条件：第一是社会道德水准的提高，第二是慈善文化的弘扬，第三是税收等方面的政策激励。总体上说，现阶段第三次分配的作用是有限的，需要培育。相信其作用随着社会进步会逐渐增大。

以上就是今天跟大家所谈的对共同富裕的理论上的认识和在实践中怎么推进的一个总体想法。现在的重点是解决相对贫困问题，解决相对贫困问题有两条途径，一个是发展途径，一个是改革途径。发展途径存在三大发展问题，改革途径重点是三次分配问题。归根到底就是：包容性发展，既要包容效率，又要包容公平。

【主持人】王小娟：

非常感谢洪教授的专业解读，直播间的朋友也反馈在今天的这个主题上洪教授的分析非常透彻，帮助大家对共同富裕的实现路径有了更加全面和深刻的认知，对发力点有了更好的理解。我们有学员朋友在直播间提问：作为资本研究的专家，您认为该如何界定资本无序扩张？对该概念的过度扩张解释是否会不利于资本在经济发展中发挥作用？

【主讲老师】洪银兴：

资本无序扩张是一个大问题。我讲几个观点。

第一，中国改革的成功、中国的发展，最重要的是承认资本，是资本进入了社会主义经济，必须肯定资本的作用。它的积极作用不能否定。

第二，资本本身具有逐利性，最终利润有两重作用。逐利起一重作用，要遵循价值政策，要发展生产力，要提高效率，这对于社会的发展是有积极意义的。而且正因为存在资本的逐利性，就需要雇佣工人，需要扩大就业，这都是资本的积极的一面。资本逐利性并不能说它没有负面的作用，但是要明确不是资本本身，而是部分资本在逐利的过程中可能会产生各种机会主义的行为，不能因为有机会主义行为，就把整个资本全部否定。同时也不能因为资本有积极作用，就否定资本逐利过程中有各种机会主义行为。

第三，资本的无限制扩张。资本有它的扩张性，但是造成无限制扩张的原因有两大机制。首先是权力和资本的勾结，部分腐败官员利用权力来和资本勾结，造成资本的无序扩张。其次是依托于互联网平台，这是资本扩张的过程中能够跨界的重要原因之一，实际上许多资本爆雷的原因就是无限制的扩张，或利用资本市场，或利用互联网平台，没有限制地扩张，最后造成自己的爆雷。可以通过反腐败、通过规范资本市场、通过规范互联网平台防止以上的垄断情况。需要特别注意的是：资本的无限制扩张正说明股权投资要有限度。

【主持人】王小娟：

洪教授对于这个问题的回答非常深刻。洪教授，还有学员朋友问：共同富裕除了物质还要有精神，精神的共同富裕如何衡量呢？

【主讲老师】洪银兴：

精神的共同富裕最重要的是知识，即教育的共同富裕。现在许多贫困者，除去家庭背景的影响因素以外，最重要的是缺知识、缺技术。因此知识和技术水平提高以后就更有希望摆脱贫困。现在我们要鼓励勤劳、智慧致富。过去只讲勤劳致富是不够的，反而可能是越勤劳越贫困。但是勤劳加智慧是可以富裕起来的。

【主持人】王小娟：

请问是不是没有实现工业化的县城镇就不能更好地实现乡村振兴？

【主讲老师】洪银兴：

这个乡村振兴问题问得很好。现在的部分经济落后地区，城镇化还没有实现就致力于乡村振兴是不行的。调查发现首先要推进城镇化，通过城镇化的途径将农村的某一个区域发展起来，然后才能够通过吸引要素解决乡村问题。所以我的观点是经济落后地区首先应当解决好城镇化。乡村振兴包括几个方面，产业振兴、文化振兴、治理振兴、社会振兴，如果没有物质力量是不能解决乡村振兴的问题的。这是我的观点。

【主持人】王小娟：

非常感谢！请问洪教授我们应该如何看待先富论与扎实推动共同富裕新历史时期的关系？

【主讲老师】洪银兴：

这个涉及允许一部分人先富起来、一部分地区先富起来的认识问题。这是一个大政策，既然是政策，就适用于一定的阶段。邓小平在1992年南方谈话时专门提出，要让部分地区部分人真正富起来。谈先富帮后富，实际也就意味着我们仍然承认先富，并且承认这种先富后富的差别，同时希望先富起来的部分人群积极承担相应的社会责任。

【主持人】王小娟：

感谢洪教授。还有一位校友提问：世界上一些发达国家和地区的贫困差距较小，他们算实现共同富裕了吗？他们的经验对我们来说有什么借鉴意义？

【主讲老师】洪银兴：

世界上福利国家主要指北欧，北欧的福利水平实际上比我国目前的福利水平要高，共同富裕水平也比我国要高。但是北欧是在现代化实现以后解决福利问题的，而我国现在正处于现代化的建设中间，要同步解决我们的福利问题。福利水平是取决于整个国家的生产力水平的，不仅仅看制度，还要看生产力的水平。我相信社会主义国家会尽自己的生产力水平所能来解决福利和共同富裕问题。

【主持人】王小娟：

再次感谢洪教授的精彩讲座和细心解答！今天的直播课程到此结束。

（文稿整理：田晓仪）

从跨文化视角看文化差异

【诚计划】第9期

直播时间

2022年7月14日(周四)　19:30—21:00

直播地点

南京大学鼓楼校区21舍终身教育学院演播室

主讲老师:周宪

南京大学人文社会科学资深教授,教育部"长江学者奖励计划"特聘教授(2011)。主要研究兴趣集中在美学、艺术理论、文艺学和文化研究等领域。著有《艺术理论的文化逻辑》《审美现代性批判》《视觉文化的转向》等。

主 持 人：孙冬梅

南京大学终身教育学院主持人

【主持人】孙冬梅：

各位校友、直播间的各位老师同学们，大家晚上好！欢迎走进南京大学畷学堂，南京大学校友终身学习辅助计划第9期今晚继续开讲。我是本期讲座的主持人孙冬梅。今天我们非常荣幸邀请到了南京大学人文社会科学资深教授、教育部长江学者特聘教授——周宪老师，为大家带来主题为“从跨文化视角看文化差异”的讲座。

当今全球化时代，不同文化间的交往与碰撞凸显了文化差异性。“跨文化研究”如同一场在不同文化之间的理论旅行，其中既有差异与冲突，亦有融通与理解；既遇见陌生风景，亦重新发现自我。那么如何认识中西文化的差异，如何从差异中找到共通性，又从共通性中看待差异？周教授今晚将从“跨文化研究”的视角来审视这一问题，从历史长时段的考察与新时代的发现来阐释文化差异性的历史成因及其内在价值。

那么接下来的时间，让我们一起聆听周教授的精彩分享。

【主讲老师】周宪：

各位校友、各位同学、各位听众，很高兴有机会来参加这样一个系列讲座，由我来讲授这一部分。

要讲一个什么题目呢？我琢磨了半天，因为不知道各位校友和听众的学习背景和知识结构。想来讲这个问题，是因为我有一点个人经验，也有一些个人研究。所以今天也算是抛砖引玉，跟大家一起来讨论一下这个问题：从跨文化的视角来看文化差异。

我们一提及文化，就会想到文化的异同。我在这里列了几个不同的说法。

我们中国文明的智慧中有一个非常重要的概念，叫作“和而不同”，但是我们也经常说“同中有异，异中有同”。现在我们在迈向人类命运共同体的时候，有一个非常重要的策略，或称之为观念，就是“求同存异”。但是无论是同是异，从文化学的角度讲，有一个非常有趣的现象：当你不去跟别人交往的时候，你是不知道自己有什么特点的。也就是说，他人是自我的一面镜子，你只有看到别人，才会想到我是啥样的。因此，跨文化是我们认识文化间差异的一面镜子。跨文化有各种的说法，如cross-culture、inter-culture、trans-culture等等，它们都是越出了一个文化来看另外一个文化，或者说从另外一个文化来看自己。

我今天想跟大家一起来讨论三个主题：第一，文化差异性和文化认同。第二，跨文化交往和文化的反观，就是从外部看自己，在比较中看自己。第三，命运共同体和文明互鉴。中国正在崛起，“命运共同体”和中国文明能够给世界提供什么样的东西？这也是非常重要的一个话题。

我们先来谈第一个问题：文化的差异和文化的认同。

我们同在一个地球上，但是有不同的文化，因而这个问题可以从很多角度来讨论。我觉得一个最有说服力的角度就是地球的生物多样性和文化多样性，这是地球丰富多彩的重要特征。大家设想一下，如果失去了生物的多样性，那么文化的多样性也不可能存在。失去了文化的多样性，这个地球就只有一种颜色，那未免太无趣了。因此，文化的多样性很重要，它使得这个世界富有生命力，使我们在交往中对彼此产生兴趣，也有益于我们反观自己。我们通常说“一方水土养一方人”，不同的文明、文化，不同的地区，都有各自的特征。

我和大家分享一段自己的经历。20世纪90年代，我在韩国教过一年书，在去韩国之前，我认为韩国和中国应该基本上是一样的，其实大不一样。有一次，一位韩国的教授请我去他家里吃饭，他的太太在旁边烧饭，烧饭的地方和我们吃饭的地方是在同一个房间里，所以我觉得很过意不去，便说：“让你太太一起来吃饭吧，我敬一杯酒给她。”但他拒绝道：“不不，她是烧饭的。”其实他太太蛮厉害，是梨花女子大学英文系毕业的，但是就在家烧饭，伺候他。我说：“你把她请来吧，我还是要敬一杯酒，表示敬意。”最后我敬了她一杯酒，敬酒的时候，我感受到了两种文化的差异。在中国，我向一位女同志敬酒只需要面对面就可以了，但是在韩国，我向这位教授的夫人敬酒时，她做的第一件事就是拿手遮住自己的脸，然后把脸背过去喝酒。我即刻感到两种不同的文化，也许这个文化是从中国传过去的，不过我们已经没有了。

我在韩国还听说一件事。中国近代以来已经不会祭孔，于是派了一个代表团到韩国的成均馆大学去学习祭孔仪式。成均馆大学的教授和我讲了这事，我听后非常惊讶。这个传统本来是我们的，后来传到了韩国，而我们自己却把它丢失了，然后又要到别的地方再把它学回来。这也可以说明中国文化的变化。这些经历告诉我，文化的差异性是非常大的，而差异性在相当程度上需要通过跟别人的交往来感知，通过交往来认知自己。

历史上有很多不同的研究，我讲几个比较古老的研究。其一就是温克尔曼对希腊的文明的研究。在我看来，整个西方关于希腊的想象是温克尔曼创造出来的，他建构了一个关于希腊的神话，这后来就变成了西方文化对于希腊文化的崇拜。希腊文化为什么会这样呢？温克尔曼是德国人，他认为德国不可能形成这样的文化。正因为希腊有特殊的地理、气候、国家环境，才孕育出希腊文化。后来很多人都从这个角度来讨论文化的成因，包括我们熟悉的丹纳，他在《艺术哲学》里谈到了种族、时代和环境三个方面。

今天，我们处在一个人类命运共同体的环境中，同时，我们又强调文化的多元性，这就是一个矛盾。同一个地球，不同的文化怎么共存呢？

这是我在备课的时候无意中发现的一个叫"世界博物馆（world museum）"的主题词的统计。people位于所有主题词的中间，可以翻译成民族。其余很多词与我今天讲的都有关系，比如different、difference、same、history、knowledge、learning、culture、understanding、everything等等。这些概念实际上在我们今天对文化的讨论中都是常见的。比如beautiful，"美"。我自己是做美学研究的，对这个方面有一些自己独特的看法。

我曾看过一张比较有趣的图，它将文学与各个国家在世界地图上的版图结合起来。在中国这一区域标注的是《红楼梦》，在俄罗斯的区域标注的是托尔斯泰的名作《战争与和平》。在美国这个区域标注的是《杀死一只知更鸟》，这是美国文学非常重要的作品。在那张图片上，每一个国家都选取了一个具有代表性的作品。我们从色彩上就可以看到不同文化之间的差别，它们的独特性都是非常显著的，这就是世界文化的丰富多样性。

下面我们就来简单看一下东西方文化差异，这实际上是一本名叫《东西相遇》的书中的内容（如图1）。

作者刘扬曾在德国留学，她将自己感受到的东西差异用图片的形式表现了出来：

图 1 刘扬《东西相遇》

在生活风格上，西方人比较重视独立，我们中国人则更看重家庭、社群（如图2）[①]。

图 2 生活风格

在时间的观念上，西方人比较准时，按照胡适的说法，中国则是“差不多”（如图3）。

① 图 2—图 11 出处：《〈东西相遇〉| 中德文化差异对比图集》，https: //sino-german-dialogue.tongji.edu.cn/28/43/c7120a75843/page. htm。

图 3　时间观念

关于理想中外貌美的标准，西方人想要晒黑，我们中国人想要美白（如图4）。

图 4　美的理念

关于老人的日常生活，西方的老年人可能会牵条狗，中国的老年人带孩子的居多（如图5）。

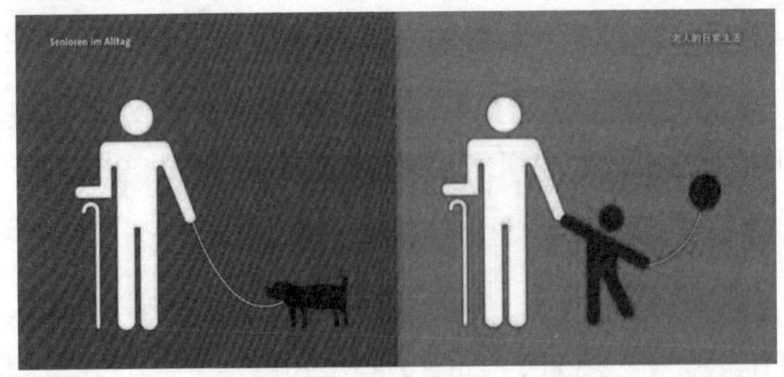

图 5　老人的日常生活

再来看解决问题的方法。西方人直来直去，中国人则避免触碰最核心的东西，尽量把它绕过去（如图6）。

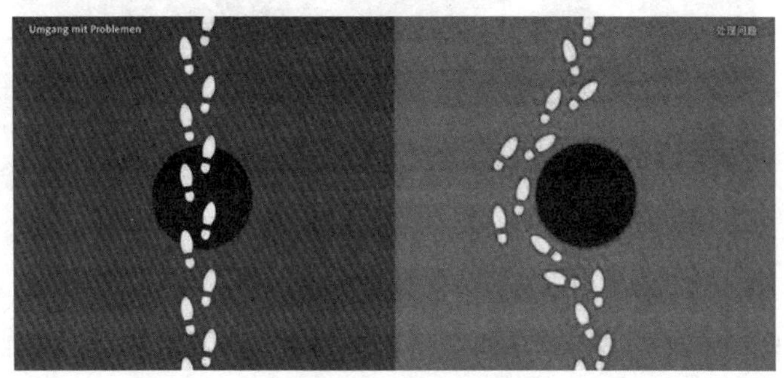

图6　解决问题

这也是中国文化中一个非常有趣的特点：排队。西方人习惯于排成一条线，中国人习惯于扎堆，挤到一起（如图7）。

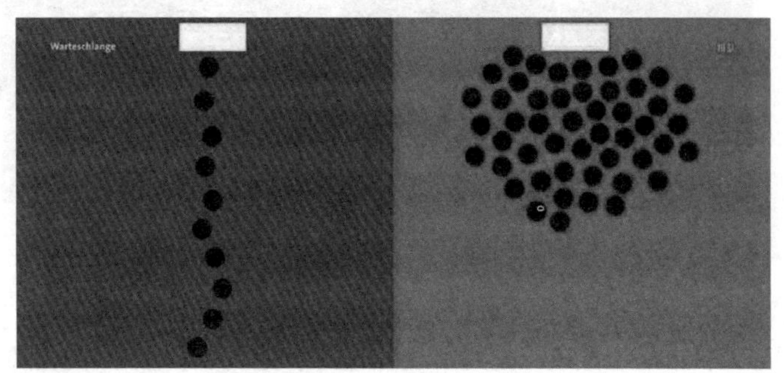

图7　排队方式

关于旅游，西方人是用眼睛自己看，我们是走到哪儿拍到哪儿（如图8）。

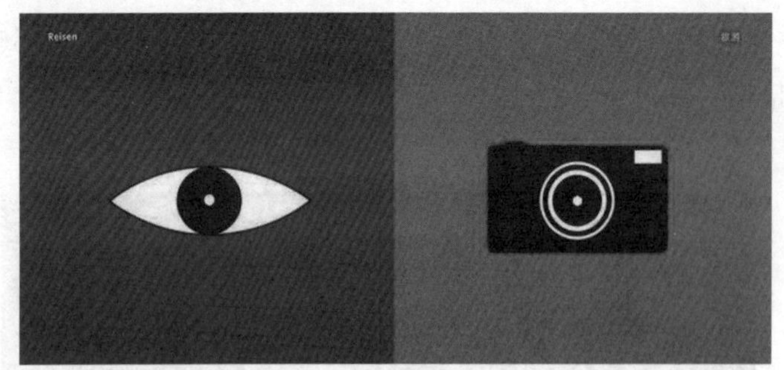

图 8　旅游习惯

这是自我表现的复杂性，西方是直来直去，我们在表述时可能会有各种各样的修辞和弯弯绕（如图9）。

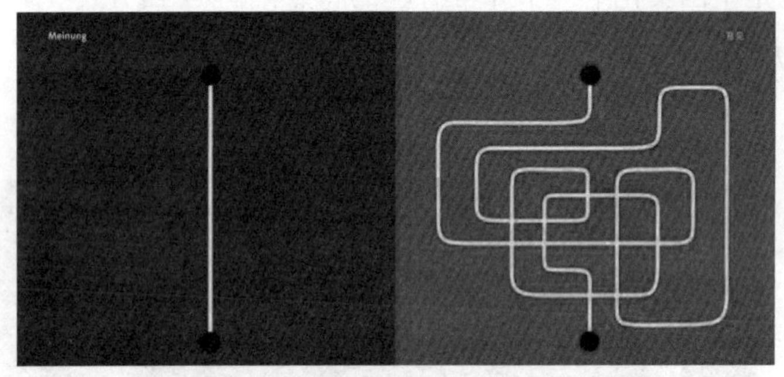

图 9　自我表达

以下是一个非常经典的心理学试验，它要求把鸡、草、牛两两配对。

据说在美国和加拿大，这个实验得出的结论是：东亚区的学生都是把牛和草配在一起，牛吃草，我们是按照一种因果关系来配对。而西方的学生都是把牛和鸡放到一起，因为牛和鸡都是动物，这是依据逻辑来分类。这就清楚地表明，我们的思维方式中带有我们中国文化的特点。

下面我们进入对文化和文明的讨论。

这是我在牛津词典上复制下来的，并没有翻译（如图10）。

文化与文明

CULTURE

1) The arts and other manifestations of human intellectual achievement regarded collectively.

2) The ideas, customs, and social behaviour of a particular people or society.

CIVILIZATION

1) The process by which a society or place reaches an advanced stage of social development and organization.

2) The society, culture, and way of life of a particular area.

Oxford English Dictionary

图 10　关于 culture 和 civilization 的解释

所谓文化，就是关于人类的智性的成就，它是集体性的，或者说是群体性的，这是第一个解释。第二个解释是，“文化”包括观念、习俗、社会行为，它属于一个特定民族和社会。什么是文明呢？文明是社会发展的高级阶段，它与文化也有相似之处。请看“文明”的第二个义项：The society, culture, and way of life of a particular area，即特定时期的社会、文化和生活方式。这是“文明”在英文当中的解释。在法语和德语中，这两个概念都有完全不同的含义，但是在汉语中，“文明”与“文化”基本上差不多。

下面我们就来讨论一下文明的起源。此处我使用德国著名哲学家雅斯贝斯“轴心时代”的理论。雅斯贝斯是一位非常伟大的德国哲学家，他曾经提出了一个非常重要的理论。他认为，以公元前500年为中心，从公元前800年到公元前200年，人类最重要的五个文明都是在这段时间内成熟、发展起来的。我们今天所讲的中华文明的成熟也是在那个时期。这五个文明包括中国、印度、波斯、巴勒斯坦（以色列）和希腊。雅斯贝斯认为，如果历史有一个“轴心”的话，应该就是这个时段。在这个时段里，几大主要文明都形成了，包括它们的信仰、文化，之后的2000年，实际上就是在轴心时代文明的基础上发展起来的。他特别说到，那个时期，中国出现了老子和孔子，墨子和庄子；印度出现了尤波尼沙陀、诡辩派和虚无主义；伊朗袄教出现；巴勒斯坦出现了先知，就是犹太的以利亚、以塞亚、耶利米；希腊出现了荷马、巴门尼德、赫拉克利特、柏拉图、悲剧诗人等。雅斯贝斯认为，在这一时期，在世界各地很巧合地出现了一大批最伟大的奠基性的思想家，我们这个世界的主要文明正是在那个时期奠基的。他认为，这些奠基的思想家们在那个时代所创造的思维范式，对后来的民族、文化的发展与成长起着至关重要的作用。

雅斯贝斯有一个观点非常重要，这个观点可以与如今中国的崛起联系起来。他认为，每个民族都有辉煌的过去，但是由于不同的历史文化原因，各个民族的发展历程不同，每个民族也都经历了衰落，但是每个民族都想复兴。我们知道，西方的文艺复兴就是要恢复希腊和罗马的古典传统、古典的人文精神、古典的科学精神等等。我们中国也是一样，中华文明的伟大复兴也是要回归自己的伟大传统。这就是他所说的人类历史又一个最重要的奠基期。

那么，中华文明到底有哪些特质呢？有各种各样的说法，我们最常说的就是哲学角度上的“儒道互补”，或称“儒道释”三合一。中国的很多寺庙里都会供奉儒道释，把三个有着不同思想资源的神都供奉在一起，这说明中国文化的包容性。在这里，我想引用武汉大学郭齐勇教授有关中国哲学精神的论述，我认为用中国哲学精神来解释中华文明的特质也是比较合适的。他谈到了七个方面：

第一，存有连续与生机自然。存有是连续的、自然的、有生机的。

第二，中国人的整体和谐与天人合一的观念。

第三，自强不息与创造革新。

第四，德性修养与内在的超越。

第五，秩序建构与正义诉求。

第六，具体理性与象数思维。相对于我们的“具体理性”，西方可能是抽象理性。“象数思维”是从《易经》而来。

第七，知行合一与简易精神。

郭教授的概括完整而系统地说明了中国文明的一些特征。关于这个问题有很多的讨论，但今天我们的主题不在于此。

如此一来，我们就需要思考一个问题：如果中华文明是从轴心时代开始的，那么在如今的中国迈向现代化的进程中，是否有一个传统的转换呢？这是需要我们研究的。这个问题在历史学、哲学上有很多讨论。中国如何在传统的复兴上创造新的传统呢？关于中国的现代化有各种各样的讨论，其中之一是西方人提出的“刺激—反应”模式。西方坚船利炮打到中国来，中国要做出反应，所以就在不断地变革。我们知道，近代以来，中国向西方学习了很多东西，比如我们今天的大学系科的建制，就是按照西方模式设立的。但是也有人有不同的观点，认为中国有自己内生的现代性，中国的现代性因素早在明代就开始了。无论如何，有一个问题实际上是非常难以回答的，就是传统的创造性转换。我们不能简单地回到传统去，所以出现了各种各样的理论，如 “中国特色社会主义”，这就是实现了传统的创造性转换。

因为中国的疆域太过辽阔，中国文化中还有一个很重要的分殊，那就是南北文化的不同，这也是中国文化很有特点的一个地方。无论是绘画、音乐、诗歌、舞蹈还是建筑，南北差异都是非常大的。林语堂在他的《吾国与吾民》中特别说到南北的差别。他用比较调侃的语气说，南方人头脑发达，四肢退化，而北方人头脑简单，四肢发达。他甚至说，如果你把中国的皇帝画一个圈，基本上都是北方的，最南方的是明代的朱元璋，在安徽。但是大家知道，近代以来的革命家大部分都在南方。所以，地域的文明对先知先觉，对社会改革和社会进步的影响也是不一样的。所以刘师培有所谓“南北文化不同论”。他的基本观点是：北方的文学是比较朴实、短小的，而南方的文学是比较神秘的。因为北方地域辽阔，“北方之地，土厚水深，民生其间，多尚实际”——北方人比较实际，不跟你玩弯弯绕。南方则是“水势浩洋，民生其间，多尚虚无”，所以文学就有很大的不同。

在绘画上更有所谓“南北宗”，南方的绘画和北方的绘画有很大的不同，这是董其昌在明代提出来的。他认为南北绘画的风格或表现完全不同，就像禅宗一样也分南北宗。我们以马远的《松月图》和米芾的《春山瑞松图》为例。

米家父子代表了南宗，马远则是代表了北方的绘画。北方的山和雾气都跟南方很不一样，画风也迥然异趣。

讲了中国我们再来看看西方，西方也是挺有趣的。西方文明的起源在哪里呢？刚才我们说到了轴心时代的希伯来（巴勒斯坦）和希腊文明，这两个地方是西方文明的源头。这个概念最早是英国的批评家马修·阿诺德在他的《文化与无政府状态》这本书里提出来的，后来有很多人去研究。美国的哲学家巴雷特有一本书叫《非理性的人》，他概括了希腊跟希伯来六个方面的不同，这个我也不展开来说了。总之，希腊奠定了西方的科学，而希伯来奠定了西方的宗教和道德。

在我比较熟悉的文学领域里面，也有很多讨论。比如说奥尔巴赫，他是德国非常著名的一位文学史家。他认为西方的现实主义叙事有两个源头，一个是《圣经》，一个是荷马史诗，这两个完全不一样。他认为，两者基本上确立了西方讲故事的方法。这两个方法也有不一样的地方。《圣经》的叙事传统不是把故事完整地呈现出来，它往往只是一两句话，需要去不断地阐释。比如“上帝说，要有光，就有了光”，这是什么意思呢？这就要去解释。而荷马史诗则是另一种叙事传统，那就是完整地讲故事，讲述英雄从出生到成长到历险到死亡的全过程，这与《圣经》的讲法完全不同。

对西方文明有很多不同的讨论，其实有一个理论对现在讨论我们自己的文明很有借鉴意义，它叫作Great Ideas，也即所谓的“大观念”。从20世纪30年代开始，芝加哥大学聘请了一个叫阿德勒的人，他是很有名的哲学家，主持了芝加哥大学“社会思想委员会”下的一个阅读经典的计划，叫作Great Books。

这个计划里，阿德勒做了一个很重要的工作，就是让专家从西方很多经典文献里边筛选、提炼出来102个重要的大观念，然后集中为60个，最后又凝练为六大观念。他后来专门写了一本书就叫《六大观念》。哪六大观念呢？他认为西方文明中最重要的六大观念是：真、善、美、自由、平等、正义。真、善、美与“知”相关，是关于知识的判断；自由、平等、正义与“行”相关，是关于行为的规范。在这六大观念里，“正义”是西方文化或者说文明最核心的观念。也就是说，如果你说西方文明最重要的东西，那就是“正义”，或者也可以翻译成“公正”。

当然还有不同的理论。比如说下面这个理论。西方的现代有什么变化呢？启蒙时期给西方带来了哪些新的变化呢？有一个叫汉密尔顿的英国社会学家，他归纳出现代性的十大观念，我觉得对我们理解西方文明也是蛮有帮助的。第一是“理性”，第二是“经验主义”，第三是“科学”，第四是“普遍主义”，然后是“进步”“个人主义”，或者我们也可以翻译成“个体主义”，individualism。接着是“宽容”“自由”“人性一致性”“世俗”。这本书名字也很有意思，叫*The Formation of Modernity*，就是讲现代性怎么构成，这对于我们理解西方文明的特点还是很有帮助的。

更进一步说，我们中国人讲的西方主要是指欧美，尤其是欧洲，欧洲实际上也是不同的，和中国一样也有“南北文化不同论”。从语言上看，欧洲有三个最重要的语区：罗曼语系、日耳曼—英语语系和斯拉夫语系，其宗教也不一样，有天主教、新教、东正教之分。所以从欧洲文明来讲，也是“一方水土养一方人”。浪漫主义时期很有名的法国作家斯达尔夫人关于欧洲南北文化的差异有精彩的讨论，她分析德国的文学时说，南方的文学主要是指天主教国家的，就是意大利、法国等地中海区域的国家，它们都崇拜荷马，北方的文学崇拜莪相。南方的文学基本上是欢快的，比如希腊文化，而北方则是充满忧郁的；南方是感性的、经验的，北方更富有哲学和宗教思辨意义。也就是说，欧洲各国之间也是不一样的。西班牙人跟葡萄牙人不一样，葡萄牙人跟意大利人不一样，意大利人跟法国人不一样，都是不一样的。

我们再来看看康德是如何认知的，他有一本名为《论优美和崇高》的书，书中最后一章是“论民族性”。他说，欧洲这些主要国家和民族，他们在审美上有什么不同的趣味呢？他认为意大利和法国偏向于优美，德国、英国和西班牙倾向于崇高。他又说：“意大利人比西班牙人有更多的优美感，又比法国人有更多的崇高感。”意大利人还有一些特殊之处，而法国人比较高贵，不过唯有优美才能使他们活跃起来。英格兰人的思想内容深刻，所以他们的思想、他们的悲剧、他们的史诗，都是由机智铸成的沉甸甸的黄金。法国人就不一样了，他们把它打造成了大片的薄薄的金箔。这就是不一样的感觉呀！荷兰又是另外一种情况。也就是说，在康德这样一个伟大的思想家看来，其实欧洲的各个主要国家，它们的民族性、它们的文化也是差别很大的。

这就带来了一个很重要的问题：我们怎么去体认他者和我们自己的文化呢？有各种各样的理论，我在这里说一个我比较感兴趣的理论。安德森有一本书叫《想象的共同体》，他是西方马克思主义者，是英国的一位社会学家，他在研究印度尼西亚文化的时候发现，印度尼西亚有那么多岛，那些人怎么知道自己是印度尼西亚人呢？他认为语言承担了重要的功能。也就是语言成了我们民族认同最重要的东西。所以，汉语作为一个几千年一直延续下来的民族语言，维系着我们中华民族。我曾经听同行提出过一个很有趣的问题：为什么我们总是让孩子去读唐诗？其实这个问题包含了非常复杂的语言和民族认同的关系。

毫无疑问，我们是通过语言来认知自己的民族性和民族文化传统的，所以文学、艺术在一个民族认同的过程中扮演了非常重要的角色，语言对认同起到至关重要的作用。今天哲学中有一个非常重要的概念，叫“语言学转向”。说的就是语言建构了我们的文化、记忆、历史和传统。讲到这里，我有一个想法跟大家分享一下。第一，文化是无处不在的，什么都是文化。第二，文化是不可选的，就像你的父母不可选一样，你是中国人，你生下来就是在这文化里。第三，文化渗透在你的血脉中，不是你要刻意去装。我举一个例子。由于工作关系，我在国外的时候碰到了一些20世纪80年代出国的人，在他们身上能看到80年代的中国文化、中国社会的很多缩影。他们身居海外没有变，还是那时的想法和做派，而我们在国内则变化非常大。所以你会发现，文化根植在我们血脉里，很难改变。文化对我们每一个人的认知起到了非常重要的作用。当然，这里面有很多很重要的问题需要研究。

我们通常会问这样的问题：我们是谁？从哪来？到哪去？大家知道，法国画家高更有一幅很有名的画，标题是“我们是谁？从哪儿来？到哪儿去？”。当问这个问题的时候，我们都认为我们有一个祖先，有一个共同的源头。对的，我刚才说到了轴心时代。但是，文化认同又是随着时代而不断变化、不断进步、不断建构的，它是不会完成的。每个时代的认同都面临着新的任务，所以我们不能有一种幻觉，就是一讲文化认同，就回到祖上的传统，回到几百年前、几千年前。所以才有“传统的现代性转换”问题，历史学家认为传统需要不断被“发明”。

接着我们回到“跨文化”理解。我的想法是，因为有跨文化，我们才有对自己的认知。如果是自己跟自己，那就没得比了。同一个地方的人讲一种话，没有什么可比的，你们俩是一样的。当你是上海人，到了北京，你觉得讲北京话才是合适的，就不讲上海话了，你就会发现上海话跟北京话有很多的不同，文化也不同。耶鲁大学的“人类关系地区档案”研究项目，对跨文化研究有一些清晰的解释。所谓“跨文化”就是越出一种文化，对不同文化之间的样本进行比较，对其特征进行比较，这就叫“跨文化”。比如说，明代有一些西方传教士到中国来，他们带来了西方绘画，中国人看了以后非常吃惊。明末清初的邹一桂说，西洋人画得真是不差毫厘，人物都有影子，但是他画得再好都不行。为什么不行？笔法全无。“虽工亦匠，故不入画品。”你画得再好也不行，为什么？不符合中国的绘画习惯。如果各位有兴趣可以去读一下斌椿的《乘槎笔记》，据说斌椿是清政府派到西方去游历的第一个官员，在他的笔记里，记载了很多他在西方感受到的“文化冲击”。再比如《马可·波罗游记》，也记载了很多关于中国的事情，在他看来也常常是匪夷所思。

中国跟西方的交往过程非常复杂，在早期的西方启蒙思想家里面，中国的形象是非常正面的。到了后来，尤其到19世纪，中国的形象变得非常负面。为什么？我们也应该去思考这个问题。这里我讲一个比较有趣的个案，清宫的西洋画家郎世宁和王致诚，他俩实际上在清宫里非常憋屈，非常难熬。郎世宁是意大利画家，是一个传教士，王致诚是法国画家，是法国传教士。这里用了两个文献，一个是笛维他蒙神父写的一封信，他说：“德尼（王致诚）虽然油画画得非常好，但是不符合中国画的审美，所以乾隆皇帝就说他画得很好，但是他不画水墨，这就一点都不好，不能让皇上开心。然后皇帝就跟工部，也就是管他们的部门说：‘你们去跟他说，叫他好好地画，他要是把水墨画好了，就一定会出类拔萃的，就会让我高兴。’于是工部就派了一个人去指责他，但是德尼（王致诚）不以为耻，他不认为自己一定要去学水墨画，他要坚持画他的油画。”这里我们看到，王致诚自己的文化顽强地留存在他的血脉里。另一个文献《燕京开教略》，其中记载了当时在清宫中作画的画家都有件很难的事，就是“不画阴影”。为什么不画阴影呢？因为中国皇帝最不喜欢自己的脸上半边黑半边白，所以跟他们讲：“不要画你们那样的画！”看来这些画家在中国画画也是很辛苦的。因为两种不同的文化和艺术处在尖锐抵牾的状态，各自恪守自己的文化传统。如果不理解对方的文化，就很容易产生文化冲突。

我们来对比两幅画。其一是郎世宁的《八骏图》，其实画得也蛮传神的。

他跟中国的画家还是有点不一样，虽然他画的人物极力模仿中国画那种造型画法，但是他的透视、光影，还是在绘画中呈现出来了。

另一幅是王致诚的《乾隆赏鹅图》。

这个画得蛮像中国画，他故意要模仿中国人。其实他并不愿意模仿中国画，曾多次讲，要不是为了传教，他们都回去了。但这对中国人来讲也是一件幸事，因为这让我们看到了，画画还有别的画法，对中国文化也起到了促进作用。只有交流了我们才知道，哦，原来还有其他画法啊！

五四新文化运动时期出现了很多关于东西方文明或者文化的论争，我这里用了三个人的观点，都具有代表性，一个是陈独秀，一个是杜亚泉，一个是梁漱溟。比如，陈独秀虔信西方文明跟东方文明有一些根本不同，表现在：第一，西方文明是以战争为本，东洋是以安息为本；第二，西洋是以个人为本，东洋是以家族为本；第三，西洋是法治为本，东洋是感情为本。我觉得陈独秀讲的还是非常准确的。杜亚泉和梁漱溟都有不同的说法，就不一一讨论了。也就是说，我们只有通过跟西方文明的参照，才能看到我们自己。你以安息为本，可能会认为全世界都是这样的，后来发现别人是以战争为本的时候，才认识到自己跟别人不一样，文化的差异性就呈现出来了。

东西方文化有各种各样的差异，我在网上找了一个资料，觉得它讲得蛮好的。他说，东方就是佛教、印度教、儒教，西方则是基督教，讲究科学逻辑；东方人是循环的、生生不息的宇宙观，西方人是线性的宇宙观；东方人是通过冥想来寻找自我，西方人是采取实用主义分析外部世界；东方人相信成功要借助于精神手段，西方人则相信物质手段，所以大炮、军舰、航母都是西方人发明的。东方认为未来是由你的行为来决定的，西方认为未来是不可知的；东方人强调社会、集体、家庭，西方人强调个体、独立。

这里不妨跟大家说一个加拿大心理学家做的实验，这个实验现在在北美讨论得非常热烈。东亚（中日韩）学生和北美学生参与实验，实验者让他们看同样一个图形，分析东亚人和欧美人看同样一个图形有什么不同。结果很有趣，东亚人把85%的注意力放到这个图形的焦点上，而将15%的注意力放到背景上。北美人，或者是欧美人后裔则把95%的注意力放在焦点上，只把5%的注意力放在背景上。这个实验的差异很有启发性，就像我们前面提到的牛、鸡、草的配对一样。我们会把牛和草放到一起，因为牛吃草，这里使用的是关系思维。而西方人就用逻辑思维，以事物的逻辑分类来配对，把牛和鸡放到一起。

其实我们国内学者也讨论过这方面的问题。20世纪80年代初，李泽厚在《美的历程》里提出，中国很多二元范畴都是功能性的、相互转换的，而不是对立的；而西方的二元概念则都是对立的，比如人和自然、文化和自然。西方强调对立，而我们强调概念之间的相互转换。这就很好地说明了中国文明一个重要的特点——强调事物之间的关系、强调它们的整体性、强调它们的转换，强调我们内心、情感、精神的表达！而西方文明呢？按照李泽厚的说法，则是强调概念的矛盾、对立、排斥，强调外部世界，强调迷狂。“迷狂”是美学上一个很重要的概念，是由柏拉图提出的。所以，从哲学上看，中西文明有很多的不同。我们只有跨出自己的文明，才能看到自己是什么样的。

这样一来，就带来“跨文化交往”中的“文化自信”问题。我们通常说“知己知彼”，我把这个概念反过来说，叫作“知彼方知己”。你要知道自己，就先要知道别人，不然你没办法知道自己。也就是说，我们通过他者的镜像看到自我。当然，他者的镜像中有不同的情况，一种是积极的中国形象，一种则是消极的。从西方对中国的研究里，我们可以看到一个很有趣的现象，叫“东方学”。“东方学”是什么？是哥伦比亚大学巴勒斯坦裔的教授萨义德讲的，他说东方在西方的权力结构中，是一个西方意识形态的投射。西方人把他们自己的观念投射到东方形象上来，因此根据二元对立，西方文明是高级的、理性的、科学的、勤劳的、优越的，而东方文明是低级的、非理性的、神秘的、懒散的、卑劣的。所以我们在看“跨文化”的时候，要警惕这种东方学的西方意识形态投射。

这样我们就进入了“跨文化研究”问题。“跨文化”实际上是一个方法，不是一个领域，但是它涉及很多。我在这给大家罗列一些。现在跨文化的管理学非常流行，很多做跨文化的人都在管理学领域。然后是消费行为和消费心理学。比如为什么中国人喜欢买法国的名牌？中国是一个巨大的消费市场，每个国家都把中国看作一个培育消费者的重要来源。还有翻译研究现在也非常重要。“Translation”我们一般把它叫作“翻译”，实际上它是一个“转换”。“转换”不仅仅是翻译一本书，它还包括思想的转换、理论的“旅行”等等。此外，还有比较美学、比较文明、跨文化心理学、艺术地理学等，这些都涉及跨文化研究。

我比较关心的是跨文化的心理学给我们提供了什么有用的思想资源。关于跨文化心理学有各种说法。有的说是研究各种文化之间个体的心理和社会机能之间的差异；有的说是研究一些普遍的文化心理规律；有的说是研究形成文化的那些独特性的相关知识；有的说是研究人的行为……它研究的问题，我集中起来概括，大概有三个问题群：第一，研究不同文化中的感知、认知、情绪、智力和语言；第二，他们的动机和行为是什么样的？第三，他们的记忆、幸福感、创伤还有人格有什么不同的表现？

有人归纳了跨文化心理学四个最重要的基本问题，我比较关注的是跨文化心理学的四个基本原则。这四个原则虽然简单但是非常重要。第一，人们都是从自己的文化视角来看其他文化的。现在大家在网上看到很多人说，到了欧洲很多国家都感觉怎么这么破落，连个高楼都没有。我们中国人就认为现代化文明就是高楼大厦，我们现在的各个城市也都变成了水泥的海洋。这是不是现代化呢？这个要看怎么去理解了。我不能说我们同胞的这些观点都是错的，但是肯定是有局限的。第二，有些心理学原则是普遍的，有些是特殊的。什么意思呢？有的是人同此心，心同此理。还有一些心理学原则就是只属于你这个民族的。第三，有一些文化的核心维度有助于我们对跨文化现象的理解。第四，很多研究发现，不同文化的人之间的共同性要多于他们的差异性，也正是这样才有人类文明共同体。不然大家都不一样的话，怎么构成共同体呢？“求同存异”很重要。这四条原则对于我们理解跨文化问题很有帮助。

我们来看一个熟悉的案例。这是奥地利裔的英国艺术史家贡布里希分析的一个案例。

有位英国画家和旅英画家蒋彝各画了一幅英国湖区最大的湖，德温特湖的风景。但是同样一个地方，两个人画的完全不一样。贡布里希认为，绘画是一种活动，所以艺术家是要看他要画的东西，而不是画他看到的东西。这听起来有点拗口，但含义非常深刻。就是说，艺术家看世界是高度选择性的，他不是看到什么就画什么的，而是想画什么才去看什么。所以艺术绝对不是一面镜子。这个理论可以用于我们的跨文化研究，我们看外部世界也是一样的。我们看我们想要看的东西，所以我们有时候在看，但看不见；有时候我们看见，是因为我们想看。对外部世界认知的高度选择性，说明我们都是从自己的文化出发去看别人。

另外一个案例就是一个很有趣的例子。荷兰的一个管理学家叫霍夫斯泰德，他有一个非常重要的理论就是，人类文化的核心维度是一样的。我们上一个案例讲的是差异性，每个人看的都不一样，而他研究的是人类文化的核心维度，不管你是哪个国家的，不管你是什么民族的，都有五个最重要的核心维度：个体主义和集体主义、权力距离、避免不确定性、男性特质和女性特质、长期导向。霍夫斯泰德是从管理学角度提出来的，后来他到香港去，发现这五条不完整，中国文化的特性给了他启示，于是加了一条，就变成了六条。他讲的这些核心维度很重要，说明了不同文化之间的共通性，是人类文明共同体之所以可能实现的根据。

这样一来，就引出了一个很有趣的问题。在这里我跟大家一起来分享我的想法。我们经常说这样一句话："最民族的就是最世界的。"这话对吗？是不是最民族的就是最世界的？我对这个表述表示怀疑。因为从跨文化的角度来看，跨文化心理学第四条，共通性有的时候大于差异性。我们在走向人类文明共同体的时候，如果过多地强调差异性，就很难进入共同体。今天很多研究，什么比较文明、比较文学、比较艺术、比较美学、比较哲学、比较文化等等，目标之一就是在寻找差异中的共通性，或者说普遍性。过于民族的，就不可能变成世界的。比如唱京剧、昆曲，太民族了，中国人都不会唱，外国人咋唱呢？原来我们南京大学有个很有名的"杨贵妃"，20世纪80年代在南大读书的人都知道。她当时在南大读书，后来到西方也很有名，但是她再怎么演，西方人也只能是看看热闹。我在法国看过一场昆曲表演，法国观众非常热情，因为看到我们穿的服装、陈设的布景、演员的唱腔完全跟他们不一样，但是最后你去问他，他根本就没看懂是什么东西。他看的全是皮毛。所以，最民族的东西不一定是最世界的。

当然，文化的差异性也是很重要的，差异性不是你想不想要，而是蕴藏在你的文化基因里。这里我来说一个很有趣的理论。西方的心理学家对所谓“人格特质”有一个理论，叫作“大五论”。“大五”是什么？就是“big fives”，最重要的五个人格特质，包括神经质、外向性、开放性、愉悦性和公正严谨性等。这是西方心理学界普遍认可的。但它适不适合中国人的人格呢？我去台湾地区访问的时候，著名心理学家杨国枢做了一个报告，他说正在做一件事，就是要研究中国人的人格跟西方有什么不一样。他发现中国人的人格有些地方跟西方不同。于是提出一个人格“大七论”。比如说，第一个“外向性”跟西方应该是一样的。然后接下来大家看，中国人的“善良”“行事风格”“才干”“情绪性”“人际关系”“处事态度”，这些就有中国文化的独特性，对中国人的人格来讲太重要了。中国人对自己的性格描述，更偏向于这七个方面。当然有很多研究把中国和西方的对应了起来。看看哪些可以跟西方对应？哪些是我们中国独特的？这可以看出来，文化实际上既有共通性又有差异性。

这里我向大家推荐一本书，书名叫*The Geography of Thought*，中译本翻译成《思维的版图》。这个心理学家叫尼斯贝特（Nisbett）。这本书我看了以后，觉得是一本非常系统地研究中西思维方式差异的、很重要的著作。而且他的观点非常好。他认为不同的经济力量维持着不同的社会结构，不同的社会结构导致了不同的社会实践，就会有不同的教育，人们就会关注不同的事物。不同的关注又使人们产生不同的理解和不同的兴趣，反过来强化了人们的关注和实践。所以，不同的世界观强化了你的感知，反过来也强化了世界观本身。

这句话讲得非常准确。我们每一个人在文化中怎么被形塑呢？首先是经济，其次是社会结构，再次是社会实践，最后是教育。而我们又关注不同的东西。比如，对中国人来讲，我们与他人的关系既是束缚又是资源，因为在华人社会里自我与社会的关系是很重要的。所以，我们培养了一种社会性地看待问题的整体思维方式。希腊人则有所不同，希腊人是重视物体，他们对物的分类和规律很关心，因果关系决定了物体的性质和人对物的行动的结果。所以，他们的行为不受人际关系的束缚。我觉得这个讲得很有道理。尼斯贝特进一步提出了中西文明几个不同的原则，比如感知方式，关于世界构成的假设，对环境的认知，对静止和变化的看法，解释事物的方式，组织世界的习惯，对形式逻辑的运用，还有辩证法等。

如果我们把他的观点跟我刚才提到的武汉大学郭齐勇教授的那个结论对照一下，其实蛮有趣的。他从中国哲学思想史的传统来总结。那我们再看看别人的说法，可以用心理学上对我们思维方式的说法，跟中国的哲学做一个对照，这样我们就可以看到我们自己文明的特点和文化的独特性。尼斯贝特有很多判断也是蛮好的。他说，东亚人生活在相互依赖的世界中，所以自我就变成整体的一部分了。西方人生活在单一、自由行动的人的世界中。东方人重视成功和成就，是因为这会给他们所属的群体带来益处。最典型的，比如高考谁家出了一个状元，整个村子、整个城市、整个地区都会高兴！为什么？他给所属的群体带来了益处。西方人不这么认为。他认为这只是个人的事。东方人重视和睦相处，并进行自我批评。西方人则重视个性，他们力求自己的完美。东方人在意他人的情感，所以他们力求人际的和谐。西方人则宁愿牺牲和谐也要求得公正、公平。东方人可以接受等级制度和群体控制，西方人喜欢平等的和个人行动的空间。所以，他说亚洲人往往回避争议和辩论，西方人则对从法律到政治再到科学各个领域进行辩论。西方有一种久远的辩论传统。

讲完了心理学的，我们最后回到一个大的问题——人类命运共同体与文明的互鉴。首先我们进入这个问题讨论背景，中国正在走向全球化的伟大进程中，却面临着非常严峻的国际局势。所以，国际交往、人文交流变得非常重要。大交往和交流又跟很多政治与意识形态的因素纠结在一起。有一个很有影响的理论，就是亨廷顿的“文明冲突”论。他的基本的观点是，以基督教文明为代表的西方，将会跟以儒教和伊斯兰教为代表的亚洲和非洲的文明产生冲突。文明的边缘线就是战争的边缘线。关于西方文明，陈独秀早就说了是以战争为本，两次世界大战都爆发在欧洲。亨廷顿提出这个观点，即战争的边界就在文明的边界，其实是一个蛮危险的结论。所以怎么去理解文明冲突？这是需要我们花工夫来思考的。

面对这样一个非常严峻困难的国际局面，人类命运共同体怎么样实现呢？文明之间怎么相互学习呢？这实际上是需要我们动脑筋的。我认为人文交流是一个很重要的纽带。文明对话是历史发展的大趋势。

法国总统马克龙在2019年底的时候有一个在法国外交官会议上的讲话。我把中间这一段给摘出来。他说：“我们已经习惯了一种自18世纪以来，以西方霸权为基础的国际秩序。这是一个源自18世纪受到启蒙运动启发的法国；这是一个源自19世纪受到工业革命引领的英国；这是一个源自20世纪受到两次世界大战崛起的美国。法国、英国、美国，让西方伟大了300年，法国是文化，英国是工业，美国是军事。我们习惯了这种伟大，它让我们对全球经济和政治掌控着绝对的支配权。但事情正在发生变化，有些危机来自我们西方国家自身的错误，而有些则来自新兴国家的挑战。”他讲的就是来自中国和印度的挑战。更重要的是，他提到非欧洲的、非白人的人对世界的引领。我们可以看到，法国、英国、美国都是白人在领导世界，现在轮到了另外一种文明。所以马克龙一方面道出了西方文明对自己危机的一种忧虑；另一方面，他对来自非西方的其他文明有一种西方中心论的观念。

到学理层面上来，就碰到了一个很有趣的问题，叫“韦伯命题”。马克斯·韦伯是20世纪初一个非常伟大的德国社会学家。他提出了一个非常重要的问题，为什么现代性起源于基督教或者新教国家，而不是起源于儒教、伊斯兰教国家？韦伯认为原因在于起源于希腊的理性精神，让西方率先现代化。马克龙讲的法国的文化、英国工业革命和美国军事等，都是从中生长出来的。所以韦伯认为西方文明有独一性。其实每个文明都是独一的，我们可以看到中国今天的现代化、发展速度，是全球公认的，必然有自己的发展道路。我用以色列著名社会学家艾森斯塔的理论来解释，叫作“多元现代性”。他认为现代性并不是一个源头，并不是只在西方，现代性实际上是多元的。他基于雅斯贝斯轴心时代的理论，认为人类文明的多元起源就预示着现代性的多元性。也就是说，每个文明都是从它自身的传统走向现代化的。这个理论其实对我们理解今天中国的现代性、中华文明的独特性、对世界的贡献等等都很有帮助。当然他也认为，在世界舞台上一定是有压抑或者压制的，有中心和边缘的区别，因为中国正在从边缘走向中心，在这个过程中当然就有很多困难。艾森斯塔多元现代性的理论，给我们重新认知我们中华文明独特性和中华文明的现代性转换，提供了一个很好的视角。

在跨文化中一个比较常见的问题，是中国形象的国际认知。我有一个朋友就是研究这个的，他的一个判断是，中国形象真正的负面性是从德皇威廉二世开始的，也就是差不多在19世纪下半叶，中国的形象一下就垮掉了，变成了一个懒惰、散漫、非理性的文明。在跨文化交往中，怎样避免文化的偏见和误解呢？在这里，我稍微说一点我的想法。我借用哈贝马斯的“交互主体性”的理论。交互主体性理论是什么意思呢？他认为，对话实际上是一个对称的转换过程，是一个说和听、听和说可以互换的过程，是一个我和你、你和我可以互换的过程。不存在哪一个有优先性，哪一个有特权，这实际上讲的就是平等对话的意思。他说，这样就形成了纯粹的“交互主体性”，没有这个交互主体性就不可能有对话和交往。今天，以美国为首的西方对中国的打压，实际上就是他们在行使特权，他们要发号施令主宰世界，交互主体也就荡然无存。交互主体性的另一个要义在于克服文化偏见和误解，很重要的一个方面就是要知彼知己。什么意思呢？我们要了解别人，才能知道自己。从这个意义上说，我们对西方的研究是很不够的。只有更深入、更全面地了解别人，我们才能够深入全面地了解自己，才有正确的对策。如今心理学中，提出了一个非常有趣的概念，叫“文商”，或者叫“文化智力”（culture intelligence），简称“CQ”。大家都知道有“智商”“情商”，那么“文商”是什么？“文商”就是讲不同文明之间交流的技巧、意识、能力。其实我们中国的大学里应该开设跨文化交流的课程来讲授这个概念。像我们南京大学都没有这样的课，我们应该开设这样的课程。我们应该教会学生怎么跟西方文明接触、怎么样减少偏见和误解。这才是文明交流最终的目的——求同存异！

最后我们回到刚才说过的《思维的版图》，该书作者尼斯贝特有几句话讲得非常好，我认为他的结论对我们也很有帮助。他说，亚洲人有两个突出的优势，第一是看问题更多看环境和背景，第二是全面、辩证地选取中间道路解决问题的方法。东亚人和欧洲人在认知定位和能力方面虽有差异，但是可以互补，彼此丰富对方。他提出应鼓励来自不同文化的人共同参与，这比所有人都来自一种文化要好得多。如果中国和西方这两方都朝一个方向前进，就会相遇，东方和西方就会促进世界的融合。两个地区的社会认知方面都会发生变化。他说这个变化像炖菜一样，慢慢味道都渗透到食材里面去。他的这个愿景对我们很有启发性。也就是说，中西文明的交流只有在交互主体性的原则基础上展开，平等地对话。

最后，我用爱因斯坦的一个忠告作为演讲的结语。他说：“世上只有两件事是无穷无尽的：宇宙和人的愚蠢。不过关于宇宙我尚不确定。”也就是说关于人的愚蠢，他是完全可以确定的。这话告诫我们：在国际交往、社会发展的过程中要避免愚蠢。因此我们要知彼知己，通过知彼来知己。这就是我今天跟大家分享的一些想法，不对的地方欢迎大家批评指正！谢谢！

【主持人】孙冬梅：

非常感谢周教授给我们带来的精彩分享，我觉得这场讲座对于大家了解东西方文化的差异及其共通性有许多的帮助。本次的讲座具有一定的历史纵深和哲学高度，这是我们的听众朋友给周教授的反馈。那么接下来，从我们的留言讨论区里面选择几个问题来与周教授进行讨论。第一个问题是，针对最开始讲的中国传统的创造性转化，例如像名著、经典，很难进行推广阅读，大众反而更愿意去看一些西方的流行书，包括舞台剧、音乐会之类的。关于这个，周教授您怎么看？

【主讲老师】周宪：

我认为读经典是非常重要的，但我们不能要求全社会都来读经典。我们可以提倡。我对全民阅读也有一些研究，我在南京大学负责一个非常重要的教学计划，叫“悦读经典计划”。我认为不读经典，我们根本不了解我们的历史，不知道我们的过去，不知道我们的文化。

当然今天有一个趋势就是把经典通俗化。这个好不好呢？它有一定的好处，但是对于大学这样的高等学府来讲，还是应该提倡回到经典本身、回到文本。我建议各位青年同学，在经典阅读方面花点时间，自己去静心阅读。因为随着年龄增长，你会对经典的认知越来越深入。用意大利知名作家卡尔维诺的话说，什么叫经典？经典就是我正在重读的东西。经典是你反复读的。

【主持人】孙冬梅：

好，第二个问题。我们的听众朋友说，他觉得，东方文化当中有着抑制性。相对于话语权较强的西方文化，东方文化在未来能够为世界文明的发展做出怎样的贡献？

【主讲老师】周宪：

我的认知是这样的，刚才我在讲尼斯贝特的那段话里面特别讲到的就是经济推动了社会的进步。经济是非常重要的。但是我们也不能把经济过于神化。当中国经济发展到世界第一的时候，那中国的话语权就不一样了。因此，欧洲文明也是因为它的经济发展在世界获得了主导地位，所以从WTO到各种各样的国际法、国际机构，实际上这些规则都是西方人制定下来的，我们是“后来者”。常见的说法是我们并不想改变国际秩序，而是提倡多边主义，这是一个正确的选择。我想，中华文明肯定会对世界有贡献的，但是我们现在，尤其是我们做人文学科研究的，真是需要来研究一下，中华文明到底是哪些东西能够被全球不同文明的人接受？不能是你自己说了算，自己说了没用，要去做很深入的研究。比如我刚刚说的“great ideas”，这个研究就给了我们一个很好的启发。他们研究了西方最重要的102个观念，最终提炼成6个“大观念”。我们应该在这方面做一些深入的研究工作。

【主持人】孙冬梅：

好，下一个听众朋友。他问周教授有没有一些建议能给志向从事汉语国际教育的大学生？

【主讲老师】周宪：

其实啊，从某种角度讲，教国际汉语是从二语习得理论发展出来的，因为西方是把英语作为外语来教学的，今天变成了我们把汉语作为外语来教学。我自己认为其实从比较宽泛的角度讲，每一个说汉语的人都是汉语老师，都可以去教。当然这里面有很多技巧。所以学汉语教学的人呢，他们通常要去学一些汉语教学方面的技术性的东西，比如课程怎么设置？语音怎么校正？阅读啊、写作啊……其实我自己也在国外教过，我自己也没有专门学过。因为你是中国人，所以用你的母语去教别人的时候不会有太多的难处。但是，你要有很好的修养就不容易了。汉语每个人都在说，但是如果你的中国文化修养很好，那你教出来的同学可能就不一样了。另外，还要注意文化上的差别。有的时候他可能跟着你学，但是他根本不懂这意思。汉语后面的文化，我觉得是比较重要的。很多我们看到后来成为汉学家的人，他们早年都有相同的经验。所以我是特别希望，我们教汉语的人自己要有深厚的中国文化底蕴，这时候你去教，技术性的问题很快会迎刃而解。

【主持人】孙冬梅：

好的！我们时间有限，听众朋友们给了非常多的问题。我们最后再请周教授解答一下我们这位听众的问题，他说在讲好中国故事的背景下，我国的高等教育国际化应该怎么做呢？

【主讲老师】周宪：

哈哈，这个问题应该是校长来考虑的。现在文化的交流还在进行，我觉得这种交流非常重要。文化的交流是中国思想、中国传统、中国文化走向世界很重要的一个路径。所以现在在高校里，我认为应该加强这方面的工作，采取一些有针对性的措施。再进一步的话，高校的国际交流会怎么样？现在真是很难说。我们首先应该要有信念，就是要加强而不是削弱我们的国际交往。要鼓励同学们把外语学好，这也很重要。现在有个麻烦是，我们大部分派出去的同学都是学英文的，只能去英美国家。但其实我们知道，法国、德国等很多欧洲国家的文化都是很丰富的。所以，我们在南京大学就办了“法语精英班”和“德语精英班”，希望我们的文科同学直接到法国和德国留学。这方面的工作还是很重要的，我们的外语应该多元化。现在除了英文都叫“小语种”，其实这也反映了我们的外语政策有问题。如果各种各样的外国语都在一个平等的层面上推广，同学们国际交流的机会就会更多一些。

【主持人】孙冬梅：

嗯！非常感谢周教授给我们的详细解答。今天我们的讲座到此就要结束了。非常感谢周教授为我们带来从文化认同到文化自省，再到文化自鉴的内容。我们听众朋友们在下面的讨论区非常积极地互动，相信大家有了非常多不同的想法。今天我们的讲座就到此结束！谢谢大家！

（文稿整理：苗裕茁）

中国传统思想文化的底蕴与特质

——以儒道佛三教为中心

【诚计划】第16期

直播时间

2022年8月30日（周二）　19:30—21:00

直播地点

南京大学鼓楼校区21舍终身教育学院演播室

主讲老师：洪修平

77级大学生，哲学博士，美国哈佛大学富布赖特研究学者，国务院政府特殊津贴获得者，曾任南京大学校务委员会委员、南京大学图书馆馆长。现为教育部“长江学者奖励计划”特聘教授（2011），南京大学特聘教授，南京大学东方哲学与宗教文化研究中心主任，哲学系和宗教学系教授、博士生导师，先后主持国家和省部级科研项目20多项，出版著作30多部，发表论文200多篇，教学和科研成果获省部级以上奖励30多项。

主 持 人：周可君
南京大学终身教育学院主持人

【主持人】周可君：

直播间的各位校友、老师、同学们，大家晚上好！欢迎走进南京大学瞰学堂，南京大学校友终身学习辅助计划第16期今晚继续开讲。我是本期讲座的主持人周可君，来自南京大学终身教育学院。今天我们非常荣幸邀请到了哲学博士、美国哈佛大学富布赖特研究学者、国务院政府特殊津贴获得者洪修平教授为大家带来主题讲座“中国传统思想文化的底蕴与特质——以儒道佛三教为中心”。洪教授曾担任南京大学校务委员会委员、南京大学图书馆馆长，现为教育部“长江学者”特聘教授，南京大学东方哲学与宗教文化研究中心主任，哲学系和宗教学系教授、博士生导师。洪修平教授曾先后主持国家和省部级科研项目20多项，出版著作30多部，发表论文200多篇，教学和科研成果获省部级以上奖励30多项。各位校友、老师、同学们，中国传统思想文化源远流长，在上千年的演变发展中最终形成了以儒家为主、道佛为辅的三教合一基本格局。今天的讲座将从儒道佛三教为何能够成为中国传统思想文化的三大主干切入，为大家梳理中国传统思想文化的历史发展并透视其丰厚底蕴，讲座还将同时探讨分析中国传统文化的主要特点与精神，通过对儒家和儒教、道家和道教、外来佛教的中国化与中国化的佛教的具体分析，来论证中国传统思想文化中的人学特质。讲座最后洪教授将从文明交互与中华传统文化的创造性转化和创新性发展等方面进一步探讨三教合一对历史文化的启示。那么接下来的时间，我们一起聆听洪教授的精彩分享。

【主讲老师】洪修平：

谢谢主持人周老师的介绍。各位校友、老师、同学们，大家晚上好！今天非常高兴有机会在这里和大家线上交流。我们今天交流的主题是中国传统思想文化，其底蕴非常丰富，在短短的一个半小时中很难方方面面都谈到，所以我本次交流聚焦儒道佛三教。刚才主持人周老师也谈到了，我们中国传统思想文化源远流长，在上千年的演变发展中最终形成了以儒家为主、道佛为辅的三教合一的基本格局。在此我特别要说明的是，我们讲三教合一其实并不是说三个思想文化合成一个东西了，而是说它们汇聚到中华文化里，构成整体的中华文化。宋代以后，无论是儒家还是道家、佛家，各家思想其实也都形成了以自己思想为本位而融合了另外两家的思想的状态，这也是三教合一的一种解释。现在一般大家达成一个共识，即汉代佛教传入以后与儒家和道家文化融合发展，慢慢地佛教文化也进入了中华传统文化之中，最后形成了中华文化三大最重要的组成部分。

我们大家都知道在先秦时候就有诸子百家，到了西汉末年、东汉初年佛教传到中国来以后，它如何赶超中国固有的诸子百家之学，与传统儒道并列为三？中国的儒佛道各有哪些特点？它们为何最终能够成为中华传统文化的三大基本组成部分？这就值得我们探讨。

马克思、恩格斯曾经说过："理论在一个国家实现的程度，取决于理论满足这个国家需要的程度。"那么儒道佛三家何以能够成为中华文化的三大主干？我们可以从两个方面来探讨：一是国家和社会对这种思想文化有需求，二是这种思想文化能够满足这种需求。在儒道佛三家成为三大主干的发展过程中，外来的佛教实现了中国化，中国固有的传统思想文化也由此更加丰富、更加灿烂，这是一个非常典型的文明交流互鉴的成功例证。

习近平总书记2014年在联合国教科文组织总部的讲话中说过："中华文明是在中国大地上产生的文明，也是同其他文明不断交流互鉴而形成的文明。"总书记在讲话中特别提到了佛教产生于古印度，但是传入中国以后，经过长期演化，佛教同中国儒家文化和道家文化融合发展最终形成了具有中国特色的佛教文化，对中国人的宗教信仰、哲学观念、文学艺术、礼仪习俗等产生了深刻影响。这与我们今天交流探讨的问题密切相关。我们在讲中华文化的儒道佛的时候，这个佛是指具有中国特色的佛教文化，即与儒家文化、道教文化融合发展以后的中国化的佛教文化。这是文明交流互鉴的历史佳话。而这一段佳话之所以能够实现，与中华思想文化的根本特质有密切的关系，这也是我和大家交流的一个重要的切入点。所以，下面我想分几个部分跟大家做交流：

第一，从历史纵向来简单梳理一下中国传统文化的内涵与发展。

第二，重点探讨中华传统思想文化的特点、精神，特别是各种特点背后根本性的文化特质，既决定了儒道佛能够成为中华文化的三大主干、外来的佛教文化能够融入中华文化，也决定了所谓中国特色的佛教文化的特色在哪里，为什么叫作中国特色。

第三，我们分别对儒道佛三家的思想文化进行一些探讨，来进一步理解中国的儒道佛所具有的中国传统文化特质。

第四，我们将谈几点启示。

讲到中国传统文化的发展、内涵，从纵向上来看，在几千年的发展中大概经历了如下这样一个历程：先秦诸子百家——两汉经学——魏晋玄学——隋唐佛学（且儒道佛三教鼎立）——宋明理学。宋明时期儒学立足于自身根本价值取向，同时融合了道家和佛家的一些精华，推动了儒学的新发展，形成新儒学，一般称为理学。

我们讲先秦诸子百家、百家争鸣，诸子指孔子、孟子、老子、庄子等，有时候也指他们的代表作，比如说老子有时指《道德经》，讲庄子有时指道教《南华经》。在汉语的语境中，百家不一定正好是一百家，百表示很多。之所以出现百家争鸣其实与春秋战国时期周天子权威失落，形成了不同的诸侯国密切相关。所以，荀子在《解蔽》篇里专门用了这样一个表达，“诸侯异政，百家异说”。当时各诸侯纷争，以不同的思想为指导，形成了百家。儒家、道家、阴阳家、法家、名家等就是不同的思想家纷纷向不同的诸侯国献计献策，形成了不同的思想倾向，在这个过程中各种思想激荡形成了百家异说。所以对中华文化可以用一些名词来概括，比如大家很熟悉的三教九流，三教就是儒道佛；九流即儒家、道家、阴阳家、法家、名家、墨家、纵横家、杂家、农家，如果再加上小说家就是十家，所以有时候也称为九流十家。那为什么小说家会单列出去？因为小说是创作，而中国传统文化比较重视历史，创作的、没有历史根据的小说在古代就不入流。但是，各家的学说在历史上都有其独特的贡献。

到秦汉时期，慢慢地出现经学，所以我们一般讲中国思想文化发展到两汉时主要是经学——关于经的解释的学问。大家可能也听说过两汉经学有所谓的古文经学和今文经学，这里所谓的经主要是指儒家的经典，一般特指《诗》《书》《礼》《易》《乐》《春秋》，称“六经”。其中《乐经》在历史上至今仍有争议，因为《乐经》没有流传下来，至于其原因，有说法是秦始皇焚书坑儒烧掉了《乐经》，也有说法是其实本就没有《乐经》这一部经——由于《诗》可以朗诵、吟诗，在吟诗的过程中可以配乐，比如向上天、祖先祭祀举行礼仪时也有配乐，因此《乐》并非单独的一部经。所以，现在大家公认的是“五经”。经学就是对这些被儒家奉为经典的经而进行的训诫或者阐释，其中有古文经和今文经。古文经主要是指用秦以前的六国文字的古文所书写的经，所以在解释上比较注重于训诂。训主要是解释词义，诂主要是对文字字义的考证，与考据学密切相关。而今文经学主要是指用秦以来的通行文字，如隶书书写的经，这些经大多没有古本，到汉代时候才写成定本。今文经除了这个经典的差别之外，还有非常重要的一点就是特别注重阐发微言大义。在汉的大一统社会背景下，汉代经学大师董仲舒强调思想文化的大一统，通过训诫儒家经典来阐发他的思想，形成了两汉经学。

魏晋时期的主流是玄学。所谓玄学就是玄远之学，主要探讨哲学，比如本和末的关系、有和无的关系、一和多的关系、言和意的关系等等。我们刚才讲到汉代主流的是今文经学，其背景是董仲舒为汉代的政治统治作论证，而伴随着汉代的灭亡，儒家罢黜百家、独尊儒术的地位也发生了动摇，这就是玄远之学产生的历史背景。人们开始发现儒家的经学以及经典所强调的一些纲常名教的局限，纲常名教如果变成一种外在的权威就有可能扼杀人性，因此对此提出批判，批判的武器中很重要的就是道家的自然观。道家的法自然强调人性自然，以此来批评儒家，但是儒家提倡的纲常名教在当时的整个社会性质没有改变的情况下，仍然有存在的必要性，如此一来就有一个如何把人性自然和社会——儒家提倡的伦理名教结合在一起的问题，有没有这种可能呢？所以这就是一种看起来非常玄远的哲学讨论，回答的是一个非常现实的问题，就是名教与自然有没有可能结合的问题。阮籍、嵇康等重要的思想家提出"越名教而任自然"。既然名教出于自然，那就回到自然，但是直接回到自然可能导致所谓的时俗放荡，一切任自然，没有任何的社会伦理道德规范。所以后来又有纠偏，玄学家裴頠认为如果过分时俗放荡，不重儒书、不重礼法、口谈浮虚，对社会也有不好影响。经过反复讨论，发展到郭象的独化论，强调名教就是自然，符合自然的名教才是真正的名教，把两者统一起来才能够顺人性而尊名教，尊奉真正的社会伦理道德规范、合理合道的名教。这也反映出魏晋玄学看起来是讨论非常抽象的哲学，实际上关注的还是现实的人生。之所以通过非常玄远的哲学来表达，是因为东汉末年的专制盛行，所以玄学通过这种看似玄远的讨论来回应现实的问题。魏晋玄学也是非常重要的中国思想文化发展的一个阶段。

到了隋唐佛学与三教并列的阶段，由于整个社会性质仍然没有变化，儒家的伦理道德、纲常名教仍然符合需要。在隋唐时期，儒学被重新确定为正统。唐太宗有一句名言："正经所好者为在尧舜之道，周孔之教，以为如鸟有翼，如鱼依水。失之必死，不可暂无耳。"我们可以看到隋唐时期倡导儒学、利用儒学，而且在制度上有一个重要的发展：影响后世几百年的科举制度。这一时期也出现了一些重要的思想家：韩愈、李翱、柳宗元、刘禹锡等。韩愈和李翱主要在心性论上开启了后来宋明理学的先河；柳宗元和刘禹锡在天人关系上做出了重要的贡献；王通开始提倡儒道佛三教融合。前面提到的魏晋玄学是探讨道家思想与儒家思想结合的可能性，有人称之为新道家哲学。而魏晋以后的儒道佛中的道更多的是通过道教来延续，所以唐代更多的是道教之学。道教在唐代非常兴盛，其中有一个非常重要的原因：道教是奉老子为教主的，传说老子姓李名耳，与唐太宗同姓。魏晋以来社会上非常看重门第，而唐太宗出身并不高贵，因此就把老子纳为自己的祖先，抬高自己的地位，所以他提倡老子之学，推崇道教。当时儒道佛三家鼎立，三家之间有很多争吵，很多争吵都是贬低另外两家、抬高自身，有时候甚至吵到宫廷里面去。在隋唐时期经常有殿前辩论，那到底谁优谁劣，儒、道、佛谁应该排在前？对此，唐太宗指出："今李家据国，李老在前。"因此，当时也出现了一大批道教思想家，比如成玄英、王玄览、司马承祯、杜光庭等都是中国思想界的重要的人物。当年我们的老校长匡亚明先生编《中国思想家评传丛书》200部，我当时也协助匡老做了一些工作，我是副主编之一，负责宗教哲学类。这里提到的这几位道教思想家在200部中都单独有评传，可见道家哲学思想在中国思想文化历史上占据重要的一席之地。

隋唐思想文化的发展一般会用隋唐佛学来概括，原因在于外来的佛教经过几百年的发展，到了唐代基本上完成了中国化的过程。当然，我们今天仍然继续强调佛教的中国化。到了唐代基本完成了前面讲的外来的宗教文化经过与儒家、道家文化融合发展演变为我们中华民族自己的宗教文化的过程。唐代佛教中国化基本完成的一个重要标志是汉传的大乘八宗正式创立：天台宗、三论宗、华严宗、法相唯识宗、禅宗、律宗、净土宗、密宗。除了八大宗派之外还有三界教，这是一个很特殊的宗派，宣传末法思想，不受欢迎，后来由于其他各种原因失传了。此时大乘八宗是我们中华文化的重要的组成部分了，也就是佛教文化与儒家文化、道家文化融合以后而创立的八大宗派。所以唐宋以来，如果有人信佛教，我们不会说"他怎么会信一个外来的宗教"，这时候他信的禅宗、天台宗、华严宗等都是我们自己的佛教宗派。中华佛教文化最典型的代表就是这八大宗派，当然八大宗派中的禅宗又被认为是最有代表性的、最具中国特色的佛教宗派。这些宗派在古印度都是没有的，都是我们中国人的创造，中国人用中华文化丰富发展了佛教，做出了创造性的新贡献。八大宗派每一家都有非常丰富的思想理论、哲学理论，而这样一种思想理论多是融合了中华文化的许多精华，包括儒家文化、道家文化，所以八个宗派其实也都是基于佛教立场而三教融合的一个佛教思想体系。同时佛教与中国固有的传统儒道还是有一些差异，因为它更多强调的是一种精神的解脱，而不是经世治国。佛教的思想精华在发展中慢慢地也被儒学吸收借鉴过去，宋代以后儒学基于尧舜周孔之道和“修身齐家治国平天下”的理想和抱负，在哲学思辨层面渐渐吸收了道教之学、佛教之学，形成了新儒学。从继承发展儒家道统的角度出发，宋明理学有时也称道学，宋史中理学家都被称为道学家。我们一般从广义角度来谈宋明理学，从狭义角度有时也称程朱理学，将陆王称为心学，程颢和程颐二程以及朱熹代表着理学的观念：性即是理，在心唤作性，在事唤作理。其根本特色就是把儒家伦理名教、社会道德规范提到天理的高度，从哲学本体的角度来加以论证。而以陆九渊、王阳明为代表的理学强调心，所以称之为心学，其名言“宇宙便是吾心，吾心即是宇宙”，强调发明本心、致良知。除了程朱陆王之外，还有一些非常重要的思想，就是以张载为代表的气学，主张太虚即气，太虚虽然无形，但它是气的本体。气学的哲学思想反对以佛教、道教为代表的虚无主义，强调没有虚无，所谓的虚无就是太虚本体，即气，虽然看不见摸不着，但是它存在。理学、心学、气学，都是宋明理学的重要思想。

以上我们快速地梳理了从先秦诸子百家到宋明理学的中国思想文化发展的脉络。第二部分，我们就重点来探讨一下中国传统文化的特点与精神。我认为中国传统思想文化虽然博大精深，从先秦诸子百家一直到宋明理学，也包含了儒家、道家、佛教的思想文化，但这些思想文化有个共同的特征——它本质上都是关于人的学问，它有一个最根本的特点就是重视现实的社会和现实的人生，对现实的社会它追求社会的和谐，对于人生强调人生的幸福，特别是以儒家为代表。在儒道佛中间，强调以儒家为主、道佛为辅，关于人的学问，儒家讲得最透彻、讲得最全面。

我下面马上会展开来讲社会和谐和人生幸福，两个是相依的、结合的。因为人是社会的人，所以每个人的幸福必须依赖社会的和谐，而社会的和谐需要每个人作出贡献。而最根本的核心就围绕着一个人之为人的本质，人之为人的实现，所以我把它称之为人学。现在这个人学概念肯定用得比较多了，我最初用这个概念是在20世纪90年代初，我印象很深刻。记得当时正好是匡亚明老校长跟教育部联合在南大开了一个关于中国传统思想文化与21世纪主题的会议。我当时还年轻，刚刚博士毕业不久。参加这个会要写论文，我反复思考，想写一篇关于中国传统文化的根本特点的论文。中国文化有很多特点，比如说强调天人合一、自重于教化、自重于伦理等。这些各种各样的特点背后，有没有一个更加根本的特点呢？我当时就注意到这些特点都是从人的问题出发，最后又回到人的问题上来。我想写人学，于是专门跑到匡老家里去向他请教。我说想用这个人学来概括中国传统文化的最根本的特质，各种其他特点由此而展开，不知能不能用这个词。匡老加以肯定，而且鼓励说这个很好，能够在一定意义上代表我们中华文化的特点。所以从那以后，我基本上就一直使用人学这个概念。关于人学概念，我觉得在理论上来看它是表现为探讨人的本质、人性问题、人的价值、人的理想、理想人格的实现以及人的生死自由等等，尤其人是社会的人，所以必然是连带要讨论与社会的和谐相关的社会问题的。儒家讲要修身、要齐家、要治国、要平天下，而完成修身后，你要通过齐家治国平天下来验证，你对社会有贡献才能够真正回过头来看到修身的完成。它是有机的、相依相成的。传统思想文化的其他一些特点我觉得都是由此而展开的。我从传统宗教和传统哲学两个方面来看中国传统宗教，在佛教传入之前，中国人的宗教观念、宗教思想以及原始宗教的自然崇拜、神灵崇拜都已存在，从上古三代秦汉祖先崇拜天地鬼神等一直到汉代出现土生土长的道教，它们都是以现世的生存与幸福为出发点和归宿，明显地表现出了与一些西方宗教以彼岸世界为现实人生目标之间的差异。人本身是根本出发点，也是最终的归宿，而不是要用现在的人生去奉献给所谓的上帝，以彼岸世界的价值来取代自然世界。

在中国，人的生活本身就是一切，现世的生活并不是为了实现彼岸世界的理想。天帝神灵虽然高高在上，但是保障现世人生幸福的重要力量。中国人信奉神灵的根本目的并不是出离人世而是在于为人世的生活求福佑。有人说道教讲神仙，神仙是超世脱俗的，但是如果我们仔细推究一下就会发现，道教追求的神仙生活看似超世脱俗，实际上也无非是把现世现生理想化并无限延长而已。在现实中总要遇到很多的挫折，也许还会受各种苦难，道教就把人生美化，想象中有一种无忧无虑的神仙生活，得道成仙，还可以长生不死，最后就变成一种宗教。视人生为苦海、讲求超脱生死轮回的印度佛教传到中国来后，却被许多善男信女视为保佑此生平安或来世幸福的宗教而加以信奉，这更突显了中国人重现实人生的宗教观。

我们再简单看一下中国哲学，同样没有对社会人生意义的绝对否定，也没有否定此生此世自我存在的价值以回向神的倾向，有的则是对人的肯定、对人的生活的肯定。在中国哲学中天人关系是一个非常重要的命题，也能够表达中国哲学的重要的内容。关于天人关系，可以以荀子和董仲舒为代表。荀子强调的是从天而颂之，孰以制天命而用之。他强调的是要认识自然、改造自然，来为人的幸福生活服务，这体现了人定胜天。另外一种观点在过去对其更多是负面的评价，董仲舒强调的是天人感应，强调的是王者承天意。天子就是天的儿子，天地是至高无上的，帝王就是天在地上的代言人，承天以从事。他渲染天人感应，譬如说天时有春夏秋冬四季，人有四肢，他用这样一种简单的比附来强调天人之间感应、天对人的权威，因此老百姓要服从帝王。但同时从这种思想背后可以看到其透露出了一种期望，即承天意来实现美好的社会和人生的向往，特别是儒家在缺乏权威的时候希望假借政治的力量来实现自己的理想，在这一点上与先秦的墨家也有相同之处。墨家代表着农与工肆之人，但是它会强调另外两个观点叫天志明鬼，即天是有意志的，鬼神是存在的，要保持敬畏。为什么会有这样一种表现？通过分析可以发现小手工业者在社会上地位不高，所以希望以天的意志和鬼神的力量来遏制世间的强权政治。董仲舒强调天人感应其实也是希望帝王能够实现自己的意愿，若没有实现就用天地鬼志来制约帝王，在背后透露出来的也是实现美好社会和人生的愿望。

我们看到中国很多思想学派在具体的观点上各有差异，但是它们的共同特点是重视现实的人与人生，表现在哲学上就是对人的主体价值的肯定，对现实生活的肯定。区别在于各家各派在人的价值取向、人的价值实现的途径问题上的不同观点，而正是这样一种不同才构成了中华文化的丰富多彩性，百家争鸣共同推动着中华文化的发展。在诸子百家中儒道两家的人生哲学最具有特色，也最具有互补性。秦汉以后儒道两家的学说脱颖而出，在中国文化的发展中扮演着特别重要的角色。当外来佛教传入时，其所面对的中华文化其实就是以儒道为代表的中华文化，因为秦汉以后中华文化诸子百家之学通过儒道两家来发展。当然秦汉以后的儒家和道家已经不是先秦古典儒家和道家，都已经融合了其他各家的思想学说，如道家兼采百家之善。在秦汉以后，外来的佛教能够与儒道并列的一个很重要的原因就在于，外来的佛教文化有一套独特的人生哲学，以超越生死的眼光，对人生从何来、死向何去以及对现实的生老病死等问题做了探索，在一定程度上弥补了传统儒家、道家对人生生死问题关注和解决的不充分。

我们分别来看一下儒家、道家、佛家如何丰富传统文化的人学体系、丰富中华传统文化的现实主义精神的。儒家思想是中国传统思想文化的主流和基础，儒家鲜明的人文精神引领着中国传统文化的主要特点和精神。我们可以看几段语录：

“未知生，焉知死”，“未能事人，焉能事鬼”。——《论语·先进》

“天地之性人为贵。”——《孝经·圣治》

“天地人三才等耳，人岂可轻！人字又岂可轻！”——陆九渊语

儒学把人抬到与天地并列的高度，充分肯定人的意义。此处的人既是指群体的人，也指个体的人。过去有说法说传统文化，特别是儒家重群体而不重个体，重的是人伦而不是人。这种看法是片面的。儒家特别强调礼，孟子举例说明礼的地位：如果嫂子掉到河里将要淹死，这时候你该不该伸手去拉她？礼讲究男女授受不亲，但在此类特殊情况下，孟子说：“嫂溺不援，是豺狼也。男女授受不亲，礼也；嫂溺，援之以手者，权也。”礼是要遵守的，但是在人的生命面前，礼是应该做出变通的，也就是人是更重要的，礼是为人服务的。通过这个例子我们可以看到，儒家思想是孔子奠定的人学，而人学有仁和礼两个方面。就人来说，是基于人性的一种道德规范，所以用“仁者爱人”来表达，仁爱的这个仁是单人旁加两横，意味着两个人才能称之为仁，自己一个人就无所谓仁，因为仁就是通过爱人来表现的。克己复礼指每个人要克制自己的欲望、遵守一定的社会规范来表现仁。仁的本质要能够相互关爱，所以“一日克己复礼，天下归仁焉”，“己所不欲，勿施于人”，“己欲立而立人，己欲达而达人”，礼要服从人，为人服务，所以要有变通、损益。随着时代的变化、社会的进步，礼要不断改变，以仁为标准来规定、取舍礼。子曰：“人而不仁，如礼何？”子张问孔子：“十世可知也？”子曰：“殷因于夏礼，所损益，可知也；周因于殷礼，所损益，可知也；其或继周者，虽百世可知也。”从夏商周三代的发展，我们可以推测，未来礼还是符合需要的，但是礼是要有损益的，取舍的标准就是仁，仁爱的仁体现了人的本质。

为了体现人文精神，儒学的发展在后来出现了一些变化，因为一种思想文化不可能脱离现实的社会政治环境，儒学的发展是从仁和礼到家庭到孝悌。

家庭是社会的细胞，所以讲礼首先从家庭开始。对于家庭来说，礼的具体表现就是孝悌，《论语》中提到“孝悌也者，其为仁之本也” 。《左传》里面也记载，“孝，礼之实也”。礼要从家庭开始，尊重父母、尊敬兄长，这是为本的开始，是孝的开始。马克思、恩格斯在《德意志意识形态》中提到，“家庭，最初那是唯一的社会关系。但是到后来，当需要的增长产生了新的社会关系，而人口的增长又产生了新的需要的时候，家庭就成为成熟的关系了”。从家庭到社会、到国家，孝也进一步扩大、发展为忠。秦汉建立统一的国家的时候，孝进一步发展为忠，刚才讲孝是礼之实、仁之本，而此处发展为忠者其孝之本也，孝的提法发生变化。董仲舒被批评的原因在于，他更进一步把儒家仁义道德发展为纲常名教，所谓纲常名教就是不可变的，天之经也、地之规也，强调天不变，道也不变。本来是强调仁义道德、和谐社会、人必须和谐相处的仁义道德规范一旦变成了纲常名教，变成封建的道德教条，与专制的政治结合，儒家的美好理想就成为纸上谈兵了。举个例子，大家在路上开车都希望能够安全快速地到达目的地。按照儒家“已欲立而立人，已欲达而达人”的思想，想快速地到达就要让别人能够快速地到达，如果没有一定的规则或大家都不遵守规则，那么马路会乱成一团。只有人人遵守规则，每个人才能得到真正的实现，每个人才能真正安全、快捷地到达目的地。这一套美好思想如果在专制集权的控制下，比如过去有乱罚款的现象，那么最后反而限制了顺畅通行，顺畅通行的美好理想就难以实现。这个例子可以帮助我们理解，儒家美好的伦理道德规范本来是帮助人们更好地实现自我，但是其以专制极权，罢黜百家，独尊儒术，而非独尊儒学，是把儒家的思想变成一种统治的工具。所以当三纲五常发展为一种吃人的礼教的时候，儒家对每个人的关注也就被逐渐淹没在对人伦关系的过分强调之中了。鲁迅批评礼教在字里行间就看到两个字“吃人”。礼教最终偏离了儒家的美好思想，在现实中演化出一种吃人的礼教。也正是在这个意义上，前些年讨论儒学是不是宗教的时候，任继愈老先生主张儒学是儒教，因为当时把宗教还是看作负面的，他认为宗教对人有精神的压迫，他认为儒学发展到后来，从董仲舒天人感应、君权神授开始一直到朱熹革尽人欲、复尽天理，儒学演变为一种统治人的精神的宗教，并对其加以批判。我们对儒学有一个批判的继承，关于儒学的人文性和宗教性，学界到现在还一直有讨论。我曾经写过两篇文章，一篇讨论儒学的人文性，一篇讨论人学儒学的宗教性，分别发表在《中国社会科学》2000年第6期和2014年第9期，大家可以参照进行思考。

从上面的介绍可知，要弘扬中华优秀传统文化包括儒家的优秀文化有两条非常重要：第一，要打破封建桎梏，在专制集权的封建社会，儒家的理想很难实现，儒家的精华很难得到传承发展，所以要打破封建桎梏；第二，在新时代要实现创造性转化和创新性发展。

我们下面简单讲一下道家、道教和佛教。儒家谈人，仅限于现世；儒家谈人的实现，强调的是主体道德上的自觉完善和圣人教化。那么如何从主体自身来强调为善去恶的必要性？儒家没有更多展开，因为儒家学说是劝人为善，但缺少强制性。儒家这套学说对君子还是很有用的，如果君子犯了错，他肯定很警醒、要悔过；但是对小人作用就不大，小人不听劝说。当人们在各种社会关系中无法实现自我的时候又该怎么办？儒家认为：

“天下有道则见，无道则隐。”——《论语·泰伯》

“隐居以求其志。”——《论语·季氏》

仅仅这样一种思想解决人生问题和社会问题好像还不够充分，还需要更多的人生智慧。习近平总书记说：“世界上一些有识之士认为，包括儒家思想在内的中国优秀传统文化中蕴藏着解决当代人类面临的难题的重要启示。”他举了一系列例子，第一个就是道法自然。道法自然高度体现道家的思想和精神。前面提到在传统文化中，以儒道两家学说最具代表性。这里讲的道，就是通常讲的先秦老庄道家以及汉代形成的道教，道教其实是对道家理论的宗教化的发展。

魏晋玄学以后，道家之学主要就是通过道教而得以延续。道家理论的核心是道，道法自然强调的是道性自然，无为而无不为。在道家看来，天地人同道，道通为一，天道自然无为，人道也应该效法天道自然无为，所以“人法地，地法天，天法道，道法自然”，以此来批评仁义有为。“大道废，有仁义；智慧出，有大伪。”大道被废弃了，才有了仁义的出现；开发出了智慧，才有了欺骗的出现。所以“失道而后德，失德而后仁，失仁而后义，失义而后礼。夫礼者，忠行之薄而乱之首”。听起来好像反对儒家讲仁义，其实不然。我们换一个角度举一个例子：南京前几年曾经大张旗鼓地整顿社会环境，提倡以不闯红灯为荣，以不随地吐痰为荣，外地有朋友来就会说南京人很文明。换个角度想想，如果没有人随便闯红灯，没有人随地吐痰，还需要不需要在马路上拉出大横幅说以不闯红灯为荣，以不随地吐痰为荣呢？那就说明可能有这种现象存在，所以需要整治。同样在道家看来，当强调什么仁义道德的时候恰恰说明不仁不义的现象出现了，如果是大道行天下，路不舍矣，夜不闭户，需要这样来强调吗？道家其实是换一个角度提醒我们如何看待社会文化的发展、看待文明的进步。

儒家、道家出现的时代正好是礼崩乐坏的时代，春秋末年儒道两家有不同的应对态度，前者要重建礼乐文明，后者用批判的眼光来看礼乐文明的崩坏有它的必然性，需要找出现有制度的不足来不断完善，用批判的角度来推动社会的发展、推动社会文明的进步。所以道家不是不重视人，其对人给予了足够的重视和充分的肯定，只是它走的是与儒家不同的道路。我们比较一下，儒家重的是人的社会性，人都是社会的，所以在中国社会中儒家更强调伦理，主张从人的社会关系中来实现人的本质；而道家比较重人的自然个性，强调个人的自主独立和自由。庄子讲他独与天际精神往来，他喜欢鲲鹏展翅，希望遨游于四海之外。在实现人的途径上，儒家更多地讲入世有为，要修身齐家治国平天下；而道家更多地讲避世，返璞归真，摆脱社会伦理的束缚，希望通过效法自然来实现美好的人生，向往一种精神的自由。由此可见，道家的自然无为论其实并非完全悲观厌世、无所事事，而是为人的自我实现提供了另外一种有悖于儒家的、我称为迂回曲折的道路；同时道家的避世也包含着对现实的批判。

道家的人生观包含着对人类文明本质的深层思考和对伴随文明进化而来的某些弊端的深刻洞见，它提醒人们人和人的生活的本来面目，提出了人类在创造文明的同时有不断被异化的可能性，非常明显的就是科技作为一种工具可以造福人类，也可以给人类带来灾难：原子可以发电，也可以制造炸弹。所以道家的智慧在历史上直至现代有它特殊的价值。道教的第一部经典是《太平经》，说明道教追求人的理想的同时也离不开和谐的社会，道教把经国理身看作两翼，不可偏废，如鸟之双翼，如车之双刃。这也凸显了道家同样关注人，肯定人的精神生活、精神自由。我称之为对儒家天下“无道则隐”“穷则独善其身”，做了另外一番别有特色的新的开拓，两者可以互补。

但是儒家、道家如何从人自身来解释这种现象：人在现实生活中有生老病死、人生苦难？儒家讲“未知生，焉知死”，道家讲“六合之外，圣人存而不论”，而我们也经常讲“不识庐山真面目，只缘身在此山中”。所以看清现实的社会，跳出现实的社会人生，换个角度也许另有一种见解。佛教走进中国与儒道相遇、碰撞、冲突、调和，最后与儒道融合成为中国化的佛教，也是以人学为基点。佛教本来讲人生皆苦，强调要从人生苦海中解脱出来，将人引导到一种永恒的快乐幸福。佛教有时候把这种美好生活的实现放到一种虚无缥缈的未来，但是这样一种思想本身所内含的对美好永恒生活的向往传到中国来以后，与以儒家为代表的人文精神相碰撞、相融合，佛教渐渐吸收了儒家的人文精神和道家对人的关注的思想，将印度佛教中对永恒幸福的向往化为现实的一种追求，这就是中国佛教走上人生化、人间化和一直到近现代以来所谓的走向人间佛教的必然性。佛教的中国化经过了儒家化、道家化、方术灵神化，借助于中国传统灵魂不死的观念、神仙的信仰、儒家思想的调和（佛教也强调忠孝等），通过与儒道的融合把印度佛教中对幸福的向往和追求化为人间净土的建立、对人生幸福的追求。佛教中国化以后凸显了佛教的弱势化、新兴化、人文化和人生化，在中国佛教中，人人有佛性成为主流，人人能成佛，凸显主体、张扬自我，将对神灵崇拜、菩萨保佑都聚焦到追求社会和谐和人生幸福上来。所以可以看到，一切众生都有佛性。唐代八大宗派创立后的中国佛教强调佛法在世间，不离世间觉，舍人道无以立佛法。从人生佛教到人间佛教，再到建立人间净土，这就提供了与我们现在社会主义社会相适应的契机和桥梁，所以儒道佛三教在历史上相依互补，以儒治世，以道治身，以佛治心。儒家鼓励人若是有为，积极进取，培养人的社会责任感；当人在现实人生中碰到困难、挫折，道家的“法自然”可作为调控心境的一种重要手段；佛教的一切皆空、三世业报轮回会给逆境中的人或欲望得不到满足的人以精神安慰，帮助人以出世的心态来做入世的事，使得人们不至于过分沉溺于世俗的污蔑而不能自拔，不至于为此生此世不如意而过分烦恼。现实中人的需要是多方面的，人生不如意事十有八九，儒家鼓励尽量地积极有为，为社会做贡献，遇到困难的时候也可以顺应自然来调控心境。

最后讲几点启示。

第一，强调文化自觉、文化自信、文化创新。中华传统文化立足于现实的社会人生，始终关注社会的和谐与人生幸福，这是中华文化的根本特质。而外来的佛教之所以能够融入中华文化成为重要的组成部分也与它密切相关。儒道佛作为中华文化的三大主干，虽然表现形态各有特色，但是具有共同的价值追求。它们相依互补，体现了中华文化和而不同的圆融和谐精神。传承中华优秀传统文化，使之在中华民族建设精神家园、践行社会主义核心价值观的今天继续发挥积极作用，是摆在我们面前的重要任务。

第二，通过以上的介绍，我们看到中华文化的发展并不封闭、保守，成功地借鉴吸收外来佛教就是一个例证。国学是动态的国学，不是一成不变的国学。

第三，要强调文明交流互鉴。印度佛教走进中国与儒道融合互补构成中华文化的三大主干，共同推进中华文化发展的历史，为当今世界文化冲突、文明对话、文化交流提供了启示和经验，不同的文化也应该相互尊重、相互理解，在并存中求同存异、共同发展。

第四，人生问题是人类永恒的主题。中华文化重视现实的社会和人生，以儒道佛为代表的中华文化，现在和未来必将继续凸显它特有的价值和生命力，为人类的幸福发挥积极作用。而中华文化的生命力和现代价值，也有待我们今天的挖掘、改造和创新，实现创造性转化、创新性发展。

第五，中国文化自身也需要不断更新发展。历史上中华文化吸收不同的文化使自身充满活力，在今天我们仍然需要借鉴和吸收人类各种文明成果，文明因交流而多彩，文明因互鉴而丰富。

最后让我们以习近平总书记的一段话作为今天讲座的结束语："让中华文明同世界各国人民创造的丰富多彩的文明一道，为人类发展进步提供正确的精神指引和强大的精神动力。"谢谢大家！

【主持人】周可君：

洪教授晚上好，孩子现在是在幼儿园阶段，他出于好奇也会跟着我们大人一起诵读《道德经》。在孩子读这个国学经典问题上，您有没有一些建议，包括经典诵读的先后顺序等？

【主讲老师】洪修平：

好的，谢谢！这个问题很难得。家长带着小孩子从幼儿园开始就进行国学教育，我觉得非常好。读老子《道德经》是很好的，因为老子是中国第一位哲学家，他提出了“道”这个最高的哲学范畴，奠定了中国哲学的一个重要的基础。如果带小孩子一开始就来读读《道德经》，感受一下中国文化的博大精深、高妙的哲理当然很好。但是我想幼儿园的小孩读《道德经》可能会有一定难度，需要家长给予引导，挑选里面的一些轻松愉快、优美的文句，对于社会人生的部分进行轻松的引导，然后家长给予一定的现代语的转换来介绍可能会有帮助。而里面有一些抽象的话，对于幼儿园小孩子而言可能难以理解。当然还有另外一种方法，先引导孩子背诵，小孩子记忆力特别好，如果能一开始就背下“道可道非常道，名可名非常名”，不一定马上就理解深奥的大意，但是随着年龄的增长、社会阅历的增长，也能够慢慢地自己去理解。希望家长能够适当地引导，用一些轻松愉快的话语培养孩子的兴趣，千万不要让小孩感到很枯燥，硬要来死记硬背一些句子。要润物细无声，在日常的引导中让他感受到中华传统文化的意义价值。而且可以通过背诵几句话以后在日常生活中，结合事例来给他一些引导，我觉得这个也是很好的一种方式。一些比较好记、好读的经典例如《论语》《孟子》《庄子》也可以。因为老子有很多抽象的语句，而庄子在一定意义上发展了老子的思想，《庄子》里面有很多故事，有很多形象的比喻、寓言，其实把这个拿出来然后再引导他慢慢地理解里面的一些哲理，也蛮能吸引人；里面一些文句也很优美，对于写作文也有帮助。家长要先自己读，要有所理解、体悟，然后结合着自己的生活实践来给孩子引导，而不是只讲抽象的道理。比如做好功课、尊重老师、讲好个人卫生、保持环境卫生，你通过这些事结合着互动会给孩子一种精神上的提升，有助于孩子良好习惯的养成。

【主持人】周可君：

关于传统文化与当代大学生的立身做人、学以致用，您还有哪些具体可操作的建议呢？

【主讲老师】洪修平：

传统的文化经典往往对人的修身养性能够起到潜移默化的作用，所以我觉得首先就是你在日常生活中要堂堂正正做一个人，要做一个正直的人，做一个有诚信的人。像儒家强调的那样，你自己要想实现一个目标，比如说你要考试，你要想争取一些机会，这时候不是通过排挤他人来争取，而是帮助大家，有时候大家反过来也会更好地帮助你来实现目标，但不能变成一种工具性的使用，而是要为人正直、讲道德、讲信用，自然而然在这个过程中帮助别人，别人也会来帮助你。这样的话，我觉得才是真正地提升自己的精神境界、处事的能力。现在有些国学讲座、国学班好像把它变成一种术了，我觉得传统文化更多的还是一种道，提升道，术自然就会跟上了。

【主持人】周可君：

洪教授介绍了三教合一产生的历史背景，对于理解三教合一的学说非常有意义，使我们很受启发，十分感谢您！之前您提到过关于弘扬传统文化的两点建议，想知道洪教授怎么看待传统IP弘扬优秀传统文化的问题呢？

【主讲老师】洪修平：

关于传统文化如何弘扬，大家可以发表不同的看法，在我个人看来其实没有一种思想、一种观点可以简单地照搬照抄。刚才讲到的创造性转化、创新性发展看起来很抽象，我们也可以把它具体化，就是任何一种思想、一种文化，我们都应该有时代特色的新解读，要有一种转换。过去我们也讲有些东西可以拿来用，有些东西好像要剔除，我觉得剔除的东西如果化为肥料养料，其本身能够滋养你，而有用的东西随着时代变了也不可能一成不变。像刚才我们讲儒道佛的三教合一，在一开始，唐代及其以前的三教辩论多是想抬高自己、贬低别人，但是后来发现各有各的价值、各有各的优胜之处，发现无法消灭别家，最后就看到各家的长处，借鉴别人优胜的地方来发展自己。所以三教合一不是合成一个东西，儒家吸收了佛和道的东西，它自己有了新儒家，有了更好的发展；同样道佛两家也是这样的，借助另外两家发展了自己。这就给我们一个很好的启示，就是我们现在对传统文化的这些东西也要立足于文化自觉、文化自信，对一些东西要拿来为我所用，要有一个转化。比如说佛教是个宗教，有些东西我们不能认同，信徒是信的，我们是共产党员非信徒，我们不信。关于佛教业报轮回的教义，如果我们换一个角度来看，这里面蕴含着一个道理，你做的事情要承担它的后果，做了善事你会有善报，做了坏事你要有恶报，每个人做的事情必须承担它的后果，而不是由别人来承担。佛教的业报轮回跟我们传统中国的儒家、道家非常不一样，儒家讲“积善之家必有余庆，积不善之家必有余殃”。但佛教讲的就是自己做的事自己要承担，别人包括父母也不能替代你受过，佛、菩萨也不能代你受过。这告诉我们业报中有一条就是每一个人对自己的行为要负责。我们说有道德责任、法律后果你必须承担，这也是一种创造性转化。我举这个例子，是想说明本来是一个宗教的教义，但是我们从里面看到承担道德责任、承担法律后果，每个人要对自己行为负责，这就能够化为我们今天的精神养料。

【主持人】周可君：

刚才讲到了立足自己、立足现代社会，我们想请您谈谈怎么看待中体西用。从开放前的批判传统到现在又对传统进行肯定、发扬，我们传统文化真的能够适应现代社会的需要吗？

【主讲老师】洪修平：

中体西用、西体中用的问题其实从近现代以来就一直在讨论。什么是传统？我们今天就是明天的传统，昨天就是今天的传统。其实当我们说要不要继承传统的时候，我们谁也离不开传统，我们就生活在今天，而今天就是过去的延续，无论是哪个方面。从这个角度讲，传统是必然延续到今天和未来的。在我眼中，国学是动态的，昨天和今天也一直在变，不是一成不变的东西。至于今天有没有用，我们已经走向新时代了，我们已经是21世纪了，那这个传统还能有用吗？可以换一个角度来看，就是我们今天本身就是传统的延续，我们如何在今天更好地借鉴、吸收各种先进的文化，来创造今天、把握今天和创造美好的未来，这正是我们每个人需要具体分析、具体去做的。所以根本上讲，我觉得它不是一个理论问题，而是一个实践问题，而这个实践需要通过各个领域、各个方面来共同推进。

（文稿整理：李莹）

现实主义新论

【诚计划】第29期

直播时间

2022年11月29日（周二）　19:30—21:00

直播地点

南京大学鼓楼校区21舍终身教育学院演播室

主讲老师：王守仁

南京大学人文社会科学资深教授、博士生导师

南京大学当代外国文学与文化研究中心主任

主要研究兴趣集中在英美文学、英语教育、现实主义等研究领域。

主 持 人：赵晓蕾

南京大学终身教育学院主持人

【主持人】赵晓蕾：

各位直播间的朋友们大家晚上好，欢迎来到南京大学瞰学堂。我是终身教育学院赵晓蕾。今天为大家带来南京大学校友终身学习辅助计划第29期的主讲嘉宾为南京大学人文社会科学资深教授、博士生导师、南京大学当代外国文学与文化研究中心主任王守仁教授。王教授既是资深教授，也是南大资深校友，本科就读于南京大学，20世纪80年代赴英国留学并获得博士学位，在母校——南京大学学习工作长达40年。王教授长期从事英语语言文学方面的教学和研究工作，20世纪90年代在英国出版英文专著，是首届国家级“教学名师奖”获得者，并获得全国杰出教学奖等多项奖励，近期致力于现实主义研究，并取得了一系列成果。今天晚上，王教授为我们带来“现实主义新论”主题讲座。

【主讲老师】王守仁：

各位校友，各位同学，今天我是以一个老南大人的身份和你们在线上相遇。近几年，我通过自己的读书、思考，产生了一些新的想法，并在现实主义研究方面取得了一些成果，很高兴有机会在这里跟大家一起分享。

作为文学批评的专门术语，“现实主义”最早见于德国作家席勒于1795年发表的一篇文章《论素朴的诗与感伤的诗》。其中席勒将现实主义者与理想主义者相比较，指出“现实主义者受到自然的必然性支配，……他的知识和活动……会被外在原因和外在目的所规定”。在法国，这个名词最早是在1826年用在具体的文学中的。我也特别考证了一下，“现实主义”作为一个英语批评术语，是在1856年出现的。英国著名学者雷蒙·威廉斯（Raymond Williams）《漫长的革命》一书中有一章叫“现实主义与当代小说”，在书中他说，“1956年是‘现实主义’作为一个英语批评术语出现的100周年，在这100年中，现实主义的历史是如此的辽阔、复杂而又艰辛”。从1956年到2022年，66年过去了，我们仍然在讨论现实主义。《社会科学战线》2021年第10期刊登了一篇文章，题为《“说不尽”的“现实主义”》。作者聚焦19世纪现实主义研究，列出了十大问题，它们分别是：现实主义与自然科学，现实主义与现代性，现实主义与文学之理性精神，现实主义写实传统与模仿说之演变，现实主义“真实”关键之深层内涵，现实主义与自然主义的异同，现实主义对浪漫主义反叛中的继承，现实主义与现代主义之“断裂”中的勾连，现实主义审美价值之再发掘，现实主义与马克思、恩格斯文艺思想关系之再阐述。这些问题都是有待深度探讨和全面阐述的学术问题。

关于19世纪现实主义文学思潮以及有关的文学现实主义理论问题的研究，应该说是极其“辽阔、复杂”的。我今天讲座的主要内容将围绕三个话题展开：一是现实主义文学与现实世界，二是现实主义文学的典型表现手段，三是现实主义文学与真实。

我们谈19世纪现实主义，是将其视为一种思潮或者运动。实际上，现实主义是一个“时期概念”，韦勒克（René Wellek）在1965年的一篇著名长文“The Concept of Realism in Literally Scholarship”《文学学术中的现实主义概念》里面讲道，“I shall make some commonsense distinctions and lead slowly to the concrete description of the period-concept of realism”（我将做一些常识性的区分，慢慢地引出对现实主义这一时期概念的具体描述），他又指出现实主义具有双重性，即“dual nature, a simultaneously historical and transhistorical category”，这里就是说现实主义既是一个历史的范畴，也是一个超历史的范畴。

现实主义作为一种历史范畴，主要是指19世纪的经典现实主义，是大写的Realism。在1830—1890年间，现实主义文学，或者说现实主义，发展成为具有广泛影响的文学思潮和文学创作潮流。在这期间出现了一批现实主义大师，譬如法国的巴尔扎克、英国的狄更斯、俄国的托尔斯泰等等。现实主义作家拒绝对现实进行理想化，他们关注当下，描绘不同阶层尤其是底层人民的生活，客观冷静地剖析社会议题，意图成为“现代生活的画家”。

现实主义作为超历史的范畴，主要指现实主义的创作方法。现实主义的概念有广义和狭义之分。广义的现实主义，是小写的realism，泛指作品自觉或不自觉地采用了现实主义创作方法。创作方法是作家艺术地认识和反映生活的方法，人类自文学艺术创作活动出现，就开始运用一定的创作方法。现实主义创作方法包含了创作精神、创作原则和创作手段三个要素。现实主义的创作精神是指作者对客观现实的态度和观念，即追求作品与表现对象的相似程度。那么，我们从以往文学作品的产生方式来看，方法和手段取决于态度和观念，思想观念的变化促使方法实现转型、手段发生变化。现实主义创作方法的基本原则是真实反映现实，自觉或不自觉地践行这一原则的作品可视为具有现实主义倾向或特色的文学。这一特征可以采取不同的形态，但它的内涵具有相对独立性和稳定性。作为具体手段的现实主义创作方法是包容并蓄、多种多样，服务于作者反映生活的目的的。现实主义就其创作方法来说，跨越了时间和空间维度，具有丰富的内涵。

如果把现实主义理解为一种追求真实、反映现实的基本创作方法，在19世纪之前或者之后的中外文学中，不难发现很多的例子。2022年诺贝尔文学奖授予法国作家安妮·埃尔诺（Annie Ernaux），表彰她“以勇气和客观分析的敏锐性揭示了个人记忆的根源、疏离和所受到的集体性的规约”。埃尔诺的小说《悠悠岁月》为她赢得了国际声誉。小说通过对14张老照片的印象和感觉，构成一个女人从小到老60多年的成长过程，在个人回忆中，作者穿插了法国矿工大罢工、古巴导弹危机、肯尼迪被刺杀等很多法国国内外重要的社会、历史事件。作家采用一种“无人称自传”的叙事手法，在自己回忆的同时也促使别人回忆，以人们共有的经历来反映时代的变迁，从而引起人们内心的共鸣，让他们发现：原来我们是这样生活过来的，受到了时代精神的影响。正如她在书中所说，她要用这个世界留给她和同代人的印象，“来重建一个共同的时代，从很久以前转变到今天的时代，以便在个人记忆里发现集体记忆部分的同时，恢复历史的真实意义”。《悠悠岁月》这本小说将个人记忆和集体记忆融为一体，埃尔诺的作品读起来像一段段的碎片，但这些碎片相互关联，有全局的构图。读完全书，可以从中比较清晰地看到时代的面貌。《悠悠岁月》属于现实主义作品，继承和发展了现实主义小说反映和批判社会现实的传统，具有很强的现实意义，并对创建21世纪法国新文学做出了贡献。

对于埃尔诺获诺贝尔文学奖，出乎大家的意料。其实，诺贝尔文学奖有一个功能，便是拓展我们的阅读视野，促使我们去阅读本来我们不会关注、不会去阅读的优秀作品。每年猜不出来是谁获奖是正常的。1938年，美国作家赛珍珠因“对中国农民史诗般的描绘和传记杰作”而获得诺贝尔文学奖。赛珍珠曾经在南京大学的前身——国立中央大学任教，1934年她离开南京回到美国。南大的鼓楼校区目前还保存完好她的故居，据说她就是在这里写下了获奖作品——《大地三部曲》（*The Good Earth Trilogy : The Good Earth, Sons, A*

House Divided）。

2016年，美国歌手、诗人鲍勃·迪伦（Bob Dylan）因为“他在美国的诗歌传统内创造了新的诗意表达”而获得诺贝尔文学奖。根据诺贝尔的遗嘱，诺贝尔文学奖授予的对象是具有理想倾向的杰作，即“The most outstanding work in the ideal direction”。这些作品经得起时间的考验，它们有一条原则：具有理想倾向，且关注现实。诺贝尔文学奖获奖作品以现实主义作品居多。

2021年诺贝尔文学奖获奖作家是非洲裔移民作家古尔纳，他来自非洲坦桑尼亚的桑给巴尔，曾在英国伦敦的大学任教。他获奖是因为“他对殖民主义文学的影响，对难民在不同文化大陆之间的鸿沟中的命运毫不妥协和富有同情地渗透”。古尔纳的小说既反思历史又触碰现实，通过记忆书写反映了非洲前殖民地、殖民、后殖民社会的复杂现实。

2012年，中国作家莫言获奖。当时的授奖词里提到了“幻觉现实主义”（hallucinatory realism）。这里也顺便说一下，不要把hallucinatory realism译为“魔幻现实主义”，因为这是中国作家基于中国本土创造的一种现实主义，它有别于拉美的魔幻现实主义。

研究现实主义可以从多个维度入手，譬如认知、审美、风格、思潮等等。奥尔巴赫写了一本非常著名的书《摹仿论：西方文学中现实的再现》，他基于西方文学中现实的再现这一议题，从语言风格入手，通过文体分用、文体混用（崇高和日常生活）的二元视角，对西方文学发展的重要历史线索进行了历史主义的梳理，建构了现实主义美学范式。《摹仿论：西方文学中现实的再现》的主题正如副标题所示，摹仿论是西方文学中现实的再现。美国文学批评家艾布拉姆斯写过一本著名的论著《镜与灯：浪漫主义文论及批评传统》（*The Mirror and Lamp : Romantic Theory and the Critical Tradition*），他在书里提出了一个三角形坐标系，作家或者说艺术家（Artist）在一角，世界

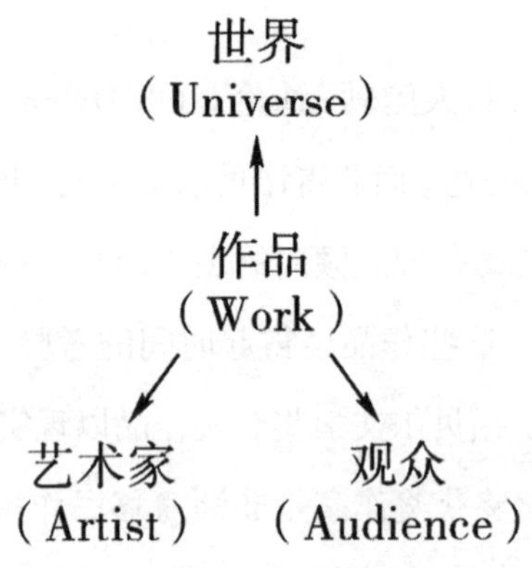

图1　文学四要素相互关系

(Universe)在一角，受众(Audience)在一角，中间是作品(Work)(如图1所示)。镜与灯这两个意象，一个代表摹仿说理论，一个代表表现说理论。现实主义应该归到前者，就是摹仿说；浪漫主义归到后者。

就现实主义小说来说，18世纪见证了小说的兴起。伊恩·瓦特(Ian Watt)是英国非常重要的文艺理论家，他在论著《小说的兴起》(*The Rise of the Novel*)中提出了“形式现实主义”的概念。他主张小说必须充分而真实地报道生活(The novel is a full and authentic report of human experience)，强调作品应满足读者对故事细节的要求，展现有关人物个性、其行动发生的时间地点等具体细节(the details of the story and the individuality of the actors, the particulars of the times and the places of their actions)，通过指涉性语言的使用(The referential use of language)来呈现特殊细节。

伊恩·瓦特强调了现实主义的具体性特征，即用写实的手法来描写生活细节。体验(experience)，是指我们所体验的生活，即life，这是文学作品表现的对象。那么生活是什么样子的呢？应该说它是无尽的。英国20世纪最伟大的女性作家伍尔夫(Virginia Woolf)在文章《现代小说》(“Modern Fiction”)

中，曾批评当时的一些作家，如本涅特（Arnold Bennett）等。她认为在他们的作品中，life escapes（生活溜走了）。她提了几个重要的词：生活、真相、现实（life, truth, reality），她认为这些东西是最重要、最基本的东西（the essential thing）。伍尔夫说：在我们平常的生活中，实际上是no plot, no comedy, no tragedy, no love interest or catastrophe in the accepted style，就是说没有约定俗成的情节、喜剧、悲剧、爱情的欢乐或者灾难。“生活并不是一副副整齐对称地排列的眼镜”。作品中的生活应该是这个样子，而这也是文学存在的状态：文学是从个体生命的角度出发，在讲述对生活的具体感受和体验的过程中来展现人性、描写生存环境。这是对文学的界定：它描写对生活的具体感受和体验。

雷蒙·威廉斯在《马克思主义与文学》中提出了“情感结构”（structures of feeling）这个概念。他认为艺术的创制造（the making of art）总是一种在特定的现时/在场（present）中进行的构形过程，这些过程、这些在场各式各样，然而是具体的、实在的，其现实性一直被强有力地申述和重申，在实践进程中，它们一直被体验着（they are all the time lived）。

社会经验（social experiences）是现时/在场的变化，这是第一点；第二点，威廉斯说这些变化刚刚出现时，或者在出现的前期，在对经验和行为产生可感触到的压力、设置有效的限制前，这些现时/在场的变化（changes of presence）无须等着被定义、被分类、被理性化。经验的现时/在场构成了文学作品的内容，它不应该是概念化的，而是具体的、活生生的个体体验。

现时的变化被界定为“情感结构”，选择情感结构这一表达是为了与世界观、意识形态等更为正式的概念相区别。我们关注的是被体验、被感觉的意义和价值（meanings and values as they are actively lived and felt）。威廉斯指出，我们不是要将情感与思想对立起来，而是要将思想作为感觉，将情感作为思想（not feeling against thought but thought as felt and feeling as thought），这是“一种现时在场的，处于活跃的、相互关联的连续性中的实践意识”。我们同时也是在界定一种处于过程中的社会经验，这种社会经验尚未被认定为社会经验，而只是被当作私人的、个人特有的甚至是孤立的经验，但是这种经验具有新兴、连接和主导的特点，有特定的层级结构。在随后的阶段，这些特点被正规化、被分类、被建构到体制机构和成规当中，就经常更易于被辨识（These are often more recognizable at a later stage when they have been formalized, classified, and in many cases built into institutions and formations）。

情感结构与其他社会成规最显著的不同之处在于其“表达现时在场”（articulation of presence）。情感结构主要指流动的整体性社会经验，强调经验的现时在场性。而由它构成的文学作品的内容，不应该是概念化，不是被简约为意识形态的概念，而是具体、活生生的个体体验。这成为现实主义的一个特征，即具体性，用写实的手法，来描写对生活的具体感受和体验。但是现实主义并不等于写实，而是反映现实（reality），同时在反映过程中有超越性的特点。

现实主义在“五四”前后被引入我国，对百年来中国文学发展产生重大而深远的影响。中国作家、批评家最早采用的术语是“写实主义”。1932年，瞿秋白提出用现实主义取代写实主义，他在翻译《高尔基论文选集》后写的前言中指出：

高尔基是新时代的最伟大的现实主义的艺术家。而他对现实主义的了解是这样的！他——饶恕我来把他来和中国的庸俗的新闻记者比较罢——决不会把现实主义解释成为“纯粹的”客观主义，他不懂得中国文，他不会从现实主义“realism”的中文译名上望文生义地了解到这是描写现实的“写实主义”。

“写实”和“现实”，只有一字之差，却蕴含着深刻的含义。现实主义中的“现”也可以理解成“显现”，manifesting reality，揭示现实主义的基本特征。什么是真实，如何反映真实？这个问题实际上有多种解答，多种路径。反映并不意味着是机械地复制，镜子本身可以让映像变形、美化、扭曲，直抵精神境界。因此，我们有莫言的幻觉现实主义、阎连科的神实主义。

阎连科在2014年获得卡夫卡文学奖，2021年获得英国皇家文学学会国际作家终身荣誉奖，2022年又获得韩国一个重要的文学奖。他提出了神实主义的创作思路。他的小说《炸裂志》《风雅颂》是神实主义的代表作。阎连科自己对神实主义进行过界定，他说神实主义就是“在创作中摈弃固有真实生活的表面逻辑关系，去探求一种‘不存在’的真实，看不见的真实，被真实掩盖的真实”。《炸裂志》里有这么一段描写：

> 县长面前桌上的钢笔从笔尖开了一朵花。他面前的文件白纸上，也有了春天各色物样的树木和花草，连他对面的黄梨木沙发的扶手和背框上，都长满了春天的绿芽和枝叶。有一股完全是林地春天的植物的清香和鲜嫩，在他办公室的开阔里，漫天漫地地流荡与飞散。望着那些花草和香味，孔明亮脸上漾荡着很舒心的笑。

孔县长办公室里的细节描写很具体，所描写的事件是不可能发生的，但从超越生活表面的维度看，又是可以接受的。为什么呢？因为这里的春天是改革开放的春天，“忽如一夜春风来，千树万树梨花开”。因此，钢笔笔尖开花，既不真实又真实。用阎连科在《风雅颂》后记里的说法，它是“不真实的真实”，“不存在的存在”。阎连科常用的一个比喻叫作“神的桥梁”“神的彼岸”，体现出现实主义的超越性特征。

阎连科认为神实主义既汲取了20世纪世界文学的现代创作经验，又独立于20世纪文学的种种主义之外，立足于本民族的文化土壤生根和成长。他对不同时代现实主义的特征有归纳：19世纪是由社会去透视人，20世纪是由人去透视社会，神实主义用心灵感知和精神意会“新真实”。“意会”是指不直接说明而心里领会；领会是领悟事物中蕴含的道理，并对其深有体会，即感知和意会事物当中蕴含的道理，蕴含的真理。

现实主义具有认知性的特点，认识truth，对作者来说，问题是写什么、怎么写？这里涉及文学作品跟现实的关系，对读者而言，是读者怎么阅读作品的问题。刚才提到艾布拉姆斯《镜与灯》里面的三角形坐标系：三角分别是作家/艺术家、世界、受众，中间是作品。我们从读者的角度对坐标进行一个调整：作品有两种阅读方式，一种叫天真的阅读，一种叫反思的阅读。这是受华东师范大学王峰刊登在《南京大学学报》上的一篇文章的启发。基于我们的阅读体验，我们都有“天真的阅读”，相信文本与现实相对应，具有一种简洁的反射关系。我们认为文本建立的世界本身具有探索真相的意义。这一观念是进一步探索、探讨的不可避免的步骤，王峰将其称为“必要的天真观念”：“没有这种天真观念，任何一种文论分析都不能进行下去。”而且这个天真的观念并不只是存在于心思单纯的读者那里，它同样也存在于富有阅读经验的熟练读者和批评家那里。如果没有天真的阅读，阅读本身就丧失了意义。

英国浪漫主义诗人柯勒律治曾经提出过，“that willing suspension of disbelief for the moment”（“此时自愿悬置怀疑”），这个概念，否则无法欣赏他的诗歌。作者和读者处于同一位置，两者可以合二为一，都一度相信虚构的世界是真的。美国诗人史蒂文斯在《阿达吉亚》中说，“精妙的现实是知道它是小说，并甘愿相信它”；精妙的现实是读者和作者建立的共谋关系。“willing suspension”，这个willing就表明它是一种意愿、一种态度。这种天真的态度让文本与实际画了等号，填平了事实与想象之间的鸿沟。但是天真的阅读不会持久，除非是孩子，他相信《哈利·波特》都是真的。我们会停止“悬置”，意识到这不是真的，从虚构世界抽身而出。我们采取一种反思的态度，将事实与想象之间的鸿沟重新显现出来。我们进行分析，进入反思的阅读模式。如果说无间隔的天真阅读将对象视为一个整体，那么反思阅读则将其分为多个部分，对其进行反思，并重新组合为一个经过分析的组合体，遵循的线索是“整体—部分—整体”。在反思的阅读这一阶段，读者开始去理解作品，从文本中分离出“新真实”，领悟其中蕴含的道理，揭示真理，赋予作品以意义。

可见现实主义文学的表现对象是现实世界，反映生活。下面第二部分，我要谈一谈现实主义文学的典型表现手段。刚才提到两种阅读模式：天真的阅读和反思的阅读。天真的态度是面对文本进行阅读时必须具有的态度。天真的阅读何以可能？现实主义作家善于制造“真实效应”。法国重要的思想家、文论家巴特一篇文章的标题：“L' Effect de Réel,”（the real effect）。巴特在《真实效应》一文中还提到“指涉幻象”一词，对他来说这是两个可以互换的术语。从字面上看，它们代表了同一个问题的两个方面：“真实效应”强调文字的效果，“指涉幻象”指出这种效果的本质其实是一种假象，由一些创作技巧来营造，技巧之一就是提供具体而精确的细节，从而产生我们所说的“逼真”的效果。南京大学法语系曹丹红教授写过文章《法国现实主义诗学中的“真实效应”论》《“逼真”话语在法国诗学中的演变》，来分析真实效应的形成机制。

真实效应论可以说是现代语言理论和符号学发展的结果，根据这些理论，语言和现实世界一样是独立的存在，而不是用来指称现实的分类的命名集。巴特认为不存在描述世界的现实主义方法，现实主义并不指向现实。他在《S/Z》中论证文学作品的现实只是一个语言现实，文本中的真实，“只不过是表征的（表示的）符码而已（un code de représentation）：它不是可付诸实施的符码，小说中的真实不具有可施行性”。因此，作为语言艺术的文学并不直接指涉外部现实，它只是语言形式的总和，或遵循文学规约，或模仿和回应其他文本，或象征精神领域，唯独不是对现实的直接写照。在这种背景下，“被抽空了内容的现实主义成了一个用来进行分析的形式效应”。

关于“the real”，就是我们说的“实在”，也称为“实在界”，按照拉康的三界说，实在界是主体不可抵达的界域。采用这种视角来考察语言和现实世界的关系，可以得出结论：现实主义文学只是产生真实效应，而不是指涉现实（reality）本身。这是解构主义、后现代主义的认知。

当代现实主义理论对实在界与现实、与现实主义文学的关系有新的见解，有助于我们突破固化思维的框架，启发我们去思考文学与现实是什么关系、现实主义作家如何写等问题。现实主义作家采用的标志性手法是对具体细节精细刻画，这种细节的铺陈为读者传递视觉性信息，读者通过“看”的方式接受现实，获得认知。考察以往学者对现实主义进行的研究可以发现，细节描写是现实主义家族中的一个重要相似点。学者们在思考现实主义之时都会应用视觉语汇或者视觉性的隐喻框架。譬如奥尔巴赫在《摹仿论》中讨论巴尔扎克和福楼拜的细节描写时，多次使用“图片”这个词。他说：“整个这一段描写……指向的是读者的摹仿式的想象，指向他对有可能曾经看到的相似人物和环境的记忆图片”，“巴尔扎克在细节描写时的匆忙很大程度上源于他对暗示性图片的着迷”，“所有的这一切福楼拜都是通过图片来描述出来的”，“在别的地方福楼拜也很少叙述快速推进行动的事件，在一系列纯粹的图片中……灰暗而随意的人类命运向前行进，直到终点”。

现实主义著名的隐喻（metaphor）框架——“镜子”的比喻——则直接将呈现视觉图像的任务赋予了文学作品。其实，镜子隐喻并非现实主义文学的专属。在《镜与灯》中，艾布拉姆斯将“镜子”这个比喻的历史追溯到文艺复兴时期的绘画理论。在古典和新古典时期的镜子之喻中，镜子所反映之物是有选择性的：它必须是经过优化（improved）、提高（heightened）或提炼（refined）的自然之物。现实主义文学继承了镜子之喻。比如司汤达在他的小说《红与黑》中，就明确地将小说比作“道路上的镜子”。

如果说“再现现实”或“保持对自然的精确性”（fidelity to nature）是现实主义的题中之义，那么它达到这一效果的重要手段之一就是视觉性的细节描写。现实主义的标志性的细节描写的目的在于为读者传达视觉性的信息，使读者能够“看”到现实，达到其认知目的。这让人想到现实主义小说与摄影的关系：两者都具有使受众不受间隔地接触到现实的目的，同样扩展了艺术题材的范围。

阿姆斯特朗（Nancy Amstrong）在她的专著《摄影时代的虚构小说》中对现实主义小说与摄影的关系问题进行了探讨。她的出发点是卢卡契的一个论断。卢卡契认为，自1848年开始，现实主义小说就抛弃了昭示“人作为个体和人作为社会存在、共同体一员之间的有机而牢固的联系”的使命。其原因正在于现实主义小说中涌入了大量的“装饰性细节”、“不可变动的背景”、“图像主义”（Pictorialism），追求“图片般的氛围”和“摄影式的真实感”。阿姆斯特朗的论证描绘了一幅有关于小说、摄影和视觉之间关系的图景，她在全书开头列出四个观点：

第一，在19世纪50年代中期，虚构作品已经开始通过视觉信息来使读者接触到世界本身。

第二，通过此举，虚构作品将看等同为知，并使视觉信息成为语言叙事可被读懂的基础。

第三，为了达到现实的效果，现实主义指涉了一个已经被或者可以被照片呈现的物的世界。

第四，照片反过来提供了部分的这个世界，以供小说作者想象中的读者观看。

根据阿姆斯特朗的观点，现实主义小说具有摄影的特性，因为它试图通过视觉信息来让读者接触到真实。

阿姆斯特朗的观点三为现实主义找到了一个突破“语言之牢笼”的出口。巴特将现实主义文本视为“表征的符码”，但是在阿姆斯特朗的理论体系当中，当小说试图指涉现实世界之时，它并没有被困在语言的再现符码之中，而是指向了一个以摄影为基础的合成图像（composite photographs）。这种“合成图像”体系并不是先在的、规范性的（像语言体系一样），而是尚未生成的、开放的，仍处于可能性的界域的，只待小说进行指涉之后方才被大规模地生产出来。她说“这样一个图像会马上以无数的版本形式存在，因为流行摄影会复制出人们认可的事物的样子”。小说不再被局限在语言和符码划定的界限内，而是具有了一定的生成性，并且被赋予了对人们观看和认知现实世界的方式产生创造性影响的使命。在这个“合成图像”体系的关照之下，现实主义在阿姆斯特朗这里获得了新的诠释：“我所谓的现实主义指的是一整套问题域，在其中一套被多方共享的视觉符码成为抽象的标准，对文字表征进行相互衡量”（By “realism”, I mean the entire problematic in which a shared set of visual codes operated as an abstract standard by which to measure one verbal representation against another.）。

从视觉的角度理解现实主义的细节描写，为现实主义之认知纬度的当代阐释打开了新的局面。从被当代批评家斥为“幼稚”的镜子，到阿姆斯特朗提出的更具复杂性的摄影，可以看出人们在思考现实主义和对现实主义进行反思之时无疑都是在借助视觉隐喻框架和思考范式，而图像式的细节描写也正是现实主义帮助读者向现实更进一步的重要方式。

我们提到的镜子、油画、摄影等词语，都是采用视觉性隐喻框架来分析现实主义。现实主义追求真实是基于主体对客观世界认知的相似性，因而属于隐喻式现实主义（metaphoric realism）。当代批评者针对现实主义最严重的指责就是它给读者创造出的不过是困在指涉体系中的符号的幻象，而非真实。即使刚才提到阿姆斯特朗认为现代主义文学指向的不是语言构成的符号体系，而是以摄影为基础的合成图像体系，但不可否认，合成图像属于“视觉符码”（visual codes），现实主义还是没能完全摆脱自己无法直接指涉现实世界的指控。这里产生了这么一个问题：现实主义到底能不能反映现实？

学者莫里斯（Pam Morris）提出了“转喻式现实主义”（metonymic realism）的理念，这与刚才提到的隐喻式现实主义是两个概念。不同于隐喻式现实主义，转喻式现实主义跳出了主体/客体分离所产生的二元对立。它试图从主客体融合这个假设出发，消解语言与现实的鸿沟。转喻式现实主义借鉴了雅各布森（Jakobson）的语言理论。雅各布森曾提出语言的隐喻和转喻功能两个面向。他在1921年写过文章《论艺术中的现实主义》，讨论绘画和文学创作中的现实主义发生机制。他发现以反映现实为目的的艺术流派，并不是在19世纪中期现实主义兴起后才出现的。实际上，古典主义、感伤主义、浪漫主义等都提出过要“忠于现实”这个审美原则。而现实主义跟上述流派的不同之处在于其自身独特的语言规范，就是说它的描写手法相较于之前的艺术风格来说更加贴近现实。三十五年以后，雅各布森又撰写文章讨论语言的两个面向，这篇文章非常有名。在其中，他更明确地阐述了现实主义的语言风格。雅各布森分析话语的发展沿着两条语义路径进行，即选择轴上的相似性和组合轴上的相邻性，前者是隐喻方式，后者是转喻方式（如图2）。雅各布森特别将隐喻划归给了诗歌语言的范畴，而将转喻给了现实主义文学。他说："浪漫主义和象征主义文学流派中隐喻的首要地位已经得到了反复的认可，但是人们还没有充分认识到，隐藏在所谓的'现实主义'之下并对其产生预先决定作用的正是占主导地位的转喻。"关于这一点，雅各布森继而解释道："现实主义作家沿着相邻关系的路径，转喻式地将情节转向环境，将人物转向时间、地点和背景。他（现实主义作家）喜欢借代式的细节。"在1921年的文章中被他称作"无关紧要的细节"的现实主义描写手法于此文中获得新的意义。在这两篇文章中，雅各布森都提到了托尔斯泰的《安娜·卡列尼娜》，书中作者对安娜自杀前的手提包做了细节描写。在前一篇文章中，他认为这段描写与故事情节没有什么关联；但在后一篇文章中，这段描写被赋予了转喻的使命。

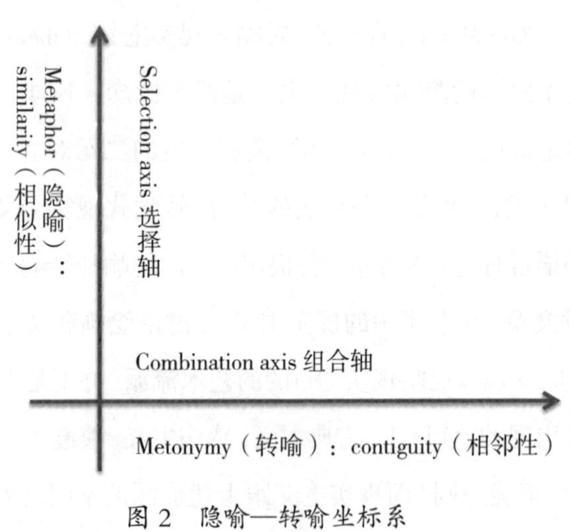

图 2　隐喻—转喻坐标系

转喻不仅仅是一种修辞手法，还是一种认知模式，与现实主义研究的隐喻路径相对。按照转喻路径，现实主义文学的认知功能不仅仅体现在词语与其指涉的物体之间的对应关系上，而在于它与所处的广阔物质世界之间的相互关系当中。所以横组合轴上的转喻遵循相邻性的原则，在理论上可以无限延伸。比如说英语当中的提喻“工厂里的手”（factory hand）一词指的是“工人”，可以被视为更具体的工人的一部分来理解，而个体的工人又可以被理解为整个工人阶级的提喻，而工人阶级又必须被放在生产的整个过程甚至是资本主义体系中去理解。同时“手”又可以被看作是身体的提喻，而身体则可以被看作是整个生物世界的提喻。在转喻的模式下，局部通过相邻性的原则与整体建立关联，局部是整体的一个部分。雅各布森将提喻（synecdoche）纳入转喻，这意味着局部可以代表整体。这里我们不妨再回到巴特《真实效应》一文。文章分析了福楼拜小说《淳朴的心》房间中的晴雨表。从结构功能的角度看，有关晴雨表的描写放在那个地方，它的作用和意义令人费解，但是这种所谓的“无用的细节”，无需再具备其他功能，仅凭其自身就足以在现实主义作品中立足，We are the real，就是通过自身向读者发出呼唤：我们是现实生活中的组成部分，“我们就是真实”，我的在场保证文本所言内容的真实性。隐喻式现实主义是以此喻彼，语言与现实分属于两个范畴；转喻式现实主义是用局部来指代整体，使得文本与世界的关系遵循相邻性原则发生关联，combine，即组合为其组成部分，从而消解了语言与现实之间的鸿沟。

从视觉的角度理解现实主义的细节描写，转喻式现实主义为现实主义文学与现实世界的当代阐释提供了新的维度，打开了新的局面。

下面谈第三部分：现实主义文学与真实。现实主义文学以真实反映现实为旨归。那下面的问题就是：现实主义在多大程度反映了现实？衡量真实的标准是什么？文学的本质性特征是虚构，柏拉图将艺术贬低为对现实幻想的摹仿，与“真实隔着三层”，亚里士多德的模仿说（mimesis）则为文学正名，认为虚构的文学比现象世界更为真实。亚里士多德强调，艺术模仿的绝不仅仅是现实世界的表象，更多是对“现实世界具有的必然性和普遍性，即内在本质和规律”的模仿。他指出，“诗人的职责不在于描述已经发生的事，而在于描述可能发生的事”。亚里士多德所说的通过模仿来呈现事物的本质规律，与现实主义文学对真实的追求遥相呼应。

关于真实或者真理的认知，西方哲学中柏拉图与亚里士多德代表了唯心和唯物的两个方向。唯心主义的“真实”在黑格尔那里发展到了极致，他以“绝对真理”为真理之根本；唯物主义的“真实”，用马克思的话来说，是从“人间升到天国”这个形而上的真实，即超越性的真实，表现为主体基于实践获得的对世界升华性的认识。

我们可以从主体性、超越性、辩证性及历史性四个层面来认识真实。真实是指主体对不以主观意志而转移的客观现实的忠实。在这个基础上，真实可以进一步分为：主体基于感官和经验得到的对外部世界的真切的感知，即经验真实，以及主体在把握事物本质的欲望推动下，不断地通过实践来深化的对客观事物的认识，即通过对先前认知框架的批判性超越获得的理性真知。在此基础上，真实表现为主体基于实践得到的理性真知与经验真实的辩证统一。由于受历史条件限制，人们通过实践得到的真实离不开当下的现实。马克思指出，“人类始终只能提出自己能够解决的任务……而任务本身只有在解决它的物质条件已经存在或至少是在形成中的时候才会产生”。这意味着人们把握的真实是对当下现实进行批判性超越以后得到的相对真实。

文学被认为与意识形态具有相似性，二者都是对现实生活的想象性建构，让人“感受特殊条件下的生活是什么样子”。文学被赋予重构社会文本进而书写真实的任务，文学真实是对现实生活的忠实反映，是在对人性和现代生活忠实描摹的基础上展现的超越性真知。

文学的真实与威廉斯所说的情感结构相关联。威廉斯强调情感结构不仅包含着主导（dominant）文化，同时也体现着发展中的新兴（emergent）文化的可能，是一种基于当下、面向未来的动态社会经验。前面已经介绍过，情感结构中那些微妙的、难以名状的地方，某一种处在萌芽状态的新兴文化，只能通过文学艺术得到整体、感性的展现。它源于作家对现实生活当中“不予承认的事物的经验”、同主流文化呈对立经验的忠实描摹而展现出来的文化的隐性发展趋势。也就是说，作家对新兴文化的描写或者展现，是源于作家对生活的深切感知，作家能够敏锐地捕捉到社会生活表象下面的矛盾和症结，并对其进行真实可感的再现。2021年诺贝尔文学奖获奖作家古尔纳在他的获奖演说当中谈到知名统治者对历史的书写：

> 假以时日，我渐渐地认清了还有一件令人深感不安的事情正在发生。一种新的、简化的历史正在构建当中，改变甚至抹除了实际发生的事件，将其重组，以适应当下的真理。这种新的、简化的历史不仅是胜利者的一项必不可少的工程（他们总是可以随心所欲地构建一种他们所选择的事），它也同样适合某些评论家、学者甚至是作家——这些人并不真正关注我们，或者只是通过某种与他们的世界观相符的框架来观察我们，需要的是他们所熟悉的一种解放与进步的叙事。如此，拒绝这样一种历史就很有必要了。

于是，一种写作的渴望在他的心中生长，他要驳斥这样的历史叙事，他强调“要忠实地书写，那样丑陋与美德才能显露真容，人类才能冲破简化与刻板印象，现出真身。做到了这一点，从中便会生出某种美”。在优秀的现实主义文学中，我们可以发现，作家无不强调自己的作品源于对现实生活的忠实。作家怀着一颗对生活赤诚而敏感的心灵，在敏锐感知到的外部世界存在的矛盾症结的基础上，通过书写具体典型人物的真实遭遇，以符合事理逻辑的描述方式，向读者揭示真相，呈现他对社会现实的深刻认识。

文学作品的真实需要作者和读者对现实生活基于经验共识建立契约，这是读者能够与文本构建的虚构世界产生情感认同的前提。文学的真实应该符合人们对现在生活的普遍认知和感受。读者在对文本建构的经验真实产生认同的基础上，通过反思式阅读，获得并接受文本所描写的社会现实的真实。

文学的真实取决于作家对现实生活的真诚态度，具体表现为作家对生活的深切感知，以及在此基础上对其体悟到的生活的忠实再现。伟大的现实主义文学往往有真实可感的人物群像，正是通过描述他们在生活当中的挣扎浮沉，描摹他们在与社会交锋时展现的深沉厚重的灵魂以及在困境中闪耀的人性光芒，作家才能够将一个时代的痛苦和美好浓缩于文本之上。这种具有灵魂厚重感的作品，能够穿越历史的长河，与当下读者发生情感上的认同，使他们在灵魂的震颤中超越文本，并获得关于人性和生活的深刻认知。

因此，我们说伟大的现实主义文学的真实始于作家对生活发于真诚的书写。作家因其对现实生活深刻而敏锐的感知得以传递对社会和人性的深刻认知，还会使作品描摹的社会呈现出历史必然的发展规律。优秀的现实主义作品总是植根于社会生活的沃土，它是鼓舞人们、开风气之先的理想蓓蕾。正是作家在忠实于生活的前提下，敢于以“冒天下之大不韪”的真诚态度以及对社会存在的苦难和黑暗的大悲悯精神，使虚构的文学作品具有了超越时代局限的深远真实的意蕴，它能够走向人类共同的灵魂深处，展现人类自诞生于世就存有的对真善美的美好向往。文学的真实并非局限于描述社会和人性的阴暗面，更不是所谓“歌德派”宣扬的文学应粉饰现实，弱化甚至忽视社会矛盾，展现一副其乐融融“大团圆”的虚假景象，而是取决于作家对现实生活的忠实态度。作家通过虚构的故事将自己对现实生活和社会当下存在的矛盾症结的深切感知以具体客观的方式呈现出来，揭示生活表象下更为本质的真实，从而赋予作品思想深度与批判精神，表现出现实主义文学应有的人文关怀以及其作为反映生活历程之明镜的历史责任。

刚刚，我讲了一些现实主义的基本状况，还是有很多问题可以研究：譬如现实主义的基本概念、研究范式、中国作家和批评家对现实主义知识体系的贡献等。这里有一本2021年问世的书《比较视角下的现实主义景观》(*Landscapes of Realism: Rethinking Literary Realism in Comparative Perspectives*)，它主要研究19世纪现实主义以及一直到现在的现实主义诗学和美学的转型。第二卷介绍了研究的路径，这对于我们的研究很有用处。它总结了四条路径：一是心理路径，Psychological Pathways: Emotion and Memory；二是指涉路径，Referential Pathways: Objects and Bodies；三是形式路径，Formal Pathways: Genre and Form；四是地理路径，Geographical Pathways: Worlding Realism。

现实主义构成中国文学的主流，是中国现代文学和革命文学最鲜明的色泽。我觉得现实主义非常重要，研究现实主义很有价值。现实主义文学历久弥新，现实主义理论之树常青。2021年《浙江社会科学》刊登了我的文章《现实主义文学研究的勃勃生机》。《比较视角下的现实主义景观》中提到，“We are witnessing a resurgence of realist poetics in contemporary literature across languages”.“resurgence”指再次兴起、重新涌起，我们见证了现实主义诗学在各语种当代文学中的复兴。现实主义是一个值得探究的领域，对现实主义理论和文学创作开展深入的研究，具有重要的学术价值和现实意义。

我最近几年一直致力于现实主义研究，主持的国家社科基金重大项目四卷本《战后世界进程与外国文学进程研究》第一卷即为《战后现实主义文学研究》，这本书是迄今为止对二战后世界现实主义文学所做的最为系统、最为全面的研究。另外，我在《外国学动态研究》2020年第6期主持了“当代现实主义研究”专栏，去年在国外刊物*A&HCI*（《比较文学与世界文学》）主持了“Realism in the Post Truth”（“后真相时代的现实主义”）研究专辑，专辑论文作者来自中国、英国、荷兰、克罗地亚、德国等国家，从全球学术空间来推进现实主义研究，探讨现实主义的创造性转化途径。今年我在《外国语文研究》主持了一个专栏“现实主义研究”，里面包括自己撰写、约稿的5篇论文，分别是《现实主义与真实》《论现实主义的审美维度——从卢卡奇的〈叙事抑或描写〉一文谈起》《论现实主义的情动维度》《现实主义论争中布莱希特的历史小说创作》《科幻小说的“另类现实”思想实验——论〈机器如我〉中的“1980年代英国”》，最后一篇讲的是英国作家麦克尤恩的一部作品，这里的“另类现实”英文是“alternative reality”，它属于科幻现实主义，其关键词核心是“现实”。现实实际上包括各种各样的现实，科幻文学在创造另外一种现实，被称为另类现实。2022年《东吴学术》第5期上面有我的文章《论现实主义的认知维度》，大家感兴趣的话可以去阅读。

前面讲了一些学术方面的文章，相对来说比较专业，涉及理论方面的一些探究和思考。对于一般的读者来说，更重要的还是阅读作品，所以我借此机会也推荐几部当代小说，一本是之前提到的《悠悠岁月》，一本是古尔纳的成名作《天堂》，还有是2017年诺贝尔文学奖得主石黑一雄的《被掩埋的巨人》。《被掩埋的巨人》这部小说很有意思，涉及历史、记忆、真相等议题，它的内容与英格兰亚瑟王传说有关。石黑一雄的早期作品《长日留痕》也很有名，而且被拍成非常好的电影。巴恩斯的小说也很有趣，他的小说题材多种多样，在小说内容和形式方面都有创新，我这里列了三部小说：《福楼拜的鹦鹉》《$10\frac{1}{2}$卷人的历史》《英格兰，英格兰》。英国作家麦克尤恩的《时间中的孩子》写得非常真挚、有吸引力。小说的开头，主人公斯蒂芬的女儿在超市被人拐走，然后描写他寻找孩子的痛苦、绝望，以及这个事情给他的心理和婚姻带来的毁灭性打击。小说后面他妻子怀孕了，他们又有了一个孩子。所以英文书名*The Child in Time*实际上有两种解释：一个是时间中的孩子，还有一个按照英文也可以讲是及时到来的孩子。正是因为有这个孩子，挽救了他们濒临破碎的家庭。麦克尤恩的《赎罪》被改编成电影，也非常好看。

另外我还开发了慕课“英国小说”，在中国大学MOOC平台上线。课程内容为：英国小说的兴起、英国小说的繁荣、英国短篇小说、英国现代主义小说、英国后现代主义小说、当代英国小说的多元化发展等，课程里有我刚才讲到的一些当代作家，当然也有19世纪经典的现实主义作家。

今天，我主要是利用这个机会，和大家一起分享自己在现实主义研究方面的一些成果，谈谈自己读书的思考，有一些认识、一些想法，跟大家一起交流，同时也利用这个机会推荐一些好书。英国文学、外国文学是一个宝库，中外文明要交流互鉴，文学是我们认识世界文化和文明的一个非常重要的途径，这也是我们研究外国文学或者研究现实主义的价值所在。好，我今天就讲到这里。谢谢大家。

【主持人】赵晓蕾：

今天的讲座，王教授主要从现实主义文学与现实世界、现实主义文学的典型表现手段以及现实主义文学与真实三个方面，简要回顾了现实主义的概念和现实主义文学的发展历程，讲解了作为方法的现实主义的创作精神、创作原则和创作手段，强调了现实主义的无边性、复杂性和跨学科性的丰富内涵，具体展示了现实主义的具体性、超越性和认知性特征。希望能够帮助大家拓展对现实主义文学研究的思路和视野，深化对现实主义发展新的可能性的认知。本期讲座到此结束，感谢王教授的精彩授课，感谢各位校友、学友、朋友们的认真聆听。更多精彩课程欢迎关注南京大学瞰学堂。再见！

（文稿整理：汤彦怡）

创新思维的形成与问题意识的强化

——今天我们如何促进创新人才的成长

【诚计划】第31期

直播时间

2022年12月13日（周二）　19:30—21:00

直播地点

南京大学鼓楼校区21舍终身教育学院演播室

主讲老师：龚放

1949年生人，南京大学教育研究院·陶行知教师教育学院教授、博士生导师，中国高等教育学会学术委员会委员、全国高等教育学专业委员会常务理事、“苏教名家培养工程”导师组成员。主要研究领域为高等教育学理论、高等教育政策、高等学校管理等。

主 持 人：骆琼
南京大学终身教育学院主持人

【主持人】骆琼：

朋友们大家好，欢迎走进南京大学瞰学堂。我是主持人，南京大学终身教育学院骆琼。科技兴则民族兴，人才强则国家强。党的二十大报告指出：必须坚持科技是第一生产力，人才是第一资源，创新是第一动力。深入实施科教兴国战略，人才强国战略，创新驱动发展战略，开辟发展新领域新赛道，不断塑造发展新动能、新优势。创新是一个民族进步的灵魂，是国家兴旺发达的不竭动力。能否培养和造就一批批高素质的创新人才，事关民族的创新能力和国家发展后劲。如何将新的人才观、质量观付诸实施，进而引起教学观念的更新和教学方法的变革；如何使学生保持强烈的好奇心和求异精神，并将其引向真正的学科创新行动？本期南京大学校友终身学习辅助计划"诚计划"第31期，邀请南京大学教育研究院·陶行知教师教育学院教授、博士生导师龚放走进瞰学堂，为大家带来主题讲座，题为"创新思维的形成与问题意识的强化——今天我们如何促进创新人才的成长"。现在有请龚教授开讲。

【主讲老师】龚放：

谢谢大家，谢谢小骆。很高兴来到南京大学瞰学堂来谈这么一个话题——关于创新人才的培养和成长。在南京大学建校120周年的时候，我们来讨论如何创办世界一流大学，为中华民族的复兴提供智力资源和人才资源，特别是造就“中国的培根、中国的笛卡尔、中国的夸美纽斯、中国的费希特”，也就是说造就一批能够跻身国际一流的拔尖创新人才，我认为具有特别重要的历史价值和现实意义。

第一部分，首先，我想从“李瑞清之盼”“李约瑟之谜”到“钱学森之问”做一历史追溯，来破一下题；其次，我们要解答、要求解“钱学森之问”，需要从思维的发展切入，也就是探讨如何帮助我们的年轻一代形成和发展创新思维；再次，就涉及造就拔尖创新人才的一个关键，就是要强化问题意识；最后，我要提到一个观点，就是借助“蘑菇理论”，来营造有利于创新的氛围和环境，让拔尖创新人才在相对适宜的环境当中脱颖而出。因为从严格的意义来说，真正的拔尖创新人才，不是我们能够按某一种模式来培养的，而只能是提供适宜的气候、土壤条件、环境，有利于他的脱颖而出、茁壮成长。

说到“李约瑟之谜”和“钱学森之问”，诸位或比较熟悉或有所了解。但述及“李瑞清之盼”，可能很多人就若明若暗，所知不详了。李瑞清何许人呀？李瑞清是南京大学的前身——两江师范学堂的监督，就是一百多年前的校长。1902年我们这所学校创建的时候，名为“三江师范学堂”。1906年的时候，因为两江总督换了魏光焘，李瑞清就跟着魏光焘从云贵总督的幕府转到了两江总督府，由他来出任学堂监督，我们学校也在此时更名为“两江师范学堂”。我们在档案资料中查到，李瑞清监督在1909年为两江师范学堂的毕业同学录做了一个序，在这个序言中他提出，希望青年学子“毋忘其先，溺于旧闻，壹志力学”，尤其要“将中西之学融会贯通、取精用宏”,力争“成为中国之培根、笛卡尔、廓美纽司（夸美纽斯）耶，陆克（洛克）、谦谟（休谟）耶，非希（费希特）、威尔孟耶”，最后一句是“国且赖之矣！”作为一个晚清的进士，一个一百多年前两江师范学堂的监督，李瑞清居然已经提出了这么一个今天看来仍然相当高远、前卫的办学思想，要培养中国物理学家培根，中国数学家笛卡尔，中国杰出的教育家夸美纽斯，还有哲学家洛克、休谟、费希特等等，特别难能可贵的是他最后还强调“国且赖之矣”，就是说国家的兴旺发达、民族的复兴强盛，都将仰仗和依赖这些杰出人才。我是研究高等教育的，我们翻开中国高等教育的早期历史，在清末民初先后建立起来的其他近现代大学中，几乎找不到一个大学校长能够像李瑞清这样，提出如此明确无误、高端、前卫的办学思想，就是要造就堪称国际一流的、杰出的，为人类文明、为中国兴旺发达做出突出贡献的巨擘、大师。所以这一办学理念是开先河、破天荒的，值得我们南京大学学人骄傲！因此我把它称为“李瑞清之盼”，因为1909年至今已经一百多年了，我们中国的大学，我们南京大学都还没有能够实现李瑞清当年提出的办学理想！

其次要说到“李约瑟之谜”。李约瑟是英国著名的生物化学家。他的夫人鲁桂珍是我们南大的前身——南京高等师范学校的毕业生，因此，他“爱屋及乌”，喜欢上了中国的文化，醉心于研究中国古代科技的发展史，写了15卷皇皇巨著，向世界传递和介绍中国古代科学技术以及发明创造。他也提出一个让他困惑和纠结的问题，人们称之为“李约瑟之谜”。他说：为什么近代科学和科学革命只产生在欧洲呢？为什么直到中世纪中国还比欧洲先进，后来却会被欧洲人着了先鞭呢？为什么中国没有能够出现像伽利略、托里拆利、斯蒂文、牛顿这样的伟大人物呢？这个问题问得非常犀利，也非常地发人深省，人们称之为“李约瑟之谜”。我们看到，15世纪前后，正当欧洲通过文艺复兴迅速崛起的时候，产生过四大发明的中国却在科学发现方面乏善可陈，没有很多好东西可以呈现了，没有骄人成绩可以炫耀了。原因何在？所以“李约瑟之谜”启发我们思考两个问题，首先是从整个中华民族来说，我们什么时候失去了蓬勃的创造力？其次是从我们个体的发展来说，从少年儿童到长大成人，我们什么时候失去了创造力和想象力？我们的朴素的创造力和想象力为什么没有能够产生严格意义上的科学创造发明？

再次我要说一下两弹元勋钱学森去世前留下的世纪之问。作为当代中国科学技术的领军人物，钱学森晚年不止一次向中央领导谈及他的忧虑。他说“现在中国没有完全发展起来，一个重要原因是没有一所大学能够按照培养科学技术发明创造人才的模式去办学，没有自己独特的创新的东西，老是冒不出杰出人才，这是很大的问题”。唯有钱学森能够这样尖锐直白、酣畅淋漓地指出中国高等教育存在的弊端。他说：没有一所大学能够按照这个去办学，没有自己独特的创新的东西。换一个人这样批评，可能就会有人去反问：我们有北大、清华、复旦、南大，你怎么能这么说呢，怎么能一下子就否定了呢？但是钱老，他在2009年8月6日与温家宝总理最后一次见面中依然说，培养杰出人才不仅是教育遵循的基本原则，也是国家长远发展的根本所在、战略所在。钱学森的秘书、学术助手涂元季后来说：钱先生平和安详离去了，并没有留下什么遗嘱，但人们更愿意把老人关于教育的话看成是他的遗愿，并称之为“钱学森之问”。“钱学森之问”就这么严肃地提到我们面前，至今已经13年了！在某种意义上说，钱学森的世纪之问，与“李瑞清之盼”“李约瑟之谜”有共通之处，我把它概括为“都期盼中华民族伟大复兴，都期盼中国能够在造福本国的同时，对人类文明做出更大的贡献，包括贡献新的‘四大发明’，贡献中国的伽利略、莱布尼茨、牛顿和爱因斯坦，这是我们中国现代大学肩负的重任”。

我想我们理所应当要将“李瑞清之盼”“李约瑟之谜”“钱学森之问”这三个东西放在一起，其中有两个都是和我们南大密切相关的。放在一起就是希望我们在这个“之盼”“之谜”“之问”面前要有思考与追问。大学的校长与教授要思考，要追问与解答，中小学的校长与教师也要思考，要追问与解答，这是全民族和整个教育界的一个使命。

“李约瑟之谜”引发国人对中国文化与教育的成败得失进行检讨，有人认为这是由传统文化存在的弊端所致，或者说由中国封建社会“超稳定结构”所致，甚至还有人归咎于中国传统的教育制度特别是科举制度的弊病，提出“成也萧何，败也萧何”。中国封建社会的兴旺发展，中国能够在一段时期内在世界民族之林当中走在前列，在科学方面有灿烂的成果，主要在于我们的教育改变了整个社会制度。唐太宗更新和重新塑造的科举制，发明了一个人才选拔和造就制度，改变了原来世家门阀把持的九品中正制度，改变了原来“上品无寒门，下品无世族”的人才选拔制度，提供了一种“朝为田舍郎，暮登天子堂”的可能。这样就能够把多少了解一些底层百姓的疾苦和愿望的学子士人带到统治界，这就使得整个封建社会形成“超稳定的结构”。所以人们说西方的文官制度，很多都是借鉴了中国古代这种科举制度。但是，所谓“成也萧何，败也萧何”，我们中国古代原来相对先进的科举制，尤其经过宋元明清的理学改造和浸润之后，它就变成程式化、制度化、比较落后僵化的一个教育体制、选材体制了。因为它把青年学子的聪明才智都吸引到攻读四书五经、写八股文章上去了。从小到大埋头苦读、皓首穷经的是圣人所言、是前朝大师所言，而完全没有了研究自然界、探索人类社会或发现新知的激情和可能。这是诸多学者专家解答“李约瑟之谜”时提出的一个很重要的观点。

当然，“钱学森之问”在十多年前又掀起一波反思和探讨的热潮，人们纷纷反躬自问：中国的教育怎么了？中国的大学怎么了？问题出在哪里？为什么钱学森会如此不留情面地批判指责：中国没有一所大学能够按照创新人才成长的路子来造就人才？在基础知识、基本技能的传递，在学习投入、学习效果以及想象力、创造力和批判思维等方方面面，我们的优势在哪里？成功在哪里？

我们的问题在哪里？我们的失着在哪里？我们需要客观科学地看待我国教育的成功与不足，既充满自信，又善于反思和自省，勇于改过和创新。问题就这么严峻地摆到我们面前。

2010年《国家教育改革与发展中长期规划纲要》提出了把“育人为本”作为教育工作的根本要求，提出了把促进学生成长发展作为学校一切工作的出发点和落脚点，而且提出了人才培养的三个层次：“培养和造就数以亿计的高素质劳动者、数以千万计的专门人才以及一大批拔尖创新人才。”我们看到这么一个人才的金字塔结构，大盘底是数以亿计的高素质劳动者，中间部分是数以千万计的专门人才，顶尖是一大批拔尖创新人才。这三个方面综合起来，是整个中国教育界要为我们中国式现代化、为我们中华民族伟大复兴所提供的智力支撑和人才支撑。2018年，习近平总书记在庆祝改革开放40周年大会上进一步提出了：“我们要坚持创新是第一动力、人才是第一资源的理念，实施创新驱动发展战略，完善国家创新体系，加快关键核心技术自主创新，为经济社会发展打造新的引擎。”在党的二十大报告中把这一战略性问题阐述得更加清楚：“坚持把创新作为引领发展的第一动力，把人才作为支撑发展的第一资源，准确识变、科学应变、主动求变，实施创新驱动发展战略，为中国经济长远发展提供有力支撑。”

第二部分，我们看两弹元勋钱学森提出了这么一个严肃且严峻的问题，他自己是怎么求解的？我收集了一些资料，提出了一个观点，即“从人的思维发展切入来求解‘钱学森之问’”。为了求解“李约瑟之谜”和“钱学森之问”，很多专家学者已经从中国传统文化、教育社会制度的特点与缺失，中国传统思维的特性与缺失等方面进行了分析和反思，既有深刻的文化反省，更有犀利的社会批判，提出了很多真知灼见。那么我们看看钱老自己怎么说的。钱老提出：要从人的思维发展入手解决这个难题。

我们看到习近平总书记在党的二十大报告当中对“思维能力的提升”强调得特别充分,他说:“必须坚持系统观念。万事万物是相互联系、相互依存的。只有用普遍联系的、全面系统的、发展变化的观点观察事物,才能把握事物发展规律。我们要善于通过历史看现实、透过现象看本质,把握好全局和局部、当前和长远、宏观和微观、主要矛盾和次要矛盾、特殊和一般的关系,不断提高战略思维、历史思维、辩证思维、系统思维、创新思维、法治思维、底线思维能力。”总书记特别提及七个方面思维能力的提升,为前瞻性思考、全局性谋划、整体性推进党和国家各项事业提供科学思想方法。

实际上,钱老自己关于求解“钱学森之问”的思路已经在其生前的一些书信往来和谈话当中初露端倪。比如说他在给学者徐章英的一封信中就提出一个很重要的观点:“人才培养问题的确是当务之急。我觉得传递知识比较好办,而启发智力比较难,尚无科学的方法,还有待于思维科学的研究与成果。”借助思维科学研究的成果,提高人才培养的成效。这是一个很有内涵和张力的观点。教育和人才培养过程中,既有知识的传授、能力的培养,更涉及素质和涵养的提升,其中很重要的是思维品质的优化和思维方式的转换,所以钱老寄希望于思维科学的研究成果。1987年他在《教育研究》组织的“教育问题笔谈”这个栏目发表了一篇文章,集中阐释了他的主张。20世纪80年代中后期,我们提出了“中国如果不发奋努力,我们可能会在全球竞争当中落于下风,甚至会被开除‘球籍’”这么一个严峻的问题,所以《教育研究》编辑部组织一批专家学者撰写了一组文章,讨论21世纪中国教育改革和发展的基本思路。钱老在文章中指出“要为21世纪社会主义中国设计我们的教育事业”。他从应对业已到来的新的产业革命、增强综合国力竞争力,以及避免“被开除‘球籍’”的角度,高屋建瓴地提出创新我国教育事业的战略设想和具体建议,其中一个极为重要的思想就是:“借助思维科学研究的成果,注重人的思维的全面和辩证的发展，来加快人才培养，造就杰出人才。”这是当时我国教育界（无论是教育实践领域还是教育研究领域）着墨不多、重视不够的问题。但钱学森老先生作了多方面深入的系统思考。

首先，他旗帜鲜明地提出：“要尽早地引入抽象思维的教育。”钱老说在过去，人们总以为小学生只能作知识的累积，教会简单的加减乘除；至于逻辑推理，那是在初中后期的事。但是根据中国科学院心理所的一项科研成果，钱老建议小学就可以引入抽象思维的教育，让学生的理论推理能力提前6—7年。“小学生因为有了抽象思维的能力，不但数学知识丰富了，同时在其他课程的学习方面也变得更加聪明了，对课本不要教师讲，自己就能读懂。这不是一项非常重要的革新吗？”实际上，钱老看重的是，通过思维的训练提高学生的学习力。在学校教育当中尽早引入抽象思维的教育，首先是对我国传统思维缺失的一个补救。因为抽象思维以逻辑思维为基础，强调事物之间的相互关系，在人们的认知过程中借助概念、范畴、判断、推理等思维形式，达到对具体对象本质特点或客观规律的把握，追求解决问题的答案。抽象思维主要包括演绎和归纳两种方法，前者力图通过一般原理的逻辑分析来证明特殊事实的存在，后者则力图通过对特殊事实的逻辑分析来证明一般原理的存在，二者是可以互逆的。二者的结合，有助于人们透过现象揭示本质，形成概念并发现新知。思维的功能，一是透过现象来揭示规律、揭示本质，二是形成概念、形成范畴来发现新知。伽利略将逻辑推理与实验验证引进科学研究领域，标志着近代科学的诞生，而这恰恰是中国传统文化、传统思维当中所缺少的。我们传统的思维当中，缺少思辨逻辑实证的习惯，这是我们的问题，是我们的短板。认知心理学表明，小学阶段的儿童就开始有辩证逻辑思维的萌芽，中外的一些心理学家做了很多研究，比如北师大林崇德教授领衔的课题组，证明9—11岁的儿童已经能掌握左、右概念的相对性，在学习分数的时候大多数能够理解部分与整体的相对和绝对的关系。而法国心理学家的研究证明：儿童到11、12岁时可以掌握长短、大小、异同、好坏等反映矛盾属性、相对性的概念。北师大教授林崇德说："从整体上看，在校青少年学生已初步掌握了辩证概念，但其掌握深度仍有一个不断发展的过程：初一学生以掌握一般的抽象概念为主，对辩证概念的理解还缺乏一定的深度；高二的学生以掌握抽象的辩证概念为主，理解的深度已达到一定水平；初三的学生则处于两者之间。"这就给了我们教育工作者腾挪的空间和努力的着力点。钱学森强调它的潜在价值就是在教学当中，借助思维科学研究的成果提高学习力，帮助学生变被动的维持性的学习为自主的探索性的学习；变单一的知识积累过程为逐渐把握学习规律、学习方法的学习，有了"学会学习"的过程，人才的成长就有了加速器。这是钱老提出的第一个观点，就是比较早地在小学教育中引入抽象思维的教育。

其次，要学会运用形象思维去解决抽象思维所不能解决的实际问题。科学发现史的研究告诉我们，不同的思维方式对人们认知发展有不同的价值和作用，抽象思维与形象思维、聚合思维与发散思维往往相反相成，但是它们都能通向创新之路。我们看俄国化学家门捷列夫发明元素周期表，在那些元素的序列当中有空缺的地方，后来很多科学家通过实验合成了新的元素。另外，海王星与天王星、冥王星的发现，都是抽象思维、聚合思维导致创新与发明的佐证。因为行星的运行有一定的轨迹，如果轨迹发生了扰动，那就可以猜测出在它之外，有一个力在影响其运行。所以天文学家利用天王星轨道的摄动推测出海王星的存在与可能的位置，后来就发现了海王星。这些都是通过抽象思维、聚合思维掌握了一定的规律，从而导致新的发现的例证。

当然还有一些发明创造是"匪夷所思"的，它们是灵感一现、顿悟、激活的。比如说牛顿在苹果树下的奇思遐想。千百万人碰到过苹果熟了被风一吹掉下地来甚至被砸中的这个现象，但是只有牛顿躺在苹果树下，发出疑问：这个苹果为什么不往天上飞而掉下来砸到我头上？南京大学建校110周年的时候，我们到英国去，从牛顿躺过的那棵苹果树嫁接了一根苹果苗放在我们仙林校园。现在我们要问的是，这棵苹果树长大了之后，我们的学生躺在这个苹果树下，会不会提出类似的问题？在司空见惯的现象中能够提出常人“匪夷所思”的问题，这就需要有发散性思维。还有一位德国有机化学家凯库勒，他研究苯的分子结构，百思不得其解，据说后来在壁炉前烤火的时候，受炉中之火“金蛇狂舞”的启发，提出苯环分子结构的猜想。但也有人说他是在睡梦中发现了苯的结构简式。不管是烤火所见引发联想，还是梦中所得，都提示人们，发散性思维在自然科学的创造活动中是大有可为的，也有人把它视为“顿悟”。我们再看法国数学家高斯在上小学的时候，老师出了一个题目：1+2+3+4……+100等于多少？高斯他很快说出答案：5050。他是如何算出来的呢？首先就是发散性思维：将1和100相加，2和99相加，3和98相加……后来找到一个规律：每一组都是101，一共50组。高斯的解法是把发散性思维与聚合思维相结合，大胆突破并有所创新了。这是思维发展导致创新的一个绝好范例，也是对钱学森从小学就引入逻辑推理等抽象思维教育观点的一个有力的佐证，我们的教育就要在这方面有所发力。

钱老还提出：要学会运用形象思维去解决抽象思维所不能解决的实际问题。有很多问题不是靠你演绎，不是靠你推理解决，而需要大跨度地联想，以弥补抽象思维的不足和缺陷。二者的结合与互补才是创新之道，才是杰出人才脱颖而出的关键所在。钱老的学术助手涂元季回忆说：“钱老非常重视形象思维、文艺修养对创新的推动作用。他在谈到科学与艺术的关系时曾说过，科学的创新往往不是靠科学里面的这点逻辑推理得出来的，科学创新的萌芽在于形象思维，在于大跨度地联想，会突然给你一个启发，产生了灵感，你才有创新。灵感出来了以后，再按照科学的逻辑思维，去推导，去计算，或者设计严密的实验去加以证实。所以科学家既要有逻辑思维，也要有形象思维。逻辑思维是科学领域的规律，很严密。但形象思维是创新的起点。”这个思想就会给我们很多启发，我们教育的习惯是按照严密的学科逻辑来推进，而忽略了这种大跨度的联想和灵感式的爆发。大量实例提示人们，缜密而严整的抽象思维、逻辑推理，有时会让人们被思维定式所框住。我们说思维定式或者是思维制式，实际上就是说你在这个轨道上运行的时候，你就造成了一个困境，而创新需要突破常规，需要大跨度的联想甚至匪夷所思的联想。所以在这个意义上，可以说想象力与创造力是联袂而行的孪生兄弟，但我们的教育往往是让二者分道扬镳了。所以我认为钱学森关于抽象思维、形象思维对于人才培养，特别是杰出人才培养的价值的观点，他的睿智的思想是宝贵的思想素材，是我们从小学教师到大学教授都应该不断去领悟、去解读和阐释的重要思想。

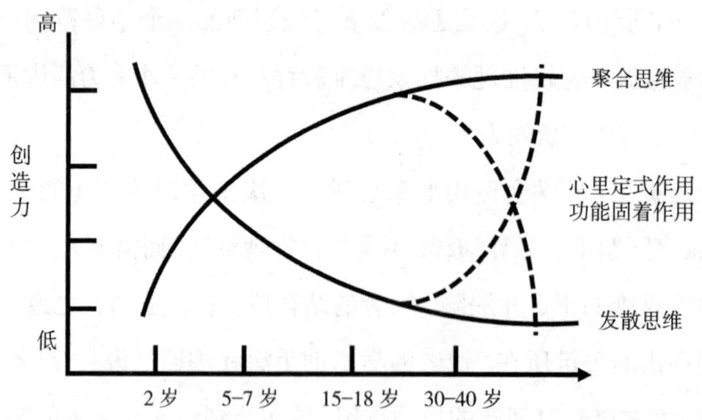

图 1　不同年龄时期的创造力、发散性思维和聚合思维能力变化图

图1是我和哈佛大学的心理学博士，后来在中国香港地区任教的岳晓东

教授合作的、在《教育研究》发表的一篇文章中提出的不同年龄的创造力、发散性思维和聚合思维能力变化图。我们看到由于年幼无知，少儿时期的发散性思维、形象思维能力特别强，他会移情，会把人的感情思维都移植到小狗、小猫、动物甚至汽车、板凳上。少儿时期人的逻辑思维、聚合思维的能力却很弱。随着教育的展开，聚合思维、逻辑思维的能力往上升，但是我们学校教育的代价是与此同时，他的形象思维和发散性思维的能力不断下降。他学的东西越多，越觉得自己当初的想法幼稚可笑。所以进校的时候是一个“问号”，有十万个为什么想要提出，想要得到解答，但是离开学校的时候变成一个“句号”了，往往提不出问题来，也没有勇气再去探寻求索了。那么实际上我们需要着力解决的难题是什么呢？归根结底就是：如何在青少年逻辑思维能力发展的同时，仍然保持大胆想象、移情和通解的能力？如何使因年幼无知而频发的“奇思妙想”，发展成为有科学价值和科学依据的问题？我们怎么做到在逻辑思维、聚合思维发展的同时，不以发散性思维的衰退或损失作为代价，怎么样能够做到二者相辅相成，形成批判性思维和创造思维、辩证思维？这是教育的难点。要解决好这个问题，需要我们从小学教育、中学教育一直到大学教育的协同创新。

再次，学会系统思维，避免学科的分割与疏离。他说自己在20世纪80年代初开始研究系统工程和系统科学，发展系统学和开放的复杂巨系统的方法论。他说200年前能够称得上科学的只有自然科学，而行将到来的21世纪，将有十大科学技术体系：自然科学、社会科学、数学科学、系统科学、思维科学、人体科学、地理科学、军事科学、行为科学和文艺理论。除了文艺理论之外，每一个领域又可以分为基础学科、技术学科和工程应用等三大层次。属于这个科学技术大体系的学科数目可能达到上千个或几千个。学科的分化和发展，不仅给大学院系的划分带来困难和矛盾，而且对人才培养，特别是杰出人才的培养提出挑战。为什么我们的学科分得这么细？因为我们的教学当中很多东西是分离的，“数”“理”“化”“天”“地”“生”各不搭界，在里面又分成很多小的分支领域，我们学生就缺少一个把世界看成是整合的、一体的概念。而事实上在今天和今后，学生离开学校进入社会所面临的工作都不是单一的，总是多方面综合的。如果其知识只限于一个学科，不知其他，那将是书呆子，教育就失败了。

中世纪以后大学的发展，就是从原来的混沌的、整合式的教育变成分科的教育。学科的划分让我们对客观世界的认识有章可循，简约高效。但是，往往“成也萧何，败也萧何”，发展到今天系科越分越细，就形成了我们视野和思维的局限性。而整个世界的发展是多维的、多学科交叉的，所以客观实际中的问题，是多方面、多样式、多因素的综合，绝没有一个单纯的工程力学问题，或者说单纯的数学问题、物理问题，而且科学、技术、工程的问题，常常还与政治学、经济学、社会学等方面的问题相关。比如说三峡大坝的建设，它既是工程力学、水利方面的东西，还和自然生态相关联，上百万老百姓要移出库区，会带来很多社会问题，同时还会有军事学的问题。世界是多方面的、社会是多样式的，各种因素在综合，而我们的教育是单一性学科的教育，我们的学生所受的训练，包括我们老师所受的训练，都是受学科有限的框架结构所局限的。所以钱老提出要有整体思维、系统思维的设想，要求未来的人才至少掌握“六个方面的素养”，做到“在博的基础之上的专和专的引导下的博”，这是一个挑战。事实上，在知识不断分化而又相互渗透，知识浩如烟海而又迅疾更新的时代，我国的人才培养如何克服系科分割造成的视野相对狭窄与知识相对单一的弊端，如何疗救中学文理分科以应对高考而产生的种种痼疾，仍然是有待解决的难题。

最后，钱老还提出要集思广益，“要激活集体思维”。俗语说“三个臭皮匠，顶个诸葛亮”。这个“皮匠”不是制鞋、修鞋的那个“皮匠”，而是指的“裨将”，相对于主将来说他是副将、下级军官。但是三个这样的“裨将”放到一起，互补互助激活思维，就可能形成集体智慧，就可能超过智慧超人的诸葛亮。钱老曾经倡导建立“社会思维学”，其出发点在于“怎样使一个集体在讨论问题中能互相启发，互相激励，从而使集体远胜过一个个不接触别人的人的简单总和”。“一个好的集体，人人畅所欲言，思维活跃，其创造力是伟大的。而如果是‘老头子说了算’，其他人都处于压抑状态，这个集体就没什么创造力。所以社会思维学的一个重点应是集体思维的激活。”2005年他在301医院有关科技创新人才的培养的最后一次系统的谈话，就详尽地阐发了他所欣赏并追求的“集体思维”。不光是批判中国的顶尖大学，美国麻省理工学院（MIT）这样的学校他也认为创新力不够。他从中国到美国留学首先是在麻省理工学院，后来转到加州理工学院（Caltech）。“一下子就感觉到它和麻省理工学院很不一样，创新的学风弥漫在整个校园，可以说，整个学校的一个精神就是创新。在这里，你必须想别人没有想到的东西，说别人没有说过的话。拔尖的人才很多，我得和他们竞赛，才能跑在前沿。这里的创新还不能是一般的，迈小步可不行，你很快就会被别人超过。你所想的、做的，要比别人高出一大截才行。”你看也有他欣赏的院校，加州理工学院。加州理工学院很特殊，它在美国一流大学中居于前十名，甚至排到第六。它规模很小，招的学生很少，一共6个学科。当年加州理工学院提出办学目标，如果整个美国的高等院校是培养99%所需的人才的话，我这个学校就培养那个出类拔萃的“1%”，即科学的领军人才。所以加州理工学院在2000年以前，整个学校仅有800个本科生、800个研究生。但是这所小而精的高校却有两条成就是其他高校望尘莫及的：第一，学生还没有毕业就已经被人预聘了，很抢手；第二，他们每3000个毕业生当中就出一个诺贝尔奖获得者，优才率特别高。加州理工学院就是造就那1%的出类拔萃的人才，不培养普通、一般人才，可谓“弱水三千，但取一瓢饮”。所以钱老很认可、欣赏这所学校，他也在那里如鱼得水，他有很多理论学习与探索就是在加州理工学院进行的。曾经他和另外两位美国同学花100美元注册了一个火箭俱乐部，在加州理工学院校园里放火箭，来研究空气动力学。有一次，火箭爆炸了，还出了危险。但他们锲而不舍。钱老说：“今天我们办学，一定要有加州理工学院那种科技创新精神，培养会动脑筋、具有非凡创造能力的人才。我回国这么多年，感到中国还没有一所这样的学校，都是些一般的，别人说过的才说，没说过的就不敢说，这样是培养不出顶尖帅才的。”

我们要办成中国第一个南大，不能照搬哈佛的老路，也不能照搬斯坦福的老路，要成为第一个中国的南大，那实际上我们要的就是这种创新的氛围和创新的文化，就是要说别人没有说过的话、别人不敢说的话，要有“匪夷所思”的组织氛围、集体思维，这是创新得以产生并良久持续、取得突破的基础和前提。

我们搞高等教育研究的人很喜欢英国一位著名的哲学家、数学家怀特海，他的话因为被约翰·布鲁贝克在《高等教育哲学》当中引用而闻名。怀特海说：“大学之所以存在，不在于传授给学生的知识，也不在于提供给教师的研究机会，而在于在‘富于想象’地探讨学问中把年轻人和老一辈联合起来。由积极的想象所产生的激动气氛转化了知识。在这种气氛中，一件事实就不再是一件事实，而被赋予了不可言状的潜力。”我的理解是，这就是钱老所倡导、所主张的集体思维，价值不在于学生在大学学到的知识，也不在于教师有科研的机会和争取项目的可能，而在于师生共同研讨，师生在这个过程当中相互激励，相互质疑，由积极的想象所产生的激动气氛转化的知识，就具有了不可言状的潜力，这个潜力就是创新的潜力，我们要追求的就是这个境界。

以上，我们从思维发展的角度切入求解“钱学森之问”。钱老说了要尽早地引入抽象思维的教育，还要学会用形象思维来解决抽象思维所不能解决的问题，二者的结合才导致创新；另外还要重视系统思维、要激活集体思维。这一些观点实际上都是钱老既给我们出题，又启发诱导，帮助我们破题，但如何真正解答？我们还需要实践、研究、再实践。

第三部分，我想集中讨论一下强化问题意识，这是造就创新人才的关键。

有关强化问题意识、问题导向，党的二十大报告也有精辟的阐释。党的二十大报告对教育研究和发展也有很多高屋建瓴的引领。报告提出，“问题是时代的声音，回答并指导解决问题是理论的根本任务。今天我们所面临问题的复杂程度、解决问题的艰巨程度明显加大，给理论创新提出了全新要求。我们要增强问题意识，聚焦实践遇到的新问题、改革发展稳定存在的深层次问题、人民群众急难愁盼问题、国际变局中的重大问题、党的建设面临的突出问题，不断提出真正解决问题的新理念新思路新办法”。这个对我们教育来说也是很重要的一个启迪，影响我们创新思维的形成、影响我们创新人才成长的，很重要的就是教育存在的这种封闭僵化的东西。尼尔·波斯特曼早就提出：“孩子们入学时像个问号，他带着很多疑问而来，而毕业时像个句号。”离开学校的时候他已经一无所问，提不出问题。如何使学生保持强烈的好奇心和求异精神，并将其引向真正的科学创新行动，应当成为变革现存教育教学模式的一个切入点。

首先，一切创新始于问题。英国科学哲学家波普尔说：“科学的第一个特征，就是‘它始于问题,实践及理论的问题’。”他说“由于逻辑的理由，观察不能先于所有问题，虽然观察对于某些问题常常是明显居先的”。就是说问题先于研究，问题引领研究。他竭力主张，“科学只能从问题开始”，“科学和知识的增长永远始于问题，终于问题——越来越深化的问题，越来越能启发新问题的问题”。真正的创新，真正的科学发现，往往发轫于提出一个与众不同的、有科学价值的问题，问一个“为什么”，将有效地促使对隐藏在现象背后的规律或缘由的探索；而“怎么样”的问题常常引起对过程机理的思考。

我们说理科的教育就是用“为什么”来揭示这个现象后面的规律，而“怎么样、怎么办”是工科解决问题的模式，提出解决问题的新机理、新办法、新举措。所以一部科学发展史，就是一部对奥秘的探索与对问题的解答的历史。牛顿发现万有引力，始于他在苹果树下的思索：“为什么苹果从树上掉下来，而不飞到天上去？”他在光学领域也有许多建树，他在《光学》这部学术专著的结论部分，不是罗列既有的主要结论，而是一连提出了31个问题，其用意即在启发后人在这一领域作新的思考、新的研究，更加深入地探索。正是由于注意到知识与问题之间的关系，胡适在1932年6月为北大毕业生做的演讲中说：“我给你们三味药，一个叫问题丹、一个叫兴趣散、一个叫信心汤，问题丹是位居第一的。”我们现在很多人只知道他是1960年在台湾成功大学的一次演讲当中提出了这个问题，实际上我找到的记录是1932年他在北大的时候就说了这个问题。他说，“问题是知识学问的老祖宗，古往今来一切知识的产生与积聚，都是因为要解答问题。试想伽利略和牛顿有多少藏书？有多少仪器？他们不过是有问题而已。有了问题而后他们自会造出仪器来解答他们的问题。没有问题的人们，关在图书馆里也不会用书，锁在实验室里也不会有什么发现”。在1932年这场演讲的最后，胡适再次强调说：“脑子里没有问题之日，就是你的知识生活寿终正寝之时！”胡适在做学问和人才培养当中强调问题意识、强调执意引发求知，问题导致创新，这是正确的。

我们需要记住，之所以创新始于问题，是因为问题产生于“好奇”和“质疑”两个方面。首先是强烈的好奇心会增强人们对外界信息的敏感性，对新出现的情况和新发生的变化及时作出反应，发现问题，并追根寻源，提出一连串问题：有无？是否？如何？为何？从而激发思考，引起探索欲望，开始创新活动。否则的话很多人司空见惯，比如说货币，从我们将贝壳作为交易的工具，一直到后来英镑、美元，多少亿人都接触了货币。只有马克思从货币分析研究入手，发现了货币背后的剩余价值问题、剥削问题，进而讨论到阶级，讨论到政党和国家制度，并建立了他的政治经济学理论大厦。许多看似偶然的发现，其实都隐含着一种必然：发现者必然具有强烈的好奇心理。

意大利比萨因为有个斜塔而闻名于世。大家都知道伽利略在比萨斜塔做了自由落体实验。其实斜塔旁边还有个比萨教堂，伽利略18岁时在教堂发现了“摆的等时性原理”。风吹摆动，千百万到教堂做弥撒的人司空见惯、不以为奇，只有18岁的伽利略为之所动，深入研讨，因而有了重要的发现。所以好奇心是问题的源头活水。缺乏好奇心，就必然对外界的信息迟钝，对诸多有意义的现象熟视无睹，对问题无动于衷，就谈不上创造与发明。我们再看爱因斯坦，狭义相对论、广义相对论是他发明的，他有句被人反复引用的名言：“我并没有什么特殊的才能，我只不过是喜欢寻根问底地追究问题罢了。”众人都说这句话显示了大科学家的谦虚，但实际上他是“夫子自道”，实话实说，而且说到了根本的问题。他一直在追思探寻：当我们像光速一样运动的时候，我们将看到什么？光是波动还是粒动？这个问题萦绕在他心中多年，他锲而不舍地求解，才有后来的狭义相对论和广义相对论的发现。

问题的另一个来源是怀疑精神。怀疑精神就是李四光说的：“不怀疑不能见真理、不怀疑不能见真章。”所以我希望大家要采取一种敢于质疑敢于思考的态度，不要为既有的权威和学说所吓倒。青年马克思把“怀疑一切”作为他的座右铭。人的信仰也是要在怀疑的基础上，经过质疑、验证之后确定无疑的真理才坚定可靠。轻易地接受而不加思考，很可能也会轻易地放弃，难以真正地信奉和坚持。所以对既有的学说和权威的、流行的解释，不是简单地接受与信奉，而是持批判和怀疑态度，由质疑进而求异，才能另辟蹊径，突破传统观念，大胆创立新说。哥白尼的天体运行理论，实际上就是对地心说提出了挑战，他提出了日心说，后来日心说遭到挑战，才有新的宇宙学说产生。毛泽东对“中心城市暴动、一省数省首先胜利，继而夺取全国胜利”的俄国革命道路提出质疑，率先到井冈山建立农村根据地，开创了中国“农村包围城市”的模式；邓小平率先对“两个凡是”进行批判，后来提出了“市场不一定就是资本主义，社会主义的本质也不一定只是计划”，重新认识市场和计划，开创了中国特色社会主义模式。

法国某位心理学家强调了三句话：笛卡尔的“怀疑就是方法”，法拉第的“在学术上不盲从大师”，爱因斯坦的“科学的发展过程是从好奇大过疑惑开始的”。只有敢于怀疑，才能减少盲从；有怀疑的地方才有真理，真理是怀疑的影子。有怀疑你才能解释真理、验证真理、发现真理。

我们还可以对“问题激发创造力”做相关的心理学分析：第一，“问题”有助于摆脱思维的滞涩和定势，就是你提出问题你有质疑，就会促使你从休眠状态产生变化、产生冲击，进而打破思维定式。第二，“问题”又促使思维从“前反省状态”进入“后反省状态”，杜威在这方面有系统的研究。第三，问题的解决带来顶峰体验，激励再探索。这个问题解决了，让人感觉到就像登泰山一样，登上泰山一览众山小，你就有一种登上顶峰的成就感和体验。1998年美国卡内基教学基金会所做的《重构本科生教育：美国研究型大学的发展蓝图》就提出了“探索为本，让学生体会到巅峰的体验、登顶的体验”，原因就在于此。第四，问题有的时候深藏在潜意识当中，顿悟是因为执着而生。为什么有问题呢？为什么会顿悟呢？就是这个问题他一直在孜孜不倦地探求，但是他突然放松了，突然从原有的思维状态解脱出来进入一个新的思维状态了，那么他就可能产生新的东西。比如说阿基米德洗澡的时候发现浮力定理，解决了皇冠含金量的问题。凯库勒烤火的时候看到炉火奔腾，提出6个碳原子苯环的概念。当某一个问题已经不受直接注意的时候，潜意识在某种程度上仍然保持着对问题的思索状态。精神高度集中地思考一个问题，有时候可能造成思路的堵塞或者误入歧途，等到松弛的时候他就会突然地领悟，或者是蓦然回首，有所发现。我们看那首宋词，"众里寻他千百度，蓦然回首，那人却在，灯火阑珊处"。为什么很多人元宵节去看灯的时候没有这种蓦然回首的喜悦呢？原因在于一定是要众里寻他千百度，在魂牵梦绕、锲而不舍地寻觅追溯之后，蓦然转换一个角度、转换一个思路，才可能带来一个蓦然回首的发现。所以这个是我们可以解释得通的，一定是你执着不懈地求知求解，才会有"蓦然回首"之后的惊喜发现。

当然"问题"是不一的，我们还要讨论问题的分类与价值。盖泽尔斯把"问题"分为呈现型、发现型和创造型三类：呈现型就是为了帮助你对定理进行解答，同时它又有现成的答案，解决者只需"按图索骥"，照章办事，就能获得与标准答案相同的结果，"不需要也无机会去想象或创造"，这是一个假的问题。发现型有的时候有已知的答案，但是它的价值就在于是学生自己去提出和发现的，是学生自己解答的，不是老师给定的。南大化学系有一个老学部委员——102岁去世的戴安邦先生，他在1983年写过一篇文章《化学教学18法》。那时候我刚留校创办高教研究室，我们办了一个《高教研究与探索》的杂志，在第二期我编发了戴先生这篇文章，后来被《中国教育报》全文转载，用了整整一个版的篇幅。戴安邦先生提出了一个重要的观点：大学的化学、物理、生物实验不仅仅是已有实验的演示和再现，它应该是学生的一个小型的科学实验。从人类认识角度看，这些实验并未提供新的发现，不过是一种重复，一种演示；但是，对于学生认识个体而言，却是一种全新的探索，是独立的发现。这类问题，有的可能还没有已知的公式、解决办法或答案，它们往往通向发现和创造，所以具有非凡的价值。80年代南京大学就根据戴先生的这些见解，进行了大学实验教学的改革，提出了半开放、全开放式实验，让学生自己来寻求、来解答，让我们的人才培养方式为之一变。除了呈现型、发现型两类问题，第三类是“创造型问题”。这类问题的提出本就属于创新和突破。就是那个困扰、折磨了爱因斯坦10多年的问题：“如果我以光速C和光线一道运动，我是不是将观察到光线仍是静止在空间的振动着的电磁波呢？”在爱因斯坦之前，没有人这样提出问题，这些问题本身就具有科学创新价值，是一种突破。这三类问题当然是不等价的，我们必须要区分创造型问题、呈现型问题和发现型问题。

最后，我想阐述一个观点：“不让问题止于智者”。我们传统的教师观就是以“传道、授业、释疑、解惑”为旨归的，显然这难以适应以造就高素质创新人才为重任的21世纪新教育。“流言止于智者”是一大幸事，但是问题仅止于智者，不免令人遗憾，甚至会影响国家大局。有的时候，我们学生提出了很好的问题，但是往往因为大学教授善于语言表达，有的是不假思索地给了一些随意的、肤浅的解答，有的甚至还训斥学生（“这个问题提得太低级”“太小儿科了”等等），就让学生停止了他们的质疑和思考。一个很有创见的问题，有的时候因为教授似是而非的解答夭折了，相当可惜！所以我提出今天的教师不仅要“释疑、解惑”，而且要启思、置疑、引而不发。就是你回答了问题之后，还要启发学生在此基础上进一步思考。此外，绝不掩饰自己在某些问题上的失察甚至无知。教授不可能包打天下、解决所有问题，尤其在南京大学这样的顶尖大学当中，很多学生富有创造力，所以我们要小心，不要因似是而非的回答让“问题止于智者”，从而遏制了学生的求实和创新。

今天我们如何助力拔尖创新人才的成长？这个问题很严峻地摆到中国教

育理论界和实践工作者面前。

我想借助徐冠华同志十多年前提出的“蘑菇理论”来谈一谈。“蘑菇理论”实际上就是强调环境氛围、文化对人的创造成长的重要性，是中华人民共和国科技部原部长徐冠华在2012年全国两会上提出的，他认为政府“打造中国的乔布斯”“打造中国的苹果公司”这些提法本身就不科学。当时因为大家对美国苹果公司及其CEO乔布斯很推崇，所以讨论我们能不能发现或者是培养一个中国的乔布斯、中国的苹果企业。徐部长直率地说这是不科学的，搞科技不能拔苗助长，要遵循“蘑菇理论”，就是有了一定的空气、水分和适宜的温度、湿度，蘑菇会自己成长起来，关键是要营造这样一个环境、一种生态。政府和学校要创造一个好的生态环境让各种各样的拔尖创新人才茁壮成长，不要按照自己的计划好恶或者某个标准去“种蘑菇”“选蘑菇”，更不能自以为是、越俎代庖。这个观点也写入了党的二十大报告中，强调了“培育创新文化，弘扬科学家精神，涵养优良学风，营造创新氛围。形成具有全球竞争力的开放创新生态。加快建设世界重要人才中心和创新高地，着力形成人才国际竞争的比较优势，努力培养造就更多大师、战略科学家、一流科技领军人才和创新团队、青年科技人才、卓越工程师、大国工匠、高技能人才。真心爱才、悉心育才、倾心引才、精心用才，求贤若渴，不拘一格，把各方面优秀人才集聚到党和人民事业中来”。

为了进一步阐释这个观点，我想举一个例子。1922年6月，丹麦哥本哈根大学理论物理研究所创始人、诺贝尔物理学奖得主尼尔斯·玻尔教授应邀到德国哥廷根大学讲学。20岁的慕尼黑大学大二学生沃纳·海森堡有幸随索末菲教授前来听讲，这个大二的学生的当场提问，居然让玻尔下不了台，犀利的评析令全场哗然。但是玻尔教授十分大度，而且很欣赏他的胆识和见解，当场向这个后生小子发出邀请：“你是否愿意在会后和我一起到城外走走？”海森堡欣然同意，和玻尔在城外山路边走边聊，超过了三个小时！这一场散步被海森堡称为："决定我命运与成功的一次散步。我的科学生涯是从这次散步开始的。"一年之后他就从慕尼黑大学转学到了哥本哈根大学。当时参会听报告的还有慕尼黑大学的22岁的研究生沃尔夫冈·泡利，也是索末菲教授的学生，当然他已经在读博士了，他说，我科学生涯的一个新阶段是我第一次遇见尼尔斯·玻尔。泡利在听了玻尔的演讲会之后就跟随着玻尔加盟了哥本哈根大学物理研究所。泡利因为直言不讳、不留情面，而且往往直抒己见，言辞尖刻，被称为近代物理学界最著名的评论家，被人戏称为"上帝的鞭子"或者"上帝的剃刀"。但是玻尔作为一名大师，他有雅量容忍泡利"直言犯上"，更欣赏他的敏锐直觉，从不在学生和助手面前掩饰自己的某些无知和失策。因此玻尔带领的这个团队形成了哥本哈根学派，引领了量子力学发展50年。这个团队除了玻尔之外还出了泡利、海森堡、朗道等多名诺贝尔奖获得者。我们也不难从中看出，为什么这个总人口不到500万，经济实力也远逊于英美诸强的北欧小国，会拥有这样一个国际顶尖的基础学科，并形成哥本哈根学派，在量子力学研究领域横空出世，独领风骚几十年。

今天我们的双一流建设，建一流的学科、一流的大学，应该从中汲取教训、汲取力量、进行反思。我们有些学校热衷于挖墙脚，把人家的"长江学者""杰青"都挖过去，你看玻尔和他的哥本哈根学派，玻尔就是从年轻的大学生、研究生中培养人才，它的团队有个好的氛围，有一个师生共同探讨学问的组织文化，所以创新人才辈出。我们要从中汲取经验。那么我想，在环境方面，第一要留白，不要把本科生、研究生都安排得满满当当，一定要给他们成长的空间；第二要多样性评价，让各种人才能成长，最重要的是让思想冲破牢笼！我们的评价指标也要发生变化。最近张益唐攻克"朗道-西格尔零点猜想"受到极大的关注，他解决了两个猜想，"被闪电击中了两次"。但是我们要看到，在美国，张益唐也一度沦落到在餐馆里洗盘子，即使进了大学仍坐了十几年“冷板凳”，当了十几年讲师，他到六十几岁才有大的发现。我们的社会，我们的大学能不能有这个雅量，让他到垂垂老矣，到年过六旬才有大的发现呢？我们不可能都是青年才俊，都年纪轻轻就冒尖。所以张益唐很欣赏庾信，喜欢这两句诗：“庾信平生最萧瑟，暮年诗赋动江关。”我们有没有可能给这些优秀的人才支持，允许他们在暮年的时候才“诗赋动江关”？这就需要变革我们整个社会的评价机制，需要思考的调整。

今天我就讲这些，谢谢大家！

【主持人】骆琼：

好的，感谢龚教授。龚教授在刚才的讲座中认为，创新思维的形成，是求解“钱学森之问”的钥匙，强化问题意识是造就创新人才的关键。基于“蘑菇理论”，提出要营造利于创新的氛围环境，向大家详细阐述了如何为拔尖创新人才的成长提供空间和可能。我们瞰学堂的朋友们也很有问题意识，有几个问题想要请教龚教授。第一个问题：请问您如何理解大学治理现代化必须重视关键少数？

【主讲老师】龚放：

一所大学的校长是很重要的。当下，一所大学的校长、书记的办学思想、办学思路很大程度上决定了大学的发展方向。重视关键少数也是我们党的一个传统。毛泽东同志在1938年的时候就曾经专门作过一个报告说：“我们需要有100

到200个精通马克思主义又能了解中国国情，能够带领人民群众脚踏实地奋斗的领袖，中国的抗战才有希望，中国的革命才有希望。”借用毛主席这段话，我们今天要有100个、200个这样的大学校长或者书记（或者是教育厅厅长），我们中国的高等教育才有快速发展甚至崛起的可能。因为你不可能全部靠顶层设计，靠总书记和总理把我们很多问题的解决方案都设计好了。要靠作为中层的这些教育厅厅长或者是大学校长，靠他们的脚踏实地，既能接地气又能识大局，他们做出的一些判断，我们顶层的设计才能落地生根，基层的创新也才能得到及时的支持，才能得以发展。所以大学治理方面，承上启下是非常重要的。今天我们要造就创新人才，我们也需要在人才评价、人才发展上提供各种好的氛围和举措，这样，一个学校才会有发展、才会有创新，才会真正地成为第一个南大，成为在国际上有自己的特色，也有自己的影响力的一流大学。

【主持人】骆琼：

感谢龚教授高屋建瓴的解答。我们还有一个问题请问龚教授：拔尖人才的培养，需要教师成为包容性超强的“忍者”，如何改变已经固化的教授呢？

【主讲老师】龚放：

这就要考虑几方面。我们现有的教授都是在单一学科的熏陶下成长起来的，所以需要一种既精通文史哲或者数理化，同时大度包容，具有格局和见识的领军人才。要形成一个多学科交融的环境。南大匡亚明学院就做了一些实验，从数理化和基础学科里面请一些著名的教授来给学生讲课，让学生能够接触到不同学科的优秀人才。南大的课程建设也对学生尽可能开放，让学生有机会能够突破学科的藩篱，接触到不同的新思想。更重要的是要有一个政策，鼓励老师把自己的心思放在学生身上，你要托起明天的太阳，你要成就学生，把学生的发展超过自己作为工作的目标，而不是让学生来为自己做课题、为自己发光发热。大学办学要为了学生的成长发展，教师更要把学生的成长看作教师的荣耀、教师的功绩所在。我们办学者要记住，师生的互通、师生的密切接触很重要。课堂之内的互动和讨论很重要，课堂之外的面对面或者网上的指导也很重要。学生的疑问需要老师解答，学生的兴趣爱好需要老师的引导和推动。这里面我们有很多事情需要做，希望教授们要发奋振作起来，校长们要把这点记得更清楚。我是主张把当年李瑞清在“两江师范学堂同学录”的“序”当中的这段话写到我们的校史博物馆，一是因为这是近代中国大学中最早明确的高远、前卫的办学目标；二是因为我们到现在为止还没有完成这个任务。103年前李瑞清提出来，“要造就中国的培根、中国的笛卡尔、中国的夸美纽斯和费希特……”我们至今还没有能够做到，任重道远，我们必须努力奋斗！

【主持人】骆琼：

好的，谢谢龚教授，我们的教育还任重道远。由于时间的关系，我们今天的直播即将结束，也感谢屏幕前的您一个半小时的陪伴。期待我们的祖国培养造就更多的拔尖创新人才，共同为全面建设社会主义现代化国家、全面推进中华民族伟大复兴贡献力量。朋友们，我们下期再见。

（文稿整理：于小斐）

双碳治理与国土空间规划应对

诚计劃

【诚计划】第33期

直播时间

2022年12月27日（周二） 19:30—21:00

直播地点

南京大学鼓楼校区21舍终身教育学院演播室

主讲老师：黄贤金

南京大学地理与海洋科学学院教授、自然资源部碳中和与国土空间优化重点实验室主任，兼任中国土地学会副理事长、《现代城市研究》主编，2014年入选教育部“长江学者奖励计划”特聘教授。主要从事土地利用与政策、国土空间规划与管理等领域的教学与研究工作。出版《长江经济带资源环境与绿色发展》《中国土地利用的碳排放效应研究》等著作8部。

主 持 人：孙冬梅
南京大学终身教育学院主持人

【主持人】孙冬梅：

直播间的各位朋友，大家晚上好。欢迎来到南京大学校友终身学习辅助计划瞰学堂第33期——双碳治理与国土空间规划应对。我是今晚的主持人，来自终身教育学院的孙冬梅，本次讲座邀请到了南京大学地理与海洋科学学院教授、博士生导师、教育部“长江学者奖励计划”特聘教授黄贤金。黄教授现任自然资源部碳中和与国土空间优化重点实验室主任，兼任中国土地学会副理事长、《现代城市研究》主编。

2020年，我国提出了“二氧化碳排放力争于2030年前达到峰值，努力争取2060年前实现碳中和”的目标。2021年中央经济工作会议强调，实现碳达峰碳中和是推动高质量发展的内在要求。习近平总书记在党的二十大报告中强调，积极稳妥推进碳达峰碳中和。国土空间规划对双碳目标的实现具有重要作用。那么两者之间的关系如何？又怎样将碳治理目标嵌入国土空间规划中呢？今晚黄教授将围绕双碳治理与国土空间规划应对这项议题进行深入剖析，也欢迎各位朋友在评论区与黄教授交流互动，下面有请黄教授。

【主讲老师】黄贤金：

谢谢主持人，尊敬的各位校友、各位同行，大家好！很高兴有机会向大家汇报一下我对双碳治理与国土空间规划应对这个问题的理解。我们知道，双碳治理既是应对全球变化的全球性行动，也是国家适应全球变化要求的国家选择。《全国国土空间规划纲要（2021—2035）》已颁布实施，国土空间规划怎样去更好地适应双碳治理的要求来助力中国式现代化呢？我在这里就这个问题进行一些相关的探讨。

正如我们所知道的，国土空间它既有国土空间要素，也有国土空间规律，还有开展国土空间选择，最后形成相应的国土空间支撑。

首先，我们谈谈国土空间要素。比如说，我们提出了山水林田湖草是一个生命共同体，这里所讲的山水林田湖草都是国土空间的要素。当然，即便是同样的要素，在不同的空间，它所体现的生产力也是不一样的。其次，国土空间也是存在规律的。比如说1935年，胡焕庸先生在担任中央大学地理系主任的时候，发表《中国人口之分布》一文，以等值线密度表现中国人口分布规律，这个规律现在仍然影响着我们国家的重大生产力布局。再次，人们依据这些空间要素的分布特征以及空间规律，开展空间选择。比如说我们知道有一个老人到南海边画了一个圈，这就是一个空间选择。空间选择其实有它的科学性在里面。最后，形成空间支撑，在《全国国土空间规划纲要（2021—2035）》中明确指出，我们要形成生产空间、生态空间、生活空间的空间支撑。所以我们可以发现，人类的居住空间跟农业生产空间、生态空间呈现一个隔绝性分布的特征。

同时，无论是人类居住空间、农业生产空间，还是自然生态空间，都会产生碳排放。当然我们的这些植被，这些相应的自然生态系统，也会有碳汇的功能。

所以从人类追求的目标来看，我们就需要实现碳排放和碳汇的平衡。这不仅仅是人与自然和谐共生的基本，更是我们美丽中国所必需的、必然的选择。基于这些相关认识，我将从四个方面与大家交流一下相关问题。

第一，怎样去理解双碳治理？

第二，我们的国土空间的演变跟碳源/汇之间存在什么样的联系呢？我们知道国土空间的格局是在不断发生变化的，比如说，以前在鼓楼校区读书的时候，我们的仙林校区还是一片农田，而现在仙林校区已经变成了建设用地，所以这些空间上的演变究竟会带来什么样的碳源/汇效应，我在这里做一个相关分析。

第三，正如前面所阐述的，我们在2022年已经发布了《全国国土空间规划纲要（2021—2035）》，这个规划纲要在实施过程中怎样去更好地响应全球变化治理的一些相关的要求并实现我们的"双碳"目标，我在这里也做一些具体分析。

第四，我们知道国家非常重视粮食安全，而且我们越是迈向现代化，越是要重视粮食安全问题。我们知道粮食安全是底线。随着我们生活水平的不断提高，人们对粮食的需求也在不断增加。在粮食需求不断增加的情况下，我们的食物碳排放也在不断增加。由此我们的耕地保护政策应该有什么样的响应呢？这是我要讲的第四个方面的内容。

首先我想谈一下怎样去更好地理解双碳治理。我曾经参加过南京市发展和改革委员会的相关课题研究，在主持南京市的低碳经济发展研究课题，也就是在"十一五"期间南京市低碳经济发展规划的时候就发现，从20世纪80年代到"十一五"期间，南京市从来没有提出要实现低碳经济发展的要求，中央政府和省政府也没有提出这样的相关要求。但是我们做了相关的分析之后，发现在20世纪80年代到2010年之间，南京市的单位GDP的碳排放减少了百分之六七十。从这一角度来看，我们认为低碳发展是一种产业结构调整，能源结构变化继续进步的必然过程。

我们认为从科学的角度来讲，好像不应该存在一些所谓的阴谋论。虽然我们中国的很多科学家没有持有阴谋论的观点，但是我们可以发现在百度上还有很多人对阴谋论有一些认同，所以我就经常讲，如果讲阴谋的话，不如讲同谋，尤其是我们现在已经成了共谋者。我们积极参与到全球变化的相关治理，而且明确提出我们要做生态文明建设的引领者、参与者。基于此，我们也可以来看一看，在中国几千年的变化过程中，我们的碳排放、我们的气候变化，究竟对发展进程有着什么样的影响？1973年竺可桢先生在《中国科学》上发表了一篇文章，分析了五千多年来的中国气候变化。他通过四条曲线分析了东部季风区的平均温度、西北区的平均温度、青藏区的平均温度和全国的平均温度情况。

这种温度的变化究竟对中国的历史进程有什么样的影响？我们可以发现，从总体上来讲，夏商时期、春秋战国时期、隋唐时期，都体现了气候的变暖。这些时期，是我们物产丰富，农业生产力得到了快速发展，体现天下太平的相关时期。在夏商时期，不仅物产丰富，而且手工业开始出现并得到了很大的发展，出现了大量的制作精美的青铜器；商业得到了发展，开始使用货币，出现甲骨文、铭文等相应的文字。在春秋战国时期，气候适宜，农作物产量高，社会生产力也得到了迅猛提高，铁器制造等手工业发展，文化高度发展，百家争鸣。隋唐时期也体现了社会经济的空前繁荣、科技文化的发展。

而凡是变冷的时期，我们可以发现都是粮食减产、出现战争的时期。我们知道，变冷，首先对北方民族有更大的影响，这些北方民族的生存受到影响之后，就有可能会向南方迁移。所以，在中国五千多年的变化过程中，我们会发现，变暖促进了中华文明的发展，也使得生产力和文化都得到更大的发展和相应的推动。

那么，是不是只在我们960万平方公里的空间中才是这样的呢？也不是，其实在我们很多的小地域空间中，也呈现这样的特征。

我们这里以宜兴为例来做一个分析。宜兴是三山三水三分田，约2000平方公里的空间，位于太湖的西面。怎样去更好地分析宜兴的发展呢？我在这里主要是结合宜兴在明清时期的桥梁分布来分析宜兴的人口分布格局。我们知道，在明清时期，桥梁也就相当于现在的高铁，桥梁分布比较集中的地方，是生产力水平比较高的地方。而且，人们对交通和对外交流有更多需求。所以，通过相关的资料把古桥梁标到地图上，我们发现宜兴在明朝时期的桥梁有12座，在清朝时期的桥梁有89座。明朝时期的桥梁主要分布在北部河网密布的平原区域，而清朝时期的桥梁的所在地除了以平原为主之外，也开始向南部的一些丘陵区域进行扩张。

我们结合明清时期桥梁密度图分析，进一步发现了桥梁分布的相关规律。我们可以发现明朝时期桥梁最集中的地方就是在三氿区域，而清朝时期的桥梁集中的地方，既在滆湖的东面，也在太湖的西面，同时，中心开始向北移动，当然这也体现了到了清朝，宜兴对外交流开始增加，所以需要借助滆湖、太湖这样的交通要道来满足其交通需求。我们从明清时期人口密度图中发现，明朝人口密度最高的地方是每平方千米112人，而清朝人口密度最高的地方是每平方千米377人。

在这个过程中，我们可以发现，人口密度和人口的总规模得到了很好的增加。在明朝1434年，宜兴的人口是16.5万，而到了清朝1882年，也就是448年之后，人口达到28.8万。那是什么导致了这个地方人口增加呢？肯定是有很好的农业生产的基础，还有商业繁荣，物质财富的巨大增加。那影响这个发展的气候原因是什么呢?

通过研究发现,在19世纪,这个地方的气温上升了1℃,由于气温上升,农业生产水平大大提高了,也带来了人口的增加,包括对外交通的需求、商业的需求以及文化发展的一些相关需求。据考证,宋朝时期,苏东坡曾经来过宜兴,所以现在宜兴有东坡书院来纪念苏东坡。

所以无论是从960万平方公里的空间,还是从2000平方公里的空间来看,其实都是全球变暖带来了物质的丰富,带来了生产力的发展。那么,为什么现在我们不能再让全球气候变暖了呢?在联合国政府间气候变化专门委员会(IPCC)的报告中就分析了全球气候变化的总体趋势。从这个分析中我们可以发现,由于人类的活动,全球的气温也就是地球的表面气温上升了1.0—2.0℃。这种变化更多地体现在1850年,也就是全球工业革命以来。2021年诺贝尔物理学奖获得者、气候物理学家真锅淑郎的研究成果就是分析空气中的二氧化碳的含量和地球表面温度提高之间的关系,他认为,他在五六十年前所研究的成果、揭示的规律已经不适用于当下了,现在他发现空气中的二氧化碳的微小变化往往对气温的影响会很大,比原来所预测的影响要大得多。这就是现在全人类都在关注气候变化以及应对全球气候变化的一个重要原因。

我们可以发现,全球气候变化不可避免地会影响水资源的分布以及农业生产、粮食生产、能源、健康、森林、生物多样性等等,由此对环境、经济、社会都会造成相应的冲击。我们会发现全球气候变化首先影响了自然资源的系统,也就是说水土气生的相关系统,继而就会影响人与自然之间的相互关系,最后再影响人类的社会发展。所以全球气候变化对于我们的影响具有全面性、要素性、渐变性、空间性和持续性。

那么这些变化在我们的国土空间上如何体现呢?我们来看一看国土空间

的变化究竟对碳源/汇有什么样的影响。

正如前面所讲的，国土空间规划就是基于空间要素，揭示空间规律，开展空间选择，形成空间支撑的过程。但是以往在分析空间要素的时候，我们往往都在分析山水林田湖草、生产力、城市、乡村等等发展的一些相关规律，以及山水林田湖草本身的自然地理分布的规律，没有去考虑碳源/汇要素的一些相关影响。所以为了更好地应对气候变化，我们现在就需要考虑碳源/汇的要素特征。另外，我们在认知空间规律的时候，以前揭示胡焕庸线，江苏的苏南、苏中、苏北，长江流域经济发展等等相关的发展规律，现在我们也需要去关注碳源/汇时空演变的规律，尤其是在气候变化的过程中，碳源/汇在时空中呈现什么样的特征。

我们在开展空间选择的时候，需要重视承载力，重视空间的适宜性。比如说我们提出来要把城市建在有水的地方，要把耕地保护在有水的地方，但是我们可能很少去考虑碳源/汇的空间影响因素是什么。所以在以后的城市选择时，不但要考虑人的居住，还需要考虑怎样积极地保护具有价值的碳汇空间，这也是值得我们进一步考虑和关注的问题。

在六七年前，我知道一位博士生在专门研究合肥在城市规划过程中如何保护碳汇空间，并思考保护碳汇空间对实现这样单位GDP碳排放减少的目标有什么样的帮助。当时还没有提出“3060”碳达峰碳中和的目标，仅有2030年要在2005年的基础上单位GDP的碳排放减少60%—65%的目标。所以我们就让他分析对这样一个目标的实现有什么样的帮助。最后形成空间规划的时候，就需要形成一个集聚空间、生态空间、生产空间等等相互协调空间格局的支撑体系。

当然我们知道规划经常会调整，这也是规划纠错、空间纠错的过程。比如说以前有一段时期倡导长江大开发，后来通过研究发现，我们国家在1998

年到2013年的15年间，沿江的化工企业发生了很大的格局性变化。在1998年，沿江的化工企业更多是密布于长三角区域，但是到2013年的时候，无论是长三角、长江中游城市群，还是长江上游城市群，都密布了化工企业，而且这些化工企业都从沿江10公里、5公里向沿江的1公里进行集中。从这个角度来看，国家提出来要进行长江大保护，不搞大开发，是正确的。

所以，针对长江布局中所存在的相关冲突问题，我们要重新认知化工企业的布局，来应对空间冲突，进行空间优化，这是空间纠错。理解了这些相关的内容之后，要思考怎样去更好更全面地考虑国土空间系统中的碳汇问题。原来在考虑碳汇的时候，更多的是从土地利用、变化角度来进行考虑。在IPCC在2019年关于气候变化与土地利用的报告中，就体现了这个特征。但是现在我们认为，不但要从空间格局的角度来进行考虑，还要从垂直性角度来进行考虑。所以一些地质学家提出了地球关键带的理念。我所理解的地球关键带，其实就是指在特定空间的自然资源系统对于植被的可持续生命力的垂直支撑能力。比如说在长江流域的自然资源系统，相对来讲对于植被可持续生命力的支撑能力就比较强，所以在这里的树可以长得根深叶茂，但是在有些地方我们发现只能长一些灌木或者一些草，这就体现了在不同的空间中，植被的生产力是不完全一样的，由此也使得它们的碳汇能力存在着很大的差异性。

理解了这些之后，我们来看看1850年以来国土空间的格局变化，尤其是土地利用的变化，对于碳排放究竟造成了什么样的影响？相关的学者都对这期间全球和我国的土地利用变化对碳排放的影响做了比较系统的分析。那么我们国家在快速的工业化、城镇化发展时期的土地利用变化对碳排放的影响有多少呢？为了更好地分析这个问题，我们构建了理论框架，提出了区域“自然—社会”的二元碳收支理论，揭示了自然生态系统和经济社会系统以及它们相互作用对于我们人为活动碳排放、自然生态系统变化所带来的碳排放的相关分析思路，当然也是揭示了它的影响的机理。

基于分析，我们就构建了从要素到核算再到清单的中国土地利用碳排放的数据库。这个数据库中既包括土壤层的碳，也包括植被层的碳，还包括农田管理、森林管理等等这些活动对于碳源/汇的相关影响，同时还包括城市方面的土地利用带来的相关影响。从土地利用变化来讲，其实主要是考虑到土地利用方式不变，它的碳排放会呈现什么样的特征？比如农地，它的排放、吸收、净排放是多少？如果说土地利用方式发生转变，比如我们的仙林校区原来是农田，现在变成了建设用地，还有的耕地会变为林地、牧草地、被利用土地，由此会带来什么样的碳排放效应。我们也做了一些相关分析。基于这个分析，我们针对《全国土地利用总体规划纲要（2006—2020）》做了碳效应的评估。通过评估我们发现，由于《全国土地利用总体规划纲要（2006—2020）》提出严格控制建设用地，保护耕地、保护湿地等等相关的目标，所以它的实施有利于助力国家所提出来的2020年要在2005年的基础上单位GDP碳排放减少40%—45%的目标。当然这也是我们国家对国际社会作出的第一个碳减排的承诺，助力率是多少呢？助力率是38.5%。

从这个角度来看，一个好的规划，它是有利于碳减排的，有利于绿色发展的，有利于人与自然和谐共生的。当然我们只是对它的规划方案做了相关分析，现在这个规划已经实施结束了，我们正在考虑对规划实施的效果再做相关分析，这样才更好地体现了研究工作的科学性。

在这个基础上，我们专门开发了国土空间碳排放的核算系统，提出来要用“一把尺子”来丈量土地利用的碳排放。这个成果也得到了《中国自然资源报》的关注，包括在中国土地协会举办的科普年会上也专门进行了发布。基于这些相关的理论和方法，我们怎样去更好地评价快速工业化、城镇化发展时期土地利用变化对于碳排放的影响呢？我们发现在2000年到2015年期间，中国960万平方公里的土地上，变化的土地占1.5%，这些变化的土地涉及耕地、林地、草地、水域、建设用地和未利用地。首先是建设用地，我们国家增加的建设用地69%来自耕地，28%来自林地。我们知道耕地、林地、草地、水域等等都有一定的碳汇功能，它们变成建设用地之后碳汇功能就少了，甚至就损失掉了。由于建设用地的增加，碳汇就减少了，损失了214万吨标准碳。这种碳排放的计算跟能耗的计算一样，因为能耗里面有石油、煤炭、天然气，所以要计算标准煤，二氧化碳的计算既涉及二氧化碳又涉及甲烷、氧化亚氮等等，所以把它折算成标准碳，相对来讲就更具有可比性。

耕地的变化导致了1万吨标准碳的损失；林地的增加，使得碳汇增加了23万吨标准碳；同样，草地的增加，使得碳汇增加了110万吨标准碳。做了这些分析，我们还需要去跟全球的变化水平进行比较。在这段时期，尤其是在1990年到2010年期间，中国的土地利用变化碳排放占了全球碳排放的多少呢？我们分析了一下占4.5%—6.6%，而中国的国土面积占全球的土地面积为6%左右，所以差不多是相当的。

可以发现在1990年的时候，我们的种类碳排放占土地利用变化所带来的种类碳排放总量的15%，到2010年就下降了4%。这既有土地利用管理方式的改革所带来的效应，也可能是因为经济社会发展所带来的碳排放量增加比较快使得这个比例有所减少。

我们可以发现在1850年到2000年期间，中国的土地利用碳排放占全球的10.5%，现在已经降到了4.5%—6.6%。从这个角度来讲，我国土地利用变化越来越符合可持续发展、绿色发展的相关要求。在此基础上，我们还计算了碳汇的损失、净碳汇的损失以及自然资源管理方式所带来的一些碳汇相关的损失。

那在理解了这些相关的问题之后，下面我要向大家汇报第三点，就是面向双碳治理，国土空间规划应该有什么样的作为。首先来介绍一下我们国家碳减排的三步走的构成。我们国家首先提出来，2020年要在2005年的基础上，单位GDP的碳排放减少40%—45%，后来又提出来，2030年要在2005年的基础上减排60%—65%的目标。所以我们可以发现，我们从2005年到2030年是碳减缩的过程，而2030年是碳达峰、2060年是我们碳中和的目标。所以从总体上来讲，我们分为碳减缩、碳达峰、碳中和这样的三步。当然也有专家在此基础上进一步细分成五步、六步，包括碳达峰之后，还有平台期，这些都体现了科学家对这个问题进一步深化的认识和更深刻的科学的理解。但是从总体上来讲，仍然主要体现了这三个阶段的特征。

这里面还要特别强调一点，有一种观点认为，既然我们要在2030年碳达峰，那我们能不能现在仍然采取传统能耗的方式，把峰值做得高高的，是不是我以后就有更多的发展空间呢？这首先要求我们，不仅要符合碳达峰总量的要求，还要符合2030年要在2005年的基础上，单位GDP碳减缩的一些相关的要求，这是第一点。

第二点，如果说我们经济发展产生了这样的路径依赖之后，有可能反而使得经济转型受到更大的影响。另外，我们也可能会错过一个技术创新的时期，使得技术创新的能力、新能源技术创新的能力受到更大的影响，反而使我们在未来的发展竞争过程中处于不利的地位，所以也需要去综合认识和分析这样一个相关的问题。

在这个过程中，我们繁荣国土空间规划要做出什么样的响应？首先我们来分析一下，我们的建设空间应该怎样去适应碳减排的一些相关要求。我们发现，如果从碳达峰的要求来看，如果2030年达峰了，2030年的碳排放是多少？2060年中和了，2060年的人为碳排放是多少？我们基于一个IPAT模型做了一些相关分析，通过这个模型更好地揭示碳排放和技术进步，和人均GPD和单位GDP的能耗等等之间的这种关系。

通过这个模型分析之后，我们发现我们国家如果在2030年达峰，2030年的碳排放是31亿吨标准碳，31亿吨标准碳就相当于110多亿吨二氧化碳的排放量，而2021年我们国家的二氧化碳的排放量是101亿吨。所以从这个角度来看，我们到达峰还有9年或10年，所以在这段时间每年有10多亿吨二氧化碳的排放量峰值，那到2060年碳中和了。但是即便在中和阶段，人为的碳排放仍然是存在的，那我们人为的碳排放是多少呢？人为的碳排放是8.6亿吨标准碳，8.6亿吨标准碳相当于30亿吨二氧化碳的排放总量。

所以从这里可以发现我们国家碳排放增加最快速的时期，其实就是从2000年开始，2000年就跟我们2060年碳中和时期的碳排放基本差不多的。2000年到2013年的快速排放，使得我们排放量从8.6亿吨左右标准碳增加到25亿吨的标准碳。然后进入一个碳减速的阶段，通过7年的碳减速，再通过30年的碳中和，才使得原有的碳排放相对来讲达到中和的相关的预定目标。

我们知道建设用地的增加，意味着我们经济社会活动强度的增加，由此也意味着碳排放的增加。所以基于此，我们构建了碳排放和建设用地的关系模型，并以江苏省为例做了相关的分析。我们知道江苏在发展过程中，受制于长江的取水量、大河流域的取水量，所以水资源在一定程度上对江苏发展有一个限制。当然江苏自古就是鱼米之乡，加上经济社会发展的水平不断提高，水资源利用效率不断提高，所以从总体上来讲，水资源的限制不够明显。

另外，江苏原来受制于环境负荷，但是随着污染治理力度的不断增加，我们发现了环境负荷未来也不是限制的重要因素，反而碳达峰成了重要的限制性因素。所以经过分析之后我们发现了，如果延续以往的这种发展方式，采取低减排，或者是延续现有减排方式来看，它是满足不了我们这样一个建设用地空间增长的相关需要。江苏现有的建设用地，占土地总面积21%，如果延续既往的发展路径，那为了实现碳达峰的目标，就需要去缩减建设用地。当然已经形成了的水泥地，很难大规模疏解，这就意味着我们以后如果说实行严格的碳减排目标，可能会对江苏的经济社会发展造成比较大的影响。

当然我们讲2030年碳达峰，也不是要求所有的省份都在2030年同时碳达峰，而是指全国实现碳达峰，所以像有一些经济大省有可能难以实现达峰的一些相关要求，但是它可以帮其他地方来实现碳达峰的目标，来助力自己，来助力全国，所以从总体上来讲是可以平衡的。但从另一个角度来讲，以后碳是经济社会发展重要的限制性因素，那怎样去更好地协调好碳和经济社会发展的关系。正如大家都知道的，很多碳都是根据能耗来进行计算的，尤其是我们中国现有的碳排放主要是根据能耗，当然这还不够完整，包括工业生产构成、农林构成，包括土地利用垃圾堆放所带来的碳排放等等，以后都需要纳入整个碳排放核算的体系中来。

当然最主要的是能源和经济发展之间的关系，如果从能耗和经济发展之间的关系来看，怎样去更好地协调呢？IPCC又提出了一个共享经济社会发展路径的思路（Shared Socioeconomic Pathways,SSP），它从两个角度来进行考虑：一个是缓解气候变化的社会经济挑战，另一个是适应气候变化的社会经济的挑战，这里面涉及了五种情景。

第一种是绿色的可持续发展的情景。在绿色的可持续发展前景条件下，希望通过迅速的技术革命以及经济的全球化来促进经济发展和低碳能源技术发展。所以它具有能源强度比较低、环保意识比较强、可再生能源大规模应用的这样一个特征。

第二种是中间道路。中间道路其实就是经济发展的路径依赖，仍然是遵循现有的经济发展和继续变革的路径。

第三种道路是区域竞争发展，在区域竞争发展中可能还是更多地突出了GDP导向的这样一个目标，可能对传统的路径比较依赖，所以就使得它技术进步比较缓慢，同时加上逆全球化的这样一个背景，可能又影响了经济的发展，所以有可能会使得能源使用的这种强度仍然比较高，传统的能耗淘汰仍然比较慢。

第四种是一种不平衡的发展路径。不平衡的发展路径就是指通过较快的继续进步，即便是在逆全球化的背景下，也能够通过较快的技术路径，实现我们经济的这样一个发展增速，而且使得低碳能源技术能够应用得比较快。

第五种还是以化石能源为主的发展模式。

中国未来的碳排放模式如何呢？基于此，我们也做了相关预测，设置了不同的情境。

首先看看图1的情景，我们对SSP1、2、3、4、5分别做了分析，每个情景都选择了中强度的碳排放政策和高强度的碳排放政策，显然低强度的碳排放政策是不能适应相关要求的。在这个图中，在SSP1的情景下我们可以发现很好地体现碳减排的效应，尤其是虚的曲线会拉得很低。但是在SSP2这样的一个情景下，我们可以发现从总体来看，碳排放强度可能会仍然处于较高的位置，所以这也是我们需要关注的一个重要问题。而在SSP3的情景下，我们可以发现碳排放量还会相应增加，如果有强调竞争导向的、区域竞争导向的，仍然强调以GDP发展为主，我们的碳排放强度总体来讲还会增加。在SSP4的情景条件下，我们的碳排放总体上会减少。另外，在SSP5情景下，如果是强调仍然是以传统的化石能源为主的话，我们的碳排放强度会更高。所以做了这些相关分析之后，我们发现只有SSP1和SSP4这种情景有利于助力中国在2060年之前实现碳中和的目标。当然我们估算了一下，也可能提前至2055年，有可能在2055年和2060年之间来实现碳中和的目标。

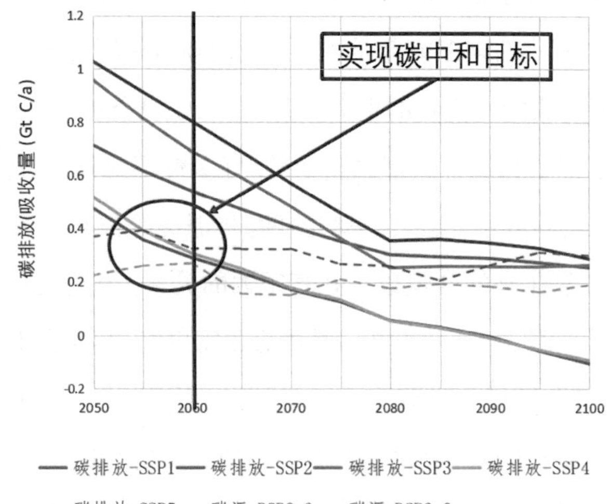

图 1　高强度碳减排政策情景（2050—2100 年）

图片来源：刘泽淼、黄贤金等：《共享社会经济路径下中国碳中和路径预测》，《地理学报》，2022 年第 9 期。

当然，这不仅是在全国尺度上表现这个特征。我们现在正在进行上海五大新城的降碳增汇的研究工作，受上海相关部门的委托，招标课题，对上海的五大新城做了一些相关分析，发现也同样表现出这样的特征。我们知道上海原来提出来，2020年无论是建设用地还是人口全部达峰，但是现在提出来人口要在原来2500万的基础上再增加500万，提出建设五大新城的建设目标，所以也使得它的碳达峰的目标从2025年达峰延迟到2030年达峰。我们做了相关分析，如果说从理论上来讲2030年可以达峰，但是也有可能长期处于一个比较高的平台期，有可能三五年内都处于一个比较高的平台期，所以这也是需要考虑或者是需要关注的一些相关内容。

现在大家了解了这种人为的碳排放以及我们需要去通过建设用地的管制来更好地控制人为碳排放的过度增长。我们的碳汇又呈现什么样的特征呢？我们知道碳汇它是更好地中和人为碳排放的一个重要措施。当然我们首先要分析一下未来我们碳汇究竟是多少？我们知道每年的碳汇能力都是不一样的，碳汇的能力决定于生物的生产力，但是比如说今年，长江下游的区域都比较干旱，甚至整个长江流域都比较干旱，好多树都死掉了，它怎么可能有相应的碳汇，所以它跟降雨、光照、平均温度、极温等等都存在着密切的关系，当然跟空气中二氧化碳的含量也存在着很大的关系。当然也有人想是不是空气中的二氧化碳含量越高，就意味着植物会长得更好，其实也不完全是这样。南京大学地理与海洋科学学院张永光教授2021年在*Science*上发表了一篇文章，他的研究发现了全球二氧化碳的施肥效应，总体上都呈现下降的特征，所以并不代表空气中的二氧化碳的浓度越高，碳汇能力就越强、生物的积累量就越强，它也存在着施肥效应下降的状态。

所以我们就引入IPCC推荐的生态过程模型来模拟从2020年到2060年的气候变化过程中，我国生态系统的固碳能力究竟是怎样的。当然这里面就涉及空气中的二氧化碳的浓度，所以IPCC也提出了不同的浓度设定。我们选择了RCP2.6和RCP6.0两种情景，发现在RCP2.6的情景下，到2060年中国的碳汇是3.27亿吨标准碳，但是前面讲了，到2060年我们的人为碳排放是8.6亿吨标准碳，这就意味着可以被中和掉的人为碳排放占38%，意味着还有62%的人为碳排放不能被中和。如果在RCP6.0的情景下，2060年的碳汇是2.83亿的标准碳，可以中和掉8.6亿吨的多少份额？中和掉33%。由于每一年的降雨、光照、极温、平均温度等等，包括空气中的二氧化碳浓度都是不一样的，所以每一年的碳汇其实都是不一样的。最后可以发现西部区域，尤其是内蒙古等一些地方碳汇的能力较弱。内蒙古有很多区域都是草原，理论上来讲碳汇能力应该很强，但是由于土壤比较干燥，所以土壤的异养呼吸排放的二氧化碳大于草地所吸收的二氧化碳，所以仍然表现成一个碳源方面的特征，在RCP6.0的情景下也是这样。从这里来讲，我们就发现了国家所面临的难题，也就是国家重要的经济发展空间，在东南部空间，国家的重要农产品空间在东南部空间，国家最主要的碳汇能力也是在东南部空间。从东南部区域这个角度来讲，就需要有更严格的国土空间用途管制的制度，才能适应全国实现碳达峰、碳中和的一些相关目标的要求。

看了全国的情况之后，江苏的情况怎么样？我们都知道江苏是经济大省，江苏的GDP占全国的10%，同时江苏也是碳排放大省，江苏的碳排放占全国的7%。我们江苏的碳汇是多少，只占全国的1.7%。我们刚才说江苏可不可能靠自己的能力来实现2030年碳达峰的要求，或者是不可能在2030年实现碳达峰的要求是吧？那江苏在2060年能不能实现碳中和呢？也不行，我们发现即便是单位GDP的碳排放达到2050年日本的水平，到2060年的时候，陆地生态系统碳汇的中和程度，也仅仅只有人为碳排放的1/10—1/4，11%—25%的区间。我们计算了江苏的植被碳汇的空间分布，土壤碳汇、海洋蓝碳、陆地水体碳通量，最后形成了总碳汇的情况：植被占92%；土壤占6%；海岸带占2%。面向碳中和治理，即便达到2050年日本碳排放控制水平，陆地生态系统碳汇的中和度也仅为1/9—1/4。

所以从这个角度讲，江苏在未来也面临很大的挑战，所以江苏积极探索怎样去寻找、发展一些新兴的低碳能源的技术，甚至提出来要在远海来发展风电的产业等等，这些都是江苏的一些相关的战略性考虑。当然我们也可以换一个视角，既然江苏自己做不到，江苏的经济实力比较强，技术实力比较强，能不能用江苏的经济实力、技术实力去帮其他可以做到的地方快速实现碳减排，来帮江苏完成碳达峰和碳中和的目标，也就是说我帮人家做了碳减排的工作，把这个任务所产生的效果、碳减排完成的任务都记在江苏的头上，是不是有利于形成全国一盘棋实施“双碳”目标战略，我们也可以去做进一步的考虑。

了解了这些情况之后，我们知道国家还非常重视土地整治，土地整治究竟有什么样的碳效应？包括我们现在很多地方都在推进全域土地整治，甚至我的一位同学在城建集团还专门向我咨询说我们也想参与到全域土地整治，国家包括省里面投资很多，怎么去参与。所以从土地整治来看，以后怎样去更好地服务于碳效应，我们也可以做一些相关探讨。第一，正如我们所知道的，如果说我们对土地进行整治，对土壤的有机碳积累会产生一定的影响。这里面包括对土壤的结构，包括质地，会产生相应的影响。比如说荒地开荒了，就会改变原有的薄土层结构，增加农作物的耕种厚度，增加土壤生物量的积累，所以这就是一个好事。当然凡事都有正反两个方面，也可能会破坏土壤的结构，扰动地表坡度，不利于土壤有机碳的积累，这也是一个情况。第二，对土壤肥力有好的效应，也有不好的效应，比如说耕种方式比较适合，恰当的土地利用方式会提高土壤的肥力，相反，会加剧土壤有机质的流失。第三，对土壤的生物特性影响也存在着两个方面的效应。

在既往江苏所实施的相关项目中，或者是自然资源部门、国土部门所实施的一些相关项目中，究竟产生什么样的效果呢？我们选择了江苏的苏南、苏中、苏北三个点来分别做了一些相关分析。我们在2009年8月份做了这些相关的工作，分别涉及泗阳的一个镇的土地整理项目、丹阳的一个片区的土地整理项目和兴化的一个镇的相关的土地整理项目。这些项目从总体上来讲，都是以水稻和小麦为主的属于江淮沿海耕地质量提升型的整理区。从总体上来看，整理后有机碳质量都得到了提升，但是我们可以发现提升的幅度不完全一样，丹阳提升的幅度就比较高，每千克有3.71克有机值的提升。相对来讲，泗阳和兴化就比较低一些，所以这是一个总体性的特征。为什么会存在这样的差异？一个是本身地理条件的差异性，丹阳属于苏南丘陵区，兴化属于水网围田平原区，泗阳属于黄泛平原区。另外还有土壤质地一些相关的差异性，土壤质地的差异性也会影响它本身固碳的能力。还有就是施工方式的差异性。你看有的地方在进行土地整理的时候，就把一些比较表层的熟土，尤其是土壤的肥沃程度比较好的土剥离掉，覆盖到低质量的土壤上，保护土壤层，有的可能就是采取一些简单的平整方式，所以不同的方式也会有不同的影响。从这个角度来讲，我们在土地整治过程中也需要有精细化的一些相关工程，更好地完成低碳化的一些相关要求。

未来全国基本实现现代化之后，我们的食物需求量会增加，由此对粮食安全也会带来更多的压力，对碳排放也会带来更多的压力。我们的耕地保护政策怎样去更好地应对呢？这也是我们国土空间规划的一个重要内容，怎样通过耕地保护政策的优化、耕地保护格局的优化，来更好地实现粮食安全的目标？当然这里也把碳的目标考虑进去，我们在实现全面小康的时候，对能量的摄入是多少？我们在2035年实现基本现代化，又需要多少能量的摄入呢？

我们来做一个相关分析。当然日本、韩国、美国它可能没有全面小康和基本现代化的说法，但是我们对照相应的GDP来做一个相关的分析。我们发现，日本人均GDP从1万美元到3万美元的时候，日本人每天摄入的能量基本上没有太大的变化，原来是寿司和味噌汤，现在还是寿司和味噌汤，但是韩国每天增加了350千卡的能量，法国增加了150千卡左右的能量，英国增加了200千卡的能量，而美国增加了420千卡的能量。当然中国既不可能像美国那样，也不可能像法国、英国那样有那么多能量的吸收，可能跟韩国差不多。所以我们专门测算了一下，如果从全面小康的角度来看，要保证粮食方面的基本需求，尤其是从口粮和饲料用粮来讲，我们最起码要15亿亩的耕地，而从保证更多的粮食需求来讲，我们可能最起码要有18亿亩到19亿亩的耕地。而在基本现代化的条件下，并不因为农产品的生产技术提高了，我们的耕地需求就减少，相反我们的耕地需求还会增加，因为能耗增加得更快。所以从这角度来讲，粮食安全越来越重要，我们耕地保护所面临的压力也越来越大。

当然在不同的时期，我们的耕地保护所面临的主要问题是不完全一样的。比如说在快速的工业化、城市化发展时期，我们耕地保护面临的主要问题是耕地和建设用地之间的关系问题。所以国家提出了耕地占补平衡的政策，也就是说你城市扩张到哪，工厂建到哪，你必须实现耕地的占补平衡，达到占一补一的相关目标。当然这里面所讲的占补平衡，不仅包括数量的平衡，还包括质量的平衡，甚至还有生态的平衡，当然生态的平衡很难去核算，但是数量的平衡、质量的平衡，在实践中都有相应的指标、相关的要求。

进入了新时代之后，我们面临的是什么问题？在经济社会发展对于耕地的占用得到严格控制之后，我们面临了一个新的问题，那就是耕地的非农化、耕地的非粮化所带来的一些相关问题。江苏是鱼米之乡，又适合养鱼，又适合种米，很多耕地有可能既可以做蟹塘，又可以做虾池，当然还可以去种水稻。所以如果说不进行严格的管理，就可能会造成这些耕地资源变成茶园、水塘等等。当这个问题比较突出之后，就引起了国家的关注。所以去年年底自然资源部，包括国家林草局、农业农村部等等，发布相关文件要求实施耕地的进出平衡，耕地的进出平衡是指在农用地的内部，要保证农用地和其他土地之间的平衡关系，来保证耕地的总量不减少、质量不降低的一些相关要求。所以它是对耕地的非农化、良田的非粮化问题的积极应对。

在未来的发展过程中，随着能耗的不断增加，由此带来的食物碳排放是多少呢？从全球来看，食物碳排放一般占到整个温室气体碳排放的21%—37%，是一个比较高的比例，当然这不包括农业生产过程中所产生的排放。在这个过程中，中国的碳排放是多少，我们也需要去回答一下。这次我们所开展的研究工作，是从农业生产的全过程来进行考虑碳排放的。从它的原料开采到生产，包括农药、化肥等等相关的生产，这是原料地；到生产地，播种、施肥、耕种以及秸秆回收等等；之后到加工、运输、包装地；最后到消费地。在这个过程中，我们主要去评价那些主要的农作物，包括水稻、小麦、玉米、蔬菜和水果，同时我们还需要很多的肉蛋类的一些相关食物的需求。

所以对于肉蛋类的食物需求，我们也是从原料地到生产地到中间地到消费地，我们考虑到了相关的肉类，包括蛋类、奶类以及相关的水产品，一共是7种，所以加上前面的5种植物类的农产品，一共有12种食物，这12种食物给我们提供的能量占到总能量的90%，12种食物就给我们提供了90%的能量，所以其他都是给我们填牙缝的。同时，我们核算三种温室气体（二氧化碳、甲烷和氧化亚氮）占到中国温室气体排放的98.3%。

我们得出了一个结论，如果按照这样一个思路，开展这些相关的研究，以实物为核算对象，分省开展细化研究，中国的食物碳排放占到整个碳排放的比例是11.7%。而欧盟它是从食物行业的角度来看的，是从全国的角度做了分析，2015年的数据，说中国的食物碳排放占了整个中国温室气体碳排放19%，中国农业科学院测算起来是占8.2%（见表1）。

总体上来讲，我们碳排放有什么样的特征？从生产、加工、运输、零售、消费几个阶段来对比水稻、小麦、玉米、蔬菜、水果、猪肉、牛肉、羊肉、禽肉、禽蛋、牛奶、水产品这12种农产品，水稻在生产阶段的碳排放就比较高，而蔬菜在消费阶段的碳排放比较高，尤其是我们中国人买菜是把烂菜根子和烂菜叶子一起买回去的，还需要去处理。当然从其他的食物中我们可以发现，牛肉在生产阶段的碳排放比较高，而像禽类在消费阶段的碳排放比较高，水产品在生产阶段的碳排放比较高。

从总体来看，我们可以发现这些农产品，在生产阶段的碳排放占了整个碳排放的47%，而在消费阶段占到31%，所以还有20%多，主要是在加工、运输

表 1　各类研究相关碳排放计算结果对比鉴

研究来源	食物系统边界	核算角度	空间精度	占全国温室气体排放占比	文献来源
欧盟联合研究中心	土地利用、生产、加工、运输、包装、零售、消费以及废物管理	行业	全国	19.0%（2015）	Crippa et al., 2021
中国农业科学院	土地利用、生产、加工、运输、仓储、批发零售、餐饮服务	行业	全国	8.2%（2018）	张玉梅等 2021
本研究	生产、加工、运输、包装、零售、储藏、烹饪	食物	分省	11.7%（2018）	—

和零售阶段，这是总体性的特征。

怎样去结合耕地的进出平衡政策，来更好地应对相应的碳排放呢？第一，我们认为，要以耕地保有为核心，来开展农用地的格局优化。所以在2022年发布的《全国国土空间规划纲要（2021—2035）》中也指出来，即便是大城市、特大城市，仍然要注重把农产品的生产拓展到各类国土相应的空间，所以既然是耕地，本身就是从事农产品生产的，它的格局更加需要得到相应的优化，所以通过相关的研究表明，我们的耕地都是细碎化经营，如果说规模化经营，就可以使得单位面积的碳排放相应减少。所以我们也需要以低碳为导向来探索一个负重减重，包括绿色生产的一些相关方式。当然在不同地区都应该有相应的针对性，比如水稻的温室气体的排放主要是在南方，小麦的温室气体的排放主要是在华东区域，另外玉米这种温室气体的排放在西南区域是最高的。在省级尺度上，可以看到水稻的温室气体排放主要分布在南方

（84.5%），其中华东地区最高，且呈现减少趋势；小麦排放的温室气体主要在华东地区，大部分省份都有所减少，仅在华南地区以及湖南有所增加；玉米排放的温室气体在西南地区最高为22.7%，大部分省份玉米消费产生的温室气体排放都有所减少，仅有海南和江西增加。

第二，我们也需要有更好的耕地精确平衡机制，来平衡好畜牧生产和饲料生产地的相互关系。我们知道现在都强调畜牧生产的集中，所以其实可能也会增加了很多的成本。从这个角度讲，我们认为城市也需要去建设一个可持续的食物系统，我们江苏种不了太多蔬菜，我可以从山东寿光运蔬菜，但是我们能保证寿光的蔬菜一定都能运到江苏吗？能够保证寿光蔬菜每年都丰收，不减产吗？没有一点变化吗？显然我们没有这样的保障系统。

所以从这角度来讲，为什么每一个城市，即便是特大城市，也需要有一定的主粮，尤其是农副产品的必要保障能力。比如在耕地的进出平衡政策设计的时候，不能说大城市就不养猪，或者大城市周边就不能养鸡鸭等，这些都是需要去考虑的一些相关问题，尤其是我们南大的校友遍及各个领域，都可以在这个领域做一些相关的呼吁，或者是做一些相关的研究，来提出相应的建议。

第三，也需要去建立符合区域消费特征以及自然资源特征的循环复合的农业系统。通过研究之后发现，我们华南区域人均的食物消费碳排放是最高的。我们经常到广东去出差交流，看到他们的桑基鱼塘就发展得很好，这种植物类的生产和动物类的生产形成的良好的循环农业，可以更好地满足区域生产的相关需要，这也是一个有效的机制。

另外我们从现有耕地的进出平衡来看，它其实更主要的是在一个县内实现耕地进出的平衡，但是我们也认为可以考虑每一个省，它有不同的生产目标，尤其是我们现在把粮食安全都分解到不同的地方，所以也需要去结合省里面的主粮和大食物的供应来进行平衡。我们知道在今年两会的时候提出了大食物观，所以我们也需要从大食物观的角度来考虑耕地进出平衡的政策，怎么去更好地优化。

第四，中国现在越来越开放，可以发现，以前大量从国外进口豆粕、大豆。进口农产品之后，其实主要作为相关的饲料。为什么不可以在周边关系得到不断改善，很多关系不断巩固的前提条件下，直接从国外进口一些畜产品，这样可以减少我们国家的对于农产品耕作的要求，可以让我们的耕地进行休耕，另外更好地保证主粮的自给，等等。同时我们又可以把农业生产的一些利润空间放出去，有利于生态环境。所以从这个角度来讲，我们认为也可以去探索一下，我们从这种以豆粕为主的农产品的进口，转变为增加肉类产品进口，来减缓耕地进出平衡的压力，能够降低耕地利用，包括畜牧用地空间的碳排放，所以这也是值得我们进一步考虑的。

当然我们都是从学者的角度，对这些问题进行了一些相关的探索，而这些问题所涉及内容比较多，我们的能力有限、认知能力有限，所以还有很多不正确、不太完善的地方，包括我们所得出的结论也需要大家多分析、多指导，希望大家提出一些批评性的建议，以便我们能够做出更有意义的相关研究。

【主持人】孙冬梅：

感谢黄教授的精彩讲述，实现碳达峰、碳中和是一场广泛而深刻的经济社会系统性变革，建立国土空间规划，在规划中融入低碳规划理念和碳排放管控措施，全方位落实双碳的重大部署，真正做到维护人类福祉，保护人类家园。最后再次感谢黄教授今晚的精彩讲座，今天的直播到此结束，欢迎大家持续关注我们，终身学习在南大，南大有您的一张课桌。朋友们，我们下期再会。

（文稿整理：王佳丽）

复杂系统管理

【诚计划】第34期

直播时间

2023年2月9日(周四)　19:30—21:00

直播地点

南京大学鼓楼校区21舍终身教育学院演播室

主讲老师:盛昭瀚

南京大学工程管理学院教授、博士生导师,南京大学工程管理学院创院院长,国家有突出贡献专家,港珠澳大桥首席专家,曾任东南大学副校长、国家科技进步奖评审专家、国家自然科学基金委员会信息科学部评审专家等。

主 持 人：高诗琪

南京大学终身教育学院主持人

【主持人】高诗琪：

各位同学下午好，欢迎来到南京大学校友终身学习辅助计划第34期“复杂系统管理”，我是终身教育学院高诗琪。

当前人类社会和科技高速发展，各个领域的管理活动普遍出现了各种各样复杂的特征。要想有效面对这一挑战，除了在管理技术、方法层面上创新，更重要的是从更高层次、更大范围把握对管理属性的认知。今天我们很荣幸地邀请到了南京大学工程管理学院教授、博士生导师盛昭瀚先生。盛教授是我国知名的管理学家、南京大学工程管理学院创院院长，他不仅首创性地提出了基于复杂系统与管理科学融合的重大复杂工程系统管理基础理论，而且作为我国港珠澳大桥首席专家，将复杂工程系统管理理论应用于大桥的建设实践，参与撰写的《复杂工程系统管理理论与港珠澳大桥工程管理实践》学术专著具有重要的现实意义。接下来让我们有请盛教授带我们走进复杂系统管理这一具有中国特色的管理学新领域。

【主讲老师】盛昭瀚：

一、人们发现和不断深化对“复杂”的认知

各位校友、老师、同学们好，非常高兴今天和大家交流“复杂系统管理”

这个主题。今天我们会把所有注意力都聚焦于“复杂”这两个字上面。一般我们不会对“复杂”这个词做学问上的研究，但是，如果感知到一件事情说不清道不明，分析很难透彻，也很难预测准确，那么往往我们就会在头脑中认为这个事情是复杂的。现在，“复杂”这个词已经从日常生活进入中央文件和领导人的讲话中，例如习近平总书记在中央党校（国家行政学院）中青年干部培训班开班式上的重要讲话强调，我国正“进入新发展阶段，贯彻新发展理念，构建新发展格局，需要解决的问题会越来越多样、越来越复杂”。习近平总书记在党外人士座谈会上指出，全面深化改革是一项复杂的系统工程。为什么当今复杂或者复杂的问题以及复杂的系统成为科学界、社会各界使用频率极高的一个词呢？根本原因在于，近年来世界越来越普遍地发现了复杂，复杂也在挑战着世界，世界更是在艰难地应对着复杂。所以今晚和大家一起来交流对复杂的认识和如何应对它的思维与学问。

做学问，名词是不能随便讲的，需要有明确的意义。我国现代思想家梁漱溟先生曾说过，学问浅的人说话愈多，思想不清楚的人名词越多。所以现在做学问的时候，遇到“复杂”这个名词，想知道究竟是什么意思，要看是用直觉思考，还是用概念思考。用概念思考，大家没有歧义，就不谈概念本身，但是，如果遇到了混乱，就要停下来把概念搞清楚。

前面讲的好多都是复杂的系统，复杂的系统一般是日常思考，日常思考是用自然概念思考。而学术界、理论界的研究一般要在日常之上，科学家是用科学概念，而不仅仅用自然概念进行思考，这就要从“复杂的系统”中提取和抽象出它的属性内涵。因此，如果是做复杂系统管理的研究，首先要把“复杂系统管理”这个词的本质意义搞明确，特别是先要把“复杂系统”概念讲清楚。简言之，“复杂的系统”是“大白话”，是自然概念；而“复杂系统”是科学概念。理论研究是研究事物的本质，需要科学概念。因此，需要对大白话“复杂的”本质属性进行凝练与抽象。

关于“‘复杂的’本质属性是什么”这个问题最好从科学家们发现和不断深化对“复杂”的研究开始讲起。20世纪初，国外自然科学家在物理、化学等领域发现了一些新的“复杂”现象，比如贝纳德对流、洛伦兹的初始条件敏感性与蝴蝶效应、化学反应中的周期性现象、确定性迭代、周期三与混沌中各式各样的“自组织”“从无序自行产生有序”等等。原来传统物理学、化学里面没有的，比如分子运动——在没有外界指挥的情况下，分子出现了有规则的运动，就像士兵听从指挥一样，原来的无序慢慢变为有序，于是，大家认为这类现象就是复杂的现象。复杂的现象丰富多彩，人们就用一个笼统的概念（定义）来归纳它们，这一概念就是复杂性。同时，不同学科也各自创造了许多定义来描述这些复杂性现象，如信息熵、分数维、随机复杂性、涌现、混沌边缘等等，有近50种，统称为“复杂性词汇”。复杂性是复杂现象的代名词，关于“复杂性词汇”的研究被称为“复杂性科学”。

1999年4月，美国《科学》杂志出版了一个关于复杂性科学的专辑，题目就是“复杂系统”。编者邀请了物理、化学、生物、经济、生态环境等领域的科学家来介绍各自领域复杂性研究的情况，并开门见山地指出，既然研究复杂性或复杂性科学，又为什么要采用“复杂系统”这一名称呢？主要原因在于，学者们不想再使用“复杂性”这个让人产生歧义或纠缠不清的词，希望在“复杂性”一词之外，增加一个“复杂系统”。在研究具体领域复杂现象的时候，用某种隐含着“复杂性”但又不统一的“复杂性”的词。而在描述研究具体领域复杂现象之上的、更具抽象性的情况的时候，则可以使用“复杂系统”一词。这意味着，科学家们认为复杂系统就是能够产生复杂现象的东西。从哲学角度来看，复杂系统不是指某一个具体的实体，而是一个概念、理念，因此复杂系统是一个思辨的概念，是对描述复杂性的几十个名词的统称。

正如南非科学家、哲学家保罗·西利亚斯（Paul Cilliers）的一本著作《复杂性与后现代主义：理解复杂系统》中说道："期待可以对'复杂性'意味着什么至少能提出某种工作性定义。不幸的是，无论是定性上还是定量上，该概念都还是难以把握的。"因此需要有新的思维方式，需要从复杂性来理解复杂系统。国外学者普遍基于复杂性而引入复杂系统概念，复杂系统是复杂性现象的隐喻。并且，国外学者认为不存在专一的复杂系统理论（Jan Rotmans and Derk Loorbach,2009），甚至干脆认为"复杂性理论，也称复杂系统理论"，即提出复杂系统理论就是为了解释它身上的复杂性现象，因为复杂性现象"各行其是"。这样就带来一个问题，因为复杂性是五花八门的，产生复杂性的复杂系统必然也就五花八门。所以，在具体情况下，复杂系统也就有了多种多样的规定性与限定性，如非线性、多层次、不确定、混沌、自适应系统等。

对复杂系统观不断进行深入的探索，在推动人类现代科学的发展上起到了极大的作用。从宏观上讲，这一时期取得的一系列重大科学技术发展，如非线性系统理论、耗散结构理论（普利高津）、协同学（哈肯）、突变理论（雷内托姆）、分形理论（曼德勃罗）、混沌理论（洛伦兹）、适应性系统理论（霍兰德）、复杂网络等，构成了二十世纪下半叶人类科学思维范式转移与新学科诞生、发展的宝贵源泉。从微观上讲，这一时期提出的遗传算法、演化算法、Swarm软件平台、基于Agent的系统建模、用Agent描述的人工生命和人工社会等等，极大地提高、深化了人类对自然、社会系统复杂现象的认识与分析能力。2021年诺贝尔物理学奖颁给美国、德国与意大利的三位科学家，他们关于"为地球的气候进行物理建模，量化其可变性并可靠地预测全球变暖"以及"发现从原子到行星尺度的物理系统内的无序和波动的相互作用"的研究有助于我们更深入地了解复杂物理系统的性质与演化，所有这些都是人类科学技术发展史上的伟大成就。上述复杂性科学基础上的复杂系统观记为复杂系统观A。

既然在自然科学领域发挥了这样大的作用，我们能不能用它解决社会经济问题，比如管理问题呢？如此，人们开始使用复杂系统观A来解决社会经济问题。在二十世纪八九十年代，我国社会经济学术界就掀起了一次学习国外复杂性科学（即国外的复杂系统）的热潮，并广泛运用“复杂性词汇”的复杂性科学（“新三论”）来研究社会经济管理系统问题。但通过大家的研究实践，特别是从解决社会经济管理系统管理问题的实际效果看，基于自然科学的复杂系统观A对研究社会经济问题的效果并不那么理想，似乎管理学的“脚”不宜穿复杂性词汇的“鞋”。原因主要在于复杂系统观A很难把社会经济管理当中的那些深刻的规律和人类行为产生的复杂性说清楚、说透彻。并且，社会经济管理的现实场景很难与复杂性词汇的内涵相吻合、相贴切，更难以通过复杂性词汇来揭示现实管理问题现象背后的机理。而管理是致用的学科，不了解机理就难以解决实际问题。

今天，我们面对复杂的社会经济问题与复杂的管理研究，虽然可以按照国外复杂性词汇和复杂系统思维的样式“跟着讲”，但是，40多年过去了，我们更应该以新的思维范式，探索关于社会经济领域复杂的自主管理研究道路。

二、钱学森对我国自主复杂系统管理学作出的杰出贡献

从二十世纪八十年代中期起，我国著名科学家钱学森先生就重点关注了对复杂性与系统科学的研究。他首先提出了系统体系的分类，将系统分为简单系统、简单巨系统、复杂系统、复杂巨系统，社会系统是一类特殊复杂巨系统。

钱学森先生还提出：“复杂性的问题，现在要特别地重视。因为我们讲

国家的建设、社会的建设，都是复杂的问题……解决了这些问题，科学技术就将会有一个很大很大的发展，我们要跳出从几个世纪以前开始的一些科学研究方法的局限性。”

钱学森先生有以下几个基本观点：

第一，把关于复杂性问题的研究，从物理世界的“最小复杂性”，拓展为新涌现出来，包括人类社会经济管理巨系统的“高级”复杂性范畴。

第二，不宜把复杂性仅仅作为一种人为的定义来研究，复杂性是人们以哲学本体论思维来辨识和认知复杂的本质。

第三，引入复杂系统概念，应该是一类具有复杂的本质专门属性的系统，即复杂性就是这类复杂系统的本质属性。那什么是复杂的本质，就成为核心问题与核心概念。

第四，二十世纪七八十年代，钱学森先生综合现代自然科学研究成果与中国哲学“天人合一、知行合一”的理念，深入探讨“复杂”的自因与本原，并以“还原论不可逆”的本体论为内核的“复杂性”概念为属性，即“还原论不可逆”（复杂性）是社会经济领域中复杂系统实体的本原与本质。

第五，还原论不可逆，表明了系统实体存在着一种本原性结构，而这一结构背后存在的某种机理，非常有意义。因为研究社会经济领域管理的复杂性，主要是研究它们的机理，这样才有实践价值。

遵循钱学森先生上述关于复杂性与复杂系统思维的观点，沿着系统概念—复杂性—复杂系统的递进路径，可以形成基于复杂系统范式的管理新范式，这就是社会经济领域中的“复杂系统管理”。“复杂系统管理”是一类复杂性管理，它不止一个定式。基于钱学森先生对还原论不可逆问题的管理范式，建构出的复杂性管理，即复杂系统管理范式。不难看出，钱学森先生走了一条与西方学者不同的路子，并且做出了巨大贡献。他改变了泛论复杂性，明确指出："凡现在不能用还原论方法处理的，或不宜用还原论方法处理的问题，而要用或宜用新的科学方法处理的问题，都是复杂性问题。"主张把复杂性作为一类系统的属性来看待，这类系统就是复杂系统，记为复杂系统B。钱学森先生告诉我们，与其空谈复杂性，不如从研究各类具体的复杂系统入手，寻找解决具体复杂系统的复杂性问题，在不断积累的基础上，建立新的领域的理论体系。他讲的复杂性问题，是一类还原论不可逆的"复杂整体性"问题，这是钱学森先生关于复杂性思维的灵魂。同时，在系统科学体系内，形成了一种从还原论不可逆（复杂整体性）衍生出来的复杂系统概念，即基于复杂整体性的复杂系统。这个复杂系统管理究竟是什么呢？它不是说在管理当中用了一些复杂系统的思想和方法，也不是管理科学照搬复杂系统。当世界越来越复杂、管理越来越受到复杂的挑战的时候，钱学森先生的复杂系统思想作为新的管理哲学思维，融合了现代科学技术成果，提出了新的复杂性、复杂系统科学概念，并以钱学森先生提出的复杂系统观B，形成了称为复杂系统管理的新领域。

"复杂系统管理"是基于复杂系统思维范式转移而形成的管理学新领域。在实践上，主要是对复杂社会经济系统中一类"复杂整体性"问题的管理活动和过程，体现了研究问题的物理复杂性、系统复杂性与管理复杂系的完整性与融通性；在学术上，具有重要的学术引领性、前沿性、交叉性与厚重感。基于钱学森先生复杂系统观B的复杂系统管理已经成为具有我国特色的管理学的新领域，也建构了管理学自主知识体系，他对此不仅做出了奠基性重大理论贡献，而且在"两弹一星"这类重大科技创新工程中取得了巨大成就。

三、复杂系统管理建构了我国自主知识体系

刚刚我花了一些时间讲了复杂系统管理的来龙去脉，像这样重要的自主

性学术创新，没有本原性逻辑起点是不牢靠的。

一般，管理学研究大体上可分为三种类型。第一种是运用已有的理论研究解决现实问题；第二种是在解决现实问题的过程中，对已有的理论进行修正和发展；第三种就是根据现实问题的需求创立新的思想与理论，甚至形成自主知识体系。上述第一到第三种类型，研究越来越难，层次越来越高，要求的创新性、突破性越来越强，也越来越要把根扎在实践大地上。

在第三种情况下，当已有的理论不能解决新的现实问题的时候，如果从管理哲学思维、认识论和方法论高度做出了创新，并且解决了问题，这个时候就可能形成了管理学的自主知识体系。什么叫自主知识体系？第一点就是自主，就是要源于中国人自己的哲学思维、文化和智慧，而不是照搬照抄国外的东西。第二点，任何科学都是由知识组成的，管理学研究要能够提供管理的道理，知识是道理的现实载体，管理研究和创新都是将管理认知、经验、思想、智慧转化为具有普适性、能运用、有实效的知识的过程。第三点是体系，知识化要体现学理性，自上而下要遵循哲学思维，自下而上要保证整体性与逻辑性。综合起来，成为科学知识体系，要有完整稳定的架构。知识既然是体系，当然不能破碎化、孤立化，也只有成为体系，知识才能够自拓展、自生长、自洽和有话语权。

近年来，中国学者探索并初步形成了复杂系统管理知识体系。第一，它反映了钱学森先生“凡现在不能用还原论方法处理的，或不宜用还原论方法处理的问题，而要用或宜用新的科学方法处理的问题，都是复杂性问题”的哲学思想，复杂系统管理哲学思维的“根”为中华哲学的自主性。第二，复杂系统的这一思维和传统的还原论树状思维是不一样的。树状思维世界观强调凡事讲因果、确定、来龙去脉，但复杂系统世界观是块状思维。因此，复杂系统思维不是凡事要问出一个因果，因果性是关联性的特殊形态。事实上，有确定性因果的事情并不多，现实中大量的事情彼此都是相关联的，而相关联就导致不确定。现实中确定的东西不多，不确定的东西很多，现实世界就必然很复杂。当今，人之所以要终身接受教育，就是因为哪怕读到博士后，依然难以掌握所有应对复杂的知识，还是存在知识盲区，所以还要继续学习。

既然复杂系统管理形成了应对管理复杂性的自主性知识体系，那么，它就有新的管理思想、新的概念和理论观点。举个例子：复杂性管理认为因果是关联的特殊、必然是随机的特殊、确定是不确定的特殊、连续是不连续的特殊、有序在无序中。所以，我们遇到问题不再一味追求必然和为什么必然，而变为搞清楚可能和为什么可能。另外，一个问题出来了，要找它的原因，但是发现不再是那个确定的原因，而是有一些相关联的原因，这些原因既有“责任”，又不负“全责”，即使有责任，也只是逻辑上的可能性，真正的原因只能说是所有这些相关性原因整体上的“复杂性”，这才是问题的根。如果不从复杂整体性这个本质上分析和解决问题，那可能就不能深刻、完全地解决问题。复杂性管理问题表现出来的纵向涌现性与横向深度不确定性等复杂整体性，往往导致系统状态按照几乎无法预测的路径与方式进行演化，形成了一类基于系统本质属性的风险。在这类风险形成前与形成初期，无法理解它的成因与形成机理。系统演化的不可逆性又使我们无法阻止这一趋势，从而使得即便一般情况下各项工作都正常进行，也可能引发重大风险或者事故。谁也没有违规，事故的“责任人”却是复杂系统的本质属性，这就是复杂系统管理中的本质管理。

四、复杂系统管理的应用例举

港珠澳大桥工程建设与管理有两个复杂的背景，一个是“一国两制”，还有一个是“超级工程”。“一国两制”背景下，形成了法律适用上的冲突，即硬法上的冲突。这从逻辑上使得港珠澳大桥在实际建设、运营、管理中难以应对这样的法律环境的复杂性。

大桥管理者在不断摸索和实践中形成了创新性的软法治理模式。“软法是原则上没有法律约束力但有实际效力的行为规则。”以平等尊重、协商民主为核心思想的软法治理成为公共治理的新模式。其核心内涵为，相关主体在自愿参与的基础上，通过合作、谈判、协商、共赢等方式，形成平等互利的多方共治。因此，港珠澳大桥工程建设管理体系在最高的层次上。第一，成立“中央专责小组”，避免软法治理协调效率降低等问题。第二，为降解港珠澳大桥工程建设管理过程中出现的跨界合作治理复杂性，提出“适用属地法律原则”，并将其作为三地政府在软法治理模式下应遵循的基本原则之一。第三，开创性地创建了港珠澳大桥独特的无诉讼争端解决机制，即港珠澳三方中的任何一方或者两方都不能对其他某一方或者某两方提起诉讼，这体现了复杂系统管理中的充分注重独特性语境的思想。第四，设计软法治理的组织保障——多层级协调体系（中央专责小组、三地联合工作委员会、大桥管理局）。

在港珠澳大桥桥位选择上，也同样体现了复杂系统管理的思想。大桥桥位中间一段是白海豚保护区，这个保护区相当重要，受到国家专门法律的保护。所以从理论上讲，造桥在桥位选择上只有两种可供选择的思路：①调整保护区范围/功能区划，即中华白海豚保护完全服从于大桥建设；②调整大桥线位走向，以绕过保护区，即工程建设完全服从于中华白海豚保护。

在实践中，运用了破解复杂整体性的基本原理。在桥位决策前期先在空间上将白海豚保护问题作一定的“屏蔽”，即暂不考虑工程与白海豚之间的冲突。而在桥位决策后期，如果确定桥位走线穿越白海豚保护区，则让白海豚保护问题在空间上“回归”，再聚焦如何应对白海豚保护问题，实现两项决策问题的整体性解决方案。

具体的解决策略是采取了桥位走线在工程可行性上的“底线思维”，即让桥位走线尽可能减小对白海豚的影响。如果不得不对白海豚保护造成影响，则对白海豚生活空间资源的损失进行经济上的生态补偿，以保证工程建设与白海豚保护空间的冲突向利益统筹与利益均衡转移。由于桥位是“底线思维”，意味着建桥对保护区造成的损失最小。而现实中的“时空重合”思想，形成了复杂整体性决策问题通过空间“屏蔽”再“回归”，进而成为时间有序的“时空伴随”决策序列，再以经济资源换取空间资源的原则，最终得到现实中复杂整体性问题的决策方案。这就是所谓的物理复杂性—系统复杂性—管理复杂性三阶段连贯、融通的复杂系统管理基本原理。

最后我们讲一下用复杂系统管理的思维来看大数据这一新思维、新技术给我们带来的思考和启发。一般，大家可能会认为大数据是许许多多的数字、数据等，但从复杂系统思维来看大数据，它就不是数学上一般的大量数据，它有着许多丰富的含义。总的来讲，用复杂系统思维看数据，传统的数据主要是用于计算，我们不妨称之为小数据。而大数据不是大量数据的意思，大数据主要是算计，即用一定的程序和方法，把大数据蕴含的某些潜在的价值充分释放出来。

人们有各种活动，有了活动就有痕迹，雁过留声、鸿爪雪泥、蛛丝马迹都是痕迹，如果用各种手段把它记录下来，就变成了数据。因此，经过对（踪迹）数据的采集、处理、研究，可以分析、解释人类的各种行为、现象、场景，揭示各种复杂的活动和行为规律。现在有了互联网、云计算、人工智能，可以对人类的行动或行为中相关的“所有”踪迹数据形态进行搜集和分析（统计技术、机器学习、数据挖掘、可视化），从而创造了前所未有的可量化的各方面的数据。过去不可计量、难以存储、不易分析和不便共享的很多“踪迹”

(信息)都被数据化，并被迅速传送、分析和利用，这就是“大数据”科学概念的由来。大数据不是数据多、数值大，而是能不能从数据集中深度提取出“大信息”“大价值”，能够把表面“杂乱无章”的数据集“升华”为人类某个活动与行为的“踪迹集”，再将破碎、断续化的活动或者情景片段复制、重构、拼装成一幅相对完整的人类活动、行为情景(场景)。大数据本身是没有价值的，它的价值是能够把人的行为情景复原出来。就相当于把一个青花瓷盘打碎了，专家根据各种知识、碎片自身的信息、碎片之间的关联逻辑等把它补齐。那个碎片就相当于数据，把它补齐了就是大数据的价值。所以，从复杂系统的角度来看，“大数据”的含义是确立一个要实现的目标(目的)，在这个目标的引导下，通过一系列程序、算法、步骤等来驱动大数据，让大数据集合，使蕴含的潜在价值逐渐显现出来，这就是所谓对大数据的算计。

温庭筠，是唐朝山西著名的诗人，曾写下“鸡声茅店月，人迹板桥霜”。这里短短十个字，包含了时空、声光、季节、气候、人物等丰富的某个故事(情景)信息(数据)。例如，你可以想象主角是一个赶考的人、做生意的人或者回家探望父母的人等等，然后联想创造出一个有声有色的故事来，这就是大数据的价值。因此，大数据之“大”，关键不在于数据量大，而在于数据蕴含的信息量大，更在于驱动数据的能力大。由此可见，从数据中得到一个什么样的大情景，第一位重要的是人的大智慧，即从数据当中挖掘价值的本领大。大数据是垃圾还是珍宝，全凭我们是否具有从“计算”到“算计”的智慧。好比整整一棵树是全数据，小数据是一段树干，拿它做成一个凳子，此为“小智慧”，而这棵树的树根是潜在的大数据，当艺术家对树根进行处理和设计后，凭着他的计算智慧，把这个树根做成了精美的根雕，成为人们的艺术收藏品或者卖出了高价，也就显示出基于大智慧的大数据价值。因此，大数据思维就是复杂系统的复杂整体性思维，大数据思维的智慧就是复杂整体性管理的智慧。

今天用了一点时间跟大家做了关于复杂系统管理的交流，希望我们在各个领域多多运用复杂系统管理的智慧，把各项工作做得更好。谢谢大家！

【主持人】高诗琪：

谢谢盛教授！有评论区的朋友想与您探讨一下如何利用复杂系统管理进行在职培训相关的问题。

【主讲老师】盛昭瀚：

在职培训的实质是人们一边工作一边学习的一种方式，它是一个人在完成青少年时期的全时间学习后，由于工作遇到了挑战或者个人有了新的目标，所以需要补充新知识、提高新能力，又不宜采用全脱产方式而采用的学习方式。显然，这时学习者年龄相对较大、工作比较繁忙、家庭负担比较繁重，特别是时间相对较紧。这时的学习一则肯定比较重要，二则要多方面兼顾，困难一定多而杂，即复杂性出现了，需要我们统筹兼顾。例如，进一步明确学习的目的性，确立当前的学习目标，尽量把学习造成的复杂性分解；把长期的学习计划分阶段，降低学习的负担；把现实需求放在比一般性提高个人水平之上；等等。另外，把解决现实问题的需求尽量嵌入学习过程中，使一般的学习知识过程变成学习与研究融为一体的过程。这样既能增加学习的动力，又能提高学习的效率。这些规划和安排中都体现了复杂系统管理的思维。

【主持人】高诗琪：

还有朋友在评论区留言提问：如何用复杂系统分析创新生态系统？

【主讲老师】盛昭瀚：

创新生态系统是一个非常新的概念，平常我们经常说创新条件、创新环境、创新平台，它们在功能上往往是为一般性创新活动提供支撑平台。但是，如果创新具有原创性、突破性，那这样的创新活动本质上就是构建或者重构一个新的知识复杂系统。这类创新活动需要构建一个与之相适应的、功能更加强大齐全的系统，这就涉及所谓的创新生态系统概念。

创新生态系统借助生物学的生态系统特征，我们以此为参照，给这类创新活动提供必要的支撑条件与运行机制。自然生态系统生物群落具有丰富的多样性。在与原创性、突破性创新活动相对应的创新生态系统中，主体与资源也在多样性、异质性的基础上，与各种创新要素和资源产生各类复杂的关联机制。如产学研融合实现创新整体性质的涌现。原创性、突破性创新活动具有深度不确定性，创新生态系统中的优胜劣汰、功能互补，有利于创新活动克服复杂性造成的困难与风险，提升协同创新，实现价值创造的可靠性，保持创新活动的可持续发展。另外，创新生态系统更容易形成包容性创新文化，这样的文化形态更会鼓励多样化、多元化及独辟蹊径的创新路径。自主性、突破性创新活动最珍贵的是创新的韧性，韧性源于创新生命力的强壮和生命性的鲜活度，这些都是只有鲜活的生态系统才具有的系统属性与品质。

【主持人】高诗琪：

谢谢盛教授，最后一个问题：技术占优的企业在市场上更有话语权，从复杂系统管理的视角，我们有破解的办法吗？

【主讲老师】盛昭瀚：

在市场上更有话语权的企业有可能存在多种优势。但是，技术占优，即具有技术优势是一个最具可能性的因素，这就是我们平常所说的技术创新优势。技术创新强话语权强，是因为技术已经成为当今市场中各种引导力、控制力中最具基础性、持久性且先发制人的力量。高水平技术能够形成高质量、低成本的产品；前沿性技术能够引导消费者偏好，左右市场行情，甚至金融投资方向等。因为任何技术都是有生命周期的，而持久的技术创新能够保持企业话语权的稳定性。还有，技术不占优的企业往往与技术占优的企业结盟，作为占优企业的合作伙伴与合作助手，这就能更加壮大合作，提升占优企业的市场地位。所以，在当今市场的博弈竞争中，在一定意义上，技术水平与技术创新能力研究，成为企业地位和话语权的标志性与本质性要素。

在上述基本分析的基础上，不同企业一定处于市场的不同地位，有着各自不同的价值观和目标。从复杂系统思维来看，这是一个多主体的市场生态系统，复杂系统思维体现了和谐、共享、共治、多元、多中心、一体化和生命共同体，所以，对某个企业而言，自然有其自我完善、自我稳定的目标与任务。其中，它还要思考如何在自己和其他人共赢的一个复杂思维上，维护一个更好、更稳定的市场环境。在强化自己话语权的时候要想到风险与危机，要看到给其他企业可能造成的伤害，这些都是复杂系统思维。如果一个热带森林不是万物茂盛，只剩下一种植物，那么这种植物往往最后也是衰败，因为孤独的物种难以适应自然环境的变化。所以说，企业生活在市场生态系统里，对自己或对其他的主体都宜以和谐、共享、共治这样的一种复杂生态系统思维来发展。

【主持人】高诗琪：

谢谢盛教授给我们的解答。人类已经进入了全球化时代，事物彼此之间的依赖程度越来越深，传统的分割式思维模式已经无法深入地分析和解决现有的问题。复杂系统管理视角不仅可以形成一个认识问题的新的思维体系，也可以孕育解决问题的思维方式和方法。让我们再次感谢盛昭瀚教授带来的精彩的讲座。今天的直播课程内容到此结束，欢迎大家持续关注南京大学校友终身学习辅助计划，朋友们，下期再见。

（文稿整理：田晓仪）

中国社会建设的话语体系

【诚计划】第37期

直播时间

2023年2月15日（周三）　19:30—21:00

直播地点

南京大学鼓楼校区21舍终身教育学院演播室

主讲老师：童星

南京大学政府管理学院原院长、教授、博士生导师，南京大学社会风险与公共危机管理研究中心主任，兰州大学管理学院萃英讲席教授。获国务院政府特殊津贴（1992）。兼任国家哲学社会科学基金评议组成员、国家减灾委专家委员会委员、中国社会保障学会副会长兼教学委员会主任、中国社会治理研究会学术委员会副主任、江苏省现代民政研究院院长。获全国高校人文社会科学研究成果一等奖、全国高校教学成果二等奖。主持国家社科基金重大课题2项，独著或主编著作10余本。其中，专著《中国应急管理：理论、实践、政策》入选“国家哲学社会科学成果文库”、中华学术精品外译项目（英文版、日文版），获得教育部科学研究成果（人文社科类）一等奖。

主 持 人：吕军生

南京大学终身教育学院主持人

【主持人】吕军生：

直播间的各位朋友，大家晚上好！欢迎来到南京大学校友终身学习辅助计划、瞰学堂第37期“中国社会建设的话语体系”。我是今晚的主持人，来自终身教育学院的吕军生。西方学界基于结构、政策、价值视角的三套话语体系并不能成为中国社会建设的指引。以中国传统古词、现代热词中的民生与治理为核心概念，如何勾勒出中国社会建设话语体系的基本结构，构建中国社会建设的话语体系？本期讲座，我们邀请到了南京大学政府管理学院教授、博士生导师童星。童星教授现任南京大学社会风险与公共危机管理研究中心主任、江苏省社会风险研究基地主任、中国社会保障学会副会长兼教学委员会主任，获得国务院政府特殊津贴。下面将由童星教授与大家进行分享与探讨，围绕中国社会建设的话语体系这一主题进行深入剖析，也欢迎各位朋友在评论区与童教授交流互动！下面我们把时间交给童教授。

【主讲老师】童星：

大家好！很高兴通过直播间课堂的形式给大家分享我对中国社会建设的话语体系的理解。现在中国的道路与故事不仅吸引了中国人自己的研究，也引起了国外的关注。同样，我们的哲学与社会科学也在探讨中国自己的话语体系。但是，无论讲建设自己的话语体系多么重要，实际上都不如我们把这个体系建起来供大家评点、修正，然后逐步被大家所认可。所以我在这里抛砖引玉，提出我对中国社会建设的话语体系的理解。

第一，建立中国社会建设话语体系是非常必要的。长期以来，西方学界特别是社会学界已经形成了一整套多视角的社会建设话语体系，概括起来主要可以分为三套，各有侧重。

第一套体系是持结构视角。按照社会科学当中主流派别结构功能主义的观点，从社会结构的角度来研究社会的优化、社会功能的发挥。这套话语体系中的核心概念有两个：一是“社会分层”，二是“社会流动”。在这一话语体系中，社会建设被归结为优化社会结构，亦称“社会的现代化”，现在是称“社会结构的现代化”。社会结构的实质在于社会分层合理、社会流动通畅。而分层合理、流动通畅最后建成的社会结构就是“两头小、中间大”的“橄榄形”社会。在这种“橄榄形”社会中，上层的人不敢懈怠，中层的人要持续努力，下层的人也不会绝望。这样一来整个社会既有秩序又有活力。所以他们是围绕分层合理与否、流动通畅与否来探讨社会建设的。

第二套体系是持政策视角。持政策视角的社会建设话语体系的核心概念是效率和公平。这一话语体系在将国家、市场、社会三分的基础上，强调政府要均衡经济政策和社会政策。以经济政策保护财产权，刺激人们的经营动机，追求效率；以社会政策关注公共性，确保公平；或者要兼顾效率与公平。

第三套体系是持价值视角。核心概念是“个体自由”与“社会共识”，既反对以社会的共识来压迫个人的自由，也反对对个人自由的放纵导致社会共识的不存在与断裂。但是社会共识与个人自由之间具有较大的张力。所以，这套话语体系极力想在社会共识与个人自由间寻求相互连接乃至统一的载体。基于此就寻找到了两个重要载体，一个为“社区”，一个为“社团”。“社团”在我们中国的话语体系中用得比较多的叫“社会组织”。社区是基于地缘关系在自由的个体间形成共识，社团基于业缘关系在自由的个体之间形成共识，从而使得社会成员既张扬了个性自由，又凝聚为层次不同、特征有异、规模不等的各种各样的共同体，在个人自由的基础上维系了社会统一。

这三种不同视角的西方社会建设话语体系，在我们国家这些年社会建设的实践中，都不同程度地能找到踪影。但很明显，我们中国的社会建设实践并非以上述三种话语体系中的任何一种为指引，也就是说它们有一定的影响，但不可能作为指引。这是因为西方社会建设的话语体系根植于西方社会情境，与我国社会情境有许多差异。用西方情境下的话语体系解释中国社会情境下的社会建设有很多不适应的地方：一是缺少对中国国情复杂性的体验。中国这几十年走过了西方几百年的路程，其中既有社会的转型又有社会的现代化，而且从时间上看各个阶段之间，从空间上看各个地区、城乡、行业之间的差异都是非常大的。二是缺少对中西话语内涵差异性的认知。中西方的社会现象、社会事实和社会科学提炼出来的概念之间并不是一一对应的，经常同一种现象中西有不同的概念；反过来，中西语言中的同一个概念指代的现象又不是统一的。三是缺少对中国社会建设的连续性观察、实证性总结。

总之，现实国情的复杂性、话语内涵的独特性、实践发展的连续性，都是建构中国社会建设话语体系时必须考量的。因此，必须充分考量本土实践的提炼总结，不能单纯依靠从理论到理论的简单推导，而需要深深扎根于中国社会建设的制度与实践之中来凝练其核心价值导向和政策演变规律。

新中国成立以后，我们一直按照政治建设、经济建设、文化建设等三大建设的格局来谋划发展。真正提出社会建设的概念，并按照社会建设的这套话语体系进行社会建设是在2004年以后，至今20年。2004年，党的十六届四中全会首次提出“社会建设”概念；2005年，国务院政府工作报告列专章部署社会建设任务；2006年，第十一个五年规划按照经济建设、政治建设、文化建设、社会建设“四位一体”来谋划布局，将社会建设与其他三项并列；2007年，党的十七大报告提出以加快推进以改善民生为重点的社会建设。这些最权威的文献都将社会建设与经济建设、政治建设、文化建设相并列。2012年，党的十八大又将中国特色社会主义建设的总体布局发展为经济建设、政治建设、文化建设、社会建设、生态文明建设“五位一体”。这些最权威的文献以及改革开放40多年来特别是从2004年近20年以来更为自觉的中国社会建设实践，就成了我们总结提炼中国社会建设话语体系的客观源泉。也就是说，我们的话语体系是来源于这些权威文献以及40多年来特别是近20年以来的社会建设实践。

第二，如何提炼出中国社会建设话语体系的核心概念。当代中国是古代中国的延续，当代中国社会建设事件中的许多做法也都可以在中国历史传统当中找到端倪。因此，中国社会建设话语体系的构建直接来源于当前的社会建设的实践，也离不开对中国历史传统资源的挖掘。我们将中国历史传统中的资源和当今的社会建设实践进行比对，就可以发现有两个概念——“民生”和“治理”，它们如同两条红线贯穿始终。“民生”和“治理”这两个概念既是中国社会建设各项制度文献和近20年工作实践中出现最多的“热词”，又是土生土长的中文“古词”。这两个词，绝非由国外传入的。

我们先看“民生”。“民生”一词古已有之，最早出现在2000多年前的《左传》当中，我们在这里引用明代文学家何景明的一段话。何景明在《应诏陈言治安疏》中指出，“民生已困，寇盗未息，兵马弛备，财力并竭”，将民生与治安、国防、财政并列，且排在其首。《现代汉语词典》和《辞海》都收入了“民生”，对“民生”的解释都是“人民的生计”，指老百姓的生活来源。孙中山先生在他的《民生主义》一文中指出，“民生就是人民的生活——社会的生存、国民的生计、群众的生命”，可见民生泛指人民、居民的日常生活事项，具有高度的综合性，但是因为它涉及的范围太广，似乎没有什么实际意义，所以在近现代以来，孙中山是非常强调民生的，引起了社会人民对民生的重视。

直到19世纪和20世纪之交，也就是大约在100多年前，孙中山先生准确地揭示了当时中国的时代课题是争取独立、民主、富强，为之制定了三民主义的政治纲领，即以民族主义争独立，以民权主义建民主，以民生主义求富强。从这个时候开始，民生作为一种政治理念和意识形态，进入中国现代化的进程当中。随着时代的演变，民生更是成为兼具宏观价值和微观目标的社会建设话语，高到国家层面，低到社区层面都可以用民生作为一种价值目标。在中国，民生这个概念和西方的社会福利社会保障话语体系有相似之处。

再看“治理”。“治理”这个词也源于中国传统，而不是外来语。现在有很多人把“治理”当成外来的。因为的确在外文当中，比如在英语当中，从20世纪90年代以来，在政治学界“治理”的概念压倒了以前“统治”的概念；在经济学界，“治理”的概念代替了以往“管理”的概念。所以从西方来看，从20世纪90年代以后政治学家很少谈“统治”，更多是讲“治理”；经济学家很少讲“管理”，更多是讲“治理”。关于政治学怎么用“治理”代替了“统治”，罗西瑙的《没有政府的治理》一书当中有具体表述。全球治理委员会在《我们的全球伙伴关系》报告当中对“治理”专门做出了一个界定，即“治理是个人和公共或私人机构管理其共同事务的多种方式的总和；它是使不同的甚至是相互冲突的利益得以调和并且采取联合行动的持续的过程；它既包括那些迫使人们服从的正式制度和规则，也包括各种人们同意并符合其利益的非正式的制度安排”。现在人们一般就用全球治理委员会的这个界定来理解“治理”。

但是在汉语当中，“管理”和“治理”这两个词没有什么本质的区别，如果大家查阅《汉语大词典》就可以发现在“管理”这个条目里分别有“料理；治理”“过问，理会”“管束”等释义，所以是用“治理”来解释“管理”。在“治理”这个条目中，则有“管理；统治；得到管理、统治”“处理；整修”等释义，也就是说，“管理”和“治理”在汉语当中是相互界定、语义一致的。

如果从词源学上来考察，英文里面是先有“管理”，而后才有“治理”，呈现了以“治理”替代“管理”这么一个浪潮。但在汉语当中，“治理”的出现远远早于“管理”，“管理”作为外来语是在近代以后才从日本传入的，仅有100多年的历史。而“治理”早就见诸许多的古籍，有2000多年的历史。《荀子》《汉书》《孔子家语》等古籍都提到“治理”，中国共产党的早期主要领导人之一瞿秋白在他的《乱弹·水陆道场》这篇文章当中还讲道：“然而阿斗有自知之明，自己知道昏庸无用，所以就把全权交给诸葛亮，由他去治理国家。”显然，在汉语的古籍当中，“治理”这个词就是“治国理政”之谓，这也是现在习近平总书记经常讲“治国理政”的缘由之一。

第三，我们把中国社会建设话语体系的核心概念“民生”和“治理”这两个词提炼出来，这两个词不仅是实践中的“热词”，也是传统文化中的“古词”。我们就根据这两个核心概念来建构中国社会建设话语体系的基本结构以及结构动态演变的逻辑。“民生”和“治理”作为中国社会建设话语体系的两翼，分别在价值层面和工具层面形塑出社会建设的两个基本议题。第一个议题是“中国社会建设的目标体系是什么”，回答是保障和改善“民生”。这是回答了中国社会建设的目标价值是什么。然而“民生”这样一个总的目标在不同的社会发展阶段必定体现为不同的具体目标设定，而这一系列的具体目标设定不能仅仅停留在口号的层面，还要通过一系列具有工具性的配套措施来予以落实。这就引出了第二个议题，即“中国社会建设的目标体系如何实现”。回答就是依靠具有工具性的治理方式来保证。所以“民生”揭示了中国社会建设的价值目标，“治理”给出了具体的方法工具。既然目标具有发展的阶段性，那么保障落实这些目标体系的工具体系也必然具有发展的阶段性。我们跟踪梳理“民生”和“治理”的演变和此二者在演变当中的互动，包括在每一个历史阶段的互动，从而把握中国社会建设的发展规律，形成一定的理论体系，自然就能构建起中国社会建设话语体系的基本结构。

党的十一届三中全会以后，我国经济建设的战略部署大体分三步走，这是根据邓小平关于中国实现现代化步骤的战略构想提出来的。第一步，实现国民生产总值比1980年翻一番，解决人民的温饱问题。第二步，到20世纪末，使国民生产总值再增长一倍，人民生活达到小康水平。第三步，到21世纪中叶，人均国民生产总值达到中等发达国家水平，人民生活比较富裕，基本实现现代化。三步三个阶段，每个阶段都用了两句话，第一句话我把它理解为专业语言——“实现国民生产总值比1980年翻一番”“国民生产总值再增长一倍”“人均国民生产总值达到中等发达国家水平”，这些属于专业的术语、话语。第二句话是群众话语，老百姓能够理解的跟老百姓生活直接相关联的话语。第一阶段是温饱，第二阶段是小康，第三阶段是比较富裕。每一步都用了两句话，这样我们就好理解，不仅干部、知识分子、专业人员跟着邓小平的话投入了“三步走”的现代化进程，广大工人农民老百姓奔着这个温饱小康和富裕也登上了这个“三步走”的现代化之路。那么相应的，在“三步走”的三个不同的阶段，中国社会建设的话语体系就有了价值和工具的不同组合。

这里有这么一张图，是中国社会建设话语体系的基本结构（见图1）。价值目标“民生”，实施工具“治理”，第一个阶段“民生”的价值目标体现为温饱，这时“治理”的工具主要是经济民生主导，以经济政策治理调控为主；第二阶段“民生”的价值目标体现为小康，这时治理的工具主要是共建共治共享；第三阶段“民生”的价值目标体现为共同富裕，过程中实施的工具是统筹安全与发展。

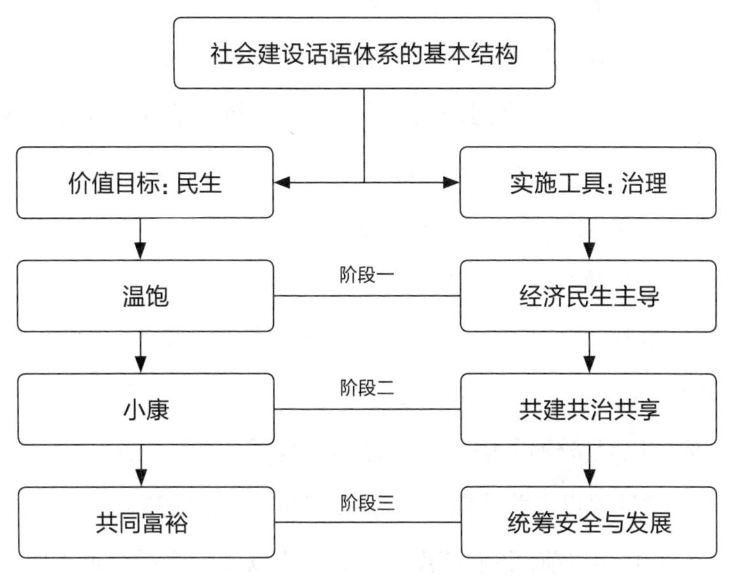

图1　社会建设话语体系的基本结构

下面分别对这三个阶段做一些具体的阐释。第一个阶段是以温饱目标下经济民生工具为主导的社会建设的话语，在这个阶段，民生概念从模糊到清晰，从政治理念和意识形态逐渐转变为现实实践的目标。中国共产党成立之初心就是为中国人民谋幸福。改革开放以后，中国共产党的民生理念日渐清晰，为了实现全民温饱的目标，将反贫困斗争作为中国社会建设的重要抓手。

我把扶贫工作的具体阶段概括为三个阶段。20世纪的80年代和90年代解决普遍式贫困的发展型扶贫。绝大多数中国人当时都处在贫困当中，这种是普遍式的贫困，要通过发展型扶贫来解决。那么实现温饱以后，还有一些区域性的贫困。当时国家划出了18个集中连片的贫困地区，2000年到2013年就用开发式的扶贫来解决这18个贫困地区的贫困，这些贫困地区到了2013年基本上也都摆脱了贫困。但是这时还有一些个别性的贫困，从2014年开始我们国家就开始了精准脱贫——"一人一策、一村一策"精准脱贫，到2020年宣告完成了脱贫攻坚目标任务，为全球的减贫事业做出了自己的贡献。所以从整个国家的层面来看，在温饱阶段主要是用发展型的扶贫来解决，后面两个阶段的扶贫，实际上是已经在全国进入了第二阶段小康的情况下针对某些地区、某些个别的贫困，开展的开发式的精准的扶贫。

那么在这个阶段治理的工具从政治手段为主转向经济手段为主。80年代以前我国处于"短缺经济"时期，人们的收入和生活水平差距不大，大家"绑在一起穷"。邓小平提出民生发展的基本方略在于以经济建设为中心，允许并鼓励部分地区部分人先富，然后让先富带动后富，最终实现共同富裕。在改革开放初期，"以经济建设为中心"的战略适应了当时经济社会发展的基本要求，中国经济建设取得了举世瞩目的成就，经济总量不断攀升。

当然在2004年以前，我们还没有正式提出以民生建设为重点的"社会建设"概念，但国家一直都非常重视就业、教育、医疗、居住，2000年前后又开始重视养老。现在这五件事都是在"社会建设"的名义下来抓的。但是在当时没有提出"社会建设"概念的时候，这些事情是被拉入经济建设或者文化建设的框架当中，所以社会建设的话语往往是从属于经济建设的话语，在工具的层面，经济手段占据了社会建设的主流话语。例如我们在经济建设的话语中来部署保障就业，在文化建设甚至是经济建设的话语中来谈论发展教育等等，所以当时还是以经济政策来代替社会政策，以经济建设的逻辑来评判社会建设的结果，是带有一定的过渡性的。

以上为第一阶段，下面讲第二个阶段：以小康社会目标下共建共治共享为主导的社会建设话语。

在这个阶段，民生的这个总目标，被逐渐拓展并固定在了五大领域。改革开放以后，邓小平用"小康"描述中国式的现代化，所以现在很流行的"中国式现代化"的概念实际上和"小康"一起是邓小平在1979年12月6日会见来访的日本首相大平正芳的时候说的，他说："我们要实现的四个现代化，是中国式的四个现代化。我们的四个现代化的概念，不是像你们那样的现代化的概念，而是'小康之家'。"所以中国式的现代化就是"小康"，他后来多次阐释过"小康"，我认为最概括也最形象的一个解释就是"不穷不富，日子比较好过"，这么通俗的话是邓小平在全国科技工作会议上对科技界的同志们讲的。后来，在一次谈话中，他强调"翻两番、小康社会、中国式的现代化，这些都是我们的新概念"。以习近平同志为核心的党中央始终坚持以人民为中心的发展思想，把人民对美好生活的向往作为奋斗目标。习近平总书记强调，保障和改善民生没有终点，只有连续不断的新起点。所以在小康这个阶段下，民生没有终点，只有连续不断的新起点。

那么我曾经把新时代的民生思想的内容概括为三句话："不忘为人民谋利益的初心，牢固树立以人民为中心的发展思想，坚持增进民生福祉的根本目的"，这是目标；"以解决社会主要矛盾为主线，以人民日益增长的美好生活需要为动力，以共建共治共享为原则，坚定地走共同富裕的道路"，这是途径；"以公平正义的制度安排做保障，以人民有更多的获得感、幸福感、安全感为评价标准"，这是讲的考核和评价标准。那么未来在实际工作中，就需要将民生理念具体化为可操作的事物。那么当前人民群众最关心的最直接最现实的利益问题有哪些呢？也就是从可操作的角度讲，民生到底是些什么问题。那么对此，党的十七大、十八大、十九大都将民生聚焦于五大领域：就业、教育、医疗、居住、养老，要求到2020年实现学有所教、劳有所得、病有所医、老有所养、住有所居。这是一一对应的五大领域。

具体而言，民生建设就是要做三件事，“三管齐下”。首先从供给侧结构性改革发力，发展好五项事业，即扩大就业、发展教育、保障医疗、增建住房、促进养老，使人民群众不再受就业难、读书难等的困扰。其次要全力完成精准脱贫任务，因为即使上述五项事业发展上去了，还是有少数尚未摆脱贫困的人群无法享有事业发展的成果。所以2015年习近平总书记在贵州考察时就提出了扶贫开发工作“六个精准”，国务院扶贫办规划了“五个一批”，最后实现“两不愁三保障”，即不愁吃、不愁穿，义务教育、基本医疗、住房安全有保障。最后，要健全社会保障体系，包括对人的生命周期和职业生涯中难免的生老病死、失业工伤职业病等风险，要建立覆盖全民的社会保险制度，对老人妇女儿童残疾人等弱势群体建立社会福利体系，对因各种各样原因陷入困境者实施社会救助。所以经过这样一些努力后到2021年，习近平总书记在庆祝中国共产党成立100周年大会上向全世界宣告：“经过全党全国各族人民持续奋斗，我们实现了第一个百年奋斗目标，在中华大地上全面建成了小康社会，历史性地解决了绝对贫困问题。”第二阶段，实现了全面小康。

从治理工具上看，第一个阶段是单一的经济手段，但是在第二个阶段我们的治理工具就走向了共建共治共享，而共建共治共享这样一个工具箱的完善也有一个逐步发展的过程。1997年党的十五大当时就提出了要保障国民经济持续快速健康发展，人民共享经济繁荣成果，这个时候就提出了“共享”。当时主要还是以经济建设为中心，治理手段主要是经济手段，所以在经济发展起来以后要让人民共享经济繁荣成果。过了十年，党的十七大就提出了“共建共享”，在“共享”前面加了个“共建”，因为前面我们说到党的十七大就提出了社会建设的概念，社会建设的重点是保障和改善民生，那么具体来讲就是要在教育、收入、医疗、养老、住房这五个方面来实现五个“有所”，要通过社会建设来实现，所以加了“共建”。

又过了十年，党的十九大将社会治理也拉入了民生建设的范畴，关于民生建设的论述不仅在原有的“五个有所”上增加了“幼有所育”“弱有所扶”，而且增加了“建设平安中国，加强和创新社会治理”的内容。这样一来就有一个“共治”的问题，所以“共建共享”的原则也就顺理成章发展为“共建共治共享”。从“共享”到“共建共享”再到“共建共治共享”，这样一个工具箱就逐步地完备。

随着“我国社会主要矛盾已经转化为人民日益增长的美好生活需要和不平衡不充分的发展之间的矛盾”，在治理工具上，“以经济建设为中心”也已被“以人民为中心的发展”所超越。由于共建，必然能促进经济建设、政治建设、文化建设、社会建设、生态文明建设各领域更加平衡更加充分地发展；由于共治，民主协商、合作共赢从基层做起，从身边的小事做起，必然会稳步地推进国家民主进程的进步；由于共享，必然能凝聚民心、凝聚共识，形成建立在共同利益、共同文化价值观基础上的中华民族共同体。这是第二阶段。

第三阶段以共同富裕目标下现代国家治理为主导的社会建设话语。

在2020年全面建成小康社会，2021年打赢了脱贫攻坚战后，我们国家的现代化的发展就进入了第三个阶段——共同富裕。2021年6月，中共中央、国务院发布《关于支持浙江高质量发展建设共同富裕示范区的意见》，2021年8月17日习近平主持中央财经委员会第十次会议，专门研究具体促进共同富裕的问题。2021年是“十四五”开局之年。“十四五”规划按照习近平总书记关于“牢固树立安全发展理念，始终把人民群众生命安全放在第一位”的指示精神，要求将发展导入安全从而建设更高水平的平安中国，另外要将安全注入发展，实现更高质量的发展。

所以，2021年6月确立浙江共同富裕示范区，8月中央财经委员会专门来扎实部署扎实促进共同富裕问题，以及这一年开始的“十四五”规划开始统筹安全与发展，这就标志着我国的现代化进程由全面小康阶段进入了共同富裕阶段。这时的治理工具则是从国家治理的高度全面加强和创新社会治理。长期以来，党委领导、政府主导一直是我们的优势。改革开放以后这个优势没有丢，同时又开始启动市场，先是允许市场调节发挥作用，接着是培育和发展市场，继而确认经济体制改革的目标模式就是建立社会主义市场经济，现在又强调要“使市场在资源配置中起决定性的作用”。所以在保持党委领导、政府主导这个优势的同时，经过几十年的经济体制改革，市场也发展起来了，所以“强政府+强市场”这样一种理论和实践促进了我们的国民经济迅速繁荣，人民生活水平迅速提高。但是理应与政府、市场并驾齐驱、相互补充的社会在这段时间里面并没有得到充分的培育和发展。

基层社会管理原来普遍采用的是依托政府、科层组织结构的行政命令，科层制的缺陷在社会领域暴露得十分明显，站在管理的不同部门和层级上，会出台不同的管理措施，科层的冲突导致了许多的社会问题，特别是在统筹安全和发展方面的失衡。鉴于相对于政府和市场而言，社会是短板的实际情况，在2020年4月，党中央提出了“保基层运转”的要求，并将其列入国家宏观方针之中，几十年来国家一系列的宏观方针中从来没有过涉及基层的问题，但是在2020年，分析研究当前经济形势后，中央在国家的宏观方针中加进了保基层运转。此后各项资源包括人力资源都开始向基层倾斜，从长远来讲大大提升了基层社会治理的绩效。

这期间中国的社会治理开始特别强调精准精细，这就对治理工具提出了更高的要求。一方面，现在各地纷纷加强网格化、标准化、信息化、数字化的建设，借助于高新技术由科层制管理走向网络型治理，由粗放型管理走向精细化治理；另一方面探索全过程民主和基层自治，依托制度安排和社会结构的重建来增进平等互信，将协商民主和网络技术相结合发展出了网络协商民主，实现确保参与各方的地位平等。同时通过信息公开资源共享夯实社会治理的科技基础和群众基础来促进中华民族共同体的建设。这是第三个阶段。

最后对以上三个阶段作一个回顾。从价值目标民生这个总目标上，我们分阶段性地提出了温饱、小康和共同富裕。在实施工具治理这个方面，在温饱阶段对应的是以经济政策为主导的经济民生，在小康阶段是共建共治共享，现在进入了共同富裕的阶段，开始统筹安全与发展。那么由温饱到小康到共同富裕的价值目标的演进，由经济民生主导到共建共治共享再到统筹安全与发展的治理工具的演进，以及每个阶段民生具体目标和治理的具体工具二者之间的互动，温饱这样一个目标指引了各项经济民生政策，而各项经济民生政策是为了确保实现温饱的目标。那么同样在小康和共建共治共享之间，以及在现在刚刚开始的共同富裕和统筹安全发展之间也都有一种价值目标指引实施工具，而实施工具确保价值目标的实现。

第四，中国社会建设话语体系的当代价值。前面我们讲的话语体系当中，价值目标“民生”一步一步地发展指向共同富裕，工具层面“治理”一步一步地发展指向共同体建设。一个共同富裕、一个共同体建设，二者殊途同归，都通往“共同”。而这个“共同”，最宏观的角度讲就是“大同”。“大同”又是一个中国传统文化特别是儒家文化中令人向往的理想境界，所以“大同”也是我们中国的这个古词、土词。

早在《礼记·礼运》篇当中就有如下论述，“大道之行也，天下为公”，具体的表现就是，“选贤与能，讲信修睦。故人不独亲其亲，不独子其子，使老有所终，壮有所用，幼有所长，矜、寡、孤、独、废疾者皆有所养，男有分，女有归。货恶其弃于地也，不必藏于己；力恶其不出于身也，不必为己。是故谋闭而不兴，盗窃乱贼而不作，故外户而不闭，是谓大同”。《礼记·礼运》篇里面提到的，天下的“大道之行也，天下为公”，就是大同。

当然，古代的圣贤们也都清晰地认识到：“今大道既隐，天下为家。各亲其亲，各子其子，货力为己。大人世及以为礼，城郭沟池以为固，礼义以为纪。以正君臣，以笃父子，以睦兄弟，以和夫妇，以设制度，以立田里，以贤勇知，以功为己，故谋用是作，而兵由此起。禹、汤、文、武、成王、周公，由此其选也。此六君子者，未有不谨于礼者也。以著其义，以考其信，著有过，刑仁讲让，示民有常。如有不由此者，在执者去，众以为殃。是谓小康。”所以，在《礼记·礼运》篇中，大同和小康是对应的一组词，大同标志着目标，小康体现的是现实。

孔子关于大同和小康的这些论述深深地影响了封建士大夫们，进入近现代以后，康有为、孙中山和早期共产党人更是发扬光大了传统文化当中的大同和小康思想。康有为的头号门生梁启超在《南海康先生传》中称康有为治春秋提出了“三世说”，即据乱世、升平世、太平世，也就是说当时中国正处在乱世当中，据乱世要经过升平世，其实就是小康，最后进入太平世就是大同。梁启超说：“据乱升平，亦谓之小康，太平亦谓之大同。”所以这个“三世说”和孔子的小康、大同，意义是一致的。“其义与《礼运》所传相表里焉，小康为国别主义，大同为世界主义”，是从全球来看；“小康为督制主义，大同为平等主义”，是从人与人之间的关系来看。“凡世界非经过小康之级，而不能进至大同，而既经过小康之级，又不可以不进至大同。孔子立小康义以治现在之世界，立大同义以治将来之世界。”

孙中山将他的三民主义与儒家文化中的大同思想联系起来。“大道之行也，天下为公……是谓大同”，所以孙中山在《三民主义》一文中提出：“真正的三民主义，就是孔子所希望之大同世界。”他最喜欢题也是题得最多的字就是“天下为公”。为了实现“公天下”，他身体力行，奋斗终身。

早期共产主义者也从中国传统文化的大同思想中汲取营养。“共产主义”一词是“舶来品”，但与之类似的没有剥削和压迫、人人平等的“天下大同”则是中国两千多年来仁人志士的不渝理想。李大钊在《联治主义与世界组织》一文中提出未来理想社会应该是一个“大同团结”与“个性解放”相结合的新组织；“各个性都有自由，都是平等，都相爱助，就是大同的景运”。所以早期中国共产党人把共产主义这个目标和古代的大同这个理想联系起来。这就有点像1979年以后邓小平把中国式的现代化和古代的小康追求结合起来。

毛泽东在1949年全国解放前夕写了一篇文章叫《论人民民主专政》，在《论人民民主专政》这篇文章当中他就回忆了从康有为一直到中国共产党人的这一段经历：“自从一八四〇年鸦片战争失败那时起，先进的中国人，经过千辛万苦，向西方国家寻找真理。洪秀全、康有为、严复和孙中山，代表了在中国共产党出世以前向西方寻找真理的一派人物……帝国主义的侵略打破了中国人学西方的迷梦……就是这样，西方资产阶级的文明，资产阶级的民主主义，资产阶级共和国的方案，在中国人民的心目中，一齐破了产。资产阶级的民主主义让位给工人阶级领导的人民民主主义，资产阶级共和国让位给人民共和国。这样就造成了一种可能性：经过人民共和国到达社会主义和共产主义，到达阶级的消灭和世界的大同。”最后毛泽东总结说，“康有为写了《大同书》，他没有也不可能找到一条到达大同的路”，中国共产党及其领导下的人民，则找到了这条“使人类进到大同境域”的路。

在古代圣贤和近代仁人志士的理想信念中，“大同”与“小康”既有区别，又有联系。区别在于：大同乃“大道之行也，天下为公”，小康则“大道既隐，天下为家”，这是本质之别，一个是天下为公，一个是天下为家。由此推导出大同与小康在秩序、法则、吏治、人伦、社会诸方面的不同，前面我们引用的《礼记·礼运篇》就体现了诸方面的不同，但是二者之间又是有联系的，联系则在于：小康是奔向大同的必经之路，大同是小康发展的必然趋势。

那么在大同和小康的联系中，我们既不能割断历史，又不能把二者混同起来。在这两者的联系中，作为制度安排的社会保障扮演着重要的角色，发挥着重要的作用。因为刚才的介绍中提到我也有个很重要的工作，就是研究社会保障。从本质上来讲，社会保障还是“天下为家”的小康社会的一种制度安排。社会保障不仅是“天下为公”了，还是在“天下为家”的这样一个小康社会里面的制度安排。在这种制度安排下我们可以看到个人和家庭，都被赋予了一定的社会责任和义务，不仅各项社会保险的待遇给付仍然面向参保个人，部分项目还可以在家庭成员当中转移继承、转移共享和代际继承，而且各种社会福利和社会救助项目也要落实到个人和家庭，违反社会保障制度乃至骗保的行为还要受到法律制裁。所有这些都体现了社会保障是“天下为家”的小康社会的一种制度，但是这种制度安排中也已经包含了某些大同社会的因素，如古代圣贤关于大同社会中有那么一段话，就是我们前面也说过的“不独亲其亲，不独子其子，使老有所终，壮有所用，幼有所长，矜、寡、孤、独、废疾者皆有所养”。这段话正是社会保障制度的使命，也是全体从事社会保障理论研究和实践探索的社保人的初心。所以我们说有了“大同”的因素，但还是“小康”社会的制度。

因此，贯穿中国历史两千余年的“小康”和“大同”思想，仍然具有当代价值和全球意义。正如2015年习近平总书记在第七十届联合国大会一般性辩论时所说：“‘大道之行也，天下为公。’和平、发展、公平、正义、民主、自由，是全人类的共同价值，也是联合国的崇高目标”，“我们要继承和弘扬联合国宪章的宗旨和原则，构建以合作共赢为核心的新型国际关系，打造人类命运共同体”。

所以中国传统里面的“大同”，在中国共产党建立的早期，包括中国共产党之前的康有为、孙中山等人处得到了弘扬光大。传统中的“小康”思想在1979年改革开放初期被邓小平所引入，发扬光大，这就表明“小康”和“大同”具有当代价值。那么，习近平总书记在联合国大会上的这段讲话也体现了小康和大同的思想，具有全球的意义。

以上就是我对中国传统文化里面的古词和当代社会建设当中出现的热词“民生”“治理”“小康”“大同”的理解，还有对中国社会建设话语体系的构建的努力和成果。谢谢！

【主持人】吕军生：

感谢童教授今天精彩的讲述！在评论区有很多朋友有问题想向您请教，第一个问题就是关于构建新时代中国特色社会主义话语体系主要会面临哪些问题，主要的一些问题会体现在哪里？

【主讲老师】童星：

它面临了两个阻力。第一个阻力是有些人瞧不起中国当前的实践和古代传统里面的资源，照搬西方所代表的近代以来世界文明的这些发展成果；第二个阻力就是有些人想完全撇开西方文明所创造的里面包含着人类文明共同成果的一些内容，纯粹从完全中国的自身特色里来挖掘，不和世界文明接触。所以我觉得这是个大问题，怎么把中国自身独特的发展的逻辑和前景与世界文明的这个大背景有机地结合起来，这是目前最难的问题。

【主持人】吕军生：

好的，谢谢童老师！还有一个问题是我们武汉大学的卫博士提的，关于您如何理解话语和话语体系这两个概念的本质，它们有什么不同，以及话语体系研究有共通的人文社科范式吗？

【主讲老师】童星：

这个话语体系，应该说是统辖话语的，话语是重塑于话语体系的。比如我们讲要建设中国的制度，要有中国的声音。中国的话语应该说比较简单，在某一个具体的问题上，我们立足于中国的事件和传统，提出了和西方不同的一种见解，这个可能就叫作话语，这个应该讲是相对比较容易的，但是要建立自己的话语体系还是比较难的。那么我今天也用了一些时间把我这些年在这方面的努力汇总了一下，即使这样也还仅仅是社会建设的话语体系，或者更多的如果从学科的角度讲，社会学和公共管理学的色彩比较浓一点，但还没有涉及中国的经济学的话语体系，法学的话语体系，政治学的话语体系，等等。这些不同的话语体系融合一起，才是中国哲学社会科学的话语体系。所以话语体系的要求更高。

【主持人】吕军生：

因为评论区还有很多朋友在提问，我们再挑一个问题回答。关于中国社会建设的话语体系对提升社会善治格局有帮助吗？如果有的话会是什么样的一个帮助？

【主讲老师】童星：

应该说有，社会建设、善治主要是从治理的角度来讲的，而我今天讲的这个话语体系，不仅有治理的这样一个内容，我还把它与时时刻刻服从的民生价值目标相联系，这样一来就可以看到善治最根本的东西是有利于人民的，有利于保障、改善、提升民生的水平。而目前我们在研究善治的时候，往往服务的目标体现得不多。那么善治体现在哪里，不能只从治理、管理内部来看它善不善，实际上要看它的那个民生的目标赋予得好不好。所以我讲的这个话语体系对改善、提升我们的善治水平，我认为是有帮助的，它给出了善治的具体含义、目标指向应该是什么。

【主持人】吕军生：

各位朋友提的问题比较多，由于时间关系就不一一回答了。我们也感谢今天晚上童教授的精彩授课，今天的直播到此结束。如果还有一些问题，我们会在后面把问题收集起来，到时候给大家做一个统一的解答。也欢迎大家持续关注我们的终身学习，在南京大学有一张您的课桌。朋友们，我们下次再会！

（文稿整理：张梓桐）

如何提高当众讲话的能力

【诚计划】第44期

直播时间

2023年4月6日（周四） 19:30—21:00

直播地点

南京大学鼓楼校区21舍终身教育学院演播室

主讲老师：徐憾

南京大学新闻传播学院教授，中国新闻史学会应用新闻传播学会副会长。从事传媒业20年，历任南京日报社记者、中央电视台《新闻调查》栏目编导、《央视论坛》评论员、《360度》栏目主编、央视评论员。先后获得南京大学“我最喜爱的老师”“师德先进个人”称号，所授“口语表达”课被教育部认定为国家级一流本科课程。

主 持 人：周可君

南京大学终身教育学院主持人

【主持人】周可君：

直播间的各位校友老师同学们，大家晚上好！欢迎走进南京大学瞰学堂，南京大学校友终身学习辅助计划“诚计划”的第44期，今晚继续开讲。我是本期讲座主持人周可君，来自南京大学终身教育学院。

今天的“诚计划”非常荣幸邀请到了南京大学新闻传播学院徐慨教授。徐教授从事传媒业20年，现任中国新闻史学会应用新闻传播学会副会长，历任南京日报社记者、中央电视台《新闻调查》栏目编导、《央视论坛》评论员、《360度》栏目主编和央视评论员。徐慨教授还曾在2019年获得南京大学“我最喜爱的老师”称号。

观众朋友，当众讲话这件事情能有多吓人？你害怕当众讲话吗？又或者你是否曾经思考过，如何才能够让自己的讲话更加吸引人、更具感染力，而面对别人提问和沟通的时候，我们应该如何去回答？今晚徐慨教授将为我们解读当众讲话的道与术，和大家共同探讨如何提高当众讲话的能力。

接下来有请徐教授。

【主讲老师】徐慨：

各位南大的校友，各位同学，各位在线收看的朋友，大家晚上好！非常高兴能够借助南京大学校友总会终身教育学院的平台，跟大家交流与语言表达相关的话题。

我们知道语言表达能力是一个人终身发展、适应时代要求的关键性的能力。但因为在我们的基础教育阶段和高等教育阶段，语言表达能力特别是口语表达能力的训练方面，并没有得到应有的重视，很多学生进入大学后，在语言的表达沟通方面仍然存在很多困难。所以我从2015年开始，在南京大学开设了一门口语表达课，帮助大家学习与表达沟通、当众讲话有关的知识和技能。刚才主持人也讲到了很多人在面临当众讲话的任务时，都会有很多困难。有的是因为紧张、有的是因为在表达上可能达不到自己想要的效果、有的可能是在互动阶段会出现很多问题。

我把今天要跟大家交流的内容分成了几个方面来讲：第一个，我会跟大家说怎样在当众讲话的时候缓解心里的紧张；第二个是在当众讲话的时候怎么样去运用我们的肢体语言让表达更有感染力；第三个是我们怎么样在公共表达当中做出精彩的讲述；第四个，我们会讲一讲在公共表达中怎么样跟别人进行沟通和互动。

首先来说怎么样去缓解心理的紧张。

我觉得要解决这个问题，首先你要问一问自己为什么紧张，或者你要去了解自己为什么紧张。我通常认为很多人紧张是出于“玻璃心”，就是特别在意别人的评价，尤其存在想追求别人心目当中更完美形象的情结。

如果要消除或者缓解你的紧张，我觉得很重要的一点就是要破除这种所谓的完美情结。想在别人面前表现得非常完美，其实是给自己增加了非常大的心理负担，因此就要求我们要做到对自己完全的接纳，这个所谓的完全的接纳不仅是对自己可能表现得不错的地方接纳，更是对自己的一些缺点、一些短板、一些可能做不到太好的地方的接纳。自己完全接纳可以有效地缓解紧张。有的时候你会发现，我们往往是越想掩饰某一点，不想让别人知道某一点，反而我们自己会变得越紧张；你越放松，反而发挥得可能会更好，所以这就是"玻璃心"给大家带来的影响。

我跟学生经常做的游戏，是请助教给大家每个人发一张空白的小纸片，每个人在上面匿名写下自己认为最值得赞赏的优点，还有最讨厌的缺点。然后把它打散，让每个同学领一张卡片，领到的一般都是别人写的。然后我问大家，有没有你认为特别欣赏的优点，但在别人看来可能是缺点的？有没有别人很讨厌的缺点，在你看来可能某种程度上是优点？通过这样的一个游戏，很多人都发现，其实并不存在一个所谓完美的统一的标准，没有必要用这种完美的情结来给自己增加太大的心理负担。

第二个需要注意的是，在社会心理学当中有一个效应叫作"聚光灯效应"，就是人们在众人面前，总是觉得自己的一举一动会像被聚光灯照着一样，被广泛关注，人们从心理上会主观放大别人对我们的关注。而事实上这个也是完全没有必要的心理负担。

我们总以为我们站在台上的一言一行、一举一动都被别人记住了，其实根本不是这样。我跟学生经常做的一个游戏，是我会拿出我的手机，打开摄像头，跟同学一起拍一个自拍照，然后把这个自拍照发到学生的课程群里，随后我会问学生，你打开这个照片，第一眼看到的是谁。100%的同学都告诉我第一眼是看到自己，我会开玩笑地说："没有一个人看徐老师吗？徐老师那张脸在那张照片当中占了1/3哎！"其实没有一个人关注我，大家都在看自己。所以我会告诉大家，世界上没有第二个人像你这么关注你自己。所以别人不会这么在意你，别人在意的只是你的表达当中有没有对他有价值的东西，我们要把注意力放在这里，即我能不能提供对他人有价值的内容，而不是别人是不是在意我的某个表现。这是首先我想跟大家交流的。

既然站在众人面前讲话时的心理紧张是一个非常普遍的现象，那我们怎么样去尽可能地缓解，让它不影响到我们自己的表达效果呢？我给大家介绍几个方法。

第一个方法我把它叫作身体调节的方式。首先是关于深呼吸的问题。很多人都知道深呼吸，但是也有人会说深呼吸好像没有什么太大的效果。那么我想在这提出一点，就是深呼吸要想达到缓解情绪紧张的目的，一个关键点在于你的吸气要足够深。我曾经看过一个美国语言表达训练师，他专门提供了一个量化的标准，就是你在吸气的时候要长达7秒，即内心至少默数到7，要有这么长的一个吸气深度才能达到缓解紧张的目的。大家可以试一下。

第二种方法就是让自己的四肢舒缓一下。比如说伸懒腰、打哈欠等，这个也有助于缓解你的紧张。

第三个方法就是心理治疗师在引导一些内心容易比较焦虑的病人时，会采用的"以毒攻毒"法。因为心理治疗师认为，我们的心理紧张是因为我们体内的能量积蓄没有办法释放，所以我们才会紧张。所以他教的方法是握紧双拳、绷紧牙关、屏住呼吸，使出浑身的力气，把两个手攥紧，争取把这个力气在两个拳头上全部用尽，然后继续做个两到三次，这个时候你会发现，再让你站到台上来，你也紧张不起来，因为全身没有力气了。"以毒攻毒"法就是想办法来释放能量。

还有一种方法就是让自己的发声器官，就是需要动用到的口、齿、唇、舌，都来活动一下，我们叫作演讲的热身运动，这是一个全球知名的语言表达训练师，加拿大籍的朱利安，在TED演讲上亲自演示过的演讲热身方法。

除了我们刚才讲的用身体调节的方式缓解心理紧张，还有一个方面，我把它叫作心理调节的方式。

所谓心理调节的方式，第一点就是我们要强化自己对于语言表达的正面的、积极的记忆，主动去忘记那些负面的记忆。因为很多人当众讲话紧张的一个很重要的原因，是过去在上台讲话的时候遇到了各种各样的困难、挑战甚至是挫败，那种阴影会持续影响到他。

第二个就是如果台下坐了一些领导、专家或者权威的时候，希望大家对自己表达沟通的结果、效果都能抱一颗平常心。就像我刚才讲的，有的时候我们越放松反而好像效果越好，越紧张反而效果越不好。

第三个想要跟大家讲的就是，我们要给自己的记忆去减轻一些负担。很多人紧张是因为特别想在台上或者在众人面前把自己准备的所有内容，连标点符号、段落都无误地呈现出来，就给自己增加了非常大的记忆负担。我建议如果你对内容比较熟悉，内容也是自己原创的，就没有必要去记完整的句子，要有意识地只记框架：开头、中间、结尾，甚至只记开头、中间。因为我们会发现很多时候的讲话，如果开头开得特别顺利，往往后面讲述的效果特别好，所以要把开头开好，不用去把整个稿子全部背下来。

第四个是希望大家能够如果有可能，要做更多的练习。如果你能够到现场去彩排，熟悉一下环境是最好的，但如果不能去，你可以去做一点情景的想象，就是第二天要去讲话的那个场合大概是什么样，流程大概是什么，有哪些人参加。就像我们躺在床上去回忆自己看过的电影，我把这个方法叫“过电影”，这样的话，第二天到现场你就会发现你不会有太多的陌生感，你就可以把注意力放到你要讲的内容和倾听别人要讲的内容上去。

我觉得再有一个很重要的方面是，为什么我们站在众人面前讲话不会像平时讲话那么放松自如，就是因为我们在当众讲话的时候承受的心理压力跟平时讲话的压力不一样。我们的心理承受能力习惯了平时放松的状态，所以在当众讲话的时候那种压力是我们难以承受的，导致我们可能不能够很自如地发挥。

所以我们需要在平时就有意识地给自己做一些心理的抗压训练。我经常给大家介绍的有几个训练方法。

一个是“抗压三宝法”。拿你的手机打开你的摄像头，点击翻转，然后拍自己讲话，这个叫抗压训练，有三重要求：第一个要求就是，你可以讲任何你熟悉的内容，但是必须每次在练习的时候给自己一个限定的时间，是练习一分钟、两分钟还是三分钟，要给自己一个时间的压力，在这个时间长度内完成讲述任务；第二个，就是要求你在讲述的时候，眼睛不能看着手机屏幕上的自己，要看着摄像头，还要通过回看来调整自己的眼神和表情；第三个要求，就是在规定的时间内不要有太明显的思维和表达的断点，争取让自己一镜到底，模拟直播的感觉，中间不能够随意断掉或者重来，练习自己保持高度的专注。一旦你适应了这种三重压力下的训练要求，你未来站在众人面前就能够承受更大的心理压力。

除此之外，也有一些人是平时对着自己的好朋友或者熟悉的人讲是没有问题的，但是一旦对着陌生人的时候就觉得紧张。特别是有些学生社恐，在线上跟人聊得飞起，但是一到线下见面就不行了，对此我设计了一些脱敏训练。比如所有上过我课的学生，第一次作业都是要给陌生人打电话。大家都知道现在让一个陌生人接听你的电话，而且还愿意配合你，回答你的问题，接受你的采访是相当困难的。我们用这样的方式来打破我们学生对于跟陌生人交流沟通的恐惧，这也是一种增强心理承受能力的以毒攻毒的脱敏训练方法。

第二个我们说一下，怎么样在当众讲话的时候有效地去运用自己的肢体语言来增加表达的感染力。

首先，我想这个很多人都知道我们的心理活动，会反映在我们的肢体上。比如说很多人站在众人面前讲话感到紧张的时候，会面红耳赤，腿会发抖，头会冒汗，手上会有各种小动作，摸头发、卷衣角等等，其实都是内心的紧张或者某种情绪在肢体上的反映。但是很少有人知道，其实我们的肢体状态本身也会对我们的心理造成暗示。哈佛大学商学院、心理学院和行为科学研究院的三位教授联合做了一个研究，他们的研究结果发现，你保持强有力的身体姿态，其实反过来会给你带来积极的心理暗示；如果你保持很无力感的身体姿态，就会给你带来一个消极的心理暗示。这个研究结果在发布之后引起了巨大的震动和争议，尤其是对身体姿态与身体激素分泌水平的关联，很多科学家有质疑。但是总体上，大家认为一个强有力的身体姿态，对于正面积极的自我暗示和自我认知是会起到很大影响的。

我们把影响到当众讲话的肢体语言分成了这么几个方面。第一个就是站姿，用一个什么样的体态站在别人面前。中国传统文化当中有个非常经典的、言简意赅的一个说法，叫作站如松，就是站立的时候要像松树一样挺拔，做到头正肩平，抬头挺胸，保持一个强有力的非常自信的状态。我当年在央视担任评论员的时候参加央视评论员们的合影，拍摄时并没有摄影师提醒某某老师请站直了。但是画面上所有的人，都是很自然地抬头挺胸，而且精神饱满，甚至气宇轩昂地站立在众人面前，这就是非常有力的站立姿态。同样，在我请央视主持人敬一丹到南大来跟同学交流的时候，虽然在当时她已经是快退休了的年纪，她讲话时的站立状态，仍然是腰板笔直、体态非常挺拔。这是我上课的时候学生在旁边偷拍的我的形象，也是一个比较标准的站姿（如图1）。

其次，我们再说一下坐和走的状态。我们上台演讲或者讲话的时候，有一个从台下走到台上的过程，中国传统文化当中也有一个描述，叫行如风。第

图 1　徐教授课堂站姿

一，我们除了在走的过程当中要保持身姿的挺拔之外，还要注意到步位要直，就是要向着要去的那个地方走直线，不要扭来扭去；第二，要注意步幅，尽量用合适的步幅，既不能太大，又不能太碎；第三个，注意步速，就是走的速度快慢。尤其我想提醒大家的是，如果大家要上台讲话，就要注意一下上下台阶的地方，这个地方往往是风险很高的地方。我给大家讲几个案例加深一下印象。

首先是刘德华在中央电视台《开讲了》这个栏目中，当主持人撒贝宁介绍了他之后，他上台的时候磕绊了一下，差一点摔倒，特别是在你不熟悉的环境，尤其光线还不是太好的地方，上下台阶是有非常大的风险的。再其次，是俄罗斯现任外长拉夫罗夫参加一个公共活动时，也是在众目睽睽之下摔倒了。当然历史上最著名的摔倒事件，就是英国前首相撒切尔夫人在人民大会堂台阶上摔的那一跤。我想用这些例子提醒大家，我们站和走的姿态要注意，特别是上下台阶的时候也要注意。

第三个方面，我们来说说坐的姿态。前面提到站如松、行如风，还有一句话叫坐如钟。这个坐的姿态其实很重要，特别是在一些行业会议或者圆桌论坛中，大家围坐在一起进行讨论或者演讲，这个时候坐的姿态就比较重要了。

坐的姿态其实比较复杂，因为它是有文化含义的。想想看，平时我们跟亲朋好友或者同事、领导在一起聚会，吃饭的时候谁先坐下来、谁坐在什么位置，是不是能够随便坐？当然是不可以的，这当中有文化的含义。所以当你上台时，在众人面前，甚至在媒体镜头面前，首先要意识到坐是有文化含义的。我们要在公众场合礼让尊者、年长者，让重要人物、女士和需要照顾的体弱者先坐下来，这是体现你的文化修养的重要部分。

其次坐是比较复杂的，因为既有坐下去，又有站起来这样的连贯动作，所以落座和离座都要保持灵便、轻盈和稳定。坐下去以后身体也不能松懈，要仍然有挺拔的意识，双腿并拢，也不要瘫坐在沙发里，以保证自己能够轻松起身。

关于坐的具体方法，我想给大家介绍一种“正襟危坐法”。在公众面前，我们只坐2/3的椅面，保持自己的体态挺拔和稳健。这样可以保证起身非常轻松。比如陪同国家领导人会见时，通常会坐得离椅背非常远，且只坐一半的椅面，采用比较端庄的坐姿，身体还略微前倾，以示恭敬和礼貌。再比如董卿采访许渊冲先生时就坐得很浅，甚至坐的椅面还没有一半。同时，因为她穿了一双高跟鞋，这使得如果要轻盈稳定地起身，她也就不能坐得很深。这些例子都告诉我们，保持一个好的坐姿非常重要。下次坐在众人面前或者镜头面前的时候，可以参考这些方法来保持一个更好的坐姿。

第四个方面，我们来谈谈眼神的运用。当众讲话是一个能量交换的过程，而眼神就是能量交换的一个重要载体或通道。如果我和你没有眼神的交换，我的能量就无法传递给你，反之亦然。但是，很多人在当众讲话时却不会运用眼神去影响别人。

在这里，我想给大家介绍三种使用眼神的方法。

第一种是直视法，就是站在众人面前，直愣愣地向前看，这种方法大家都会，我已经在南大教学8年了，教过上千名学生，从来没有人说过自己不会向前看。但仅仅向前看还不够，我们还要做到专注的眼神接触，即使我对着一群人讲话，我也要使用专注的眼神去跟每一个观众进行一对一的交流。美国有一位被称为"美国商业演讲之父"的人物——魏斯曼，他写过三本书叫《演讲圣经三部曲》，其中第三本里讲到美国前总统奥巴马的演讲艺术：奥巴马面对上百人讲话，但他给你的感觉是他在对着你一个人讲，因为他特别善于运用一对一的眼神。

第三种是环视法，就是让讲话环境中的所有人的注意力都在你眼神掌控范围之内。无论他们坐在最侧面、最前面还是最后面，你都要用眼神去关照他们，让他们感受到你在关注他们。这种环视法能够很好地控制全场，吸引更多人的注意力，记住，你放弃对谁的注意，谁就会放弃对你的注意。有些人一开口，大家就会被他吸引，其中很重要的手段，就是这个人的眼神会扫视所有人，当你抬头看他时，他也在看着你，用眼神告诉你："你的注意对我很重要，我希望与你发生连接。"

最后，我想强调一下表情的重要性。表情是我们最好的一张名片，它能够在你对众人开口之前就参与我们的表达，塑造我们的交流感和信任感。一个自然放松、面带微笑的表情能够让人感到自信、有礼貌和坦诚，以及取得观众的信任，使观众感到亲切。当然，表情也要与所表达的内容相匹配，不能带有表演性。

总的来说你的表情和你表达的内容要相匹配。

第六个方面，我们来谈谈手势的问题。很多人对手势感到困扰，希望在演讲时能够有强有力的手势来帮助表达。但是，我通常给学生的建议是不要过度关注自己的手势，而要把注意力放到要表达的内容上。你传播的内容对他人是否有价值应该是更重要的一个关注点。

当然，如果你现在就想解决手势的问题，我有一个总体的原则，就是只要你的手势跟你讲述的节奏和语言的状态是匹配的，就可以了。语言停动作停，语言起动作起，其实就可以了。

如果你想掌握一个可以操作的要领，我希望你记住两句话：第一个是任何时候做手势都要拿到腰部以上来做，不要放在腰部以下做；第二个是要么不做，要做就舒展一点做，两个胳膊肘不要夹着自己身体两侧，把它伸开来做，要么不做，要做就干脆做得大大方方，让所有人都看到。

我们现在要讲当众讲话的第三个方面的问题，即怎么样进行精彩的讲述。希望大家去在当众讲话的时候去有意识地去发挥语言自身的魅力。

第一个就是，要对声音的大小要敏感，无论是在没有扩音设备的场合还是使用扩音设备，都需要密切关注声音的大小，对现场设备进行一定调试，以确保现场的观众能够听清楚。在空间较大、观众较多的情况下，我们可能需要提高音量，以确保场下的每个角落都能听到清晰的声音。如果别人因为听不清楚而分心，那么他们就很难专注于讲话的内容。

第二是了解自己的语速，因为这可以帮助你更好地控制讲话的节奏和速度。如果你不知道自己的语速，那么你可能在讲话时会出现语速过快或过慢的情况，这会影响你的表达效果。要了解自己的语速，可以打开微信，按住语音输入键，录制一段60秒的语音。然后将你的语音转换成文字，数一下转换后的文字中包含多少个字，从而了解你一分钟的语速，为了获得更准确的结果，你可以多重复几次，最后计算一个平均值，这样你就可以准确地了解，人一分钟大概讲250—280个字。了解自己究竟讲话偏快还是偏慢后，就可以根据不同的场合和要求，适当调整自己讲话的语速和节奏，来在不同的时间长短要求内去完成自己的讲述。

第三个重要的技巧是学会停顿。我们经常讲，只有会停顿的人，才算掌握了语言的节奏。在讲话过程中，要有意识地停顿，停顿可以放在重要的地方、需要听众理解思考的地方，给自己和听众留下一些喘息和思考的时间。在训练中，我们经常让学生尝试以自己从未有过的慢速度讲话，这是因为很多学生在众人面前讲话很容易语速偏快，我们让学生来感受放慢语速讲话时什么状态，学生能够感受到增加停顿、放慢语速后，不仅自己讲得比较舒服，也没有那么紧张了。其实每一次的停顿都是给听众反应的时间，强调重点内容，用这样的方式来对语速有所控制和掌握。

第四个技巧是，注意语调的轻重缓急和抑扬顿挫。通过语调的变化，可以唤起别人的注意，强化你想讲述的重点。一些学生可能会因为口音而感到自卑，但实际上，我觉得只要口音没有成为别人理解你讲话的障碍，它就不是问题。口音是一个非常个人化的特征，有时候还能增强你的沟通效果，变得特别有识别性。

举个例子，网上特别受年轻学生喜欢的戴建业老师，他讲课时其实还带有一点口音，但是仍然非常具有感染力。

除了发挥语言的魅力，第二个要注意的方面是讲述的结构。就像写作一样，讲话也需要有结构，包括开头、中间和结尾。在众人面前讲话时，结构是很重要的。因此，我们沿用了写作中的概念，将讲话的开头称为“凤头”。

在讲述时，开头的重要性不言而喻，很多关于表达的书里都讲到了开头的重要性，即30秒法则。如果前30秒不能抓住听众的注意力，那么后面再想挽回就非常困难了。因此，开头需要花费大量的精力来考虑。我经常告诉学生要用80%的精力去考虑开头而不是内容。尽管学生觉得奇怪，但是我的想法是，别人邀请你讲的内容，通常你在这个方面是有所积累的，但是怎么在一开始就抓住观众的注意力往往是更大的挑战。

关于开头的方法，这里介绍几种：第一种是开门见山法，即直截了当地直奔主题，不做过多的停留和寒暄。采用开门见山、直截了当的开场方式，没有过多的寒暄和铺垫，让人感觉非常简洁明了，能够造成一种强烈的紧迫感，让听众感受到接下来要交流的内容非常重要。这种开头方式的好处是能够快速进入主题，让听众进入状态。

而第二种开头方式则不同，是用承接的方式，从别人刚刚说过的话开始说起，然后转到自己要讲的内容当中去。这样的开场会让现场的听众误以为这个人是在即兴讲话，即兴发挥，能够迅速地吸引听众的注意力；同时，采用从现场抓取的开头方式，能够更好地引起观众的共鸣和反应。

我个人也经常使用这样的方法，每次在公众场合讲话，我都会做非常认真的准备，尤其是对开头做很多准备。但是，我几乎没有用过自己事先准备好的开头，多数开头都是在现场抓取的。因为最好的开头往往在现场，只有到了现场你才知道什么话题、什么开头的方式可能会引起现场观众更强烈的共鸣或者反应。

有一次我被邀请到北京喜剧中心开幕去当致辞嘉宾。北京喜剧中心是建在北京中粮集团的大厦——中粮广场里面。在我前面讲话的是中粮集团的一个老总，他半开玩笑地说："因为我们央企不得从事与主业无关的业务，所以我们是做粮食深加工的产业。现在我们建了这么一个文化场所，严格来讲是违反这个规定的，好在我们是在这个规定出台之前，就已经立项了。但是我还是为了避免麻烦，别人在这个喜剧中心遇到我，问我是哪儿的，我不敢说自己是中粮的，我就骗他们'我是中石化的'。"他这么一讲，台下听众马上就笑了，因为大家都觉得他很幽默风趣。我在接下来的讲话当中虽然事先做了准备、设计了开头，但是一听他这么一说，现场的互动这么热烈，我立刻就抓住了这样的一个点。所以在开头时候，我就用了一个承接的方式，从他的话开始说起。我一开场就说，“我不像刚才中粮那个老总，他不敢说自己是中粮的，非要说自己是中石化的，我就敢说，我是北大的”。结果大家都笑了，因为主持人刚报过幕，说是我南大的教授，我借用了他这个梗，场子一下就热了，大家都觉得这个教授讲话不是照本宣科，是即兴讲话。这就是承接的好处，可以把别人的注意力迅速地抓在自己的手里，造成一个即兴讲话的感觉，但事实上我肯定是有所准备的。

第三种方法，是降低别人的期望值，也就是采用欲擒故纵的手法，低开高走，获得一个更好的表达效果。刘德华在中央电视台《开讲了》的演讲就非常典型地展现了这种降低别人期望值、欲擒故纵的开头方式。他通过表示“自己很紧张”，说“自己手指都是麻的”，以及“不知道待会儿要怎样”，让听众真的以为他不会讲，事实上他后面讲得非常好。很多领导也经常使用这种方法，领导讲话前经常说“我没有怎么准备，也不是很了解，只能说一点自己的感想”，结果说了半个小时，说得还非常在理，这就是通过降低听众的期望值，最后让听众感到非常惊喜，说明这种方法是屡试不爽的好方法。

第四种方式就是，使用幽默的方式开场，它可以获得出人意料的效果。尤其在一些相对比较正式的场合，幽默可以打破端着的状态。俞敏洪在参加北大光华管理学院的新年论坛的时候，上来就先调侃主办方和管理学院，以及批评前面的嘉宾超时，引发了一片欢笑。为什么他的话可以取得这种幽默的效果？如果换我去讲同样的内容，可能不会产生同样的幽默效果。这是因为俞敏洪自己就是北大校友，被调侃的陈东升也是自己人，是他的好朋友，所以才能开玩笑。因此幽默是要有共同的文化背景和相互认同的心理基础的。

我们之前讲了开头的几种方法，现在我们继续讲展开主干的方式。我们之前在开头部分沿用了书面表达的说法叫“凤头”，那么在讲述的主干部分，我们也要像写作一样，做到内容丰富、充满干货，像“猪肚”一样丰满充实。那么在主干部分，我们怎么样让自己的内容非常充实呢？我觉得第一个方法就是通过设置悬念的方式。悬念有一个最大的好处，就是可以把你想让听众听你讲话，成功地变成听众想要听你讲话。悬念会激发听众的内在驱动力，让他们不由自主地跟着你走。因为悬念当中充满了不确定性。悬念在牵引着他们，吸引着他们的注意力。这个就是悬念在主干当中发挥的作用。

那么第二个方法就是在主干部分跟观众之间进行互动。我在2013年作为央视评论员被邀请到南京大学的新生开学典礼上做演讲，在北京飞往南京的飞机上，我就一直在考虑如何与那些只有十八九岁、比我小27岁的大学一年级学生进行沟通并获得他们的共鸣。所以我最后采用了回忆自己在大学一年级听匡亚明校长做开学典礼演讲的场景这样一个互动的方式，来建立跟他们之间更紧密的联系。

前面我们提到刘德华使用低开高走的方式开头，他也采用了互动的方式讲述，因为他同样面临着如何与演播室现场比他小二三十岁的年轻人进行沟通的问题。通过互动，刘德华把一个高高在上、很有距离感的天王巨星式的偶像人物，一下子拉低到一个非常亲切可爱、可以开玩笑的邻家大哥哥的形象，拉近了他跟听众之间的距离。这就是互动的效果。

第三种方法是在讲述当中切入或加入自己的个人故事，用故事的方式来吸引别人，讲述自己的个人经历。

第四种方法就是不讲完整的故事，不去大段地详细描摹故事，而是用一些细节、一些非常生动的细节来构成一个讲述的主干部分。胡歌在第10届金鹰节的颁奖礼上获得最佳男演员之后，用三个细节支撑起获奖感言的讲述。三个细节都指向一个道理，就是艺术是需要创新的，但追求艺术敬业的精神是需要传承的。胡歌只用三个细节就构成了这样的一个讲述主体，非常生动有力地表达了自己的观点。

接下来我们讲一下讲述结构当中的结尾。结尾有很多方法，我们在书面表达当中叫豹尾，就是简短有力、发人深省的意思。我们表达的结尾也是这样。

那么第一种方法就是用梳理和总结的方式，把前面讲话的重点给提炼出来，如果你想对观众有些什么样的启示，也可以在最后把它点出来。

第二种方法就是用互动的方式，在最后唤起听众的思考，给他提出一些建议、提出一些问题、提出一些忠告，鼓励他采取行动。

我们详细拆解了讲述结构当中如何开头、如何展开主干部分、如何结尾，目的是想提醒大家，如果想要有一个更好的当众讲话效果，要从今天开始培养一个讲话的结构意识。在这次讲座之后，你可以练习用完整的结构来讲一段话。如果你过去没有这种结构意识，现在可以用完整的结构来设计开头、展开主干、结尾，讲一段话、一个故事、一段经历都是可以的。这样可以帮助你更好地掌握讲话的技巧和方法，提高自己的表达能力和效果。

那么第四个方面，我们来谈谈在当众讲话的场景下如何增强与人沟通、互动的能力。首先，我想问问大家，你们觉得沟通的关键是什么？大家可以在聊天室里分享你们的答案。我想跟大家分享的是，其实沟通的关键在于倾听。但是，你是不是一个善于倾听的人呢？你可以自己问一下自己。如果你是一个善于倾听的人，那么我想问，听是一个什么样的动作、什么样的状态？怎么样听才能够效率更高、听得更准确、效果更好呢？

我想给大家听几段音频，大家来听听看能否听得懂。

这是一段上海话，可能吴方言区的同学们都能听得懂，其他方言区的同学可能就不太容易听得懂了。大家可以在聊天室分享一下自己听懂了多少。我们现在再给大家分享一下普通话版本。

接下来这段可能对大家有点挑战，不知道大家是否能够听懂。

我为什么给大家听这些，我是想告诉大家，真正有效的倾听状态，就像你刚才听那些听不懂的方言的状态。为什么要这么说呢？第一，因为你在听这段方言的时候，注意力是高度集中的，你把注意力全部调动在正在播放的那段音频上；第二，你还保持疑问，始终在问自己这到底在讲什么、他讲的是什么意思、他接下来还会讲什么；第三，你在听的时候，因为听不懂，所以总想听懂一两个字，非常专注地听；第四，你一边听一边在回顾，一边回顾，要么是跟前面已经听懂的只言片语进行对照，要么是跟自己过去的生活经验进行对照，看看哪一个生活场景、哪一段人物关系、哪一个动作行为跟这个描述的内容有可能有联系。这才是认真倾听的状态。第一要把注意力调频到正在表达的内容上，第二要始终保持疑问，第三要保持高度的专注，第四要一边听一边回顾。这些都是有效的倾听技巧，可以帮助你更好地理解别人的观点和想法，提高沟通的效果。

除了倾听，在沟通中还要善于提问。通过提问，可以了解对方的真实情况和想法，发现问题的关键，来打开对方的心结。所以我认为一个好的沟通者最重要的是要能够问出精准的问题。

第三个是在沟通中要注意站在对方的角度去思考，肯定对方的合理性，尽量减轻对方的负担，并提供相应的帮助。

第四个是在沟通中不要先入为主，因为不喜欢某个人或者讨厌某个人的行为举止或价值观而产生偏见。这种偏见会影响我们的判断和沟通效果，导致误解和不必要的矛盾。

第五个是在沟通中要善于捕捉对方在语言背后的情绪、心理感受或隐含的需要。我们要善于倾听言外之意、弦外之音。

第二，我们要讲一讲互动过程中回答问题的要领。

首先是要非常专注，认真倾听对方的话语。

其次是要真诚，不要装，不要蒙，当别人问你关于A的问题时，要回答关于A的内容，不要回答与问题不相关的内容。

第三个是在回答问题时要注意语言的简洁，如果需要重复之前提到过的内容，一定是提炼重点而不是原封不动地再说一遍。

第四个是在回答问题时要有内容升级的意识，注意比刚才自己讲的时候还要深入、有吸引力，让提问者或者听众觉得这个问题提得很好，等待是值得的。

第五个是在面对有挑战性或刁钻问题时，要改变自己的认知，不要觉得运气不好或者这个问题太尖锐，而应该将其视为能够展示自己看法和水平的机会。当听众的注意力集中在你的回答时，这时的表达效果比念稿子或者做准备好的讲话要更好。因此，要从心态上有所转变，将其视为一个机遇而非阻碍。

那么怎么样让自己回答更有质量呢？我认为首先注重回答的层次感。通过使用“第一、第二、第三”，或者“首先、其次、最后”，主动帮助听众分层，使其更好地理解和记忆。第二就是尽量显示出逻辑性，在回答问题时，要尽量给出相应的理由和证据来支持自己的观点，避免给出含糊不清或者缺乏证据的答案，这样可以让听众认为自己的讲话时言之有据、言之成理。第三就是尽量显示出自己的结构意识，在回答比较复杂的问题或者进行大段的讲述之后，最好能够有意识地用一两句话来总结自己的观点和回答的重点，这样会大大提升表达质量。

有的时候我们会面对别人的质疑和挑战，特别是在自己进行公共表达并跟人进行互动的时候。我们可以采用以下三种方法来回应：

第一个是衔接，将别人的问题与自己准备好的、想要与对方交流的关键信息衔接起来；第二个是强调，在纷繁复杂的现象或事件中，找出最关键、最重要的信息，并加以强调，通过强调关键信息，可以引导对方将注意力转移到自己想要传递的信息上；第三个是引导，通过提问的方式引导对方关注自己想要传递的内容，比如在新闻发布会上，经常听到发言人会说："刚才你提到的问题，我们会采取一系列措施来解决它。"这其实就是引导记者对"你们采取了哪些措施"来提问。

最后就是我们怎样对自己当众讲话的能力进行自我训练。

第一个方法是我前面讲过的抗压三宝、自拍模拟直播，在三重压力下进行表达训练。

第二个方法是进行一些肢体训练，比如通过自拍和回放，关注如何运用自己的眼神、表情、手势来加强自己表达的感染力。

第三个方法是进行讲述的训练，特别是使用英雄之旅的故事模式来训练自己的讲述技巧。好莱坞电影中的英雄之旅模式是一种经典的故事套路，通常是来自平凡世界的英雄，某天临危受命、遇到挑战，在犹豫反抗中拒绝接受任务，随后遇到导师并被鼓励接受挑战，英雄踏上征程，在与邪恶势力斗争中绝地反击，获得胜利，涅槃重生，得道回归。使用这种故事模式来分享自己或团队的成长经历，可以锻炼讲述的结构设计和悬念把握能力。通过注意起承转合和一波三折的故事情节，同时融入一些对别人有所启发的人生感悟和价值理念，可以增强讲述的深度和价值。

第四个方法是进行同题不同时的讲述练习，以训练自己对时间的把控能力。同样的话题和事情，如何在不同的时间长度下讲述，能够帮助我们学会如何取舍内容、设计结构和讲述的顺序。

第五个方法是有意识地进行思维训练，特别是针对常用的思维方式进行训练，如形象思维、逻辑思维、发散思维、聚合思维、逆向思维和应变思维等，通过训练可以提高我们在讲话时的语言表现和质量。

最后，我分享自己总结的表达与沟通之道给大家，共计16个字。我并不希望大家在听完我的讲座后认为语言是一个技巧性的东西，其实不是这样，那只是表象，更重要的是它背后内在的原则和逻辑，我把它叫作表达与沟通的四项基本原则。

第一句，听者为本。指表达的效果并不是以表达者的感受为准，而是以听众的感受为准。

第二句，以我为主。指在表达的任何时候，只讲属于自己内心的话，言为心声，真实地表达自己的想法和感受，而不是讲假话、空话或套话。

第三句，言之有物。指表达要有时间概念，在最短的时间里输出最大的价值给别人，表达的内容必须是表达者深信不疑的，是经过深思熟虑、厚积薄发的观察和洞见，是对他人有价值的。

第四句，言行合一。是指表达者分享的、倡导的和希望他人去做的，自己首先要在行为上做到。言行合一，才能够达到更好的表达和沟通效果。

以上就是我今天跟各位校友、现场的朋友们交流的内容。下面时间交给主持人。

【主持人】周可君：

感谢徐教授！在徐教授刚才的分享当中，我们了解到了一个好消息，就是在当众讲话这件事情上刘德华也紧张，我们都很紧张；但是还有一个坏消息，就是有些人是紧张，而还有一些人是非常紧张。为什么他会没有我这么紧张呢？人类的悲欢真的是很难相通啊。

徐教授在今天的这个讲座当中，为我们提供了丰富而有实用价值的化解讲话紧张情绪的方法，扫除了我们对于当众讲话这件事的很多心理障碍，那么不如从明天开始，我们试着打一通电话给陌生人，再次当众讲话的时候，不再去畏惧，眼睛看向你的观众，尝试着去言之有物。

那么徐教授再耽误您一点的时间，我们在现场还选取了一两个问题，请您跟观众再做进一步的解惑。

第一个问题：徐老师我说话很啰唆，常常没有重点，如何能够在短时间之内把话说清楚呢？您能不能告诉我一个可以迅速吸引对方注意力的方法。

【主讲老师】徐慨：

最好的方法就是我刚才讲的，你开口就说："我讲三点意见。"注意力马上就来了。问题是你能不能讲出三点意见，你能不能有意识地、主动地，把自己要讲的话分出三个层次来按照重要性进行排序。所以以三为始，就从现在开始，你训练自己讲任何事情，都要讲三点，强迫自己去分层，去分出逻辑、分出顺序来，这样你的讲话会非常清晰。而且你要把"第一点、第二点、第三点""首先、其次、最后"这些非常清晰的逻辑关系的连词用在你的讲话当中，别人从听觉和心里的感受都觉得你讲话是非常清晰的。

【主持人】周可君：

谢谢徐老师。下一个问题是：您觉得，在我们的讲话中，语言流畅度、词汇量、句子结构和我们的普通话水平这几个要素当中哪一个是更加重要的呢？

【主讲老师】徐慨：

这个很难说哪个更加重要，都很重要。可能普通话是否标准不是那么重要，当然也要看你什么场合，如果你是要去做播音员，普通话不过关根本就不可能从事这种职业。所以要看你是在一个什么语境当中，如果是一般的、日常的人际交流，包括公共表达，普通话水平可能就不是那么重要，我前面已经讲过了，口音不是障碍，除非它成为表达沟通的障碍。

【主持人】周可君：

好的谢谢。

再次感谢徐教授为我们大家的解读。也感谢各位校友老师同学们对南京大学校友终身学习辅助计划的支持。学习是一种习惯，南大有您的一张课桌，今天的直播到此结束，期待下期再见！

（文稿整理：陈小乔）

惩罚性赔偿制度的三十年变迁

【诚计划】第47期

直播时间

2023年4月27日（周四）　19:30—21:00

直播地点

南京大学鼓楼校区21舍终身教育学院演播室

主讲老师：李友根

南京大学法学院教授、博士生导师，从事经济法学教学与研究，兼任南京大学中国法律案例研究中心主任、中国法学会经济法学研究会副会长、江苏省法学会社会法学研究会会长。

主 持 人：高诗琪
南京大学终身教育学院主持人

【主持人】高诗琪：

各位朋友，大家晚上好。欢迎来到南京大学校友终身学习辅助计划瞰学堂第47期“惩罚性赔偿制度的三十年变迁”。我是终身教育学院高诗琪。

我国1993年《消费者权益保护法》第49条规定的加倍赔偿以及《食品安全法》规定的十倍赔偿一直被视为惩罚性的赔偿。事实上，从制度设计的初衷、制度运行的实效性分析，这是以奖励消费者诉讼为主、而以惩罚和遏制功能为辅的多倍赔偿制度，是既区别于大陆法系又区别于英美法系的我国多倍赔偿制度，是独具中国特色的制度创造。其既有历史传统的基础，又立足于实践需求。伴随着争议与进步，30年来的制度发展深刻地反映了我国经济腾飞、社会进步与法律变革。

今天，我们有幸请到了南京大学法学院教授、博士生导师李友根先生。李友根教授深耕于经济法学领域，兼任南京大学中国法律案例研究中心主任、中国法学会经济法学研究会副会长和江苏省法学会社会法学研究会会长。接下来，让我们一起欢迎李教授为我们讲述惩罚性赔偿制度的中国故事。

【主讲老师】李友根：

各位校友、各位朋友，大家晚上好。很高兴有机会在瞰学堂里跟各位一起来讨论惩罚性赔偿制度的30年变迁。我今天晚上想跟大家一起交流讨论以下这七个问题。

一、问题的提出

首先是问题的提出。之所以要讨论这个话题，是因为我们国家，尤其是民法领域，是属于大陆法系的传统，大陆法系的传统是强调公法和私法的二分。而在损害赔偿领域强调的是填平原则，也就是一个人的损害有多少，侵权人一方就赔偿多少，既不能赔偿不到位——也就是要实行完全赔偿原则，也不能赔偿过分——也就是不能超过他的损害而获得额外的赔偿，这就叫“填平原则”。换言之，中国的法律传统和我们的民法制度一直以来是否定惩罚性赔偿的。因为所谓惩罚性赔偿就是在填平了他的损害以外，额外还可以获得一笔赔偿。而这笔赔偿是具有惩罚侵权者或违约者的性质的。也就是说，我们的制度起点是否定惩罚性赔偿的。

但是，正如主持人提到的，1993年我国《消费者权益保护法》第四十九条明确规定，经营者提供商品或者服务有欺诈行为的，应当按照消费者的要求增加赔偿其受到的损失，而“增加赔偿的金额为消费者购买商品的价款或者接受服务的费用的一倍”。换言之，根据《消费者权益保护法》第四十九条，消费者可以获得一倍的惩罚性赔偿。

而到了2020年，我国《民法典》可以说是全面规定了惩罚性赔偿制度。《民法典》第一百七十九条中规定：“法律规定惩罚性赔偿的，依照其规定。”换句话说，只要全国人大和全国人大常委会觉得合适，就可以在法律中规定惩罚性赔偿制度。与此同时,《民法典》第1185条规定了知识产权领域的惩罚性赔偿,第一千二百三十二条规定了环境生态领域的惩罚性赔偿,第一千二百零七条规定了产品责任领域的惩罚性赔偿。

所以我们所提出的问题就是:既然我国是大陆法系的民法传统,一直以来是拒绝惩罚性赔偿的,为什么现在又要全面实行惩罚性赔偿呢?这30年来惩罚性赔偿制度的变迁给我们法律的发展、给中国的法治道路有什么启示?这就是今天晚上我跟各位一起讨论的内容,也希望大家能够跟我一起来交流。

二、制度的建立

那么,1993年的《消费者权益保护法》为什么要规定惩罚性赔偿呢?它的背景与需求就是为了加大打击假冒伪劣的力度。

大家都知道,1992年我们国家实行经济体制的重大改革,也就是建立市场经济体制。由此,中国社会进入一个转型的时期:从原来的计划经济、有计划商品经济转型到市场经济。于是,整个经济领域发生了革命性的变化。但在市场繁荣经济发展的同时,由于我国法律制度的建设还没有及时跟上,也由于适应市场经济要求的道德规范、行为准则还没有完全定型,于是我们的市场领域就出现了大量的假冒伪劣产品。经营者实施大量的欺诈行为,严重损害了市场经济的发展和人民群众的财产乃至生命和健康的安全。于是,我们的政府投入巨大的人力、物力和精力来打击这种假冒伪劣行为和欺诈行为,也就是所谓的"打假"。

但是,因为政府的人力、物力、信息总是有限的,而我们的市场中的假冒伪劣现象相对来讲比较严重,所以,政府打假在取得相应效果的同时,还存在很多的缺漏,也就是不能从根本上有效地遏制假冒伪劣行为。大家回想一下,我们当年有劣质奶粉导致的大头婴儿事件、三鹿奶粉事件等等。食品不安全、商品假冒等现象非常严重。于是，社会各界，包括立法者和学者就提出一种想法：我们能不能发动人民群众参与打击假冒伪劣的活动，也就是群众打假、人民打假呢？

但是，怎样让人民来打假呢？能否让消费者针对假冒伪劣行为提起诉讼，而且获胜以后能够获得额外的利益，而不仅仅是简单的损害赔偿？所以，这样一个背景和需求就决定了1993年的《消费者权益保护法》中的惩罚性赔偿制度。

与此同时，我们的立法者和学者发现，中国社会传统上有一种“假一罚十”的商业惯例，即商家在开展经营活动的时候往往会在门店挂上“童叟无欺，假一罚十”的标语，也就是承诺如果卖假货，就赔偿十倍的钱。既然民间有“假一赔十”“假一罚十”的传统，我们的法律为什么不可以把传统中的这种资源用到正式的立法中呢？

此外，我们还认识到，在国外，比方说美国，就有惩罚性赔偿的制度和实践。所以，美国的市场实践能否也给我们提供借鉴呢？我在这里给大家简单地介绍美国最高法院在1996年审理的一个惩罚性赔偿案件。

1990年的时候，一位戈尔医生以4万美元买了一辆宝马汽车，开了9个月后发现这辆汽车车面曾经重新烤漆，但是销售者没有告诉他。他觉得自己被欺诈了，于是就告到了州法院。法院经过调查发现，宝马公司内部有个规定：凡是新车经过维修的，维修费只要不超过建议零售价的3%，就当作新车来销售。

于是，在陪审团审理后作出裁决：因为汽车维修过，它相对于新车来说贬值10%。所以戈尔医生的实际损失是4000美元，宝马公司应该赔给他。与此同时，陪审团发现，宝马公司在全美国共销售过此类汽车近1000辆。于是，陪审团就按照总数1000辆、每辆车的消费者损失4000美元的标准计算，裁决戈尔医生可以获得惩罚性赔偿400万美元。初审法院的法官确认了陪审团的这个裁决。

后来宝马公司不服，提起上诉。亚拉巴马州的最高法院就把它改为200万美元。宝马公司继续上诉，联邦最高法院推翻了下级法院的判决，发回重审。联邦最高法院发回重审的理由是：200万美元的惩罚性赔偿过多，违反了美国第14修正案的“正当程序条款”。

亚拉巴马州最高法院在重审的时候就判决惩罚性赔偿是5万美元。这5万美元是怎么算出来的呢？因为宝马公司在亚拉巴马州一共销售了14辆这样的汽车，其中一辆是戈尔一审的那一辆，其他13辆再乘以4000美元，大概就5万美元。通过美国最高法院审理的宝马公司一案，大家就可以初步地了解美国的惩罚性赔偿是如何运作的了。

下面这个表格（见表1）罗列了美国最高法院20世纪80年代以来主要的惩罚性赔偿判例，通过看“惩罚”这一栏大家可以发现，惩罚性赔偿数额相当之高。所以，无论是在1993年我们制定《消费者权益保护法》时，还是现在来看美国的惩罚性赔偿，大家可以发现美国惩罚性赔偿一个特点是：惩罚性赔偿数额相当之高。这也许就是我们当年制定《消费者权益保护法》确立惩罚性赔偿金制度时的一个借鉴和影响。

但是，我们回头看1993年《消费者权益保护法》第四十九条就会发现，这个制度隐含着一些问题，而这些问题在后面的制度实践中就会暴露出来，形成争论。

该条规定：“经营者提供商品或者服务有欺诈行为的，应当按照消费者的要求增加赔偿其受到的损失，增加赔偿的金额为消费者购买商品的价款或者接受服务的费用的一倍。”

表1　美国最高法院惩罚性赔偿裁决案件

年份	当事人	补偿（万美元）	惩罚（万美元）	最终裁判结论
1989	Browning	5.1	600	维持
1991	Haslip	20	80	维持
1993	TXO	1.9	1000	维持
1994	HONDA	92	500	推翻
1996	BMW	0.4	200	推翻
2001	Cooper	5	450	推翻
2003	Campbell	260	14500	推翻
2007	Morris	82	7950	推翻
2008	EXXON	50700	50700	确认该数额

这个条款最大的问题和不足在于，当年制定这个条款的时候，从法学理论方面的论证是不够的。我们只是强调了需要惩罚性赔偿、传统上是这样做、美国法也是这么做的。但问题是，我们毕竟是大陆法系的民法传统，将英美法系的惩罚性赔偿制度嫁接到我们大陆法系的民法传统、民法制度中，能否与之有效地融合？在这一点上当年的论证是不够的。

于是我们就会发现一些问题。比方说“欺诈行为”这一用语中“欺诈”的构成要件或含义是什么呢？如果按照1988年《最高人民法院关于贯彻执行<中华人民共和国民法通则>若干问题的意见》，“欺诈行为”是指“一方当事人故意告知虚假情况或者故意隐瞒真实情况，诱使对方当事人做出错误意思表示的”，可以认定为“欺诈行为”。也就是说，欺诈有四个构成要件。但是在《消费者权益保护法》的实践中，这个构成要件有可能就引发争议。

第二个是“消费者”的概念界定。什么叫“消费者”呢？《消费者权益保护法》第二条并没有明确地解释什么叫消费者，而只是说“消费者为生活消费需要购买、使用商品或者接受服务，其权益受本法保护”。由于对“消费者”没有做概念的界定，于是又埋下了未来争议的伏笔。

除此之外，我们会发现第四十九条惩罚性赔偿的基数是商品价款的一倍，而美国惩罚性赔偿的赔偿基数是实际损失。那么将商品价格的一倍作为基数会不会有问题呢？我们发现，这也是可能会存在的问题。

与此同时，正如刚才所强调的，我们尽管有对美国制度的借鉴，但实际上在比较法层面，我们对美国法的研究还是不够的。比方说，美国法是以实际损失作为惩罚性赔偿的基数，以达到惩罚与威慑的效果；而我国《消费者权益保护法》是以商品的价款为基数，这是出于何种考虑？是否仅仅是为了计算便利，进而使违法经营者能够明确得知违法成本？这样的一个惩罚性赔偿基数跟美国法显然是不一样的。那么会不会在未来带来问题呢？

另外，我们对实践效果的预测是不准确的。我们在制定1993年《消费者权益保护法》的时候，人们就寄希望于通过这个条款来增加违法者的违法成本，进而起到惩罚和威慑的作用。同时，又给予消费者以额外的惩罚性赔偿，激励他与违法行为作斗争。通过起诉违法从事欺诈行为的经营者，进而让他们得到制裁。而消费者因为获得商品价款一倍的惩罚性赔偿，就有额外的激励去提起诉讼，与这种行为作斗争。但是我们会发现，惩罚性赔偿的数额大小取决于商品的价款。当这种商品是大额商品时，比方说价款为100万的商品，一旦经营者有欺诈行为，惩罚性赔偿就是额外的100万，这是否违背过罚相当原则？获得100万惩罚性赔偿的消费者，他获得的这个利益又是否正当？相反，当这个商品是个小额商品，比方说价款为2元的矿泉水，如果经营者有欺诈行为，那消费者起诉并获得加倍赔偿时，除了退还2元以外，额外的惩罚性赔偿也只有2元。此时，获得的这一惩罚性赔偿是否能够给消费者提供足够的激励去提起诉讼？对经营者又是否能够起到惩罚和威慑作用？显然，我们当年没有仔细地去分析这些问题，而在我们的制度运行中是会存在这样的问题的。

当然，我们的制度一开始确实是起到了很好的效果。比方说1995年，南京一位消费者，买了一辆北京吉普，价款为5.5万元。第二天他就发现这辆汽车不正常，经过检修鉴定发现汽车是冒牌的产品，于是起诉到法院。最后南京中院判决退还5.5万，同时赔给这个消费者5.5万元的惩罚性赔偿。那么这个制度效果就很好。

1996年，北京一位叫何山的人，他本身是全国人大常委会法工委的官员，也是《消费者权益保护法》第四十九条惩罚性赔偿条款的主要设计者，他在北京的一个商行里买了两幅徐悲鸿的画作。商行说这是徐悲鸿的真迹，何山怀疑有假，于是就向法院起诉。最后法院判决这是临摹的仿制品，所以商行构成欺诈，责令被告双倍赔偿：退还一倍，同时惩罚性赔偿一倍。

这两起案件因为都是价格比较高的商品，所以有效地起到了惩罚违法经营者、威慑所有经营者，同时激励消费者的作用。

但问题是，南京汽车案中，消费者对汽车冒牌并不知情；而徐悲鸿画作一案中，何山是怀疑画作有假。那么，如果一个消费者明知有假而仍然购买呢？这就进入了第三个问题——制度的争论：知假买假与王海现象。

三、制度的争论：知假买假与王海现象

1995年，山东的一位叫王海的人到北京隆福商厦买了一副索尼的耳机，耳机上标注是日本制造，单价是85块钱。王海怀疑这个是假冒的，于是买了一副以后送到索尼公司驻北京办事处鉴定，经鉴定这是假货。于是王海得到这个鉴定结论以后，再到隆福商场买了10副同样的索尼耳机，要求商场加倍赔偿，也就是退还850块钱，同时再赔偿850块钱。商场拒绝了，所以王海后来就

提起了一系列的诉讼。

那么王海打假为什么作为一种现象呢?因为王海到某些商场去知假买假以后,有很多商场主动地给他加倍了赔偿,但有些商场就拒绝,拒绝以后王海就告到法院。

一些法院对王海的行为是支持的,特别是在一开始时,认为这就是《消费者权益保护法》第四十九条惩罚性赔偿制度的基本目的和基本要求;但是也有一些法院是否定的,认为王海是知假买假,他买这些商品不是为了生活消费,而是为了退货赔钱的,所以王海不是消费者。还有一些法院认为,王海明明知道商品是假的还购买,说明其购买的时候实际上并没有被欺诈,显然不符合《消费者权益保护法》第四十九条所规定的条件。

所有这些商场的反应、法院的不同态度以及媒体的报道等反映在学术界上就形成了三个重要的争议。

第一,知假买假的是不是消费者?有些学者,如著名的梁慧星教授就认为不是消费者,因为王海买这些商品不是为了"生活消费需要",甚至有一些学者还认为王海是假冒的消费者,不能适用《消费者权益保护法》,更不可能适用第四十九条的惩罚性赔偿;但是也有一部分学者认为,王海知假买假属于消费者,例如王利明教授就认为王海是消费者,因为王海买这种商品不是为了转手倒卖,即不是为了经营活动,而索赔又是法律所规定的权利,因此属于消费者。这是第一个争议。第二个争议是,知假买假中经营者是否构成欺诈行为?有的学者认为不构成欺诈,因为按照最高法对《民法通则》的司法解释,"欺诈"有四个要件:一个是经营者要"故意",第二是要告知虚假情况或者故意隐瞒真实情况,第三要诱使对方当事人陷入错误,第四是消费者要因为陷入错误而做出意思表示。而本案中显然王海并没有陷入错误,他明知这是假冒伪劣产品仍然购买,所以不符合欺诈。也有些学者认为,欺诈行为主要是讲经营者的欺诈行为，只要经营者故意告知虚假情况或者故意隐瞒真实情况即可，不需要消费者必须陷入错误并做出意识表示。这就是第二个争议。第三个争议是如何证明或者由谁来证明经营者的故意？有些学者认为，“谁主张谁举证”，如果消费者说经营者构成欺诈，那么消费者就应该举证证明。但是消费者怎么能证明经营者是故意的呢？这是很困难的。所以有学者认为，应由经营者自己来举证证明没有欺诈的故意。这两种观点又是截然相反的。就我个人对知假买假的理解，我认为惩罚性赔偿从功能上来说对经营者是惩罚与威慑，其目的是让经营者付出额外的赔偿，从而惩罚他的违法欺诈行为；同时也威慑所有的经营者不要再采取欺诈行为。但是，正如后面可能要提到的，实际上在我国的法律体系中，对于违法行为的惩罚与威慑主要是靠罚款制度，而惩罚性赔偿的对于经营者的惩罚功能实际上是非常有限的。同时，惩罚性赔偿对消费者来说主要是起到一个奖励作用，奖励消费者提起诉讼或者跟经营者交涉，从而让经营者付出成本，更主要是让消费者获得额外的奖励。

从这一角度来看，我认为王利明教授和梁慧星教授的观点的对立存在一个前提：到商场买东西的人只有两种人，一种买回家消费，一种买回去转手倒卖、赚钱盈利。但实际上，王海这种知假买假者，他既不是为了买回家消费，也不是为了转手倒卖，而是为了退货赔钱，那么这种知假买假者为了退货赔钱而做出的购买行为，显然是立法者在立法的时候没有预料到的。所以，如果把他解释为“消费者”，是因为他不属于转手倒卖；如果把他解释为不是消费者，是因为他不是为了生活消费，这都是两分法的解释结果。可是知假买假属于第三种，这第三种人是立法者没有预料到的，因此这实际上是一个法律漏洞。那么这个法律漏洞如何来填补呢？那就是必须把他解释为“消费者”或者是“经营者”。我认为，按照法律漏洞补充的方法，他应该解释为“消费者"。而依照我们前面讲的惩罚性赔偿的功能，如果是为了惩罚经营者的违法行为，那么就不需要考虑消费者是否明知，因为主要是为了惩罚经营者；如果是考虑为了奖励消费者，那么消费者越是明知，越应该得到奖励，因为不知道是假冒伪劣的消费者根本就不可能提起诉讼。所以从惩罚的功能来讲，不需要考虑消费者的主观是否陷入错误而做出意思表示；从奖励消费者的功能来讲，消费者越是明知，越要奖励和肯定。

所以我认为对知假买假者应当纳入"消费者"的范畴，应当适用第四十九条的惩罚性赔偿。与此同时，我们对知假买假者的消费者身份的界定、欺诈行为是两要件还是四要件的解释都要考虑到《消费者权益保护法》的立法意图，即为了发动广大消费者打击假冒伪劣，跟政府的打假一起共同维护市场秩序、共同打击假冒伪劣行为。所以，对于知假买假者适用惩罚性赔偿实际上应当是给予肯定的。当然，这是我个人的解释。

四、制度的强化：修法与拓展

但是，尽管惩罚性赔偿在实施过程中有这么多的争议、矛盾、分歧，我们的法律制度依然朝着肯定、拓展惩罚性赔偿制度的这条道路继续前行。2009年《食品安全法》第九十六条第二款规定了食品领域的惩罚性赔偿。大家知道，2009年制定《食品安全法》的一个重要的背景是三鹿奶粉三聚氰胺事件，全国几十万婴儿因为吃了含有三聚氰胺的奶粉而患上肾结石、尿道结石。这个事件不仅严重打击了我国的奶粉产业，也对我们广大人民群众对于食品安全的信任产生了严重的威胁。所以，全国人大常委会制定《食品安全法》的时候，第九十六条第二款不仅明确规定了惩罚性赔偿，而且加大了惩罚性赔偿的力度。它规定："生产不符合食品安全标准的食品或者销售明知是不符合食品安全标准的食品，消费者除了要求赔偿损失外，还可以向生产者或者销售者要求支付价款十倍的赔偿金。”

从1993年《消费者权益保护法》的一倍到2009年《食品安全法》的十倍，我们可以看到，立法者就是希望通过惩罚性赔偿制度来打击食品安全领域的问题，保障我们的食品安全。

同时，2009年制定的《侵权责任法》第四十七条也明确提到了“惩罚性赔偿”这个词。因为我们在《消费者权益保护法》和《食品安全法》里面都没有提出“惩罚性赔偿”这个概念。而2009年《侵权责任法》第四十七条规定：“明知产品存在缺陷仍然生产、销售，造成他人死亡或者健康严重损害的，被侵权人有权请求相应的惩罚性赔偿。”大家注意，《侵权责任法》对于这一条跟《食品安全法》和《消费者权益保护法》是不一样的，即提出了“相应的惩罚性赔偿”。如何理解“相应的惩罚性赔偿”，为后来的立法预留了空间。

2013年10月，经过20年的《消费者权益保护法》的实施以及经验教训的总结，我们全面修订了《消费者权益保护法》，原来的第四十九条修改成现在的第五十五条第一款。这一条规定：“经营者提供商品或者服务有欺诈行为的，应当按照消费者的要求增加赔偿其受到的损失，增加赔偿的金额为消费者购买商品的价款或者接受服务的费用的三倍；增加赔偿的金额不足五百元的，为五百元。法律另有规定的，依照其规定。”第五十五条第二款则是关于产品责任的，如果大家把它跟我们前面讲的《侵权责任法》第四十七条联系起来，你就会发现该款对“相应的惩罚性赔偿”做了一个具体的规定，即“经营者明知商品或者服务存在缺陷，仍然向消费者提供，造成消费者或者其他受害人死亡或者健康严重损害的，受害人有权要求经营者依照本法第四十九条、第五十一条等法律规定赔偿损失，并有权要求所受损失二倍以下的惩罚性赔偿”。也就是说，这一条把《侵权责任法》第四十七条具体落实了下来。

总结2013年《消费者权益保护法》的修订，大家可以体会到，一方面，第五十五条第一款继续强化了原来第四十九条的惩罚性赔偿，从一倍改为三倍，并规定了最低限额为500元，这样用来解决小额商品对消费者奖励不足、对违法者惩罚不够的问题；同时，第五十五条第二款又有了一个变化，这个变化就是不再是固定于商品价款，而是以所涉损失为基数来计算惩罚性赔偿；第三，还有一个问题继续模糊，就知假买假者究竟属不属于“消费者”，对此《消费者权益保护法》没有做任何的回应，即回避了这一问题。

为什么回避上述问题呢？全国人大常委会法工委对这个问题做出了如下解释：“对于知假买假者的行为是否纳入《消费者权益保护法》的调整范围，理论上和实践中都存在较大争议。”关于知假买假的行为是否适用《消费者权益保护法》，他们说：“我们在修改过程中做过深入的调研，但各方面对这个问题有不同意见，争议很大。因此，这次修改没有就这个问题做具体的规定。”那么未来就这一问题应该怎么办呢？法工委认为，实践中，行政执法部门或者司法机关遇到相应纠纷，可以按照《消费者权益保护法》第二条规定的原则，根据案件的具体情形作出处理。那么这样必然会产生不同的做法。法工委认为，这样一个实践的过程就是不断总结经验的过程，对于知假买假这一类争议较大的问题来说，在实践的过程中大家慢慢统一认识、形成相当的共识以后，再通过立法予以明确。

于是，大家知道全国人大常委会法工委在2013年《消费者权益保护法》修订过程中回避知假买假者的问题，就必然隐含着法院、行政执法机关、学者、媒体和社会大众对知假买假问题持续的争议，甚至到了意见严重对立和有可能引起社会撕裂的程度。

我们来看最高法院（即最高人民法院——编者注）的态度。《消费者权益保护法》在2013年10月份修订以后，最高法院在2013年12月做出了一个司法解释，即《审理食品药品纠纷案件适用法律若干问题的规定》，其中规定，“购买者向生产者、销售者主张权利，生产者、销售者以购买者明知食品、药品存在质量问题而仍然购买为由进行抗辩的，人民法院不予支持。”也就是说，食品、药品领域的知假买假法院是支持的。

接着，2014年1月，最高法院又发布了第23号指导案例。这个指导案例的原型案例是由江苏南京江宁区法院审理的。一个消费者到超市去买香肠，发现货架上的香肠过几天就到期了，他就放了回去，没有买。等过了保质期后，他再来买，看到货架上过保质期的香肠还在，于是他就买了10包香肠，共500多元，买完后到超市去结账、开发票，然后立马就到退货柜台去退货了。按照《食品安全法》第九十六条的规定，销售者销售明知是不符合食品安全标准的食品，那么消费者就可以要求十倍赔偿，于是其要求超市赔偿5000元，超市不赔，于是消费者就把超市告到法院。法院审理过程中，超市主张消费者知假买假。对此法院支持了消费者。这个案件后来上报到最高法院，最高法院就把它作为指导案例发布了。最高法院在发布这个指导案例的时候，它的裁判要点是这样说的：“消费者购买到不符合食品安全标准的食品，要求销售者或者生产者依照食品安全法规定支付价款十倍赔偿金或者依照法律规定的其他赔偿标准赔偿的，不论其购买时是否明知食品不符合食品安全标准，人民法院都应予以支持。”

所以，最高法院通过一个司法解释和一个指导案例，确定了食品药品领域知假买假者的消费者地位。于是，2013年的《消费者权益保护法》的修订、2013年最高法院的司法解释和指导案例就继续使得知假买假这个领域迅速发展。食品药品领域，尤其食品领域中知假买假的现象就变得非常普遍了，而且逐渐酝酿出了“职业打假人队伍”。他们专门针对食品，只要发现食品不符合食品安全标准就去索赔或者告到法院。而由于食品安全标准的内容比较多，包括标签也是有食品安全标准的，那么标签上如果标得不到位，有可能就违反食品安全标准，于是就催生出大量的诉讼。

2015年，全国人大常委会修订了《食品安全法》，这个《食品安全法》第一百四十八条第二款相对原来的《食品安全法》来说有了一些变化：第一，继续强化食品安全领域的惩罚性赔偿。一方面继续规定价款十倍，同时又规定了最低赔偿额，即增加赔偿的金额不足一千元的，按照一千元赔偿。第二，增加了“损失三倍的赔偿金”这一选择，也就是引入了以损失作为惩罚性赔偿金的基数。第三，第一百四十八条第二款还增加了一个但书，这个但书就是为了遏制职业打假人的，即有人认为的“毫无实质意义的打假”。它这样规定：“但是，食品的标签、说明书存在不影响食品安全且不会对消费者造成误导的瑕疵的除外。”也就是说，这个标签和说明书有瑕疵——有遗漏或者标错等，但是它如果不影响食品安全，而且不会对消费者造成误导的话，这种情况就不适用《食品安全法》的这个惩罚性赔偿了。

所以大家可以发现，2015年的《食品安全法》对于惩罚性赔偿的修订一方面继续强化，另外一方面，开始有效地遏制所谓的“职业打假人”，引导职业打假人去针对那些影响食品安全且容易误导消费者的食品进行“打假”。

与此同时，除了在原来的消费者权益保护、食品安全法以及产品责任这些领域规定惩罚性赔偿以外，2013年以来又有很多的法律适用惩罚性赔偿，规定了惩罚性赔偿金制度。比方说2013年《旅游法》第七十条中就这样规定：“旅行社具备履行条件，经旅游者要求仍然拒绝履行合同，造成旅游者人身损害、滞留等严重后果的，旅游者还可以要求旅行社支付旅游费用一倍以上三倍以下的赔偿金。”显然这个《旅游法》就是根据我们大家在旅游实践中，尤其是跟团旅游领域的各种损害消费者利益的行为制定的，通过给旅行社以惩罚性赔偿来遏制惩罚他们的违法行为。

2013年修订的《商标法》的第六十三条规定：“恶意侵犯商标专用权，情节严重的，可以在按照上述方法确定的数额的一倍以上三倍以下确定赔偿数额。”那么这个显然就是惩罚性赔偿金制度。

到了2017年《民法总则》第一百七十九条第二款明确规定：“法律规定惩罚性赔偿的，依照其规定。”大家知道这意味着什么吗？意味着今后只要立法者，即全国人大或者人大常委会认为需要规定惩罚性赔偿，就可以通过法律来规定。这样就可以应对未来所有需要规定惩罚性赔偿制度的立法。

五、争论的深化与司法的应对

随着这样的一种全面的拓展和惩罚性赔偿倍数的增加，大家可以看到，随着职业打假人或者职业索赔人队伍的壮大，我们对职业打假、知假买假能不能适用惩罚性赔偿继续着争论的深化和意见的对立。实践中现在基本上是这样：对食品药品类给予支持，因为这是最高法的司法解释明确规定的。但是，实践中很多法院有这样的情形：第一，《食品安全法》第一百四十八条第二款有一个但书，即对于商品的说明书、标签那种不影响食品安全的瑕疵不适用惩罚性赔偿。第二，对于初次购买的往往给予惩罚性赔偿，但是如果同一个消费者针对同一种食品或者同一种药品反复购买，法院往往不给予惩罚性赔偿。所以现在有很多法院根据大数据发现同一个消费者已经在本地或者全国各地针对同一种商品打了很多惩罚性赔偿诉讼，法院往往把他认定为职业打假人或者职业索赔人，从而不给予支持。不给予支持的理由包括：是否为了“生活消费”、是否为了“盈利”、是否属于“消费者”等等。

但对于药品食品类以外的其他商品，适用《消费者权益保护法》第五十五条的，现在法院往往从两个角度进行认定：一个是严格认定“欺诈”构成要件，这个我们后面会说到。第二个仍然是把当年争议中的一种观点拿来用，即购买商品究竟是不是为了生活消费，如果不是为了生活消费需要，就不把他作为一个消费者对待。这是知假买假问题。

现在司法实务中还出现另外一种现象，就是大额商品与惩罚性赔偿的适用问题。比方说汽车，2014年在贵州发生的一个案件典型地说明了司法实务对这个问题的立场的变化。

这个案件是：2014年的时候，有一个公司老板叫杨代宝，他向贵州的新贵兴汽车销售有限公司购买了一辆宾利轿车，价值550万元。到了2016年，杨代宝发现他的这辆车在交给他之前有维修记录。这个维修记录涉及两处，一个是车的左前门漆面受过损伤，损伤以后被重新抛光打蜡了，也就是在卖给他之前实际上是经过维修的。同时，车厢里的遮阳窗帘也有不正常声音，也就是曾经有过问题。汽车销售公司并没有将这两个维修记录告知杨代宝，于是杨代宝觉得自己被欺诈了，随后就向法院提起了诉讼，要求退车返还550万元，另外惩罚性赔偿550万元的3倍，即1650万元。

2017年，贵州省高级人民法院一审判决构成欺诈，撤销合同，退还车款，车要还给公司，同时三倍赔偿1650万，即支持了原告消费者。2018年，最高法院第五巡回法庭二审判决本案不构成欺诈，认为这些小瑕疵既不影响汽车安全，又不影响汽车美观，所以不构成欺诈。但是因为汽车公司没有告知这一情况，因此这一点构成侵犯知情权，侵犯知情权判定赔偿11万元。杨代保不服，向最高法院本部提起再审申请。最高法院维持原判，驳回了他的再审申请。最高法院的理由是：漆面处理属于新车交付前合理的整理行为，这种行为显著轻微，不涉及消费者的人身健康和安全，也几乎不涉及实质性的财产利益。所以，新贵兴公司没有告知的行为是没问题的，也不侵犯知情权。但是因为交付前电动窗帘有问题，更换了窗帘总成，这个局部轻微修复措施会对杨代保买新车宾利的消费心理和财产利益产生一定影响，所以汽车公司应该告诉他而没有告诉他，侵犯了知情权。而就这个知情权赔偿11万是合理的，所以维持了二审法院的判决。

这个案件对我们广大消费者来说意味着什么呢？第一，将未告知相关信息是否构成欺诈区分为了两种：一种是构成欺诈，一种是不构成欺诈但是侵犯知情权。那么侵犯知情权以后怎么赔偿呢？不再是按照汽车价款的3倍，本案中赔偿款是11万。那我们研究判决书之后会发现，该案中窗帘的市场价是38000元，38000的三倍相当于11万左右。于是大家可以发现最高法院的思路是什么呢？因为汽车总价的三倍赔偿太昂贵了，赔偿1650万显然不太公平，于是就把欺诈行为的赔偿基数从原来汽车的总价款实际上改变为实际损失，即按照窗帘的市场价来计算。

最高法院2019年的这个判例发布以后，对全国法院立即产生了很大的影响。我这里面只举三个案例，都是2019年以后的。铜仁中院一辆路虎汽车买卖案件中，二审法院把一审法院的三倍赔偿判决撤销了，其中一个重要的依据就是最高法院的杨代保案件。杭州中院在奥迪汽车案件中也是一样，保险杠维修过的信息没告诉消费者，原来的法院说构成欺诈，杭州中院说不构成欺诈，就只赔偿一个鉴定费。嘉兴中院审理的一个日产汽车买卖的案件，合同签订买的是2019款，但实际上交付给他的是2016款，原告说构成欺诈，一审法院也判三倍赔偿，但嘉兴中院撤销了一审判决，认为这个不构成欺诈，只是赔偿保险费等损失，另外再补偿8000元。

换句话说，杨代保案件意味着从最高法院开始，对于欺诈构成要件中的信息内容做了很严格的区分。于是就在适当程度上缓和了我们对惩罚性赔偿，尤其是巨额赔偿款公平性的一种忧虑。此外，这几年来很多法院探索了各种各样的方法，这个方法的核心就是避免把汽车价款总数作为赔偿基数来计算三倍。比方说，2019年吉林辽源中院认为，未告知保险杠修理的信息是按照汽车价格的减少来进行赔偿。什么叫汽车价格减少呢？如果没有修理保险杠的纯新车，跟保险杠修理后这个车贬值后的价格，就其中的差额进行赔偿。

当然，尽管这个判决被吉林高院撤销掉了，但至少说明有些法院是按照实际损失来进行赔偿的。

2019年吉林省白市中院有一个判决也是这样的。法院认为，法律规定的惩罚性赔偿是汽车价款的三倍，但是本案中，未将汽车前引擎盖以及一些侧门重新喷过漆的情况告诉消费者只是局部欺诈，局部欺诈就只能赔汽车价款的一倍而不是三倍。当然这个判决最后也被吉林高院撤销了。吉林高院认为，按照法律规定必须是整车价款的三倍，擅自改为一倍是不合法的。但至少说明很多法院都想方设法来降低三倍的赔偿款。

此外，在武汉法院的一个案例中，汽车交付前补过油漆，武汉中院说惩罚性赔偿的计算标准不能以整车价值来作为依据，而应该按照汽车质量瑕疵部分的价值来判断。也就是说按照整车重新做油漆的价值来判断，汽车重新做油漆大概为1.7万元，就按这个1.7万元来赔。后来，湖北高院撤销了这个判决，认为汽车重新烤漆不构成欺诈，但是消费者确实有损失，只构成违约，所以惩罚性赔偿只能赔偿汽车价款的20%。这个汽车的总价款是95万元，所以20%大概是19万。

总而言之，从前面的争议中大家会发现，随着《消费者权益保护法》第五十五条第一款把惩罚性赔偿从基数的一倍提高到三倍，使得汽车这种大额商品的领域一旦构成欺诈，惩罚性赔偿数额就会相当之巨大。很多法官就觉得这不符合公平，于是进行各种各样的处理，尤其以最高法院杨代保案为例，把有些所谓轻微瑕疵的欺诈界定为侵犯知情权，然后以侵犯知情权来进行赔偿，这样似乎平衡了汽车销售者和消费者之间的利益关系。

六、制度的扩大：全面适用

尽管有各种各样的知假买假或者巨额赔偿的问题，我国的惩罚性赔偿制度仍然在全面地扩大。正如我在一开始提到的，2020年《民法典》第一百七十九条是把原来2017年《民法总则》的规定移过来的,即只要法律想规定，都可以规定惩罚性赔偿。第一千一百八十五条针对的是侵犯知识产权的行为。第一千二百零七条就是我们前面讲的产品责任，明知产品存在缺陷仍然生产销售，造成他人死亡或者健康严重损害的，有相应的惩罚性赔偿。第一千二百三十二条是对故意污染环境、破坏生态的，进行惩罚性赔偿。

2019年、2020年这几年我们的知识产权法领域全面地规定了惩罚性赔偿。2019年《商标法》规定："对恶意侵犯商标专用权，情节严重的，可以在按照上述方法确定数额的一倍以上五倍以下确定赔偿数额。"后面的法律基本上都是按照这种模式来制定的，比方说《反不正当竞争法》第十七条第三款中规定："经营者恶意实施侵犯商业秘密行为，情节严重的，可以在按照上述方法确定数额的一倍以上五倍以下确定赔偿数额。"《著作权法》规定，故意侵犯著作权的，惩罚性赔偿为一倍以上五倍以下。《专利法》规定，故意侵犯专利权的，惩罚性赔偿为一倍以上五倍以下。

那么这里面所谓的"一倍以上五倍以下"，它的基数是什么呢？下面我以《专利法》为例进行说明。侵犯专利权的赔偿数额按照权利人因为被侵权受到的实际损失，也就是专利权人的损失，或者侵权人的获得的利益进行计算。如果权利人的损失和侵权人的获益都难以确定的，按照专利的许可使用费的倍数合理确定。也就是说《专利法》中专利侵权的损害赔偿额有三种计算方法：专利权人的损失、侵权人的所获利益或者专利许可使用费的倍数。这三种的任何一种被确定以后，对故意侵犯专利权的，按照这个确定额再进行五倍以下赔偿。大家注意，按照这个规定，实际上惩罚性赔偿就相当于是一倍以上四倍以下。

我们发现，全面规定并实施了知识产权惩罚性赔偿以后，现在又出现了新的问题，这也是我们这几年来法院、学术界争议的一些话题。

第一个话题就是与法定赔偿的关系。大家可以看到，以《商标法》为例，第六十三条第一款讲的就是补偿性赔偿和惩罚性赔偿的问题。侵犯商标专用权怎么赔呢？应当按照商标权人的损失，或者侵权人的所获利益，或者是商标许可使用费的倍数。故意侵犯商标权的要进行惩罚性赔偿。而第三款说，如果无法确定实际损失，侵权所获利益或者注册商标许可使用费也难以确定的，也就是上面三种都无法确定的怎么办呢？法院根据侵权行为的情节判决给500万元以下的赔偿。第三款规定叫“法定赔偿”，也就是说，原告有多少损失，被告又赚了多少钱都没办法计算，或者商标许可使用费也无法确定，此时法律规定法院直接在500万元以下确定，这叫“法定赔偿”。那么现在的问题是，惩罚性赔偿可否以法定赔偿额为基数呢？如果原告损失难以确定，被告所得难以确定，商标的许可使用费也难以确定，那么原告就能获得的是法定赔偿。但如果被告是故意侵权的呢？能不能按照法定赔偿确定的基数再来算惩罚性赔偿呢？法院实践中有不同的看法，学者也有不同的观点。那么现在最高法院2021年的司法解释认为是不能的，还是应该按照第六十三条第一款确定的三种方式来计算惩罚性赔偿的数额。第二，能否同时判处法定赔偿与惩罚性赔偿呢？我们认为当然是不可以的。但现在有些法院就是既有惩罚性赔偿又有法定赔偿，我认为这个做法是违反《商标法》第六十三条的。第一款规定的是惩罚性赔偿和补偿性赔偿，第三款规定的是当补偿性赔偿没法计算的时候，再来直接进行法定赔偿的计算。第三，法定赔偿能否超过500万元呢？有些法院说，我这个案件中的侵权行为情节要判决500万元以上的法定赔偿。我认为这完全直接突破了《商标法》制定的条款。虽然有些法院现在也这么做，但我认为是不合适的。

第二个话题就是惩罚性赔偿和罚款的关系。商标侵权，按照《商标法》

第六十条的规定，工商行政管理部门是可以处以罚款的。罚款的金额是多少呢？违法金额经营额5万以上，可处以违法经营额五倍以下的罚款。比方说，我卖假冒的LV包，仓库里面进的货一共有10万元，那么违法经营额就是10万。这个10万的罚款是多少呢？五倍以下的罚款即50万元以下。与此同时，商标权人又来告我，如果这50万我已经赚了10万，他又可以有惩罚性赔偿。这样一来，惩罚性赔偿和罚款加在一起，是不是惩罚过度呢？

《著作权法》也是如此。《著作权法》规定，有下列侵权行为的，除了承担损害赔偿，还可以处以罚款，这个罚款也是违法经营额一倍以上五倍以下的罚款。

所以我们说，罚款和惩罚性赔偿好像都是为了惩罚的，那么两种是否能同时适用呢？最高法院2021年的司法解释认为，同一侵权行为已经被处以行政罚款或者刑事罚金，而且执行完毕的话，被告主张减免惩罚性赔偿责任的，法院不予支持，但是确定惩罚性赔偿数额的倍数的时候，可以综合考虑。这个说法在我看来是自相矛盾的。实质上当然可以予以考虑，当罚款数额很多的时候，惩罚性赔偿当然应该要减少。司法解释的意思是，不要减少基数，而要减少倍数，但这实际上也就意味着（数额）减少了。因此这也就意味着，不能不考虑罚款和惩罚性赔偿金的关系。因为如果巨额的惩罚性赔偿再加上罚款有可能真的会导致惩罚过度，而且关键是产生威慑过度。威慑过度会产生什么坏的效果呢？因为知识产权领域都是创新的，一个商标、一个技术、一个作品是否侵犯别人的知识产权呢？不一定，它本身就有很多不确定性。如果威慑过度，就会导致人们不敢去创新，从而真正扼杀创新，因此并非处罚得越重就越好。所以我们在打击知识产权侵权的同时，还要鼓励创新，给创新以自由和空间。

七、结论与启示

最后跟大家谈一下我的一些启示和结论，当然这仅仅是我个人的一些结论，不一定正确，还有谈一下我30年考察的一些启示。

第一，我国现行法律制度中的惩罚性赔偿实际上有两种模式，一种是以商品价款为基数的惩罚性赔偿，包括《消费者权益保护法》第五十五条第一款，《食品安全法》第一百四十八条第二款，还有《旅游法》。这种以商品价款为基数进行惩罚性赔偿的，在实践中容易产生知假买假或者直接索赔，因为赔偿的数额是确定的。而且，还会产生数额过大的担忧。汽车、商品房这种巨额的商品，它的三倍或者十倍的惩罚性赔偿容易产生过大数额，大家就会觉得不太正当。还有一种以实际损失为基数的惩罚性赔偿，例如《消费者权益保护法》第五十五条第二款、《食品安全法》第一百四十八条第二款，还有《知识产权法》等等。它存在的问题，正如我们前面讲的，主要是与罚款的关系。因为以实际损失为基数，有可能这个实际损失也是数额相当大的，五倍以下有可能是巨额的惩罚性赔偿。而同时又会承担巨额的罚款，甚至是判刑以后的罚金，这样一来如何处理好它们之间的关系就成为一个问题。另外一个就与法定赔偿的关系。

第二，要讨论的是《消费者权益保护法》第五十五条第一款，也就是大家讨论的知假买假的根源，它可能的走向。我个人认为有两种发展方向，最后怎么选择要看立法者。第一种发展方向是维持现状，仍然是商品价款的三倍或者十倍。原因是打击假冒伪劣、欺诈行为在我们当前的市场下仍然任重而道远。同时，固定的惩罚性赔偿金，尤其是价款三倍有助于激励消费者，因为消费者打官司的时候就知道可以获得多少的惩罚性赔偿。而且退一赔三已经成为社会的共识，大家都知道欺诈者要退一赔三，从而形成巨大的社会威慑。此外，我们相关的制度在一定程度上可以遏制所谓的“职业打假”“知假卖假”。

比方说，关于“欺诈”，我国最高法院对《民事诉讼法》的司法解释规定，欺诈的证明标准是“排除合理怀疑”，也就是跟刑事犯罪的证明标准一样。这样一来，就使得很多行为从诉讼法、证据法的层面上不一定能被认定为“欺诈”，从而就可以避免使用三倍赔偿。我国有些法院的判决就已经用证明标准来否定欺诈。还有，杨代宝案告诉我们，最高法院的一个思路就是，有些信息的未告知不被认定为欺诈，从而就不会再适用惩罚性赔偿条款，这是一种，即维持现状。

还有一种可能的发展方向是改革现在的制度，把以商品价款作为基数改为以实际损失或者是补偿性赔偿作为基数。这是为什么呢？第一，以实际损失为赔偿基数可以从根本上消除知假买假和职业索赔人。我们现在之所以有职业打假和知假买假，就是因为以商品价款为基数，所以如果把这个改了，就根本没有职业打假人了。第二，从制度正当性上来讲，惩罚性赔偿与补偿性赔偿应当是存在合理关系的。美国的惩罚性赔偿就是这样，我国台湾地区的“消费者保护法”也是这样的，即根据实际损失来确定惩罚性赔偿的倍数。另外，我们近年来司法裁判的实务导向实际上都是把《消费者权益保护法》第五十五条第一款“以商品价款为基数”想方设法替换为“以实际损失为基数”。另外，我们其他的制度已经可以有效地共同遏制欺诈、假冒伪劣等行为。比方说，随着行政执法力度的加强，行政处罚到位的话，可以对假冒伪劣、欺诈行为构成重大的威慑。与此同时，消费者协会、人民检察院可以提起消费民事公益诉讼，有效地弥补了长期以来普通消费者对假冒伪劣行为提起诉讼动力不足的问题。同时，我们可以通过完善健全举报奖励制度，使得行政执法机构有更多的信息来惩罚欺诈者、假冒伪劣者。

所以，谈到这里我们可以思考这样一个问题：我们借鉴的是美国的惩罚性赔偿制度，那么美国惩罚性赔偿制度里面有没有职业打假人、有没有知假买假的呢？按照我个人的阅读和对美国判例的研究，基本上没有的。原因是什么呢？因为美国惩罚性赔偿是以实际损失为基数的，除了那些高水平的碰瓷者，否则不可能以实际损失为基数获得惩罚性赔偿。

当然，美国在部分别的领域有职业索赔人，例如残疾人法领域。1990年美国制定了《美国残疾人法》，对各个企业，特别是公用企业的设施提出了具体的要求，要达到保护残疾人的利益的要求。但是，一般企业往往做不到。于是有一个残疾人就天天去这种企业里转悠，一旦发现公共设施有不符合残疾人法的要求，就提起诉讼。但是美国法没有规定提起这种诉讼可以获得赔偿，而只是规定了判给胜诉方律师费。于是这个残疾人就跟他一个做律师的朋友合作，两个人共同去打官司，打赢了获得律师费，然后两个人分摊，一年年收入达到了80万美元。这就是职业索赔人。所以大家会发现，只要有个固定的赔偿款，就有可能催生职业打假、职业索赔。

最后，这30年制度的变迁给我们什么启示呢？"法律的生命在于经验而不是逻辑"，这是美国著名大法官霍姆斯的名言。我们的惩罚性赔偿制度不是事先设计出来的，不是按照民法的逻辑推演出来的。按照大陆法系的逻辑，根本不应该承认惩罚性赔偿。但我们为什么要有这样的制度呢？因为我们为了满足社会的需要，社会需要打击假冒伪劣和欺诈行为，于是就推动了这个制度的建立和发展。到今天我们全面确立惩罚性赔偿制度也是一样，知识产权领域我们要打击知识产权侵权，要支持自主知识产权的创新，这个时候必须打击侵权行为。我们建立生态文明，所以要打击污染环境、破坏生态的行为，那么这些都需要通过确立惩罚性赔偿制度去加大惩罚力度，同时鼓励出现更多的举报者、更多的诉讼者。

当然，惩罚性赔偿发展到今天，像《消费者权益保护法》第五十五条所规定的以商品价款为基数的三倍赔偿需不需要改革呢？我觉得可能确实是需要的。不同发展阶段需要不同的制度，新的时代要提出新的惩罚性赔偿制度的需求，所以要与时俱进。另外，法律制度的发展变化有些规律，我们不能苛求法律制度，任何法律制度都有弊端，我们不能因为它有弊端、有极端的个案就来否定整个制度的价值。而一个制度往往会随着社会的发展以及其他法律制度的发展而变迁完善。

在这1小时20分钟的时间里，我跟各位一起回顾总结了惩罚性赔偿制度30年的制度变迁，当然不一定正确，请大家批评指正。谢谢。

【主持人】高诗琪：

感谢李友根教授给我们深入浅出地讲解了惩罚性赔偿制度在我国的发展历程。我们的评论区的朋友们可以跟李教授互动留言，我们也有一些问题想要去请教我们的李教授。

首先，第一个问题：《民法典》首次在环境侵权领域引入惩罚性赔偿，《民法典》内已有的惩罚性赔偿条款暂未对“故意”的含义做出具体的界定，想请教您是怎么理解的？其中包含哪些主观的因素呢？应当如何清晰化解读？

【主讲老师】李友根：

“故意”在法学领域中是一个比较常见的概念，尤其在刑法中就对“故意”做了一个完整的解释，有直接故意，有间接故意。所谓的“故意”往往是指明知该行为会产生危害社会的后果，但是希望或者放任这样的结果的发生，这种主观状态就被称为是“故意”。实际上，在惩罚性赔偿领域，大家对

“故意”的理解一般来说不太会有分歧和争议。可能会有的最主要的问题是我们的《商标法》中规定的是“恶意侵犯商标专用权”，而《民法典》中规定的是“故意侵犯知识产权”，所以最高法院在2021年的司法解释里面就说了，《民法典》中的“故意”包括了“恶意”，换句话说现在的“恶意”也是一种“故意”，这样一来就把整个《民法典》知识产权领域或者说《民法典》领域的侵权行为都统一为“故意”这样的主观状态。

【主持人】高诗琪：

好的，谢谢我们李教授的解答。

第二个问题：现代社会飞速发展，数字产品、人工智能领域会不会应用到惩罚性赔偿条款？如果应用到，那会不会对我们的创新造成阻碍呢？

【主讲老师】李友根：

第一，我们现有的惩罚性赔偿制度实际上对于你刚才讲的这种未来的产品都是适用的，商标、专利、著作权领域可能发生的侵权，只要是故意的话，都可以适用惩罚性赔偿。那么对消费者来说，提供这种商品又有欺诈的，有可能也会适用惩罚性赔偿。

第二，如果这些产品未来非常具有特殊性，又无法适用我们前面讲的这些已有的惩罚性赔偿制度，那么全国人大或者人大常委会觉得有必要，也可以在单独的立法中规定对这类产品适用惩罚性赔偿。

第三，对这种创新的产品适用惩罚性赔偿是否会扼杀创新呢？我觉得分两个方面。一方面，如果完全满足法律制定的惩罚性赔偿的适用条件，那么就应该适用，因为惩罚违法实质上也就是鼓励和保护创新。第二个方面，需要注意的是，正如刚才前面讨论到的，边界比较模糊、主观状态又不是这种故意甚至恶意的话，如果这种惩罚性赔偿如果数额过于巨大，从而可能违反过罚相当原则的，那么我们应当尽可能降低惩罚性赔偿的额度，或者审慎使用惩罚性赔偿。因为创新是一个民族发展的动力，法律应该是鼓励、保护创新，当然也要严厉打击违法，这是一个辩证的关系。

【主持人】高诗琪：

好的，谢谢李教授。我们的互动区中有网友提出了一个比较有意思的问题。问题是这样的：李教授，如果他不是本人去购买东西，他让机器人去代替我们购买东西，然后发现产品可能有问题，您觉得那这样我们可以享受《消费者权益保护法》的这种赔偿吗？

【主讲老师】李友根：

这或许是在未来的世界里发生的问题，因为在现在的世界中，如果我是一个商店营业员，真的有一个机器人来的话，那么我肯定要找到他背后的被代理人。机器人最多就是一个“代理机器”，甚至还不是“代理人”。所以这个问题可能实际上要问的是下面这种情况：如果张三发现这个商品是假的，然后让李四替自己去购买，而李四并不清楚这个商品的真假，此时可以有效地回避所谓的知假买假吗？其实现在的很多职业打假人就是这么干的，在这种情况下，商家如果没有足够的证据，那么实际上仍然需要适用惩罚性赔偿。当我们在法院判决书里写清楚这些事，那么实际上这个事情已经解决了。

所以您刚才举的机器人的例子过于高科技和前沿了，现实生活中就派一个其他人就可以了。

【主持人】高诗琪：

好，谢谢李教授。还有观众朋友提问说：您觉得我国还有哪些领域可以引入惩罚性赔偿制度？比如个人信息保护方面可以吗？

【主讲老师】李友根：

个人信息保护领域理论上当然可以引入惩罚性赔偿制度，但是我个人认为没有必要。原因是什么呢？个人信息领域连补偿性赔偿都难以获得，也就是连基数都没有，何谈惩罚性赔偿呢？换言之，当补偿性赔偿基数为0的时候，即使惩罚性赔偿1000倍，最终还是0。所以我个人曾经有一个观点，个人信息保护领域需要引入的是法定赔偿制度，每侵犯一个人的个人信息就赔偿1000块钱人民币，不论有没有损失，这样一来才可以真正解决个人信息领域的普遍性的侵权问题。因为按照现在《个人信息保护法》的规定，我们个人信息领域受到的损害并没有什么财产损失。比方说，你的手机号码被泄露给别人了，你要说有多少损失是很难的。在我们现在的司法实践中，一条信息可能卖2毛钱或者2分钱，这算我们的损失吗？如果说是精神损害，按照《民法典》的规定，必须达到“严重的精神损害”。如果说我的身份证号码被人家泄露了，使我整天焦虑，这种焦虑能不能认定为精神损害呢？在我们现在的《民法典》下，很难认定为"严重的精神损害"。所以既不可能获得精神损害赔偿，也没有什么经济损失。现在我们连补偿性赔偿都赔不了，所以我觉得可以借鉴美国法。美国法就规定这种个人信息每损害一次，就法定赔偿500美元或者1000美元，这样一来对于大量侵犯他人个人信息的违法者来说，如果是出卖1万条个人信息，那么按照一个人赔1000块钱就是1000万，这远比惩罚性赔偿更实用。所以我赞同你的观点，就是总而言之希望加大惩罚力度，增加侵害个人信息的违法成本来保护个人信息。但是我个人认为，最有效的是法定赔偿制度。

【主持人】高诗琪：

好的，网友朋友们还是比较热情的，又有新的问题想要请教我们李教授。就是刚刚您在讲座当中讲的行政处罚和惩罚性赔偿共存的情况，它能否效仿刑法的想象竞合则一重的方法，由后一种惩罚补足前一种惩罚的不足之处？

【主讲老师】李友根：

我觉得这种罚款和惩罚性赔偿，因为针对的是不同的主体，惩罚性赔偿是交给民事原告的，而罚款是交给国库的，因此这两者理论上是并行不悖的。但是我们国家现在有这样的规定：第一，如果罚款加惩罚性赔偿罚得这个人快要破产了，那我们的法律规定先追究民事责任，然后再交罚款。第二，理论上是不存在"补足"的，两者是并行不悖的，你罚你的，他赔他的。但是我觉得从制度整体上来讲，我们最主要的就是考虑惩罚性赔偿和罚款，毕竟二者都具有惩罚和威慑的功能，同一个功能的两种不同数额的支付，应该考虑这个违法者本身的过错、他的行为的情节，所以最高法院司法解释里面也说，可以在确定倍数时给予适当考虑。当然这是我的看法，你用刑法的这个理论我觉得也确实很有启发，因为现在用刑法的思维方法来分析民法、行政法的问题，确实是非常有意义的。因为刑法的法教义学相对来说比较发达，所以刑法考虑问题相对来说也比较精细，用来分析惩罚性赔偿的问题，确实也非常有启示。

【主持人】高诗琪：

看来观众朋友还是提了一个非常好的问题啊。还有一位网友朋友说，我们国家赔偿是否适用于惩罚性赔偿？比如一些刑事错案之类的。

【主讲老师】李友根：

按照我的理解，国家赔偿根本就不可能考虑这些问题。因为国家赔偿的赔偿主体是国库，不仅是中国，美国也是一样。美国的政府是不承担惩罚性赔偿的，它当然有各种理论解释，但是至少结论就是我们的国家赔偿法不可能适用惩罚性赔偿。因此，指望国家赔偿适用惩罚性赔偿是不太可能的。而且理论上确实也有观点认为政府不能承担惩罚性赔偿。

【主持人】高诗琪：

好的，还有网友朋友们提问说，您认为《食品安全法》应不应该赋予自由裁量权呢？

【主讲老师】李友根：

您谈的自由裁量权，我理解就是商品价款的十倍或者损失的三倍。《食品安全法》现在是没有裁量空间的，法院就只能按照法律规定的十倍或者三倍。那么为什么我们的制定法没有赋予裁量权，比如规定十倍以下或者三倍以下呢？我个人理解，一方面就是固定惩罚性赔偿的数额。美国惩罚性赔偿是由陪审团确定的，长期以来是上不封顶的，所以遭到美国部分政治家、企业家、法官和学者的严厉的批判。因为这样的惩罚性赔偿是不可预料的，从而为企业带来太大的风险，而这种巨大的风险会扼杀其创新的动力。我认为我们的惩罚性赔偿，特别是（1993年《消费者权益保护法》）第四十九条和（现行《消费者权益保护法》）第五十五条有个优点，就是惩罚性赔偿数额是确定的。一旦数额确定化，消费者就有明确的预期，从而有一个很好的激励；而对违法者来说，他也知道违法行为的成本，那么就可以有效地去遏制他、威慑他。也许在个案中我们会觉得固定的倍数过于僵硬，容易在个案中形成过于巨大的数额，但是如果真正理解惩罚性赔偿的精髓的话，这就是惩罚性赔偿制度的功能。因为被逮住的违法行为往往是大量违法行为的一件，就是所谓“当你发现一个蟑螂的时候，往往不止有一个蟑螂”。当你发现这个企业有这个违法行为，他很有可能有很多成功的违法行为是没被逮住的。所以这个时候，一倍也好，三倍也好，十倍也好，表面上你可能会觉得个案中对于这个企业不公平，但实际上企业也许违法一百次，但只被逮住一次，哪怕是十倍赔偿，企业还赚了九十倍。所以我觉得，我们从总体上来考虑的话，这种固定倍数确实是有优势的。当然你要说未来我们完善立法时要不要把商品价款的固定倍数取消掉，纯粹变成用实际损失作为基数来计算呢？我觉得无所谓哪一种优、哪一种劣，这最后就看社会共识，我觉得都没有问题。以上供你参考。

【主持人】高诗琪：

我相信朋友们还有很多疑问与想法，虽然意犹未尽，但是时间有限。让我们一起感谢李友根教授对提问的耐心解答。

法律的制定是一个从无到有，从不完善到逐步精细化、科学化的过程，惩罚性赔偿制度设立的目的就是要使我们受害的消费者能够把所遭受的实际损失得到补偿，还要让经营者对其欺诈经营行为承担更大的责任，付出更大的代价，产生惩罚的作用，并威慑、警告其他的经营者。总之，净化市场环境，维护消费者的合法权益，营造公平正义的社会风气，我相信是我们每一个人的心之所向。

让我们再次感谢李友根教授为我们带来的精彩讲座，今天的直播课程就到此结束，欢迎大家持续关注南京大学校友终身学习辅助计划。朋友们下期再见！

（文稿整理：樊力争）

诚计划

数智时代组织变革、终身学习与人力资源创新管理

【诚计划】第50期

直播时间

2023年5月16日(周二)　19:30—21:00

直播地点

南京大学鼓楼校区21舍终身教育学院演播室

主讲老师：赵曙明

南京大学人文社会科学资深教授、南京大学商学院名誉院长、南京大学行知书院院长、博士生导师。企业管理国家重点学科学术带头人，享受国务院政府特殊津贴，入选国家“百千万人才工程”(第一、第二层次)，教育部“跨世纪优秀人才培养计划”，江苏省“333高

层次人才培养工程”中青年首席科学家。曾获得教育部人文社会科学研究优秀成果一等奖、教育部首届全国优秀教材一等奖、江苏省哲学社会科学优秀成果一等奖。曾获美国密苏里大学校长最高特别奖章、复旦管理学杰出贡献奖，获评江苏社科名家。

主 持 人：王小娟

南京大学终身教育学院主持人

【主持人】王小娟：

直播间的各位校友，大家晚上好！欢迎来到南京大学校友终身学习辅助计划瞰学堂第50期“数智时代组织变革、终身学习与人力资源创新管理”的课堂。我是来自南京大学终身教育学院的王小娟。

在数字经济时代，小到企业经营，大到社会发展，都无法脱离人力资源管理。在技术、文化、地缘格局等诸多因素的作用下，组织与个体都面临着不同的挑战。面对这些问题，人力资源管理领域已开展丰富研究。

本次讲座邀请到的是南京大学人文社会科学资深教授、南京大学商学院名誉院长、南京大学行知书院院长、博士生导师赵曙明教授。赵曙明教授是企业管理国家重点学科学术带头人，享受国务院政府特殊津贴，入选国家“百千万人才工程”（第一、第二层次），教育部“跨世纪优秀人才培养计划”，江苏省“333高层次人才培养工程”首席科学家。

接下来赵曙明教授将从有效的组织变革、终身学习以及人力资源的创新管理等方面，为组织与个体的可持续发展指出三条路径。有请赵曙明教授。

【主讲老师】赵曙明：

感谢主持人王老师。在线的南京大学的各位校友，大家晚上好！

很高兴受韩顺平院长邀请，来跟大家探讨数智时代组织变革、终身学习与人力资源管理创新的问题。这个问题是一个人文话题，习近平总书记在党的二十大专门指出教育、科技、人才是全面建设社会主义现代化国家的基础性、战略性支撑。必须坚持科技是第一生产力、人才是第一资源、创新是第一动力。习近平总书记多次强调人才强国战略问题，因此在组织、个体、社会等多方面，都需要关注国家未来经济发展时可能需要面对的组织变革、终身学习和人力资源管理问题。

从农业经济、工业经济、信息经济，到现在绿色经济和生物经济的发展，移动互联网、大数据给我们的生活带来了很大的变化（如图1）。我们要学会如何整合资源，建立整合资源的能力。在数字经济时代，特别是从学校的角度出发，需要在学科建设、教学科研、社会服务以及人力资源管理等方面适应新的变化，进行管理理念、管理模式和管理方法的变革，在理念和实践当中获得持续发展。

那么什么是数字经济呢？早在1966年，美国数字经济之父唐·塔普斯科特（Don Tapscott）就在其著作《数字经济网络智能时代的希望和危机》中指出，数字经济是指以使用数字化知识和信息作为关键生产要素、以现代信息网络作为重要载体、以信息通信技术的有效使用作为效益提升和经济结构优化的重要推动力的一系列经济活动。数字经济下，我们可以看四个方面的变化。首

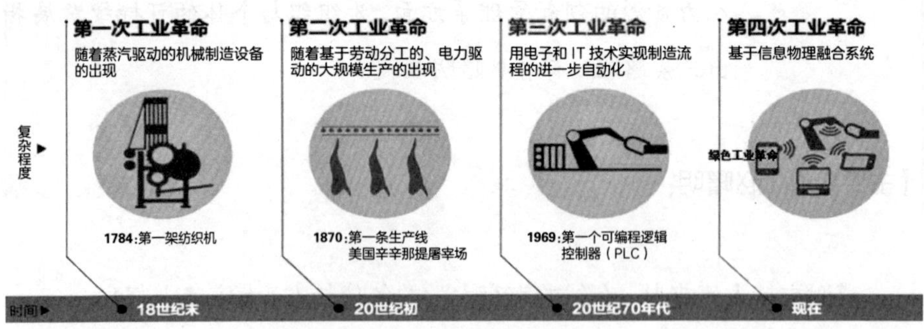

图 1　工业革命的四个阶段

先是数字产业化，数字产业化主要针对信息通信业、软件服务业等信息产业，包含了互联网平台等新技术、新业态、新模式。其次是产业数字化。产业数字化实际上是针对传统行业，即作为构成数字经济的重要组成部分的传统部门，数字经济对传统的农业、工业、服务业具有贡献。再次，从数字化治理角度，治理规划需要逐步完善、治理手段需要进一步优化、治理方法也要加快创新。最后，从数字价值化角度，伴随数字化转型，数字将提高生产率，成为具有我们这个时代的特征的生产要素。这是最早由美国数字经济之父唐·塔普斯科特提出的数字经济问题。

数字化，或者说数字化供应链，实际上包含两个逻辑，即技术逻辑和场景逻辑。技术逻辑包括移动互联网、大数据、物流网等数据的采集、储存、管理、分析和使用的相关技术。数字化应用的场景逻辑则包括生产、生活等数字化场景的创造和创新。基于数字化，考虑如何实现共治、共生、共创、共赢需要我们涵盖技术逻辑和场景逻辑。

数字化具有哪些特征呢？一是信息流、物流、人流、车流等万物互联，这是我们可以看到的数字经济最大的特点。另一个是数据要素化，数据已经成为新的生产要素。从知识智能的角度来讲，管理学大师彼得·德鲁克在《21世纪管理挑战》这本书里专门讲到了知识工作者的生产力问题，知识创造价值，财富虚拟化也在快速发展。

从数字化转型角度看待新常态、新功能，实际上还是需要考虑人力资源、以人为中心的管理问题。刚才所讲的两个逻辑，特别是场景逻辑表明，新的生活方式与生产方式在数字化背景下产生了一些新变化，这种变化对企业有巨大影响。

那么为什么我们从过去讲数字（digital）经济，到现在讲数智（digital and intelligence）呢？是因为在数智时代，任何组织，特别是企业的外部技术环境、市场环境与人才供需结构，企业内部发展战略、组织结构、管理模式与员工技能要求都发生了重大变化。考虑进行数智化转型、构建数智型组织已经成为企业应对数智时代环境突变、实现可持续发展的必然选择。但无论如何变化，人才依然是关键。人才是数智化转型发展的基石，任何组织，特别是企业，都需要具备拥有数智化思维、能运用数字知识、可以凭借技能创造性解决发展问题能力的人才。依靠数智型人才推动整个人力资源管理的数智化转型，助力企业业务运营的升级。

去年，智联招聘专门出了一份报告，报告聚焦雇佣关系的趋势，认为在数智时代，雇佣关系呈现出六个“多元”趋势（如图2）。

1. **多元的职业类型：数字化和新兴职位涌现**
2. **多元的招聘需求：平台经济降低就业门槛，数字化转型需要专业人才**
3. **多元的就业人群：“互联网原住民”的年轻人更多个性化表达**
4. **多元的求职心态：跨界更普遍，追求自由，也向往稳定**
5. **多元的工作形态：灵活弹性工作和远程办公兴起**
6. **多元的劳资关系：平台经济、零工经济与劳动保障待遇**

图 2　数智时代的雇佣关系变革——六个“多元”趋势

从职业类型的角度来看，一些传统岗位已经消失，比如说打字员、驾驶员等在过去是一个专业岗位，但是现在打字、开车几乎人人都会。在数字化背景下，新兴岗位也不断涌现。从招聘需求角度来看，现在很多年轻人选择送快递或者网上开店，平台经济降低了就业门槛，数字化转型需要专业的人才。从就业人群角度来看，今年1000多万大学毕业生，无论在就业或创业上，年轻人的表现都更为个性化，就业人群也更加多元化。从求职心态角度来看，跨界更加普遍，新世代求职者追求自由、向往稳定。从工作形态角度来看，灵活弹性工作和远程办公兴起。特别是疫情期间，居家办公和在线学习出现，工作形态发生了变化。从劳动关系或者劳资关系角度来看，涉及平台经济、零工经济、劳动保障待遇等问题。综上，智联招聘去年推出的这份雇佣关系趋势报告讲到了数智时代雇佣关系的变革。

以上是从整个背景来看待我们所讨论的问题，接下来我们来看后疫情时代与企业组织变革。

过去几年，全球的经济、政治、生态，或其他方面都面临着各种挑战。经济方面，很多实体经济，特别是中小型企业受到重创，平台经济、网络经济发展较快。政治方面面临着人道主义危机，特别是大规模移民、跨国恐怖主义、动荡的地缘政治等挑战。生态问题是习近平总书记十分关心的问题，当前面临的生态挑战包括气候变化、化学品污染、物种多样性等。当然还有一些其他挑战，例如饥荒、基础卫生、精神健康等。

从数据来看，全球2020年新增极端贫困人口约9300万；全球中低收入国家无法阅读和理解简单故事的10岁儿童的比例在增加；等等。

在数智经济下，企业在发展过程中也产生了诸多变化，如生产变化、消费变化、协同变化等等。从生产到消费、再从消费到生产，我们可以从福特、戴尔、海尔等很多企业看到企业与市场关系发展的变化。数字经济背景下，新的商业模式更加低成本、中介化，关注提升数字经济竞争力。

数字经济推动整个企业内部管理变革。北京师范大学商学院戚聿东院长与肖旭在2020年《管理世界》上合作发表了一篇文章《数字经济时代的企业管理变革》，他讲到了六个方面。数字经济推动整个组织结构趋于网络化、扁平化。过去组织结构多为官本位、金字塔式，现在由于数字化的推动，组织机构逐步扁平化、网络化、虚拟化、智能化。营销模式趋于精准化、精细化。生产模式趋于模块化和柔性化。产品设计趋于版本化和迭代化。尽管现在仍有大规模的生产流水线，但是产品设计可以按照需求来定制。研发模式趋于开放化、开源化。管理学大师彼得·德鲁克在《创新与企业家精神》（1985）这本书里专门讲到创造的问题。破坏性创造（Destructive Innovation），现在也有开放式创新，最典型的例子是IBM。IBM是1911年创办的企业，百年老店。1911年IBM专门制作劳动密集型打孔机，到了20世纪50年代IBM做大型电脑。到了70年代苹果推出台式电脑，上市后需求量很大，IBM开始转型，既做大型电脑，又做台式电脑。到了2004年，它把整个台式电脑全部卖给联想。IBM现已成为一个高端服务商，华为请IBM做资讯解决方案、战略咨询等等。无论是破坏性创造还是开放式创新，讲到企业升级转型，IBM都是一个典型的例子。用工模式趋于多元化、弹性化。戚院长在《管理世界》上发表这篇文章，如果大家感兴趣可以去具体地了解一下，我觉得他的这篇文章写得非常好。

接下来我们来看一家中国企业——海尔集团。海尔集团创办于1984年，经过了六个发展阶段，提出了六个发展战略。随着战略的推出，它的组织机构也产生了相应变革（如图3）。

海尔的战略目标是探索从规模型企业发展到平台型企业。从1984年提出名牌战略开始，海尔做冰箱。后续开始做洗衣机、空调、电视等等，企业发展多元化，提出多元化战略。90年代末到美国投资，在美国南卡罗来

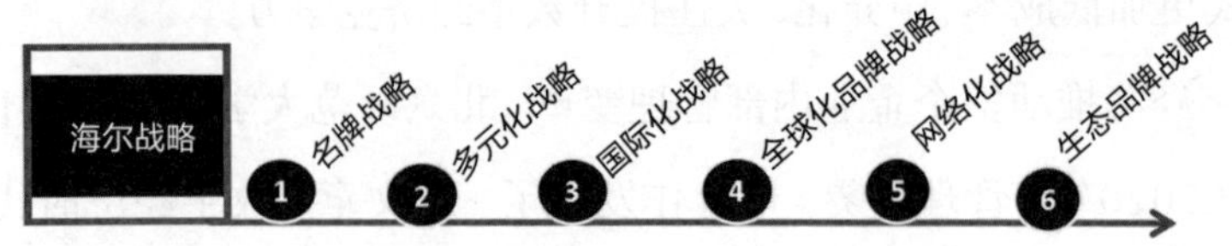

图3 海尔集团的六个战略阶段

纳州成立了海尔工厂，海尔开始推出国际化战略。再到后来2006年提出全球化品牌战略、2012年提出网络化战略、2019年12月提出生态品牌战略。

那么具体来看，作为一个企业，在数字经济下海尔是如何转型的呢？1983年海尔从德国引进冰箱完整流水线，包括所有的零部件。当时第一批冰箱有76台不合格，有了海尔张瑞敏带头砸冰箱的故事，由此海尔提出质量第一。可以看到在名牌战略时期，海尔的组织结构是直线职能型，是高度集权的金字塔式组织，从厂长到职能部门、车间主任、员工。

1992年开始，海尔也生产除冰箱之外的产品，包括洗衣机、空调、数码产品等，海尔提出多元化战略。多元化战略阶段不再适用过去的直线职能制，直线职能制是厂长负责制，而生产多种产品后多元化战略需要分权，所以这个时期海尔开始向日本松下学习，组织架构在多元化战略下采取的是事业部制，可以看到现在很多企业采用的是事业部制的管理模式。

刚才我们讲到90年代末海尔到美国南卡罗来纳州投资了海尔工厂，提出国际化战略。90年代初美国人写了一本书《企业流程再造》，这本书当时被翻译成多种文字，在全球影响很大。由此海尔提出全面系统的流程再造，提出了三化三主，即信息化、扁平化、网络化，主体、主线、主旨。可以看到由于国际化品牌战略的创建，其组织结构采取了流程式组织结构。

到了2006年，海尔提出全球化品牌战略，让世界各地的人成为海尔人，在美国、欧洲、日本、韩国、越南，海尔都有投资。按照全球视角提出本土化设计、本土化制造和本土化营销的三位一体模式，组织机构从过去的金字塔变为一个倒三角。过去的领导到最下层提供资源和服务。实际上可以看到作为一个战略的经营体，原来的高管负责下指令，现在负责提供资源、信息、服务，中间层次大量减少，精简了机构。把员工全部推向市场，提出人人可以成为创客、人人可以成为首席执行官的理念。海尔进而提出“人单合一”的观点，其中人就是员工，单就是顾客。

2012年数字化转型期海尔发布网络化战略，提出了“三无”境界，即企业无边界、管理无领导、供应链无尺度。网络化战略采取的是“企业平台化、员工创客化、用户个性化”的模式。工业互联网提供平台，员工和企业共同成长、共创共赢。组织结构变为一个无边界的组织。

2019年12月我们到海尔进行调研，写成生态品牌战略案例。可以看到海尔注重价值交互，打造生活场景。从这个角度来讲，海尔所有业务模块和支持服务系统都将生态化，从衣、食、住、行、康、养、医、教等方面演化成一个个物联网生态圈，海尔在系列实践中也进一步完善“人单合一”，并在全球推广，让工厂变成“工人自己的合作工厂”，“工人作为联合体是他们自己的资本家”，“利用生产资料来使他们自己的劳动增值”，这实际上是马克思在《资本论》第三卷里的一段话。

海尔作为一个大家熟悉的劳动密集型规模性企业，逐步发展为一个生态智能网络平台企业，从1984年开始推出六个发展阶段、六个发展战略，组织结构也相应地进行变革。可以看出，特别是对我们线上的企业家、经理人来说，考虑一个企业没有战略不行，光有战略没有执行更不行，提出战略还需要有执行。

2015年张瑞敏主席专门让我给海尔的创客、年轻人讲课，这些年轻人非常活跃，每个人都有一个创意或一个技术。但这些年轻人对如何成立一个公司、公司怎么管、公司战略是什么、人员如何管理、钱如何分配等管理方面的内容不太了解，所以张瑞敏主席让我就管理内容给他们讲一讲彼得·德鲁克1966年所写的《卓有成效的管理者》。我花了一天时间跟他们交流，我觉得海尔这些年轻人、创客确实不简单。

2020年之前，上海复旦管理学奖励基金会与海尔合作推出研究海尔模式的“雨林计划”。海尔近几年大力推进企业的平台化转型，将企业变成一个创新创意的孵化平台和基础设施，内外部人才均可使用这个平台变成创客，孵化小微，这大大激发了员工的事业心和创新热情。

“雨林计划”包含十几个项目，我们需要到海尔进行案例研究，南大承接两个项目，我专门负责人力资源创新模式问题。过去人力资源部的招聘、培训、薪酬设计、绩效管理、绩效评估都是需要花钱的，是一个成本中心。但是在变革、数智化转型之后，海尔专门成立了一家公司——海企通。海企通可以为中小型企业提供人力资源外包、法务、公司管理等服务，我提供服务你付钱，人力资源部门成为一个利润中心。由此可见海尔的整个数字化转型，特别是人单合一的理念发展很快。

数字化转型方面，海尔在2015年提出人单合一2.0、共创共赢的理念，提出企业平台化、员工创客化、用户个性化的观点，打破了过去常规的按部门、产线、固定渠道来划分员工义务的分配方式和薪资考核体系。通过大量的数字化转型，包括事业转型、吸收外部加盟、内部创业，生成不同紧密度的小微企业，可见海尔数字化转型到目前为止还是比较成功的。

在“人单合一”理念下，海尔人力资源服务中心的信息化发展是一个非常重要的方面，特别是各种界面、各种平台，My HR平台全面系统地上线，这是数字化转型的第一个方面。第二个方面是智能化。包括机器人、智能问询场景、电话热线等。人力资源服务中心建立了全国统一的服务热线，智能问询机器人小e也已经上线，可自动提供24小时服务回答。第三个方面是场景化。例如过去办理社保，需要跑很多单位盖很多章，现在海尔海企通与政府多个平台建立连接，也许几分钟就可以解决问题。由上可以看到海尔变革管理模式是建立在政企互联生态圈的背景下，构建场景化服务，打造最佳用户体验平台。第四个方面是资本化，从企业角度共享用工平台、灵活用工。

移动互联网、零距离、去中心化和分布式特征越来越明显。"人单合一"模式在互联网背景下不断迭代升级，颠覆传统管理模式，也更加弹性化。在人单合一理念下，海尔人力资源共享服务中心开展了数字化转型，海企通承接了很多海尔外部小微企业和其他与海尔无关系企业的人力资源事务性管理工作。总的来讲，海尔近几年大力推进企业平台化转型，把企业变成一个创新创业的孵化平台和基础设施，内外部人才都可以用这个平台变成创客，孵化小微。

以上是海尔的整个数字化转型历程，从1984年创办，经过六个发展阶段，提出六个发展战略，组织结构进行相应变革。

如今，我们究竟有哪些机会，未来发展有哪些方向呢？今年中共中央、国务院印发了《质量强国建设纲要》，实现质量提升行动、全方位推动质量升级、全面发展经济可以说是未来的工作重点。在未来，我们虽然面临很多挑战，也有很多机遇，从四个方面来看分别是科技革命、产业革命、地缘格局和其他要素。这些彼此相关的机遇，是牵一发而动全身的。南京大学商学院的校友，大部分是做企业的，那么企业如何更好地把握这个历史机遇呢？

首先来看科技革命。学科领域不断取得重大原创性突破，颠覆性技术不断涌现。新技术的出现不仅为提升国力提供基础，更有机会创造更大的市场、孕育更多的组织。数字经济、信息技术、生物技术、制造技术、新能源技术、地理和宇宙科学、生命科学、物质科学等等，以及刚刚出现的ChatGPT，技术的突破需要不断投入研发，参与科技革命，为科技提升作出贡献。

ChatGPT发展迅速。我过去讲课时常说，七八十年代改变整个人类的是苹果的史蒂夫·乔布斯和微软的比尔·盖茨。70年代史蒂夫·乔布斯在父母车库里组装了世界上第一台电脑，微软比尔·盖茨让电脑使用微软的软件。所以说这两个人改变了整个世界。而现在萨姆提出了ChatGPT、狂人马斯克创立特斯拉，都可见技术的发展。

ChatGPT具备上知天文地理，下知世间万象的互动聊天的能力，不仅如此，它还能完成撰写邮件、视频脚本、文案和翻译代码等任务。欧洲有些人士，包括马斯克也提出了要限制其发展，但从科学发展的角度，我们需要去了解它。我们一直在讲数字经济具备技术逻辑和场景逻辑，场景成为互联构造的关键。过去从PC互联到了移动互联，这期间是人作为主体的外部关系的构建。但是现在从移动互联来到了智能互联，这和过去是不一样的。智能互联技术的发展一个特点是开放性，另一个是深度学习。“以人为本”为关键要素，实现人的世界全要素的价值重构，第一步是对人的语义世界的价值重构，接下来是语义以外世界的价值重构，这恰恰应和了元宇宙对数字文明时代社会要素重构、关系规则重构、场景实现重构的要求。

去年我们组织了第九届江苏企业家高层论坛，我、上海复旦管理学院院长陆雄文、优秀国有企业代表宁高宁分别做了报告，宁高宁在报告中专门讲到了企业管理需要考虑系统思维这个角度。希望大家能够学习哲学，训练系统思维和辩证思维能力。还要学习心理学，主要是训练价值创造的能力。因为一般做人力资源管理，都是从心理学开始，心理学是人力资源管理非常重要的一个方面。系统思维分为深度思考、全局思考、动态思考三个方面。

以上为科技革命。那么从产业革命的角度，怎么去重塑传统的产业、创造新的产业？考虑人工智能、大数据、互联网、基因技术等方面，在传统产业的变革上，新技术、新理念的运用不仅重塑了传统产业，更是对生产方式的变革。在新产业的创造上，当前背景不仅催生了众多市场需求，新技术与理念的迭代更为新行业的诞生创造条件。譬如人工智能行业，预计2023年相关产业规模将达到5000亿美元。

从地缘格局来讲，部分发达国家社会发展陷入低迷，存在发展活力缺失、产业空心化等问题，社会内部存在分裂甚至对立。新兴市场，特别是金砖五国，发展中国家的整体崛起呈现出加速发展的趋势，国际力量发生近代以来最具革命性的变化。和平与发展依然是时代主题。

前面我从经济挑战、政治挑战、生态挑战和其他挑战，从科技革命、产业革命、地缘格局等方面和大家做了一些交流，所以为什么推动产业升级和组织变革，我们将从以下三个方面来进行思考：应对时代新挑战、引领科技和产业新发展、打造发展新格局。

目前，不少本土的企业和产业已经受到来自外部市场的挑战，很多挑战甚至颠覆了过去对市场和企业发展的认识。这也意味着如果不想在当前背景下陷入劣势，唯有主动寻求组织和产业升级。

引领科技和产业新发展的角度，实际上需要考虑高质量发展。刚才讲到我国在2023年，中共中央、国务院专门发文强调了高质量发展问题，高质量发展需要加强基础性研究。

供应链也好，技术壁垒、金融层面也好，企业面临着多种方式的竞争，新发展格局为本土企业的国际化竞争提供相对公平的竞争方式，为企业高质量发展提供机会。

1981年我赴美留学，1991年回国后我们在南京大学商学院组织了第一届企业跨国经营国际研讨会，三年一届，现已办到第十届，明年6月20日左右将举办第十一届，期望为国内外的学者和企业家提供交流平台。我们曾与康奈尔大学、密苏里大学、悉尼大学、京都大学等高校合作举办跨国经营论坛，最多曾有500人参会。

中国在1978年改革开放后创办的企业中，活下来或者说活得很好的，包括华为、海尔、美的等，现在碰到的一个最大问题是接班人计划问题。美的在这方面做得很好。

美的董事长何享健差不多花费十年时间来培养接班人。当然不是一个，而是一批，他称之为内部企业家。培养分为三个层次，内部企业家、职业经理人、专业经营管理者。在2010年，美的突破了1000亿元销售额，在青岛专门举办了庆祝会。美的作为股份制企业上市，何享健没有让自己的儿子何金峰接班，而是让他做自己的企业，让经理人接班，现在看来是很有道理的。

2012年开始，原董事长何享健将班交予南京大学校友、商学院工商管理博士方洪波，公司的治理结构开始发生变化。何董事长在60岁的时候曾讲，"我的理想是通过美的的机制、制度、文化，谁有能力谁上，不一定做家族企业。这是我的方向、目标，能不能实现还要看我的努力。"所以自2001年开始，美的在制度完善、治理结构设计、授权与激励体系建设、职业经理人团队的打造、事业部制有序推进等方面下了很多功夫。美的集团上市之后，职业经理人均有股份。上市之后其组织结构也发生了变化，由4个事业部变为10个。

2021年到2022年美的整体经营表现非常好，特别是2022年仍然保持上升，一个企业做得好不好关键是看它的远景使命和价值观。美的2012年开始数字化转型，从互联网到数字化、工业互联网，再到数智驱动，在数字化背景下创造数字化平台。当然这些变化主要依靠组织人才的理念和大力培养，以员工体验为核心，促进员工效能提升，提升组织文化包容性，组织、人才、激励机制都做得非常好。美的的数字化转型比较成功，关键是通过人力资源创建企业的核心竞争力。

麦肯锡全球研究院2021年在报告《后疫情时代经济之未来的工作》中指出，疫情加速了三种消费和商业趋势，分别是远程工作和虚拟互动、电子商务和数字交易、自动化和数字化部署。首先是远程工作，许多国家和地区都将沿用混合式远程工作模式，很多调研数据也显示员工倾向于混合式工作。从电子商务角度来看，2022年我国网上零售额13.79万亿元，同比增长了6.2%；跨境电商也有很大的增长，增长9.8%。自动化和人工智能方面，2022年中国工业机器人完成产量44.3万台，全球销量占比超50%。2022年ChatGPT也在各大媒体平台上掀起狂热之风。

另一个重要方面是基础研究。习近平总书记十分强调基础研究问题，尤其是做得比较好的企业例如华为，我记得2020—2023年任正非曾专门到南大来寻求基础研究合作。基础研究这个词是范内瓦布什在《科学：无尽的前沿》这份报告中第一次提出的，基础研究对未来的发展是非常重要的，“一切新产品和新工艺都不是突如其来、自我发育和自我生长起来的，它们都建立在新的科学原理和科学概念之上”。只有通过大量扎实的研究，才能有新的科技。

作为国家战略，基础研究是国家战略目标的一部分，被纳入国家科学研究活动的总源头。习近平总书记在2021年3月16日发表于《求是》杂志上的文章《努力成为世界主要科技中心和创新高地》中指出加强基础研究是非常重要的。南京大学在基础研究方面实力还是较强的。

另一个方面是对个人发展的影响。比尔·盖茨曾讲：“科学技术的进步将会给人们的生活带来巨大的影响，人们要不断适应这种时代的变化，而不要坐等未来，失去自我发展的良好的机会。”这些颠覆性的影响将带来工作地点、方式以及不同职业劳动力需求的重大转变。对个人发展影响来说，岗位、就业、未来劳动者等方面都会产生很大的变化。

终身学习这个概念，主要源自联合国教科文组织终身学习研究所所长阿达玛·旺安所说的，“终身学习绝不意味着让人成为经济发展的工具。除了工作和职业需求之外，终身学习还应该重视塑造人格、发展个性，使个人潜在的才干和能力得到充分的发展。”

所以在高新科技核心经济模式层出不穷、人工智能可替代的职业越来越多的背景下，国外学者提出了“不要救职业，要救人”的观点。

首先需要考虑，以人的本质丰富“职业”的价值。终身学习与我们之前的成人教育完全不一样。职业发展和实现人力价值的过程非常重要。马克思曾经讲过，人的本质不是单个人的抽象物，在现实性上，他是一切社会关系的总和。所以每个人都需要做职业生涯的规划，在企业里职业生涯的指导、管理、开发都是非常重要的。

以生命和生活拓展“生涯”的概念，这是从传统到未来的过渡。管理学大师德鲁克的著作《21世纪的管理挑战》共讲了6章内容，其中讲到了信息技术、知识工作者和自我管理。他表示，“管理自己是人类事务中的一场革命”。这本书我推荐大家去看一看，在书中他讲述了如何管理自己的问题。第一个方面了解自己，第二个方面考虑人际关系，第三个方面终身学习，所以不论是科技革命还是产业革命，都需要组织运行。同时他也指出，21世纪，知识工作者占比越来越大，我们更加需要终身学习。

除了从个人视角来看，如何从高校、企业和社会三个视角来看待问题呢?

从高校的角度，实际上是终身学习能力的培养。教育有基础教育、中等教育和高等教育，还包括职业教育。作为高校有三个重点：第一强化“价值理念”，在目标定位上有新思考；第二强化“发展导向”，在战略规划上有新方向；第三强化“学习为本”，在职业发展上有新行动。这三点是高校人才生涯规划教育的重要内容，对于提高人才未来的竞争力至关重要。其中在“学习为本”上，需提高学生综合能力，引导大学生将“立志”和“行动”结合起来，做好自我管理、用好时间管理。从事人力资源管理不仅是实践者更是引导者，其中很重要的一点就是改变认知，与不确定性共存。还需建立终身学习的能力，持续精进，重塑自己。我认为人是可以塑造的，人力资源管理的核心就是引导人、塑造人。

作为企业，或者说作为组织，联合国教科文组织也明确提出了“终身教育”“终身学习”的概念，并把两者并列。去年发表于《哈佛商业评论》的一篇文章指出，让人们爱上工作，比想象中简单。这之中也存在一些问题，例如员工敬业度创下新低。为了解决这个问题，必须重新设计工作，核心是使员工对工作内容本身热爱。该文着重提出了三点：人是重点、每个人都是独特的个体、在信任中成长。人本身的价值并不是在组织中衡量的，所以要持续教育并尊重员工，提出“爱+工作”的概念。

从社会的角度，社会是终身学习的外部保障。法国著名终身教育思想家和全世界终身教育的开创者保尔·朗格朗说，“教育和训练的过程并不随着学校学习的结束而结束，而是应该贯穿生命的全过程”。下面我们通过观看一段三分钟的视频，了解中国技能转型推动劳动者成为终身学习者。视频中提出了四大举措。第一，更多采用数字化技术；第二，公共部门和私营机构合作开展技能培训；第三，实行灵活和有竞争力的职业教育；第四，转变思维方式。我们认为到2030年，人们学习新的智能，许多变化会产生。

最后我想跟大家谈一谈人力资源的创新管理问题。在数字经济、人工智能的大背景下，智能工程、智能生产带来了人力资源的创新问题。我们将从选人、用人、育人、留人四个方面来考虑。要构建平台化的人力资源管理模式，首先需构建基于数字平台的人力资源管理模式，其次构建基于组织内部平台型生态系统的人力资源管理模式。需要根据企业员工的素质和能力，打造学习型组织，从而使得组织结构扁平化、灵活化。企业需要通过提供智能化、平台化、自动化平台，提升个体素质、团队精神、组织文化，倡导终身学习。从组织变革的角度来看，终身学习也非常重要。

我们需结合高校、企业、社会还有政府协同进行组织变革。在数智背景下，远程工作、电子商务和自动化的人工智能应用将给个人和组织带来颠覆性的影响。这就是终身教育问题重要性的体现。

我认为在未来，员工队伍是组织发展的最大资本。人作为资源和资本，重新认识人、合理组织人、全面教育人、不断激励人、适当约束人、有效保护人等是人力资源管理需要思考的内容。

管理学之父德鲁克曾经说过，动荡时代最大风险不是动荡本身，而是仍然用过去的逻辑做事。在当今数智背景下，新情况、新问题层出不穷，知识更新加快。只有终身学习才能在这个时代使企业组织得到发展，员工只有终身学习才能获得在职业生涯需要的知识和技能。所以德鲁克曾经表示，预测未来的最好方式就是创造未来。

今晚我们共同探讨了数智背景下，如何通过人力资源管理和终身学习来创造更多知识。谢谢大家。

【主持人】王小娟：

感谢赵教授的精彩讲述与分享。在评论区有很多校友留言，想请教赵教授，我们精选了两到三个问题：

人力资源管理者如何在人力资源的管理的理论和实践方面提前做一些布局和改进？

【主讲老师】赵曙明：

这是一个很大的问题，因为外部环境影响组织，国家的劳动法规、劳动力市场的供需关系及竞争对手的状况均会对人力资源管理造成影响。在理论层面，我认为现代的人力资源管理已不再是简单的人事管理，而是把人看作有价值的资源和资本。与此同时，重新认识人的价值，并把他们配置到合适的位置上，也是很重要的。企业需要确保正确的人在正确的岗位上，并需对员工进行全面的教育和终身学习。我认为在数字化时代，很多工作可能会被机器人和AI取代，但智慧和创造性始终是人类的特质。因此，人们需要不断地学习和提高自己。总而言之，人力资源需要考虑的内容是非常多的。我们可以把人力资源也当作资本，用到企业中去。我认为理论设计，首先需要我们去学习理论，然后应用到设计当中。

【主持人】王小娟：

非常感谢赵教授的回答，我们这里还有一位校友提问：

人工智能的这样一个趋势对我们中国的劳动者来讲是机会还是挑战？

【主讲老师】赵曙明：

这也是一个很难回答的问题，我们刚刚也讲到了很多挑战。因为在数字经济的背景下，人工智能会替代很多工作，特别是劳动密集型工作。现在到五星级酒店，多是机器人服务，过去则是服务员。在现在知识扁平化的背景下，我认为还是要多读些书。近几年，习近平总书记多次讲到这个问题。人是可以塑造的，管理人力资源的核心价值，就是如何塑造人，如何通过终身学习来学习更多的东西。因为机器人没有智慧，所以我认为我们的机会还是多一些。

【主持人】王小娟：

感谢赵教授的回答，我们还有最后一个问题：

您提到人力资源领域未来的发展趋势是人力资源管理的国际化，但是现在逆全球化的风潮涌动，高精尖技术人才流失或回流情况愈发严重，请问一下赵教授，针对这个变化趋势，从企业角度来讲有没有一些好的建议和应对措施？

【主讲老师】赵曙明：

这同样也是一个很大的问题。面对全球化挑战、高精尖技术人才流失或人才回流情况，我建议企业可以更积极地与大学合作，为学生提供奖学金和实习机会。这样不仅可以帮助企业了解和选拔人才，也为学生提供了一个学习和成长的平台。此外，我觉得江苏省在人力资源领域的创新措施是非常好的，人社厅和财政厅拨款培养了一批领军人才，政府完全可以作为一个中间体为就业者和企业提供这方面的服务。现在有很多公司，在学校办竞赛、提供奖学金和实习机会。无论是带薪还是不带薪，在实习期间均可充分了解候选人的价值观、人品、知识能力和潜在能力等等，因此提供实习机会是比较好的。

【主持人】王小娟：

谢谢，再次感谢赵曙明教授今晚为我们带来的精彩讲座！今天的直播课程到此结束，欢迎大家持续关注南京大学校友终身学习辅助计划。校友们我们下期再见！

（文稿整理：王薏璇）

学习究竟是什么？
——探索健康高效的教育新生态

【诚计划】第58期

直播时间

2023年7月4日（周二） 19:30—21:00

直播地点

南京大学鼓楼校区21舍终身教育学院演播室

主讲老师：桑新民

全国高校首届国家级教学名师，南京大学教育学博士生导师。研究方向为教育哲学、教育技术学、高等教育学。20多年来主要从事学习科学与技术和线上线下结合的新型教学模式研究，探索教育信息化宏观战略和微观学校课堂学习方式变革理论与实践。

主 持 人：夏静

南京大学终身教育学院主持人

【主持人】夏静：

各位同学校友以及直播间的朋友们，大家晚上好。今天是南京大学校友终身学习辅助计划“诚计划”的第58期，主题是“学习究竟是什么——探索健康高效的教育新生态”。本次讲座为大家邀请到南京大学教授、博士生导师桑新民教授。桑教授是全国高校首届国家级教学名师，南京大学教育学博士生导师。桑教授的研究方向有教育哲学、教育技术学以及高等教育学，20多年来主要从事学习科学与技术和线上线下结合的新型教学模式研究，探索教育信息化宏观战略和微观学校课堂学习方式变革理论与实践。那么本期讲座，桑教授将从学习究竟是什么、学习的异化以及在智能化学习的探究中开创健康高效的教育新生态三方面展开讨论，有请桑教授。

【主讲老师】桑新民：

大家好，今天很高兴，在这里讨论一个大家最熟悉的，但是细究起来可能又不是很清楚的一个问题，就是“学习”。我们一起来讨论三个问题：第一，学习究竟是什么，这是一个教育的千古之谜和永恒话题；第二，学习的异化——教育危机的深层根源和破解之道；第三，在智能化学习中探究健康高效的教育新生态。

一、我们先来讨论“学习究竟是什么”

学习是一个大家非常熟悉的名词，每个人都离不开学习，学生每时每刻都在学习。但是你要问学习究竟是什么，这个最简单又根本的问题，很多人可能就说不清楚了。原因何在？因为学习是一个非常复杂的现象，它涉及的范围广泛、形式多样，而且各个领域、各派学者对学习的解释历来众说纷纭、莫衷一是。所以如何科学地理解和界定学习这个概念，这在古今中外都是一个谜题。下面让我们从五个方面来讨论学习。

第一是日常经验中的学习概念和它的局限性。在当今公众的头脑中，谈到学习，你首先想到的是什么？大概就是在教室里上课，或者看书识字学文化。很显然，日常生活中的学习概念是狭义的学习概念，主要指文化科学知识的学习、书本知识的学习，这是在印刷时代学校教育最普遍、最广泛的学习活动。这种借助语言文字符号体系获取直接经验的学习方式，其实并不等于学习的全部，而且很容易掩盖学习活动的本质，甚至导致学习的异化。人类的学习活动和学习能力经历了一个由简单到复杂、由低级到高级的漫长的发展过程，人们对学习的认识同样经历了一个由片面到全面、由现象到本质，逐步深化的过程。

第二，如何理解中国传统文化中的学习智慧。在中国文化中，最早把“学”和“习”联系起来，讨论这两者关系的是孔夫子。大家最熟悉的《论语》开篇第一句话：“学而时习之，不亦说乎。”孔子在这里深刻揭示了学和习的内在联系：学是习的基础和前提，习是学的巩固和深化。早在2000多年前，孔夫子就强调了学习过程中的知行统一，以及由此获得的一种喜悦的情感体验，这恰恰是学习的本质之所在。这句话需要深入地解读，中国传统文化中的学习，包含学和习两个环节。我这里特别要强调，学是人的认识活动，习不是复习功课，而是应用所学知识解决实践中的问题，是指人的实践活动，所以学习二字涉及中国传统文化中长期探讨的一个重大理论问题——知行关系，把这两者统一起来，才构成完整的学习概念。实际上，学习是“学思习行”的总称，而且在中国古代更强调“习”，这一方面反映了当时人类文化科学知识还不发达，人们的学习活动主要表现在生活中获取直接经验，另一方面也反映了中国文化传统中，知行关系的立足点是放在“行”而不是放在“知”的务实精神。《论语》以后中国传统文化对学习的认识不断发展，产生了学习的经典《学记》，这是中国古代也是世界上最早的一篇专门论述学习、教学问题的专著，它是《礼记》中的一个篇章，写于战国晚期，据郭沫若先生考证，作者是孟子的学生。《学记》里的许多重要观点大家应该很熟悉，比如“玉不琢不成器，人不学不知道”，这个“道”是什么？是道理、规律，是做人最基本的要遵循的东西；还有“学然后知不足”“教然后知困”“教学相长”等等，深刻揭示了学习在人格形成中的重要性，以及师生在学习中的相互促进、共同成长；《学记》特别强调要发展学生内在的学习动机、培养学习的自觉性，要重视因材施教和启发式的教学，教学要循序渐进等等，抓住了学习的精髓，有丰富的学习理念、教学原则和方法，以及尊师重道的思想，这些思想对中华文明的传承，对后来中国教育学、心理学的发展都产生了重大的影响。《学记》比被誉为西方教育《圣经》的夸美纽斯《大教学论》早面世1800多年，是世界上珍贵的教育资源。

第三，西方心理学对学习研究的深化。西方心理学有很多派别，我觉得最重要的是三派：行为主义、认知主义和人本主义。这些从不同角度研究学习的心理学观点传播到中国以后，要经过一种跨文化的折射、筛选、过滤。目前国内心理学、教育学教科书里流行最广的学习定义就是这句话：“学习是指人和动物因经验而引起的行为能力或心理倾向相对持久的变化过程，这些变化不是因成熟、疾病或药物引起的，而且也不一定表现出外显的行为。”这定义听起来很晦涩，这是最广义的学习定义，它不仅指人的学习，还包括动物的学习行为。解释一下这个定义它强调了三点：第一个，学习活动必须引起外部行为和心理结构的变化，而且它强调了学习的结果；第二个，这种变化是持久的，不是暂时的，比如说用药物，得了病也会引起行为的变化，但这些是暂时的，而学习是持久的变化；第三个，这种变化来自经验的活动，但不是遗传因素和生理的正常发育，正常发育的行为不是通过学习所获得的，所以要与学习活动的结果区分开来。这个学习定义虽然能概括人和动物学习行为的某些共同性质，而且把学习和生理发育和其他行为的变化区分开来，它回避了西方心理学各派学习理论的分歧，但是它又没有完整地反映出各派学习理论从不同侧面不同角度对学习本质的揭示，尤其是缺乏对现实学习活动的指导意义，太理论化、太抽象。教育学、心理学的本科生研究生大概都应付考试背过这个定义，背得滚瓜烂熟，但你有没有真正理解的？公众更不懂。所以这个学习定义其实对实践影响并不大，对实践影响大的还是行为主义。近几年虽然建构主义理论越来越时髦，但仔细分析起来很多实际上在实践中贴着建构主义标签的教学设计、教学活动，其实大多数并没有摆脱行为主义的影响。行为主义学习理论的产生是以动物的学习行为做研究对象，早期的行为主义就是刺激—反应，新行为主义提出刺激—反应—强化，代表人物是哈佛大学著名心理学家斯金纳。用这样一个定义简单、便于操作的“刺激—反应—强化”学习理论来指导实践，谁都会用。它是从对动物学习行为的研究中概括出的理论，拿来指导动物的训练非常灵，斯金纳和后来的新行为主义者都做了大量的实验，用这种方法可以训练出动物很多高难的动作，像马戏团里的动物。用这种方法来训练人结果如何？死记硬背应付考试是很有效的，但是把人的创造性扼杀了。这正是目前我国从中小学到大学生中普遍存在的学习模式、评价体系，而且也是越来越普遍的厌学恶果的一个重要理论根源。最近几年认知主义也就是后来的建构主义对学习的研究取得了突破性进展，我后边会详细介绍。

第四，“终身学习”是教育领域的“哥白尼革命”。1972年联合国教科文组织发表著名报告《学会生存——教育世界的今天和明天》，提出了“终身学习”和“走向学习化的社会”这两个重要的理念，并很快风靡世界。报告深刻分析了“二战”以来世界科技、经济迅猛发展导致的“知识爆炸”，这对封闭的学校教育是深刻的时代挑战，报告中有一句话振聋发聩：“未来的文盲是那些没有学会怎样学习的人”。原来学会认字、能阅读了就是扫盲了，现在你能阅读不代表你会学习，文盲的概念变了，如果你到大学了还不会自主、高效地学习，这样的大学生难道不是知识爆炸时代的文盲吗？可见在当今世界中，个体的学习能力已经成为一项最基本的生存能力，系统地培养信息时代师生的学习能力、全社会公民的学习能力，不仅十分重要，而且非常迫切。所以报告的标题和主题是“Learning to Be”（学会生存）。“终身学习”理念的提出，对整个教育系统的冲击是全方位的，主要表现在以下几方面。首先是将原来狭窄的学校教育向两端延伸，学前教育一直向下延伸到–1岁——胎教；往上延伸到大学毕业以后的继续工程教育，一直到老年教育。现在老年教育是个重大的社会问题，老年人退休以后的生活怎么过，进入老龄化社会以后，老年人的健康、老年的生活方式，然后一直到老年人的临终关怀，怎么面对死亡，这都是终身教育的重大课题，这些问题处理不好，老年人自己很痛苦，全家都跟着痛苦。所以把学校教育向两端延伸，这就是终身学习提出的大教育观。在这样的观念指导下，学校教育本身从目标追求、价值导向、评价体系，到课程教材教法、师生关系和教师培养等等都发生了极其深刻的变化。过去上完大学这一辈子的知识都够用了，现在社会变化迅速、知识爆炸，很多发展最快的领域，大学学习的知识十年、二十年以后就过时了。学校该给学生的不是学多少知识，而是高效学习的能力、终身学习的能力。从小学、中学、大学到研究生，关键要系统地培养这种学习能力，有了这种学习能力，你在任何环境下都能够自主、创造性地学习，你才能适应这个社会。“终身学习”和“走向学习化的社会”把各种类型的教育，包括成人教育、继续教育、网络教育、职业教育都引入了一个新的学习的世界、学习的王国，整合起来就是终身教育。南京大学创建终身教育学院，体现了这种时代的历史性的变革。过去的工业文明造就的是三中心：以教师为中心、以书本为中心、以课堂讲授灌输知识为中心，现在转变为以学习者为中心，学习者不仅指学生，老师也是学习者，师生共同面对终身教育的挑战。所以这个转变，从教师中心向学习者中心者转变，以上我讲的这一系列深刻变革，是教育乃至整个社会生活领域一个翻天覆地的变化，所以被誉为教育系统的“哥白尼革命”。哥白尼“日心说”的提出，彻底颠覆了“地心说”的经验错觉和误区，当时地心说是和宗教融为一体的，你说地球不是中心了，这等于颠覆宗教，所以哥白尼生前都不敢发表，“日心说”重要的倡导和传播者布鲁诺被烧死在罗马鲜花广场。可见一种理念思想的转变不是那么简单的，终身学习理念和实践的发展，至今仍是教育系统创新发展中的重大课题和难题。

第五，当代学习科学的诞生和迅速发展。这就超越了传统心理学的各派学习理论了。1990年跨学科的新一代学习科学研究群体在美国创生。John Bransford、Ann Brown、Roger Schank、Seymour Papert、Lee S. Shulman、David Jonassen和Marvin Minsky是第一批学习科学的重要代表人物。

他们主要是两方面的背景，一方面是心理学中的叛逆者，前两位就是原来著名的教育心理学家，但是他们发现心理学对学习的认识有很多误区、盲区，比如我刚才讲到的，传统心理学主要研究动物的学习行为，对人的学习知之甚少，所以他们开始研究复杂的人类学习行为，而且在现实的学习场景中研究人的学习活动，开创了一系列研究学习的新方法和方法论。第二批人是研究人工智能的专家，什么是人工智能？通俗地讲就是如何能让机器像人一样学习，所以首先要研究人是怎么学习的。他们去请教心理学家、教育学家，结果到学校里一看，发现课堂里在用训练动物的方法培养学生，结果厌学的学生越来越多。于是上面这两批人共同创建了新的学习科学研究群体。1996年美国国家理事会组织了16位专家，对学习进行了为期两年的研究，总结了国际近30年从脑科学、神经科学、行为科学、心理学和教育学等多个学科角度关于人类学习的研究成果，提出了学习的科学的概念，并对科学、教学、评估以及学习环境的安排设计提出了一整套有着重要现实意义的原则。最后发表了题目叫“How People Learn？”（《人是如何学习的？》）这份重要的研究报告。为什么起这样一个题目？因为原来的心理学、学习理论、教师和公众头脑里的学习，都是建立在动物学习行为的基础上的，要超越它，就要专门研究人是如何学习的。我这里要特别介绍美国学习科学第一个博士点的创始人、著名人工智能专家罗杰·舒克（Roger Schank）教授的感悟：“我对学习了解得越多，就越意识到学校教育的一整套做法从根本上都是错误的。当我看到自己的孩子在学校的泥淖中艰难跋涉时，感到非常震惊。我发现孩子开始憎恶学校，因此开始思考如何（应用人工智能的成果）……让学习快乐起来。”

我一辈子研究教育的，每次讲到这段，我感到心情很沉重。这个报告里传播的一系列学习新的观念，使得建构主义学习理论兴起。建构主义两个早期的思想源泉，一个是皮亚杰，一个是维果茨基，我不展开讲了，他们提出了很重要的一个理念：“学习是学习者在原有经验的基础上，主动积极地进行意义建构的过程。”这个观点听着有点不好理解，认识不是从客观对象里反映出来的吗？其实人对客观事物的认识和你的认知结构有关，同样一件事不同的人形成的认识是不一样的，这里提出一个理解建构主义很重要的概念——

认知结构。什么是认知结构？我可以做一个通俗的解释：认知结构就是认识主体的经验背景和知识背景的整合和内化，而且意志结构、情感结构随之产生，共同构成人的实践活动结构。怎么理解认识是人建构的？学习科学有个经典的例子，叫“鱼牛的故事”。小鲤鱼和小蝌蚪原来一直共同生活在池塘里，所以它们感受到的池塘里的环境，大家很熟悉。小蝌蚪长大了变成小青蛙，离开池塘到陆地了，小鲤鱼很羡慕，说你到陆地上看到的新鲜事回来给我讲讲。小青蛙看到许多池塘里没有的东西，回来就介绍说：陆地上有牛。小鲤鱼说牛是什么呀？青蛙说牛是头上长了两个角，走路用四只脚。小鲤鱼就不好理解了，它用自己的认知背景来理解小青蛙讲的“牛”，脑子里生成的建构的就是这个“鱼牛”（如图1）。

图1 “鱼牛”的故事

这个故事就生动地揭示出了每个人的认识离不开他的经验背景、知识背景，所以他接受新的东西的时候都要把它建构到原来的知识里。我讲学习科学的时候，讲了另外一个例子。这个例子是我在上中学的时候，当时《人民日报》上经常有漫画家华君武的画，他画的是一个幼儿园的阿姨教孩子唱歌，唱什么呢，“郎啊咱俩一条心”。孩子没有“郎”的概念，他们脑子里建构的是大灰狼，很奇怪，大灰狼怎么能和人是一条心呢？因为找不到华君武的原画，我请一位美术老师画了下面的漫画（如图2）。

图 2　漫画——师生认知结构的差异

当代学习科学揭示了很多人是如何学习的规律，使得建构主义再次兴起，成为一种高效的学习与教学的观念，并指导学习能力、习惯的培养，尤其是要成为教师和学生之间更好相互理解、对话、沟通的桥梁。我们现在老师只知道备课就备知识，很少去研究学生，而且你讲的这些在学生脑子里建立的概念是什么，真懂了没有，有没有误解，这恰恰是我们老师要用建构主义的思想理论来解读学习的。

我在总结了这些的基础上提出了我的学习观："学习是学习主体（包括个体和团队）在认识和实践过程中获取经验和知识，掌握客观规律，使身心获得发展的社会活动。学习的本质是人类个体和人类整体的自我意识和自我超越。"这是从广义的教育角度或者是从教育哲学角度给学习下的定义，这个定义强调以下几个要点。

第一，人的学习活动和动物的行为本质区别何在？人的学习既是个体化的又是社会性的活动，它是和社会的经验相互转化、丰富、发展，受社会孕育又为社会贡献的活动。所以学习的主体既可以是人类个体，也可以是不同层次的团队组织，乃至人类整体。第二，学习的内容是获取知识和经验，掌握客观规律，并且用来指导自身的发展。第三，学习的目的和结果是使个体身心获得发展，使个体和人类整体不断实现自我意识和自我超越。你通过学习外部的知识、外部的世界，然后再了解人类自身，认识自己。所以自我意识和自我超越是人类学习活动最本质的特征，而且是人类创造力的最根本的源泉。我这定义里之所以把自我超越纳入学习的定义中，这是对中国传统文化的理解和继承，不仅强调学，而且强调实践、强调习。要把知行关系的立足点放在行，而不是放在知，这也是对印刷时代过分强调书本知识学习的历史与理念的超越。所以学习的本质、学校教育的价值就是自我认识、自我超越，这是中国文化重要的学习智慧。在《道德经》里有一句很重要的话："知人者智，自知者明。"你了解别人需要智慧，但是比这更重要的是认识自己、超越自己。所以学习的本质，是个体和民族的自我意识和自我超越。当前一场21世纪的学习革命正在全球兴起，它的目标价值导向是推动人类学习方式从工业文明步入信息时代。

这里又提出一个重要的概念：学习方式。学习方式是和生产方式同一层次的范畴，但长期以来人们习惯于狭义地理解和运用学习概念，认为学习就是看书识字学文化，就是文化知识的学习，这就使得对学习活动的研究局限在微观，因此不可能提出和研究学习方式这样的历史哲学、教育哲学范畴。学习方式是和生产方式同一层次的范畴，学习能力和生产力是同一层次的，对生产力的重要地位，历史唯物主义、历史哲学都做过深刻、全面的论述，并且唤起了决策者乃至全社会对发展生产力极大的热情和关注。但是很遗憾，对于人类学习能力的重要地位及其和生产力的关系，对学习方式这样的概念，始终缺乏深入的研究和宣传普及，这正是教育优先发展战略地位始终落不到实处的认识论根源。

但是近半个世纪以来知识爆炸，人类学习活动在社会发展中的地位越来越重要，这就使得认知科学、行为科学、脑科学、人工智能、管理学、教育学、经济学都加入了研究学习的行列，从宏观到微观、从历史到现实，不断深化人类对学习活动及其演变发展规律的认识。更重要的是在这样的认识指导下推动人类学习方式从印刷时代步入信息时代。把这样理解的学习方式放到人类历史的长河中来看，我们可以看出明显的有三个里程碑：第一个里程碑就是文字的诞生和应用，没有文字之前，人类文化只能靠口头语言体态语言，这些都通过直接经验，要受到时空的局限，而文字产生以后人类世代积累的直接经验还有间接经验就都可以借助文字的形态保存和传播，而且越来越系统化，突破了时空的局限，提高了文化传播的效率。所以这时候教育活动就从社会中分化出来了，诞生了早期的学校，所以我们把文字的产生看作人类学习方式发展中的第一个里程碑。第二个里程碑是印刷体书籍的出现，之前虽然有了文字，但书籍都是手抄本的，所以不规范，而且多种版本传播会出现错误，尤其是不能普及，印刷体书籍的出现，尤其是中国人发明的活字印刷技术的发展，成为人类文化的物质载体的一次历史性的变革，大大加快了科学文化传播的速度，推动了知识的普及、教育的普及，印刷术产生以后有了印刷体书籍，学校才出现了班级授课制，所以这是第二个里程碑。第三个里程碑就是当代信息技术的发展，它打破了印刷时代人类活动的时空范围、思维方式、行为方式，当代迅速发展的信息技术超越了文字、超越了书本知识，而且成为全媒体的一个新的时空，这是第三个里程碑。我们这代人正在亲身经历和直接参与这场人类文明进程中的伟大历史性变革，这是我讲的第一部分。

二、学习的异化——教育危机的深层根源和破解之道

我们前面讲了，当前学习正在经历一场历史性的变革，这场变革要走出工业文明的学习模式、教育模式。我觉得当前学校课堂教学和育人模式存在的突出问题和危机是以下几个方面：第一，信息化使各行各业和社会生活都已经发生了深刻的变革，但是工业文明“三中心”的模式，在学校教学中始终占主导地位；第二，教学目标评价体系适应不了信息化的发展，特别是考试模式，所以师生缺少教学创新的方向和动力；第三，现在我们正在经历着信息化深化发展向智能化攀升，这对教师的素质提出了很多新的要求，但是现行的学习模式不适应这种新要求，就阻碍了学习方式变革。

当今时代，世界面临百年未有之大变局，在这种背景下，教育该向何处去？近年来教育领域屡现心理健康问题，原因何在？心理健康问题——一个极其复杂的社会综合顽症。学习是艰苦的，适度的竞争也有助于激发学习动力，但问题在于像死记硬背应付考试这样的恶性竞争，对于提高学习质量，尤其对于培养健康的学习习惯，有百害而无一利。这就不仅需要更新健康观，而且更需要更新学习价值观。

那对策是什么？是改变学习的价值导向，所以我们在大力倡导绿色学习“G-Learning”。2011年我们发了一篇文章，专讲绿色学习的。我们认为绿色学习不仅是对健康美好高效学习生活的一种期盼和愿景，而且是挣脱克服现实中严重异化的教育文化土壤，在返璞归真中努力找回健康快乐学习之本来面目的行动指南。它内涵丰富多彩，而且可以不断拓展。主要含义我们认为有四点。

第一，绿色学习是遵循学习规律，使学习生活走向健康的理想追求和价值导向。绿色是个形容词，它应该属于人类学习的本色，在东西方词汇中绿色都代表了生机勃勃的生命活力，而且包含着纯真、希望，还可以表现汲取中的

成长、艰难中的奋进、成功中的从容和喜悦。但是今天学校、家庭各种学习活动中，很多学生心目中的色彩不再明快，这些异化的学习色彩相伴随的学习心态又是什么？紧张、焦虑、孤独、烦恼、恐怖、悲观……所以倡导绿色学习正是要向这些异化的学习色彩与情绪挑战，使学习恢复它的本色。明确这样的方向和价值导向不仅极其重要，而且非常紧迫。

第二，绿色学习代表高效率的学习，能激发学习者强烈兴趣和动力的学习，是使学习者成为学习主人的学习，在东西方教育思想史上，对这样一种健康高效、充满乐趣的学习的向往和追求由来已久，前面我们讲了孔夫子《论语》开篇第一句话就是“学而时习之，不亦说乎”。圣人强调让学习成为一种内在快乐和享受，这种中国传统教育哲学的学习智慧，可以称之为最早的绿色学习。西方有本教育的名著——夸美纽斯的《大教学论》，在其扉页上有这么一段话：我这本《大教学论》的主要目的在于：寻求并找出一种教学的方法，“使教员因此可以少教，但是学生可以多学，使学校因此可以少些喧嚣、厌恶和无益的劳苦，多具闲暇、快乐和坚实的进步”，这堪称西方较早的绿色学习宣言书。遗憾的是，古今中外教育家这种共同追求、倡导的美好学习理念，被300多年由西方引领的工业文明的文化生态窒息、扼杀，夸美纽斯期盼的那种高效快乐的绿色学习教学模式没有出现，而与工业流水线如出一辙的“三中心”教学模式却牢固持久地统治着西方的课堂学校教育，20世纪以来又广泛地影响和改造了科举制度铸就的中国教育，由此造成的千人一面的学习文化，把当年夸美纽斯极力倡导的班级授课制异化为“学习者个性和创造性的屠宰场”，这是西方教育理论家的一段话。当代信息技术创造的数字化生存新时空，各种全新的学习手段、学习环境、学习模式如雨后春笋地涌现，现在显然是倡导古今中外教育家绿色学习美好理想的最佳时机。

第三，绿色学习是应用当代信息技术所创设的学习新时空、新环境和丰富的学习资源，使学习越来越走向人性化、个性化、自主化、团队化、智能化、生活化、艺术化的广阔现实道路。

第四，绿色学习绝不是一种抽象的概念和坐而论道的空泛理论，而必须使之成为克服现实教育中严重异化和危机的纲领和行动，是步入健康教育生态必须解决的难题和攻坚战。学习不仅是关系到千家万户的民生问题，而且是现实中每个人每天都离不开的问题，学习的异化随处可见，消耗着学习者宝贵的时间和精力，所以我们倡导绿色学习就是努力使其成为21世纪学习文化返璞归真的启蒙运动，以期提高学习效率，提升学习兴趣。

那我们该怎么实践？向大家汇报一下我们团队30多年的理论和实践探索。我们经历了几个阶段的研究，最早是1985年我在北京师范大学，深入北京海淀区做未来教育的实践探索，我们是从学前一年开始的，后来从理论上研究学习，最后1998年开始，我们在大学里开了一门课“步入信息时代的学习理论与实践”，第一本教材是中央广播电大出版社出的，当时是全国电大学院的入门教材，后来开发出网络课程，并评为全国高校首批国家精品课程。再后来高教出版社把它拿出来作为首批精品课程教材，2004年出版《学习科学与技术——信息时代大学生学习能力培养》。还有我们总结教育技术的重要的书《媒体和学习的双重变奏》。我们这些理论都是在实践中总结出来的，2004年我到南京大学，当时就把这门课在网络上推向全国。这门课里我们主要是培养学习能力。主要从以下几方面入手。

第一，放飞学习者，培养学生的自主学习的能力，包括自学、自识、自控、自俭、自理、自奖。

第二，培养团队学习能力，这是当前学生最缺乏的，所以我们在这门课里大量地组织团队学习，学生感受最深、收获最大。

第三，更新课程观，对课程的理论概括有多种不同视角，我很欣赏这种课程理念："所教课程、所学课程、所得课程"。教师教的课程学生学了没有？得到了多少？哪些变为他自己的东西？用学到的东西解决现实问题，这叫"所得课程"，信息时代课程的发展趋势正在走向多元化、个性化、团队化、数字化、资源化、智能化，包括慕课、微课、翻转课堂、混合学习等。高校微课组织过两次大赛，我都是总评委，第二次微课大赛，组委会委托我们团队研究、发表了全国高校微课发展报告，题目是《从热点中孕育新生态》，概括了微课、慕课、微专业、翻转课堂发展的现状、成果、问题与趋势，报告中我们对微课提出了一个简洁的定义，"微小精致的新一代课程之细胞，是课堂向学堂转型的突破口"，这就是信息化课程教学的一种新生态。

第四，改革考试与评价模式，这是当前全世界都在探讨的重大课题，我们将多元智能评价理念与信息技术评价方式相结合，探讨多媒体化、网络化、数据库化的评价与管理模式，提出了信息技术环境下的评价创新模型，核心是考试学习化，因为大家知道考试的时候学习效率最高，但怎么把它变成常态，这就必须改变考试方式，不能引导学生死记硬背应付考试，所以从以下五个方面改变考试模式：考试创作化、考试个性化、考试团队化、考试智能化、考试资源化（如图3）。

第五，激发学生内在学习动力，我们提出了学习动力的五层次理论模型：最底层的动力是求知欲望，这是人的本能和天性；第二层次的学习动力是兴趣爱好，兴趣是要培养的，要不断拓宽兴趣的范围；第三层次的学习动力是来自对所学东西价值的认识和需求、期望；第四层次的学习动力是学习之后体验到所学之价值，获得成就感；第五层次的学习动力是通过学习与反思更深刻地认识和了解自我，这是更高层次的成就感，即自我意识、自我超越的成就（如图4）。

第六，把这些整合起来，我们创建了线上线下相结合的"太极学堂"理念

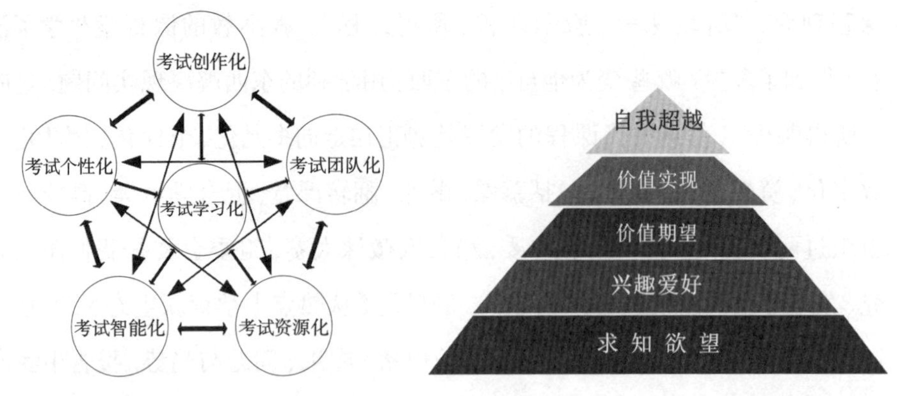

图 3　信息技术环境下的考试创新模型　　图 4　学习动力层次理论模型

和结构模型，这是我们从课程创新的长期实践中总结概括出来的。太极学堂取自中国的太极思维，用这个来指导我们线上线下结合的学习。现在大家都认为最好的学习是线上线下结合，但怎么结合，我们运用中国的太极思维作了深刻的概括，主要有三个要点：在时空形式上，是现实面对面的课堂和网络学堂的同生共长；在理念上，是东西方学习文化的阴阳互补；在目标追求上，要实现学习方式的变革，把师生从低水平重复性劳动中解放出来，在优质课程资源的共建共享中提高教学质量和教师团队的整体水平。其理论基础是我们提出的“互动生成学习论”，2009年，我们发表了《学习主体与学习环节双向建构整体生成——创造全球化时代的学习文化与教育智慧》一文，主要观点是我们把学习教育变革的内在结构概括为三要素：学习主体、学习环境、学习资源。学习主体包括新一代学生、新一代教师、新一代师生关系。这样的主体诞生于信息技术创设全新的学习环境之中，在原来的教室里它变不了，摆脱不了原来的各种束缚，教室一发生改变，用信息技术支撑新的环境，新一代学生出现了，新一代教师出现了，新一代师生关系出现了；进入这种学习环境要有丰富的学习资源，让主体环境资源形成一种超循环的螺旋式上升，这就是我们概括的整体生成学习论，也可以称之为智能化学习的自组织系统和超循环结构。其难点就在于如何突破现行教育体制的束缚。我们就很关注培养新一代学生，我们这门课开始是叫“学习科学与技术”，后来在南京大学改成“大学精神与学习文化”。慕课诞生的元年是2012年，2012年下学期我们开这门课，当时我们就要求所有选修这门课的学生要在网上选学一门慕课课程，当时我班里有一个南京大学软件学院大二的学生，他说老师我已经学了两门课并拿到证书了，我就让他在全班介绍，对全班学生影响触动很大，他自己也来劲了，当年那学期他用业余时间又在网上学了4门课，共拿了6个证书，而且全是精课好课，是南大软件学院开不出来的课。我们每年上完课都要让学生写一篇总结报告或者文章，他上交的作业是《我在Coursera上大学》，看到这样的学生，我很兴奋，我当时在课堂上发了一个帖子，叫“从‘逃课’到‘淘课’的深思”，副标题是“关注大规模网络课程中的新型学习者”。我说这是南京大学在世界大规模网络课程新潮流中自发产生的新一代优秀学习者，我就像当年袁隆平发现优秀野生旱稻品种那样兴奋。拿到他的作业以后我马上给南大的校长看，陈校长看了非常兴奋，他马上组织教务处的领导，让他们调查南大还有多少这样的学生，要给他们创造条件，要支持鼓励他们。所以后来美国Coursera的CEO、耶鲁大学做了20年的老校长访问南大的时候，我给他介绍了这个学生，要见这个学生，并给他很大的鼓励。

以上介绍了六个方面我们主要做的实践和理论，这门课我们开设了20多年，取得了一系列原创性的成果，获得了很多重要的奖。总之，一场21世纪的学习革命正在全球兴起，目标就是推动学习方式变革，从工业文明步入信息时代，这是我讲的第二部分。

三、在智能化学习探究中开创健康高效的教育新生态

这20多年来，人工智能技术的快速发展和广泛应用使智能化成为信息化的一个重要生长点，现在大家讨论的一个最重大的问题就是怎么完成数字化转型？如何理解人机结合的增强智能？这个问题挺复杂，我可以用一个实例来通俗地解释什么叫数字化转型。

大家知道在工业文明时代，人类发明了光学望远镜和显微镜，这就把人类视觉的范围大大拓展了，但这还是靠人的肉眼视觉来直接观察的，信息技术创造了射电天文望远镜和电子显微镜，这就是光学望远镜和显微镜的数字化转型，由此把人的视野拓展到人类视觉根本无法企及的宇观和微观世界。但实际上这些数字科技只是接受了人无法感知的光电信号，但依靠人的智慧却破解了其中的奥秘，并从外在的工具和内在智力的双向建构中，不断拓展人类认识和实践的疆界，这就是人工智能和人类智能在结合中双向发展出来的增强智能，由此实现了从光学望远镜、显微镜向射电望远镜和电子显微镜的数字化转型。

这里有几个概念要澄清一下，什么叫“信息化”，什么叫“智能化”，什么叫“数字化”。信息化是上位的历史哲学大概念，农业文明、工业文明、信息时代概括了人类文明发展的三个大的时代，当前正在经历着从工业文明向信息时代的历史变革，这个大的过程就是信息化；而智能化是信息化发展的一个新阶段；数字化是前两者的技术基础，并且在广泛深入地普及数字技术这个“化”的过程中扩展为人的工作、学习、思维、生活方式。还有两组基本概念要澄清一下，一个是智力、智能和人工智能，这三者是什么关系？另一个是什么是学习，人是如何学习的，机器人又是如何学习的，这是个新问题。在这些问题上当前存在着很多模糊认识，所以我们要开展两种话语体系和研究方法的对话。

前面我们已经讲过人是如何学习的，在此需要从人所特有的智力活动的角度做进一步深入的分析。要讲清楚人的智力活动，涉及三个基本概念：经验、知识、智力，这是人的活动。人的学习是建立在直接经验基础上的，随着文字的发展和印刷体书籍诞生，人类创造出间接经验中的学习方式，在书本知识和教师讲授中的学习；随着信息技术的发展又出现了在屏幕上、网络上的学习，但后两种学习都不能离开学习者的经验背景，并且必须在实践活动和直接经验中对所学内容进行理解、内化，这些整合起来就形成每个时代人类的知识体系和在教育活动中形成的不同个体的知识结构，运用知识解决问题的能力，就是人所特有的智力活动，特别需要强调智力是运用知识解决问题的能力。

机器是如何学习的？这是信息化、智能化、数字化发展中提出的新问题。要讲清楚这个问题，同样涉及三个基本概念：信息、数据、人工智能。人的学习是从经验开始的，而计算机的诞生是从处理作为知识基础的信息、数据开始的。其发展经过了计算器、计算机、智能机，这是第一代计算机，直到它在象棋、围棋上战胜人，到了后来它运用的是数字化技术，就是应用数字技术处理信息，采集、传输、存储、挖掘、筛选信息，数字化这个概念是美国麻省理工学院的人工智能专家尼葛洛庞蒂提出来的，他当时出版一本书叫《数字化生存》，英文名叫*Being Digital*，台湾地区翻译成《数位革命》，中国学者胡泳坚持要翻译成《数字化生存》，这个翻得非常好，所以尼葛洛庞蒂被称作数字化生存的教父。他书里讲了一个很重要的观点：“工业文明时代世界的DNA是原子，就是物质实体；信息时代世界的DNA是比特”，比特是数据的最小单元。

计算机按照人设定的程序加工处理信息，从教育学的角度和话语体系，这不属于学习。开始也确实没有人把这称之为学习，但是人工智能创生以后，对计算机的发展提出了新的要求、方向，要让机器学会像人一样学习，认为这样的计算机就会有和人一样的智能了。这其实是人工智能领域专家的一种理想和愿望，而且他们一直在追求着这个目标。计算机“学习”的发展经历了数字化水平不断提升、发展的过程，大致可以分为以下几个重要阶段：第一阶段是运用数字技术处理数学逻辑运算，这种机械运算的速度和能力大大超过了人，但是应用的范围很窄；第二阶段是文字的数字化，开始是以英文为代表的拼音文字，后来是中文，文字的数字化，所有印刷体书籍全部可以运用计算机处理，一本大英百科全书用一个小小的优盘就可以装下，而且检索查询非常方便，这使数字化技术的应用范围大为扩展；第三阶段是更复杂的声音的、图像、视频的数字化，这是到20世纪末21世纪初才突破，突破以后，全媒体的数字化就进入了一个整合阶段，才有近几年风靡世界的机器人、元宇宙、ChatGPT……数字化技术支持的“机器学习”，其技术基础是什么？简单地概括就是程序化计算、数据挖掘、模式识别等人工智能技术，不断提升机器的学习能力的实质是两大关键点：一是提高算力，第二是改进创新算法。而要真正实现深度学习的方法，就是要不断提升人机结合的增强智能的水平，这是几个基本概念的深入解读，尤其要比较人的学习和机器学习的区别与联系。

教育数字化转型在教育领域应用如何深化发展、重点突破？我觉得其中一个重要的生长点就是知识图谱、学生画像、教师画像这三项技术的应用，特别是三者的整合。知识图谱是课程教材数字化转型中教学内容和资源建设的重大课题，学习者画像是对学生学习难点做分类研究的数字化转型，这是实现分层教学因材施教的前提和依据；教师画像是在前两者基础上创建人机结合的智能化自适应学习系统，实现教学和评价体系的数字化转型，是整合各类交互技术基础上的增强智能、深度学习。这三者之间有密切联系，但要在课程教学智能化发展中真正取得实效，需要开展技术和教育之间的对话、沟通、融合，这里有大量深入细致的工作要做。首先要采集大量的有效数据，而且要对数据进行科学、精准的分类。以知识图谱为例，首先要在学科概念层次上梳理概念之间的复杂网络关系，对学科知识的核心概念以及知识点概念之间的层级关系等等都要做细致的梳理，形成学科知识图谱。比如清华大学电机系于歆杰教授的慕课创新团队把他们的"电子电路"课程知识体系概括成99个知识点，做了240个小视频，在美国Coursera平台上线后取得了极大的成功。进一步要研究和开发的是学习者画像，这是在知识图谱基础上的深化，知识图谱刻画的是静态的知识结构，尤其对理工科来说都是逻辑性很强的结构化的显性知识体系，而学习者画像是刻画学习者动态的知识学习过程，利用知识测评系统来精准了解学习者在该学科知识结构上的具体掌握情况，发现学习中的薄弱点，给出有针对性的解决方案，并为学习者推荐相关内容及学习策略、学习路径规划，指导学习者开展自适应学习，消灭知识盲区和认知误区，提升学习能力。对学习者的学习过程进行多维度分析挖掘，不限于测试成绩、学习记录等行为轨迹中挖掘其薄弱知识基础这些显性特征，同样可以挖掘一些深层次的学习速度、学习偏好、认知水平等隐形特征，学习者画像是对不同类型学生学习行为的画像，其中包含大量情感、态度、价值观等隐性知识，复杂性和难度要大得多。再进一步深入对教师行为的画像就更加复杂，因为优秀教师的行为已经超越了严格规范的科学疆界，深入出神入化的教学艺术境界，这既是教育研究的千古之谜和永恒难题，也是人工智能虽奋力攻关但至今仍难以征服的高科技前沿。要能够有效从事这样的创造性工作，一定要有多学科专家团队之间的默契配合。我们团队在"学习科学与技术"课程研发和教学创新实践中精耕细作20多年，2004年出版的教材就对每个章节和全书的知识结构作了思维导图，2017年再版的教材在目录上专门设计了多种学习路径，电子版教材还可以进入快速迭代的超循环更新，但与人工智能的结合仍然步履维艰。这里需要特别强调，大量的数据采集不是一次性的，而是一项广泛持久、不断深化提高的常态化工作，而且要有越来越智能化的平台和数据库支撑，还要有稳定的应用场景、试验基地和人才、资金、政策、体制机制的支持。所以怎么从教育的视角选择人工智能发展的目标和价值导向，在当今大数据、云计算、智能终端这些信息技术支持下，语音识别、图像识别、机器翻译、数据挖掘、深度学习，以及把这些人机交互技术整合起来的机器人技术都在快速发展和广泛应用，创生了人机结合的增强智能，就使人类的创造性学习能力获得了巨大的提高。所以我们现在要培养人机结合的高效读写算的能力，现在全媒体阅读和全媒体写作已经越来越普及，不仅大大提高了阅读创作的效率，打破了读写算的边界，跨时空的深入交流，不仅可以把大量精准的数据准确地记录下来，还可以迅速生成各种可以减少人的大量重复性劳动，保护每个人的知识产权，在智能化的新视野中培养人机结合的高效读写算能力，这显然是现实和未来教育发展前沿的重大理论与实践课题，也应该尽快成为教育专业师生的基本功。

但是互联网创生的数字化生存新时空，既有急剧增长的丰富信息资源，又制造了最大的“文化垃圾场”，现在网上充满机遇又布满陷阱，在信息技术的时代挑战面前，人类必须更快地学会辨真伪、明善恶、识美丑，这是人类特有的不可替代的智力内涵和功能，但是面对与日俱增的信息海洋，又必须借助超强算力的智能外脑，才能适应这种新的环境，这又在科技和人文的结合点上更深刻地揭示了人工智能和人类智能边界，展现了人类智能和人工智能双向建构、携手创新的广阔前景。

我在这里特别想强调：在教育领域数字化转型的过程中，研究和重视从“信息素养”向“智能素养”的提升。信息素养是20年前国内外关注的热门话题，我们当时在总结国内外研究成果基础上，提出了“三个层次、五个方面”的信息素养结构：第一层次是高效获取信息和批判性地评价、选择信息的能力，有序化地归纳、存储和快速提取信息的能力，运用多媒体形式表达信息、创造性使用信息的能力；第二层次是将以上一整套驾驭信息的能力转化为自主、高效的学习与交流的能力；第三层次是培养和提高信息文化新环境中公民的道德、情感、法律意识与社会责任。智能素养是在这基础上的升级版，应该涵盖原来的内容并且提升，这个提升主要是智能素养超越信息素养的——人机结合的增强智能。我认为智能素养主要有两个层次：科技创新技能和人文道德教养，这两个层次体现的是科技和人文的关系，二者是不可分割的。两个层次的基础一个是新的读写算能力，一个是真善美的识别，这就是增强智能的人机结合模型。

现在很多人担心，机器将来发展会不会超过人、取代人甚至毁灭人类？好多科幻电影对这个问题的想象耸人听闻，提出这问题其实很重要，必须及早研究和防范人工智能技术的风险。但破解这一时代难题的方向出路还必须回到对人类自身的自我意识和超越。如果未来机器毁灭人类的悲剧真的发生，罪责也不在机器而在人类本身，因为善恶、美丑都存在于人类自身之中，人是从动物进化来的，人性和兽性的冲突博弈贯穿于人类文明的全过程，以真善美和假恶丑的意识行为表现出来。今天地球上原子弹、氢弹已经具有多次毁灭地球的能力，但是没有背后疯狂的恶人操控，这种悲剧不可能发生。机器和人类命运的关系也同样如此，为了避免文明发展的悲剧发生，人类必须伴随着人工智能的发展，不断制定和完善相应的法律法规，提升人类在智能时代的道德水准、自我约束和控制能力，尤其要在不同民族文化传统、宗教信仰、政治军事冲突之间，开展对话和沟通，互相理解包容、管控分歧，遵守维护国际公约，倡导强化人类命运共同体的理念和价值导向，传播和遵循经过历史筛选、获得多元化认同的价值和社会公德，使之成为具有更强内外约束力的国际法律、道德、经济、外交手段的准则，并建立全球化线上线下防范智能风险的快速预警机制和高效的防火墙。做到这点很不容易，因为我们现在面对的有两个看不见的手：官本位、钱本位，而且这两者牵手。所以我们的学校、校长、老师、学生面临大量的压力、风险、诱惑，出路是什么？推动学习方式变革，回归返璞归真的学习之道、教师之道、管理之道。我们现在面临的很多问题都是两难选择：传统与变革、公平与效益、人文与科技、道德与功利，市场化管理运营体制机制的引入和坚持教育公益性的结合，改革创新与管理中稳定协调的结合……怎么在众多两难抉择中保持动态平衡？这要运用中国文化中的大智慧，就是太极思维、中庸之道。

最后我们总结一下，人类文明经过了农业文明、工业文明，现在正在步入信息时代，当前信息化正在向智能化新阶段攀升，人工智能绝不仅仅是一种新技术，它的本质是对人类智力进行深入研究、深刻反思基础上的科技创新、文化创新、文明觉醒。在社会全体成员中广泛开展人工智能教育，应该成为一场深刻的时代反思、自我意识和步入智能化时代的文化启蒙运动，在全社会普及人工智能教育是要给新一代合格公民进入信息时代发放通行证和护照。当代人工智能的迅速发展和在各个领域的深入广泛应用，必将激发凝聚全社会的学习智慧、教育资源，创生出各种改善社会异化、教育异化的有效行为和变革教育的强大力量。随着人工智能和人类智能的携手创新、共同生长，教育世界将会走出工业文明的阴霾，重现灿烂的艳阳天，使课堂充满欢乐、学校充满和谐、家庭充满幸福、民族充满希望，并由此开创智能化健康可持续发展的人类文明新生态！谢谢。

【主持人】夏静：

非常感谢桑教授。正所谓国之大计，教育为本。桑教授用了90分钟的时间为我们分享了教育发展的前沿、热点，深刻介绍和解读了一系列重要的教育新观念，确实也使我们醍醐灌顶、受益匪浅，相信对所有人，都会有所启发、有所引领。时间过得很快，我们本次讲座到这里就要跟大家说再见了，我们再次感谢桑教授。下期再见，谢谢。

（文稿整理：于小斐）

中国人的关系与信任

【诚计划】第66期

直播时间

2023年9月5日（周二） 19:30—21:00

直播地点

南京大学鼓楼校区21舍终身教育学院演播室

主讲老师：翟学伟

博士，教育部“长江学者奖励计划”特聘教授（2014—2019）。现任南京大学社会学系主任，兼任中国社会心理学会副会长；《开放时代》《中国社会心理学评论》《本土心理学研究》等学术刊物编委会委员。长期致力于中国人与中国社会的研究，提出了一系列本土性分析框架、概念、模式与观点。在社会学、社会心理学、传播学及管理学的本土化方面产生了重要影响，代表作有《中国人的社会信任》《人伦、耻感与关系向度》《中国人行动的逻辑》《中国人的关系原理》《人情、面子与权力的再生产》《中国人的脸面观——形式主义的心理动因与社会表征》等；在《中国社会科学》《社会学研究》《社会》等学术刊物上发表论文60余篇。曾担任2009年度国家社科重大招标项目“我国社会信用制度研究”首席专家；现任国家社科重大课题“儒家伦理的社会化路径”首席专家。享受国务院政府特殊津贴。

主 持 人：高诗琪
南京大学终身教育学院主持人

【主持人】高诗琪：

观众朋友们，大家好，欢迎来到南京大学校友终身学习辅助计划——瞰学堂第66期，“中国人的关系与信任”，我是终身教育学院的高诗琪。

“信任”二字，理所当然、不言自明地存在于我们社会生活的各个角落，自20世纪50年代以来，信任研究逐渐成为社会科学领域的重要议题。但随着信任研究越来越受到重视，信任的含义在不同的科学领域中也越来越复杂，尤其是给跨文化研究带来了一定的阻碍。信任研究不是简单的统计，必须澄清概念，寻求理论框架，再做实践研究，以此来重新处理以往有关中国社会信任研究中的争议和困惑。关系视角，也许是一种寻求信任理论构建的有效路径。抓住"关系"这个概念，可以比较好地深入认识中国人、中国文化和中国社会。

今天我们很荣幸地邀请到主讲嘉宾，南京大学社会学院教授、博士生导师翟学伟先生。翟教授是教育部2004年新世纪优秀人才支持计划、教育部长江学者特聘教授（2014—2019）获得者，国家社科重大课题"儒家伦理的社会化路径"首席专家。让我们有请翟教授，为我们讲述他对信任的本质以及其对相关文化的理解。欢迎！

【主讲老师】翟学伟：

各位南京大学的校友以及对这个讲座有兴趣的听众，很高兴能被邀请来给大家做一个有关中国人关系与信任的讲演。

一、目前信任话题的几个关键问题

大家从这个题目当中，就可以看到三个关键词。首先最重要的，今天要讨论的核心概念，就是信任。但是有关信任，我自己在对它的研究当中发现，平时我们用这个词时好像都很明白，但是一旦真正想对它进行定义的时候，就会发现很难。尤其在中国的语境下，跟信任相关的词也在干扰我们对它的理解，比如说，诚信、信用、信誉等等。所以，如何来确定对信任的研究，就会涉及在中国社会文化当中另一个重要概念——关系，需要把它放在一起来进行讨论。这样一来，其实今天的谈话内容，大概就限制在中国人的范围里面。

那么中国人的关系与信任，涉不涉及其他社会呢？这不是我们今天探讨的问题。显然，如果把这个概念再抽象一点，可能它有相类似的情况。但是我们不考虑它能够波及更宽更广的范围，还是集中在对于我们自己社会的认识方面。

（一）信任研究为何兴起？

谈信任，首先我觉得第一个要谈的话题是它的兴起。研究信任，我们首先遇到一个特别困惑的现象，或者说是一个特别吊诡的现象，就是如果一个社会越有信任，我们就越不会去考虑信任，或者研究信任。而一个社会越缺乏信任，我们反而越关注信任，最终使得信任变成一个研究议题。这一点是非常重要的，它回答了为什么我们在漫长的岁月中不关注信任。比如说，在人类生活的开端，信任就已经在人的生活中出现了。只要地球上有了人，甚至是只要出现了高等动物，信任就已经发生了。但是为什么它没有被当作一个研究的话题出现呢？这里面有一个主要的原因是它是自然而然地存在于我们的生活当中的，好比空气，我们意识不到它的存在，所以我们就不会去想信任的事。举个很简单例子，我们在后面会反复提到这个问题，如果一个家庭、一个村落里面的人彼此熟悉，人们生于斯、长于斯，那么人与人交流与做事就很少出现怀疑或者猜忌。但是如果村子里面或者家门外来了一个生人，这个时候就会突然冒出信任的问题。所以说从世界范围上来讲，信任研究的发生，应该说跟我们强调的现代化是有关系的。

为什么现代化会催生出信任的研究呢？是因为现代化把人们熟悉的传统而稳定的生活彻底改变了，其中充满了风险。当然，这不是说没有现代化，人类社会就没有风险，但在“非现代化”社会中，人类面对的风险与现代化的风险不同，比如战争、自然灾害等等，这类风险跟信任的关系不太紧密。而现代化给我们带来的风险，可以称之为一个整体的、全球化的、每天必须面对的风险危机，它给人类生活带来了诸多的不确定性。

什么样的生活状态是有信任的呢？就是我们的生活及其环境很确定，或者用老百姓经常用的话，我们有安全感。但是现代化打破了确定性和安全感，它使我们对生活与环境产生了诸多的质疑，新问题也层出不穷。所以现代化的兴起，就带来了信任研究的兴起。这是一个由不确定到危机，到重新思考信任为何的过程。

（二）有关信任研究的分类（特殊与普遍）

这个过程大概是二战结束后在20世纪五六十年代发生的，一直到现在，这个话题一直很热门，也一直有人在研究。关于信任，目前的研究非常零散，几乎没有找到一个特别有效的具有整合性的解释力强的理论。目前研究中用得最多的概念就是把信任一分为二，分别以特殊信任和普遍信任作为一对概念提出，而无论什么样的现象，什么样的数据，做到理论层面就会回到这对概念上来。

那什么叫特殊的（信任）呢？如果某种信任是有对象的，那就是特殊信任。如果信任没有对象，那就是普遍信任。比如说，你今天想到街上去吃东西，觉得进任何一家店都能够放心大胆地吃任何食物，那就是一个普遍信任。但是如果你担心有些店不能去，不卫生，有些食物不能吃，或者你知道某一家店或某一种食品可以放心去吃，那对象性就出来了。将特殊信任放到我们人与人的关系上，如果我们在各项社会活动中考虑哪些人值得信任，而不是说任何人都值得信任，那就是特殊信任。而你忽略这个问题时，那么信任的普遍性就出来了。或许你会认为，后面这种信任是不可能发生的，其实也不是。比如你去一个城市迷了路，你问路的时候就不会考虑回答者会不会骗你，只存在他知不知道的问题，因此你可以不需要确定你的信任对象。当然，中国人会一再提醒自己的家人或身边人不要和陌生人说话，不要随便跟陌生人搭讪，警觉性如此之高，就说明了这是一种特殊信任。所以这对概念是目前社会学与社会心理学最常见的分类，中国绝大多数学者普遍都接受这种说法。

（三）儒家思想与信任的关系（负效应问题）

有了特殊与普遍这两种信任的划分，我们对于中国社会信任的判断，就出现了一个观点：如果一个社会越现代，就越应该有普遍信任；如果一个社会越传统，就越可能是特殊信任。于是，这个里面就出现了一个有深度的讨论，也就是对传统文化的批判，认为中国的传统社会不仅仅反映在特殊信任方面，还反映在儒家思想也是为这种信任服务的，所以从这一点上来讲，儒家思想有不少谈信任的地方，会被归结为特殊信任。现在中国社会要实现现代化，我们不但要抛弃传统，甚至也要否定儒家思想。所以儒家与普遍信任之间就构成了一个负效应的关系，就是社会普遍信任建立不起来，是儒家思想影响的结果，所以清楚儒家一些相关言论，有助于中国社会建立普遍信任。大概是这样一个观点。那么这样的观点对不对呢？应该有些问题，至少这样的研究太表面化了，太简单化了。依我的观点，中国社会的研究不能简单地套入西方的研究概念中去，比如特殊信任会不会不是其私人关系中的信任，而也有更大的非对象性的特征呢？或许是有的；又比如说普遍信任一定与中国的现代化相伴随吗？目前看，大量的社会事实不是这样的，特殊信任在现代化中也发挥着作用；再者，儒家是一个特殊信任的倡导者吗？其实儒家没有这样的言论，因为儒家更关心"信"，而不是简单的信任，显然，前者要比后者的含义丰富多了。

我们知道"信任"的概念是从英文"trust"翻译过来的，或者说是从中文中找到"信任"与"trust"之间对等的翻译。但中国古文中一般用"信"而非"信任"可能有一些国学功底或者是文言文很好的听众，会认为中国的古文里面也见过"信任"两个字。如果见过，其实它也不像今天这样是一个词汇，而是"信"和"任"两字的叠加，各有各的意思。但是我们今天是把它当成一个词汇来使用的，并径直用来对应儒家思想，这是很有问题的。如果这样说，那么儒家或者中国文化中的诚信、信誉、信用等便无处安放了，除非我们把它们通通当作一个意思对待。所以我们这里首要的工作是先把词义搞清楚，那么能不能就直接用西方翻译过来的信任来做研究呢？这当然是一种省心的方法，但省心的方法会有省心的结果。这个结果是你借此用中国社会的数据和资料解释了西方人的概念，但中国社会是什么情况，你还是不知道。

想到这一点，我们就看到了一种概念上的混乱，至少是模糊不清。比如我们说诚信的时候在说信任吗？或说信任的时候在说信用吗？或反过来，在说信用的时候也在说信任，或在说信任的时候也在说诚信吗？这个时候，倾向于省心的学者会说，你干吗要揪着这个问题不放呢？我的回答是这点关乎我们对中国信方面出现问题的理解和解释。比如，中国改革开放以来，有了假冒伪劣的现象，就有一些学者开始呼吁，说中国出现了诚信危机。但是别的学者就说："对，你讲的有道理，中国社会出现了信任危机。"还有人说："你们讲的都有道理，中国社会出现了信用危机。"他们这里把这几个词替换着用，但是他们是在说一件事吗？我们是不知道的，因为这里面从事经济学的、法律的、社会学的、政治学的、心理学的学者都出来说这个问题，他们的专业背景又不同，我们不知道他们是在说一个相同的社会现象，还是在说不同的社会现象，那么我们如何治理这个问题呢？可见，要做好这项研究，就要确认我们在讨论什么问题，否则概念上的随便使用就导致治理上的无的放矢，而就研究本身，我们也不知道该研究什么。

为了解决这个问题，经过我个人的整理，把这三个概念做了这样一个安排。首先，我们承认中国人在讨论这个问题时会用关联性思维，这个思维的社会学框架其实是儒家思想提供的，即所谓"修身、齐家、治国、平天下"。这个框架在我们引进的社会科学当中是没有的，就是没有其他社会科学在讨论有关社会现象时会从个人讨论到家庭，又讨论到国家，又讨论到天下的模式。它是一个很地道的中国人看世界的模式。在这个模式当中，似乎修身就可以齐家了，齐家就可以治国了，治国就可以平天下了。那究竟是不是这样呢？其实未必，但觉得古人坚信这一点，今天很多接受传统文化思想的人似乎也觉得有道理。而从西方社会科学开始讨论，这一排列中的概念都被划分到不同学科中去了，不可能把它们连接起来的。因此，中国人所使用的“信”其实也是在这个框架中使用的，它们的对应关系如图1：

- 修身、齐家、治国、平天下
- 个人、关系、社会、世界
- 诚 ⟶ 信 ⟶ 信任 ⟶ 信用

图 1　信的概念排列

图1给出的排列表明，我们在修身的层面，中国人更强调“诚”，诚心诚意，真诚，同时也提出了“信”。而到了齐家层面“信”就开始走入人与人的关系方面，这点在治国方面有更加多的表述（因为中国传统社会没有“社会”这个概念），而在修身、齐家、治国，直到天下的全包含的意义上，我们会用“信用”这个概念。所以信用是可以在个人、家庭、国家和天下层次上使用的，而信任一般确定在人与人关系上讲，诚信一般是对自己的道德要求。如果按照这个对应关系，可能我们下面要讲的内容里面，在讲“诚”的时候（这个概念今天讲不到），我可能更多是指修身。在讲“信”的时候，可能涉及家与社会的问题，这就意味着我今天要讲的信任的主要对象是讨论家庭和社会，或讨论当人走出家庭，走向社会的时候所发生的信任问题。至于信用的综合性显然不是我们今天讨论的话题。顺带回答一下前面的问题，按照这样一个新的排

列，我个人认为所谓诚信危机，应该是指人的道德品质方面出现了问题，就是跟个人有关；如果是信任危机，那应该是指社会上的人与人的关系出现了问题；如果是信用危机，那么就是在综合意义上的，更多指政治、社会、文化、教育等方面的制度设置及其运行出现了一些问题。而根据今天要讲的题目，我们只讲信任。这样我无形中就排除了其他会讨论的地方。

二、常识性的讨论

我们研究信任，还要注意的一个问题是，信任有没有约束性的问题。比如有学者认为，既然是信任，就表明它是一个人自觉自愿的守信，如果被管住了，那就是没有信任了。可信任关系真的不需要约束吗？如果这样说，那么信任的范围就很小了，而会无限接近于一种善念或信仰。可大多数情况下，口头保证，一个字据或者一些契约规定还是需要的，这点说明大多数情况下并没有特别纯粹的信任，如果有的话，我下面会说在什么地方。这里，我把人与人建立的信任看作一个从无约束到有约束的连续统。什么叫无约束呢？就是没有人要求我，我自己觉得做人要言必信，行必果，即使没有社会规范或他人来处罚我，我也会讲信用的。那么有约束是什么呢？有约束的意思就是说我可能不确定我能否守信，其中既有我自己的原因，也有外在不可测的因素，比如事故、资金链断裂等，但社会为此可以在制度上设置一些预防的或相应的处罚措施，导致我们最终还是在信任关系中维持着。所以无约束是自觉的，有约束是被社会规范的。

下面我们来举几个例子，来看一看从无约束到有约束的变化。这些例子不能说特别准确，只是让大家感受到社会学不是一个空谈的学科，也不是仅仅拿那么多数据、调查表格来反映社会现象的。这个里面可以从生活当中看到很多事情。

我举的第一个例子是婚恋。婚恋这个例子，我们就集中讨论一个现象。如果两个人相爱了，他们为什么要领一张结婚证并将它保存在那里？当然我们可以说由于国家的相关规定，有了结婚证可以办许多事情，我今天不讨论办事问题。我现在的问题非常简单，就是两个人因为相爱要领一个证并把它保存好的意义何在？这点我看到一个反例。比如林语堂跟他太太结婚是领了结婚证的，但是他结婚当晚就当着他太太的面把结婚证给烧了。对于他为什么烧，他太太也想不明白。因为林语堂想表达的是，它已经没有用了。它为什么没有用呢？这点告诉我们结婚证在一个时候是一定会有用的，这就是两人要离婚了，因为双方可能预测未来可能会离婚的。所以结婚证就约束了男女之间的忠诚，它的保留隐含了彼此之间的不确定性，所以就要有一个约束对方对自己不忠的办法。如果去除这样的约束，相信彼此忠贞不渝，那么这种外在的约束是可以不要的。但你也不能由此推出，凡是留下结婚证以维系对方忠诚的就说明双方的自觉自愿已经没有了。

我们再来看第二个例子，比如说一个人自己出差，手上拎了两个比较大的包裹。他在车站候车时想上厕所，请问这时候怎么办呢？如果车站设有行李看管处，那说明这个问题不需要信任也就解决了。可如果没有行李看管处，你能不能把包就放在原来的位置上，或者交代边上的陌生人说“麻烦你帮我看一下，我几分钟就回来”。如果这样的事情能发生，那么这个社会就有无约束性的信任，也说明这个社会信任度是很高的。如果这样的事情不发生，说明你因失去了对对方的约束，所以不敢信任对方。而大多数情况下，中国人采取的出差方法是最好不要一个人。通常，人多一点，就更保险、更安全一点。

我举第三个例子叫搭便车。比如说你是一个开私家车的人，在出门的时候，不管是晚上、白天，在一个人相对少一点的地方，突然遇到一个陌生人向你招手让你停车带他一段路，你会不会做这件事情呢？我没调查过，但估计会遭到100%的拒绝。如果真是如此，那么这个社会连“搭便车”这个词都可以取消了。可为什么有搭便车这个词呢？说明这个现象是存在的，至少在我们某些影视作品中，它是存在的，或者是在某些特殊的地方，它是存在的。这点足以说明有些情况下会有无约束的信任，因为司机不担心上来一个陌生人会在车子里发生什么意想不到的事。但是如果这种现象在有的社会从未发生过，那就说明该社会中人的警惕性非常高，不可能答应任何与他不相识的人一起走一段路。

所以我觉得，我们表面上一天到晚谈信任，其实我们无形中已经处在一个信任的悖论中，即社会越没有约束，本来越是可以证明这个社会有信任，但是我们恰恰就不去想信任的事。而社会约束力越来越强，已经强到了犯罪、处罚、判刑也遏制不了社会持续发生不信任现象，进而使得家家户户装起了防盗门、防盗窗、防盗锁，乃至于陌生人要跟你说话，只能隔着一个大铁门说，你才觉得很安全。那么这样的安全证明这个社会有信任吗？好像只要有安全，就说明有信任，那么一个社会可以夜不闭户、路不拾遗，也没有这么多的安全防范，这个社会有没有信任呢？我用这两个极端来做比较，就可以理解从无约束到有约束的含义了。

所以从这里，我就要提出我今天讲演的一个视角。我认为其实有两种信任的研究，一种是从个人出发的，这一点我想大多数人都同意。我们讲一个人信不信任的时候，都是对着一个“个人”去说的，或者叫每一个“个人”。我们现在建立起来的大量的关于信任的研究，比如说道德问题、人格问题、素质问题、性格问题甚至穿着打扮所发出的信号问题，包括信任的半径问题，都是个人的视角。这种研究框架的建立就是讨论自我与他人的关系。我希望大家能够牢牢地记住这里的内容，否则后面讲下去就会遇到理解上的困难。而我今天要建立的研究视角不是这样的，我的视角是“关系视角”。我的研究不从个人视角出发，不讨论个人问题，只讨论在关系中所发生的信任的问题。那么什么才是关系视角？比如说，我不讨论我，我不讨论自己，但是我讨论“自己人”。自己是一个“个人”，而自己人是一个关系。我也不讨论“我本人”，我讨论“自家人”。自家人不是一个人，而是几个人的组合。于是关系的视角一般不回到个人上去讨论信任的问题，只在关系中讨论信任。可能这个在理解上会带来一些困惑，随着下面讲演的展开，大家慢慢地就知道我用关系视角研究的必要性。那为什么要在关系中讲信任呢？因为用关系建立起来的研究框架对认识中国社会信任是很契合的，而用个人视角看中国社会更多的只是想套入西方社会学来认识中国社会，其中有些解释并不符合中国人对信任的理解。

三、信任地带

由于是关系的视角，不再是个人，于是我觉得在中国社会谈信任就会出现一个信任地带，而不再是个体信任，诸如我相信你，你相信我，我为什么相信你呢？可能是因为你人品好、有信仰、讲道德、素质高、有能力等。反之，你为什么相信我呢？这也是个人的原因，因为我和你一样的有信仰、有道德、受过教育、有能力等。

现在我放弃这个观点的原因是我认为，不同的关系会产生不同的信任地带。所谓抛弃了个人视角，不对着个人去说他身上具不具备信任的要件。而是说信任会出现在什么地带。这句话的意思是，不同关系的构成在中国人的社会生活中会有信任地带的转移。也就是说，中国人所建立的不同关系会产生各不相同的信任问题。所以我们要去寻找什么样的关系无法建立信任，什么样的关系有超越信任的问题，什么样的关系要在约束中建立信任。

现在，我把这个地带图示放在这里（如图2），让大家去看一看我讲的地

家人　　　　熟人　　　　陌生人

放心关系——信任关系——无信任关系

图 2　关系所对应的信任地带

带是什么意思。在中国人所重视的关系当中，信任往往发生在家庭以外的地方，而不发生在家庭以内。也就是说，在家庭中讲信任是“见外”的。“见外”的意思就是不把家里人当家里人看。夫妻之间、父母和子女之间、兄弟姐妹之间从来没有想过彼此之间还有个信任问题。回到学术中来看，这里的意思不是说信任不重要，信任不存在，而是说信任在这里具有天然性、自在性，不用被唤醒的特点。所以我用“放心关系”来表示。那放心关系什么时候开始不放心了呢？当然是人们走出了家庭进入社会之际。这时我们要考虑的就是如何在信任关系中建立人与人之间的交往。还有一种关系是人们无论如何都与他人建立不起来信任关系，干脆说这个里面没有信任可言。没有信任可言的关系地带不意味着不能发生人际交往，不能办事，我们在其中可以做许多事情，但这个地带与前面两个地带的差别就是要靠强有力的外部约束机制。有人可能会说，那什么是强有力的外部约束呢？后面我们可能还会提到，我这里举一个简单的例子。现在社会上各街巷、楼梯口、小店边到处都拉的摄像头，那它就说明这里是一个无信任地带。但是又不能说这个无信任地带不能有人的活动，不能有人的交往。那怎么办呢？就是让摄像头来维持彼此间的正常行为，发生了什么都可以调监控录像来看一看。如果有的地方没有挂摄像头怎么办？那就很危险了，至少说不清楚了。现在马路上有一些老人摔倒没人帮扶，就是因为人与人的信任没有了。可是，我们依然认为，如果你认识的老人跌倒，你会去搀扶，因为你们处在信任地带范围中，在这个地方不需要看看有没有摄像头再决定扶不扶，而是可以直接帮扶，因为熟人之间会维系起码的信任关系。

四、儒家眼中的社会

接下来我们来看儒家是怎么谈“信”的问题，儒家没有用过“信任”这个词语，但是儒家中的信当中有很多内容是涉及人与人的关系的。我们把儒家当中涉及人与人的关系的“信”确定为我们这里讨论的“信任”。

首先我们知道，儒家思想中最核心的概念是人伦，我们讲的这些“仁、义、礼、智、信”都是在人伦的基础上产生的。在儒家关于人伦的各种各样的讨论当中，它大致把人伦归结到五种关系中，所以在有关儒家的讨论当中，都用“五伦”去概括儒家的人伦。这点表明，人伦是泛指各种各样的关系，但儒家认为其中最为重要的关系是可以衍生到其他关系中做类似的处理，所以只要讨论五种关系就够了。这五种关系是父子、夫妻、兄弟、君臣、朋友。我这里稍微有一点文字的变动，本来这五种关系的说法是父子、夫妇、长幼、君臣和朋友，这点说明了过去的大家族与今天的小家庭的区别。儒家认为家庭关系很重要，而君臣和朋友是家庭以外的关系。但两者之间不能割裂，也不是各归各的关系，在儒家看来，家庭内部的关系原则是可以扩展到家庭以外的其他关系中去的。怎么扩展呢？比如说父子关系，可以扩展到君臣的关系，所以在中国古代的词语里，有“君父”“父君”这样的概念，“君”和“父”是混在一起说的。而外面的朋友关系往往是当成兄弟关系去说的。所以在儒家看来一切社会关系都可以浓缩到五种关系中来，而这五种关系其实最后也就在于搞清楚其中的三种关系。

儒家有了这样一种看法之后，孟子对这五种关系进行了规范。按照中国人对家的理解，理解五伦可以有两种方案。一个方案就是刚刚讲的，用家内和家外来加以区分。其实还有另一种方案，就是用血缘来区分。前者包含妻子，但后者只包含父子和兄弟。那么这些不同的关系规范重点在哪里呢？我们清楚地看到，儒家在血缘关系中不讨论信任，因为在这点上他们都是放心关系。而君臣和朋友之间都要有信任的问题。但这两种方案的差别就在于“妻子”这个角色很特别，她在不同的划分标准中可以在放心关系中，也可以在信任关系中。以上这个观点不是我自己揣摩的，不是我自己想当然的，是根据孟子的一句很重要的话得到的结论。孟子在《孟子》一书中曾说“父子有亲，君臣有义，夫妇有别，长幼有序，朋友有信。”这是孟子的原话，我们如果不认可中国社会有信任地带，那就可以把信任任意地放在任何一种关系中，也就成了“父子有信，长幼有信，夫妇有信，君臣有信，朋友有信”，或者是“五伦都有信”。我们能不能这样表述呢？这里我们需要思考为何孟子要这样表述？经过思考，我们得到的答案是孟子在规范人伦时与我上面提到的信任地带是一致的。也就是说孟子认为在父子、兄弟和夫妇当中不需要讨论信任，但是在君臣和朋友之间则必须讨论信任。在我们的家庭生活里面，重要的核心理念是仁爱、孝顺和秩序，而不是信任。所以我们在谈父子、夫妇、长幼的时候重点就要放到情感和秩序方面。但如果把人与人的关系转向了社会，我们的理念就发生了变化。比如君臣是一个政治场域中的上下级关系，此种关系孟子用了“义”来界定和规范的，而朋友之间也没有了家人和血缘，那才有了一个“信”的含义。或许我们此时会想，义也不是信，君臣说的是有义，只有朋友才有“信”，怎么证明家人之外都是信任关系呢？我们知道，“义”在中国的传统概念中是“信”的最高级，或者说，如果我们把“信”无限地拔高到最后就是“义”。把“义”无限制地降低到最后就是“信”。所以在中国词语中“信义”是合起来使用的。这两个词可以连用就表明了彼此是同义词，但是程度不一样，“义”在信任的程度有尽己所能不惜一切代价乃至献身的意味，而“信”在最低程度上只要求一句话，一件事能完成承诺。所以当一个人不守信用时，我们会说他背信弃义。可见“义”是高级层次上的“信任”，“信”是低级层次上的“义”。

讨论到这里，我们顺带再讨论一下夫妻关系。上面我提到五伦中的划分可以有两种方案。这两种方案我们倾向用哪一种，其实是和中国社会的变迁有关。中国传统意义上的夫妻是从头至尾的，是从一而终的，所以在自家人的范围里。她跟孩子之间是血缘，孩子跟父亲之间也是血缘，夫妇之间不是血缘，但是他们通过孩子连接了彼此的血缘。从这点上来讲，中国的传统夫妻一般会白头偕老。但是放到今天社会上来讲，因为夫妻关系已经不是这样的状况，离婚或分居的现象都很常见。这意味着一个现在的家里人也许过上一阵子就不再是家里人了。所以，此时各自都更加看重自己的血缘关系，比如妻子看起来和她丈夫在一起生活，但依然把与自己父母的关系看得更紧密，同样，丈夫也未必把妻子看成真正的自家人，也只看重自己与父母的关系。这就导致双方不是放心关系，而是信任关系。其表现形式在于双方的收入是否透明，已经建立的经济关系当中有没有一些要向对方做些隐瞒。从这一点上来讲，夫妻之间有所保留更不要说在离婚率不断提升的情况下，他们已经处于建立信任关系中了，而缺少了本应有的放心关系。何况现在有的人还借用婚姻来骗取对方钱财房屋等，这点导致婚姻中的信任危机。所以从这些方面来讲，我们可以看出传统的妻子是被放在放心关系里面来说的，今天的妻子或许是被放在信任关系中来说的。这就是一个变化，从这个变化中可以看出我用关系来解读中国的信任，比用个人来解读中国人的信任更加合理，也更加符合儒家思想中的一些论述。

五、从关系视角看中国人信任的含义

我们下面就来看一看，怎么从关系的视角看中国人的信任。我们前面讲了一些生活中的例子，讲了一些儒家的思想给我们的启示。接下来，需要看一看怎么从关系的视角来认识中国人的信任问题。

以往关于中国人关系的研究存在着很多的误区，我在这想重新做一个说明。在中国一提起关系，首先想到的是“搞关系”，然后接着想到的是“走后门”，其实就是利用权力来谋取私利。我这里首先把关系当作一个中性词来看，所谓中性词就是本身没有指向是好的还是坏的。只把它当成一个中性词，比如家人、亲戚、朋友、同事之间都有关系之义。但这样一来，关系在中国人的理解中是比较多义的，也是多元的。为了研究方便，我把它整理成了三个层次：

我认为关系在中国的第一个层次是“认定性的”，就是对方和你之间有没有关系，需要彼此确认。当然，有的人会认为家人关系是不需要确认的吧？确实，虽然家人关系是天然生活在一起的关系，但是依然有认不认定的问题。比如说，我们中国人的传统观念认为亲戚是理所当然的血缘关系，但是今天年轻人用了“断亲”这个词，说明他还是不想认他家的一些亲戚。老乡、朋友、同事的关系就更不用说了，统统需要认定。对方说是你的老乡，但是你不认，那对方也做不成你的老乡。反过来说，对方不是你的老乡，他跟你可能来自挨着的两个省份、两个地区，但是你把他看成老乡也可以。这是我讲的第一种情况。

第二种情况不是认定的，而是靠某种手段把人与人的关系连接起来。一个人为了工作、生意、看病等需要寻求关系，但在可认定中又没有这样的关系，那么就可以搭建一下工具性的关系。比如说，一个人有求于某一个人，他跟他之间不存在家人、老乡、朋友这种关系，他可以通过拉关系来实现这一点。有的是用送礼来拉关系，有的可能靠介绍人来拉关系，有的可能出于一个特殊的原因，两个人在共同的场合中有一个机遇，这个机遇让两个人走到一起。总而言之，关系可以来自套近乎，可以扯上关系。就像我们在外面活动的时候，对方如果问你是哪个地方的，你一说出来，对方发现和自己不是老乡，然后又问你是哪个学校的，你说是哪个学校，对方发现自己也不是这个学校毕业的，但他家亲戚的孩子是这个学校的，那就七拐八拐地跟你能扯上关系了。然后会说他亲戚的孩子是哪个院系，问你是不是那个院系的。其他套近乎的办法还有对方说他听过你这个学校某某老师的课，或者是跟他吃过饭，你认不认得他，等等。这就叫通过搭建来建立一种关系。

第三种就要有一点想象力，无论是认定的，还是搭建的，这些关系最终都可以形成一个关系网络。血缘和地缘可以形成一个地方关系网络，搭建可以形成一个跨地区的或者行业内的关系网络，比如今天认识张三，明天认识李四，然后又把大家拉到一起来吃顿饭，这个圈子就越扩越大。总而言之，无论何种关系，都可以把它扩建成一个关系网。在中国社会生活当中，人人都意识到关系网是非常重要的，有时候比学历、能力、经济实力还要重要。或者通俗地讲，在中国社会，有的事情认识人和不认识人的差别是非常大的。所以这样一来，中国人乐于生活在有关系网的地方。我举一个例子，比如说大学生毕业找工作，想留在他毕业学校所在的城市，或者想去省会以上的城市、一线城市，那就要到处去投简历，投到最后依然没有成功。为什么呢？这个时候他意识到了关系的重要性。当他把这个情况告诉家人之后，家人就会说那就不要在那些城市找工作了，回家来找工作吧。这里回家的意思表明的不是他有能力和学历，而表明回到家乡就进入他们所拥有的关系网当中去了。而这个关系网能够很容易帮助他找到工作，或者安排一份很好的工作。所以这个关系网在中国社会对于一个个人的生活发展而言是非常重要的。

这是我给关系做的一个简单的分类，这个分类并不是说是第一类就不是第二类，是第二类就不是第三类，是第三类就不是第一类。其中每一个都可以包含另外一个，这样一来关系网络是有无限扩大的可能性的。我们有了这样的关系认识之后，现在就需要讨论一个被西方学者非常看重的概念——信息。

六、信息在信任中的重要性

在西方人有关信任的研究中，他们认为信息是非常重要的，因为做事情都是以收集或者得到信息为基础的。比如说你大学毕业了，你听说哪个地方在招聘就会去应聘，应聘了以后就变成那个单位的员工。如果你找工作的时候都不知道有一个地方在招人，那你再有能力和好的成绩，也不会去那个单位工作。所以西方人之所以看重关系是因为信息是在关系网络中流通的，当然推荐也有作用，所以一个人有众多的关系，就等于无形中有了众多的信息、众多的机会。他们是持这样的观点。

（一）中国社会的信息问题

西方人把信息看得那么重要，为什么我们不直接模仿西方人提出这一点呢？我的观点是中国人的关系要分地带，所以对于信息，中国人会区分是什么地带提供的信息。如果你在社会上随意打听一些信息就去相信，那很有可能会受骗上当。所以信息的传递在中国有一个变化，其前提是先要有信任，也就是有了彼此的信任，你再向对方去打听事情，从不信任的人那里打听信息就没有意义了。所以从这一点上来讲，我觉得信息和信任，不单是信息在网络中传递那么简单，它要与信任之间发生紧密联系。这是我们要谈的第一个问题。

再有一点，因为中国人讲关系，所以中国人的信任就被直接放入特殊信任上去了。而大量的中国学者又在研究中国人的信任随着社会的现代化怎么从特殊信任转变成普遍信任。我认为这种想法过于简单，过于套用西方的概念，中国人的信任不是那么简单的。信息究竟在中国关系当中发挥什么作用？

我认为它的第一个作用是在放心关系里面起全知性作用。这就是为什么我们每次找人合作，要做些事情甚至开一家公司，总是在你的放心关系里面找，而不在你的信任关系里面找。这点构成了西方人所看到的中国合伙人。中国合伙人对于信息上的需求首先就是它的全知性，因为我太了解你了，所以这个事情我可以让你去做。但如果在信任关系里面，信息就会不那么确定，需要更多的约束性来维持。可见，知根知底是中国人建立放心关系的最重要因素。

（二）中国社会原有的信任约束机制

我们还可以再往下想，为什么全知性，或者说知根知底有那么重要呢？知根知底的重要性不在于彼此知道得多，而在于它无形中起到了没有可能去欺骗对方的机会，既然我全方位地知道你，那你怎么能骗得了我呢。因为我知道你的每一个方面，从你的家人、你的婚姻、你的孩子，到你住的地方，甚至到你的亲属和朋友，我对你什么都知道，那你讲的是真话还是假话，就能在全知性里面得到验证，所以欺骗也就很难发生，即使有关你个人的信息对我有所隐瞒，但你的关系信息是隐瞒不了的。所以知根知底的本身要的不是信息传递，而是在于它本身具有了约束力。

现代社会在信任约束力方面的一个不足，是人口出现了大规模的流动。国家政府部门想出来的办法是给每个人建立一个档案。但随着单位制的解体，现在许多工作交给了公安部门，现在又要搞征信，这些都说明由关系建立的网络已经不发挥作用了。过去的乡土社会的网络作用可以在一些民间谚语中看出，也就是“跑得了和尚跑不了庙”，这句话是什么意思呢？就是我对你很了解，就算你个人消失了，你的社会关系还在。

由血缘和地缘建立起来的网络状的社会不同于组织化的社会。网络化的社会往往是人口不流动造成的；而组织化的社会往往是人口流动造成的。所以前者往往出现在农耕文化中，后者出现在工业社会中。中国社会的网络化还需要注意一个现象，就是地方方言与口音的问题。如果地方网络很重要，那么你一张嘴说话，我就会判断你是什么地方的人。如果发现你讲的是家乡话，那么彼此血缘和地缘的网络的线索就出来了。这一点在传统中国社会是非常重要的，它可以迅速拉近人与人的关系，也能获得信任感，但是今天没有人谈这个问题了。因为普通话普及后，本身就意味着社会流动性的增加，人们摆脱地方网络的机会大大增加。所以我的判断，有的地区出来的人保留着乡音，乡音越难模仿、越难学习，他的地方网络也就越牢固，进而其信任关系也越容易建立。

七、名声的社会功能

现在我们进一步去思考一个人在其地方网络中失信究竟会怎么样。这里引发的一个重要问题就是名声。今天对于信任和如何防范欺诈行为，我们更多的可能是拿起法律的武器，或者避免同陌生人说话。但是传统社会很难为一种失信行为去打官司。我们这里看到的一种人特别在意的事情就是他们都很顾及自己的名声。名声也是信誉、名誉、声誉，如果一个人的名声受损那就意味着这个人在网络中没有了生存的可能性，会被其网络所抛弃。所以一个人在网络中老老实实地守规矩、说真话、如实做生意，在于他要爱惜他的名声，而不是说他怕法律来惩罚他。但是现在社会发生了一些变化，我们今天的社会由于人口的流动，我们已经脱离了自己的网络，那么我们就会不在乎名声，或躲避名声的处罚。今日中国社会出现一个大家都听过的概念叫“杀熟”，其实在网络关系社会里面，熟人是最不能“杀”的，你“杀”了熟人，你的名声就没有了。那为什么会有“杀熟”呢？它说明了社会流动发生之后，你“杀”熟人时，熟人把你当作可信任的人，但你把他当成一个可欺骗的人，然后把他“杀”了，骗到了他的钱财，然后就消失了，不再回到这个网络中来。此时，就算你在这个网络中名声非常坏，已经不被任何人相信，但是你不会再回到这个网络中去了，可见，社会的流动性已经让名声不重要了。

所以我的结论是，如果一个人不打算离开他生活的网络，那么他就会重视他的名声，如果一个人想离开他的网络，那他就会不重视他的名声。所谓名声的约束力就是一个网络中的约束力，只对认识你的人起约束作用，对不认识你的人不起约束作用。但一个必须引起注意的地方是，每一个行业或者你在某个地方开公司，名声依然很重要，现在社会上出现一些借钱不还的老赖，对方把他们告上法庭也拿不回钱来，但如果在一些公共场所公布失信人名单，他们就会还钱，因为他们这时还处在他们的行业网络中，他们还要继续他们的生意。

八、信任不单是道德问题

所以这里我提出我个人的一个观点：信任不一定要回到个体中去说此人道德如何。今天当社会发生信任危机时，很多人都说成是道德滑坡，似乎过去的人比今天讲道德。有些道德方面的问题其实是我刚才说的关系的约束力，也就是处于关系网络中的人们必须爱惜自己的名声，不能被人戳脊梁骨。如果一个人真的有道德，他是不会考虑自己处于什么网络中的，他作为个体的自我约束会在任何时候讲道德，但更加广泛的普通人群没有这样的觉悟。所以不要把很多复杂的社会问题都简单地归结为道德问题，应该学会用关系来思考人与人之间的相互制约性是如何发生的。

九、信任的本质及其功能

有了上述观点之后，我们下面可以进行一些简单的总结。我认为信任本身在社会运行当中发挥的作用是降低社会运行的成本。如果把城市里面的所有摄像头都拿掉，看监控的人都撤掉，处罚措施也很少用，这个城市依然运转良好，那么这个社会的运行中就有了高质量的信任，社会运行的成本会大大地降低。反之，如果为了保证社会的正常运转，社会处罚机制层层加码，社会处处需要防范，而任何一个地方被忽略、任何一个地方监管不到位、任何一个地方摄像头没扫到，都会发生信任的问题，那么这个社会的运行成本实在是太高了。当然，再高的社会成本也是可以保障社会正常运行的，我不是说这样的社会运行不了，只是它运行成本过高而已。所以比较于传统社会的地方网络与现代社会的组织运行，我认为，信任内含着一种时空变化，中国传统的信任是在时间中发生的信任。什么叫时间中的信任？它的意思是说有一种信任是积攒的。我们的祖祖辈辈，我们从小到大都活在一个确定的可预期的社会中，成为彼此很了解的人。但今日中国人由时间性概念所建立的信任已经被转换成了空间的概念，也就是我们要在人口的移动中，在不熟悉的环境中建立信任。而任何一个社会组织都不可能以时间的方式考察你的信任，此时空间中的信任关系只能依赖于制度的约束。这是中国社会遇到的一个需要解决的问题。

十、信任的文化比较

于是，为了让大家理解我今天所讲的，我做了一个模型（图3），把我今天所讲的内容基本概括在其中了。首先我们看这个大的虚线框，这个虚线框是指我们在更大的范围内会活在一个不确定、有风险的环境中，我们需要在这个不确定当中寻找确定性。这时，会有两种文化取向来引导我们建立信任机制，这两种信任都有一个从无约束到有约束逐渐增强的过程。当然，文化的多元性并不只有这两种。我们目前的研究只比较这两种文化：一种是个人取向的文化，该文化中的信任更多地考虑修养、人格、信仰，以及在社会上所建立的制度化信任，比如说征信制度、处罚制度以及由制度化所带来的信誉担保和法律制裁，这些足以让社会走向人与人之间的信任。

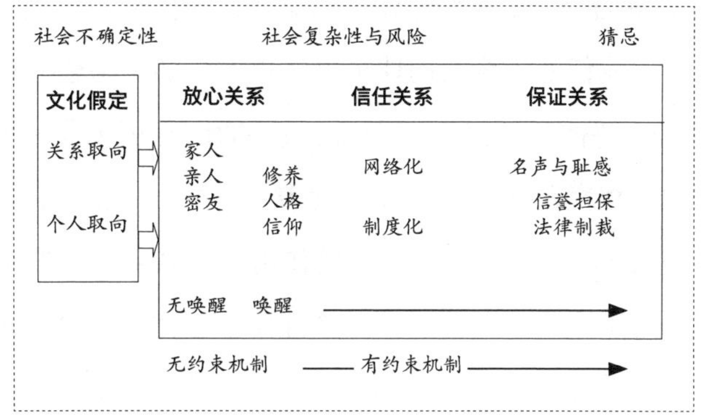

图 3　信任关系及其文化模式图

但是我们今天讲的重点不在这里。我们的重点是有一种靠关系来运行的社会文化，人们需要在家人、亲人和密友建立放心关系，其中不用担心信任问题。而一旦把它放大到范围更大的关系网络当中后，那就出现了信任关系上的诉求。这一诉求之所以能够得到保证，靠的不是法律和制度约束，而是一个人所看重的名声和耻感。所以有的时候是靠关系取向建立信任，有的时候是靠个人取向建立信任。如今，中国社会从传统走向现代，那么中国社会信任会如何变迁呢？我们可以从图4中看到这样的变化：

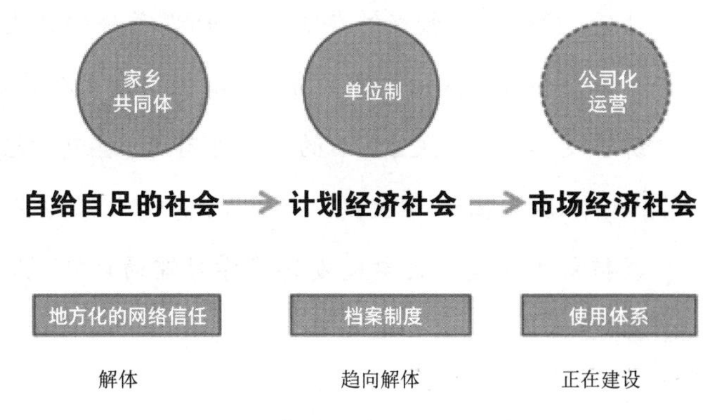

图 4　中国社会信用的演变

从社会变迁角度来看，我们经历了由家乡共同体到单位制，再到公司化运营这样的社会。我们的家乡共同体可以靠地方化的网络建立信任，但是现在家乡共同体已经解体了。我们进入计划经济的社会，就要靠单位制、档案来建立对人的信任。档案制随着“下海”，随着许多的国营企业转民营企业，或者是有一些企业本身经营不善，档案制的作用也越来越低，进而导致现在社会正在呼吁建立信用体系，但是这是一个非常个体化的制度。我们中国社会还不太具备条件。所以，如何从关系化的社会走向个体化的社会，建立一个完善的信用体系，我觉得我们还有很长的路要走。

我今天的讲解就到这里，谢谢大家。

【主持人】高诗琪：

感谢翟教授的讲解，也感谢听众朋友们在我们评论区热情的互动。信任既是一种普遍的社会事实，又有鲜明的文化特征。不同的文化会因为自身的环境与社会构成的差异而发生对人性关系以及人群的不同假设，进而产生不同的信任内涵与外延。感谢翟教授能够在信任的功能、信任的含义、文化比较等方面向我们做出精彩的分享，我相信大家在听完翟教授的讲解之后对人际关系背后的逻辑也有了一些新的思考。

本次直播课程就到此结束了，感谢大家的收看。欢迎大家持续关注南京大学校友终身学习辅助计划。朋友们，下期再见！

（文稿整理：马赞赞）

外国文学研究的中国视角

诚計劃

【诚计划】第74期

直播时间

2023年10月31日（周二）　19:30—21:00

直播地点

南京大学鼓楼校区21舍终身教育学院演播室

主讲老师：杨金才

南京大学教授、博士生导师，《当代外国文学》主编，入选教育部国家级重大人才计划特聘教授，享受国务院政府特殊津贴，国务院学位委员会外国语言文学学科评议组成员，兼任中国外国文学学会副会长、全国美国文学研究会会长、中美比较文化研究会副会长等。主要从事当代西方文论、英美文学、比较文学和英语国家社会与文化等方面的教学与研究。

主 持 人：潘若愚

南京大学终身教育学院主持人

【主持人】潘若愚：

南京大学校友终身学习辅助计划“诚计划”第74期，今晚继续播出。我是本期主持人潘若愚，来自南京大学终身教育学院。

本期课程邀请到的是南京大学教授、博士生导师杨金才教授。杨教授是教育部国家级人才项目特聘教授、国家社科基金重大项目首席专家，从事当代西方文论、英美文学、比较文学和英语国家社会与文化等方面的教学与研究，曾获教育部高校人文社会科学研究优秀成果奖二等奖、江苏省哲学社会科学优秀成果奖一等奖。今天我们邀请到杨教授为我们分享“外国文学研究中的中国视角”，也欢迎直播间的各位校友、老师、同学在评论区留言提问，与杨教授进行互动交流。

【主讲老师】杨金才：

各位校友、老师们、同学们，大家晚上好！很荣幸能有机会和大家分享自己的学习体会。首先要感谢闵院长的盛情邀请，还要感谢今天晚上潘老师的介绍和主持。今天我和大家分享的议题是：外国文学研究的中国视角。

长期以来，我们学外、译外、向外、跟外，外国文学研究也是如此。尽管取得了不菲的成果，但从学术价值取向看，仍存在对外国理论和研究范式亦步亦趋的现象，甚至陷入外来思想和模式的牢笼，难免出现沿用照搬和强制性阐释，更遑论中国语境的在场感。基于这样的现实思考，我想跟大家谈一谈我对当前外国文学研究的一点体会。我的报告分四个方面："大变局"思想与中国语境；新世纪外国文学的研究聚焦点；"大变局"的启示与中国新时代；最后谈一点研究的策略和面向，请大家批评指正。

一、"大变局"思想与中国语境

当今世界正发生深刻而复杂的变化。2017年，习近平总书记首次提出了"百年未有之大变局"这一论断，明确指出："放眼世界，我们面对的是百年未有之大变局。"新世纪以来，一大批新兴市场国家和发展中国家快速发展，世界多极化加速发展，国际格局日趋均衡，国际潮流大势不可逆转。之后，习近平总书记在多个场合一再提到了"大变局"。党的二十大报告明确指出，"当前，世界之变、时代之变、历史之变正以前所未有的方式展开，人类社会面临前所未有的挑战"。"大变局"下，大国关系发生了一系列重要的变化，成为"大变局"中的重要变量，因此，大国的实力及其影响力需要关注。大国关系是整个国际关系的核心和关键，基本上决定着国际关系和国际局势的发展走向。研究"大变局"下大国关系的变化及其发展趋势、把握大国关系的新特点，对于正确认识新形势下的国际关系和国际局势、推动构建新型大国关系和人类命运共同体，具有十分重要的意义。习近平总书记关于大变局做出的历史性、时代性和战略性的重要判断，体现了人类关怀思想，对我们当下学习和借鉴外来文学文化指明了方向。基于"大变局"语境来思考外国文学研究，视角就会不同，于是在积极应对各国的国情的同时，历史主动、文化自信、中国式现代化、中国视角等等，都可成为新时代开展外国文学研究的关键词。

中国的现实语境需要我们去关注中国式现代化和马克思主义中国化时代化新境界。党的二十大报告明确指出，“增强中华文明传播力影响力。坚守中华文化立场，提炼展示中华文明的精神标识和文化精髓，加快构建中国话语和中国叙事体系，讲好中国故事、传播好中国声音，展现可信、可爱、可敬的中国形象。加强国际传播能力建设，全面提升国际传播效能，形成同我国综合国力和国际地位相匹配的国际话语权，深化文明交流互鉴，推动中华文化更好走向世界。”这无疑为加快构建中国特色哲学社会科学学科体系、学术体系、话语体系提供了指引。中国外国文学研究具有丰富的学术资源，在推动世界文学研究和各国文学传播与经典化方面做出了不凡的贡献。这也是中国自主知识体系的重要组成部分，应该得到高度重视。

二、新世纪外国文学研究的聚焦点

接下来我主要以美国文学研究为例分享一些看法。新世纪美国文学研究的视点可以是多维的。只有通过多角度研究才能把握其思想内涵与主题意蕴。审视作家对恐怖袭击的回应，考察人文关怀问题；探寻战争书写的意涵；关注作家笔下普通人生活；论述移民书写……这些都是我们在关注新世纪美国文学的时候需要讨论的话题。下面我就这些话题，再简要地跟大家做一些交流。

第一，审视作家对恐怖袭击的回应，从本土性和全球性两方面认识新世纪美国文学的人文关怀内涵。在这一方面，研究主要论述美国作家因人而异的反应。总体认为，不同作家在表达文本意义的时候，所采取的文化立场也不尽相同。他们描摹普通人的灾难体验，勾勒出“9·11”事件后蔓延整个西方世界的焦虑和恐怖心理，建构了21世纪初某种全球性的普遍的困惑与茫然。

研究侧重观察这些作家是如何融见证创伤、创伤记忆与叙事，以及文学虚构创伤等于一体，在后现代语境下思考创伤、书写创伤、诠释创伤并超越创伤，使之演绎成新的历史叙事和创伤书写，并从人性角度探索创伤救赎和人文关怀等问题。除了关心这些作家作品背后的文本寓意，我们还要去思考美国的国家政治利益是如何渗透在文本当中的。我们可以进一步思考，在这些反恐题材的文学作品背后，是否着眼于解决恐怖主义滋生根源问题呢？作家与国家意识形态的关系又是怎样的？作家的文化立场与价值观如何？这一切都需要我们在审视具体文本时高度地重视，进而来体现我们对美国文学研究的价值判断。

第二，探寻战争书写，考察作家关注政治、人类命运和向往和平的文本内涵。表面上看，这些作品都在不同程度上来重述战争，审视战争给人类带来的灾难。但如果仅仅从这样一个角度去看，其实我们并没有真正地把握新世纪美国作家对战争题材的书写。我们应该看到，这些战争题材的背后，还涉及很多美国独特价值观的问题。在这里，我们看到了历史和现实的一种交汇。当代美国作家无论写二战还是写越战，都体现出一种当代性，具有鲜明的危机意识，其中隐含了某种对政治、对人类命运的关注。但是作家的立场还是需要进一步认识与把握。譬如菲利普·罗斯的《愤怒》（2008）这部小说写朝鲜战争，他只是把主人公因为战争而遭受摧残的经历展示出来，但是对于美国发动朝鲜战争的事实并没有做深入的思考，更没有体现出他对美国帝国主义侵略战争的认识。因此，其实美国作家笔下的这种战争题材，都有一定的历史局限性，需要我们去审慎地加以观照。

第三，关注作家笔下的普通生活及其人伦道德表现。我们一般认为，世界性的危机不断，恐怖主义、环境恶化和自然灾害、经济危机等以及各种社会问题让人体会到世事难料和生存危机，认识到生命的脆弱，这是文本的意蕴。

还包括普通人的日常生活和弱势群体，其中对家庭、婚姻、老人、儿童的描写特别明显，普通人的生老病死、老年人的生活状态和心理特征以及亲情友情，这样一些道德人伦的问题，在作品中都得以体现。我们看到，美国作家大都不同程度地探讨逆境中人生的质地，思考人性的命题。就其价值取向而言，这些具有比较鲜明的主题内涵的文学作品，其实背后还有很多关于价值取向的问题，依然需要我们在具体解读的时候给予密切的关注。

第四，21世纪美国小说的移民书写已受到不少中国学者的关注。我们知道，全球化开启了世界文化交流、交融以及文明互鉴的新时代，移民成了美国国际政治的焦点。然而，逆全球化带来的各种冲击使得移民问题更加复杂化。移民后引发的国籍变化、文化错位和离散焦虑是当代移民面对的主要困境。美国小说的移民书写再度成为文学创作的热点。作家们总是以创伤、记忆、离散、文化失根和错位等主题书写方式试图突围，探寻走出移民身份的困局（主要体现在族裔文学研究）。其中“离散”（diaspora）研究值得审视。因为我们看到，移民写作总是以“离散”这样一个概念去书写不同个人的经历，但是我们是否应该思考一下：究竟是谁拥有如此强大的言述能力？当代美国移民文学叙事的可靠性与责任性究竟怎样？在记忆性叙事或类似的书写中，人类是怎样传达或传播记忆？是否存在某种消费记忆、制造暴力的可能性？移民文学的离散书写具有鲜明的主观建构性特征，所以我们看到很多学者在研究美国犹太裔文学的时候，都喜欢从作品当中去看移民的代际经历，总认为第三代美国犹太移民终于挣脱了犹太身份的框定，进入了世俗的生存空间，真正被美国同化。那么我们可以问一下，这些第三代移民难道不是美国人吗？所谓“犹太人”都要面对“是否被美国同化”的问题，其实还是值得我们进一步思考的。非裔美国文学也同样如此，关于离散这个命题，其具有的文化内涵或是某种地缘政治的局限性等背后因素，需要我们在考察具体作家和阅读具体文学作品时都给予必要的认识。

三、"大变局"的启示与中国新时代

我们看到，今天的世界格局中，多极化新态势非常明显，多极中的主要力量对比也出现了明显的改变。美国在"9·11"事件之后的角色以及对华政策也发生了变化。在这样一个特定的历史条件下，中国在国际政治经济格局中的地位也得以显现。现有国际规则不断地受到了冲击，多边机制也面临着严峻的挑战，我们看到，全球治理主体还是多元化、保守主义、单边主义、民粹主义和逆全球化交互存在。面对这样一个"大变局"时代，我们在观照外国文学文化的时候，应该嵌入中国语境的在场感，凸显中国式现代化。

四、新世纪外国文学研究的策略和面向

基于以上考量，我们认为新世纪外国文学，都是时代的产物，在一定程度上也"应和""大变局"时代，其文学的主题内涵、变迁与时代化阐释紧密地结合在一起。基于这样的考虑，我们对外国文学研究所采取的研究策略和面向应该有所不同。

比如说我们在关注美国"9·11"文学的时候，可以看到，反恐战争对后"9·11"文学影响很大，这里面有不同的作品，都需要我们去仔细地阅读、分析，审视这些不同的战争题材的灾难性书写。譬如，乔纳森·福厄就是值得关注的作家之一。他著有《特别响，非常近》，这部小说用文字、图片、录音等多种媒介，将几代人近百种创伤的体验融入作品，打破了人物的年龄、性别、种族、国籍等界限，以"9·11"事件为背景，将两次世界大战与"9·11"恐怖袭击交织在一起，刻画出一个受害者群体。又如厄普代克的《恐怖分子》，主要是一个写人肉炸弹的故事，在于揭示宗教信仰问题，在一定程度上反映了当代

美国社会的信仰危机、文明冲突和伦理的困惑。小说充满刻板化的社会观照与再现，也需要我们反思和审视，进而深入认识厄普代克文学创作的意识形态性，或者说他的文化价值观；再如德里罗《坠落的人》，该小说通过惨烈的细节描写揭示人间的温情。一个老人在袭击事件爆发时，接到了17年未曾联系的前妻的电话，表达了某种回归家庭和亲情的观念。另一部小说也特别值得回味，那就是奥尼尔的《地之国》，涉及美国入侵伊拉克事件，思考伊拉克的人权是否受到侵害，用文化的视野反思和再现历史。

所以，这样一些具有丰富文本内涵的作品，需要我们从特定的历史语境给予解读。接下来，我想就新世纪的外国文学研究谈几点研究的策略和面向。

第一点，立足中国，面向世界，为中国学术发声。在现有研究基础上进一步挖掘主题，开拓研究美国文学如何回应风云变幻的国际政治，在一定程度上书写美国国际关系史，寻找有关全球治理体系变革与升级的表现主题，尤其涉及国际非政府组织（INGO）等。菲利普·罗斯、托马斯·品钦、弗兰岑、威廉·沃尔曼、戴尼斯·约翰逊、戴夫·艾格斯等都是值得我们开掘的作家。以中国语境、视野、立场、观点为棱镜，了解、熟悉国际学术前沿，寻找美国学术的盲点，让美国同行换一种视角去看待自己的文学与文化。在这个方面，我们有很多的例子可以分享，比如我们如何去审视美国作家笔下的战争题材、移民经历，或者说他们在特定的历史条件下对美国及其社会所做的文学书写。

第二点，我们立足"大变局"的历史方位，关注中国书写及其文化表征。习近平总书记明确强调，把握国际形势要树立正确的历史观、大局观、角色观。我们要端起历史望远镜冷静观察，善于从中长期把脉人类历史发展大势，善于发现世界演进规律，善于从林林总总的表象中把握整体、全局和本质，也需要把中国自身发展置于国际体系变迁大势之中，善于认识中国的历史方位和世界作用。

由此审视新世纪美国文学，我们可以关注新世纪美国文学中的中国书写及其文化表征，从中可以蠡测美国民众对当今中国的认识、理解与误解。借此我们又可深入了解美国文化心态。对新世纪美国文学研究不仅仅是单一的外国文学学术研究，同样能够为国家制定对外交流国策提供有益的咨询参考，也有助于提升和深化我们对美国的理解。不仅华裔作家群需要重新认识，而且很多非华裔作家也可进一步加以管窥，像彼得·海斯勒（Peter Hessler）等一批作家关于当代中国的观感游记文学作品很值得研究。

这里顺便再跟大家聊一聊。其实在20世纪八九十年代，很多外国专家曾到中国大学来任教，现在他们都已经步入晚年。他们都很珍惜这一段难得的经历，所以都在书写他们当时在中国的一些经历。这样一些作品大都是非虚构的，主要是以他们经历或者回忆为主，充分体现了他们对中国的认知，所以我们从中可以看到他们如何表达对中国的认识。这不仅仅是美国的，还有其他国家的相关作品，都可以拿来研究。他们用自己的语言来表达对中国的认识，其中很多内容都还是值得我们借鉴的。从语言学习的角度上讲，很多作品也可以作为我们外语专业教材编写内容，通过对这些作品的阅读进行翻译实践。这种活生生的语言素材，在字典里面，或者说在我们现有的学习资料当中，还不一定能找到。不得不说，这是一笔丰厚的语言学习资源。

第三点，我们要思考如何去突破外国理论的重围，以我为主，立足文本细读，由外向内，彰显外国文学研究的异文化观照。所谓由外向内，主要是针对我们以往亦步亦趋的研究，即沿着国外的某一个理论概念来进行文本的阐释，往往缺少一种我们自己的价值取向。或者说，我们在这样一种价值取向下去思考，还做得不是特别的明显。所以，我们需要更多地从一个外视角突破外国理论的束缚，介入我们自己的一种观照，这样可以有助于建立外国文学研究的异文化观照。在这一方面，我们可以从“社群”，或者说“共同体”这个概念去思考，因为现在很多研究者喜欢用“共同体”来讨论文学的问题。应该看到，社群这个所谓的共同体，是文学书写的常态化，它从“community”到“imagined community”，再到“人类命运共同体”，其实是一个巨大的思想飞跃，彼此的联系需要有复杂、深入的学理逻辑来构架，它不是一个简单的概念。所以“人类命运共同体”概念或论断实际上是一个思想体系，不仅具有丰富、深刻的政治、文化和价值内涵，而且闪烁着鲜明的大历史和人类关怀思想，在一定程度上呼应当今世界“百年未有之大变局”论断。在这一方面，我们要对西方共同体的理论有充分的考量。共同体源于社群，是一切文字书写的常态，但又是变化中的常数，但从“community”到“imagined community”，再到“community with a shared future”，这样一个飞跃，需要我们去认真地思考和把握。因为当今世界，多极化是常态本来面目，人类命运共同体演绎丰富的政治内涵，与西方价值观形成对比，体现中国价值，其立足世界文化多样性文明互鉴，尊重每个国家国策，发展道路与执政模式、人权标准，谋求和平发展，在国际社会展现天下精神，这是中华文化胸怀天下的特点。所以在解读文学作品时，不能简单将它与国外文学作品中的共同体概念画等号，而应该有我们中国的思想意识和人类关怀思想的阐发。

在这样的话语背景下，去讨论新世纪外国文学，我们更应该关注其中的跨文化、跨国界、跨族群和跨国移民的书写，同时还要关注国别文学的社会现实在场感，不能把我们的研究变成国外学术话语的“传声筒”，更不能是外国自由民主思想价值观念的“传递员”或者“播报员”。我们应该深入了解各国的社会历史，尊重历史事实，进一步透视表象文化背后更加真切的一个个国度，包括美国。我一直认为，我们不能简单地说外国文学作品中的“人类命运共同体”，而是应该立足“人类命运共同体思想”去透视外国文学作品，分析和研究外国共同体理论当中的很多缺失问题，进而彰显中国价值和中国思想。我们还可以通过中外价值观比较，有机融入中国元素，梳理和传导中外不同的价值取向。立足世界文化多样性、文明互鉴，尊重每个国家的国策、发展道路、执政模式、法制人权标准，争取和平共处等都是“人类命运共同体”思想的内核。据此，世界不是一个“平”的世界，多极化和中西文化价值观之间应形成对比、互鉴。试想：如果某些国家试图称霸，操控世界、制造各种冲突、摩擦，引发或造成了局部战争，就必然给当地人民乃至全人类带来灾难。战争导致灾难的人祸如何避免？新世纪外国文学中的各类创伤书写究竟怎么看？这些都是值得思考的课题。我们不能迷失在国外“后记忆”概念的释读里。

我给大家举一个例子：有一位越南裔美国作家叫阮清越，他写的一部作品在中国也很有影响，名为《同情者》。但是在这部作品当中，他是以一个美国人的视角来表达他自己的离散经历以及关于越南战争的表述。在翻译的时候，或者说在研究的时候，我们应该非常审慎地看待其价值观。比如他在作品当中提到“西贡落入了北方共产党人之手”字样。那么我们在翻译和研究的时候，不能简单地把这样的文字搬进译文或者论文，而是应该有我们的立场。越南战争是美国主导的侵略战争，我想这一点是我们应该有的一种价值判断，所以应该说是“越南人民军”，或者说“越南共产党领导的人民军”解放了西贡。这是我们在进行中外文学阅读的时候经常看到的文学现象，也就是我们通常讲的要立足中国、要有价值取向，进而对国外文学作品能够做出必要的价值判断。这方面的例子还有很多，包括关于二战、南京大屠杀等题材的一些文学作品，我们都需要深入思考，切不可误入历史虚无主义。

新世纪外国文学研究可以从“大变局”这个角度继续深入下去，是否应该突破现有的“传声筒”现象，去发出如何演绎中国价值和思想内涵的学术声音？研究记忆、创伤，特别是犹太裔文学研究，看看能否为研究南京大屠杀题材的文学提供更多启示，审视南京大屠杀题材作家如何突破西方文化霸权为中华民族发声，如何进一步提升世界对列强蹂躏中国的认知。我想，这些都是需要我们在研究外国文学的时候去努力开掘的新命题。只有这样，我们才能更好地推动文明互鉴和中国学术走出去。

在“大变局”语境下，立足中国现实，我们可以通过对外国文学作品进行整体剖析，细致解读，实现对文学本体及其意涵的深刻把握，批判借鉴外来批评观念，让外国文论的批评概念在中国社会变革中接受检视，在新时代精神文化的建构与传扬中进行有效的中国化阐释，不断推动构建外国文学研究的中国视角。

今天和大家的分享就到这里，再次谢谢大家！

【主持人】潘若愚：

非常感谢杨教授的精彩分享！评论区有很多的校友已经留言了，我们也想请教一下杨教授。第一个问题是这样的：关于如何用外语讲好中国故事，您有什么好的建议？如何在讲故事的过程中，体现出可信、可爱、可敬的中国形象？

【主讲老师】杨金才：

好的，谢谢。讲好中国故事，首先是一个文化立场的问题。讲好中国故事是一项长期的系统工程，需要社会营造良好的氛围，从娃娃抓起，从校园做起。用外语讲好中国故事，承载着宣讲中国的使命，具体包括两个维度：既要向世界说好中国的事，又要站在中国的立场讲好世界的事。培养学生用外语讲好中国故事的能力，是当下外语课程教学目标之一，需要把学生培养成中华优秀文化的传播者和践行者，澄清事实，揭露国外的一些流言，向世界展示更加真实的中国。因此我们需要提升学生用外语讲好中国故事的能力，这是新时代外语教学的重要使命。

新时代外语专业也要以培养和提升国际传播能力为重点，开展外语教学，让外语学科紧跟国际形势的发展，有效服务国家发展，更好地向世界展示中国式现代化。从外语专业人才培养的角度看，学生应该具备国际传播能力，掌握外语这一人生斗争的武器，有助于扭转中国在国际舆论场的被动局面，有效反击西方媒体抹黑中国的谎言、偏见和敌意。我想这需要我们不仅在论文的写作当中学会如何去表达中国，平时更应该坚定文化自信，不能崇洋媚外，应立足世界文化多样性、文明互鉴的立场，采取比较的视野。中国文化的补养，在这一方面显得尤为重要。可见，平时我们需要加大这方面的训练，应该更多地参与外事的接待、做汉语国际教育的志愿者、进入国际组织实习、做一带一路建设项目的志愿者等等，我想这一切都有助于我们讲好中国故事。

【主持人】潘若愚：

谢谢杨教授！杨教授为我们将来的外语教学阐述了新的思路，我们将来的科研工作重点也有了新的方法。那么网友提出的第二个问题是：我们如何利用我们研究外国文学的这些经验和成果，去推动中国文学和理论走出去呢？

【主讲老师】杨金才：

好的，谢谢。我想研究外国文学，可以了解国外的文学流派思潮和理论概念，这对于本国文学的发展会产生必要的影响。其中，中外文学关系互动环节特别需要关注，找到典型的案例，通过中外比较，去发现中华母体文化的独特性，并在反思现有外来理论概念的基础上，归纳和总结我们自己的努力，实现传承与创新。中国外国文学研究学术走出去，需要有自觉的意识，也需要我们进行深入的思考，逐渐建构和持之以恒地推进。具体来说，我想我们可以从这样几个方面着手：第一，倡导外国文学研究的中国方法、中国范式，助力话语体系建构；第二，立足比较的视野开展外国文学研究；第三，我们持续推进中国文学文论的翻译、传播和影响研究。外国文学研究中的中国观照和比较视野，是中国外国文学学术走出去的重要维度。谢谢。

【主持人】潘若愚：

好，谢谢您。第三个问题，可能是我们南京大学的一位同学提问的，他说：杨教授，我们如何才能更好地结合中国本土的文学作品和思想，去构建出中国自己的学术体系和话语体系呢？

【主讲老师】杨金才：

谢谢这位同学，这个问题很好。我觉得，我们首先要倡导外国文学研究的中国方法、中国范式，助力话语体系的建构。研究外国文学，应该了解和熟悉母体文学和批评理论的发展。一些西方理论概念在翻译进来的时候，由于译者可能缺乏对中国自身文学文化的了解，而变成了某种异论。其实中国文化自身早就存在同样的理论，只是表达的字眼不同。比如，《文心雕龙》《文赋》《沧浪诗话》中的批评字眼，以及中国文艺批评史的概念和大象无形、传神写照等中国美学命题，我想都可以作为中外比较的课题。再如当代中国小说的革新，本身就是丰富多彩，展示了鲜活的变数。在一定程度上，中国小说的变革远远超过了国外的一些文学作品。这些都需要我们去学习、去体会，然后形成我们自己表达的声音，进而产出我们的研究成果。我想这样一些学术的鉴定，一定能够有助于我们构建自己的话语体系，供你参考。

【主持人】潘若愚：

谢谢杨老师。我们看到一个应该是外院同学提的问题，他说：杨教授，翻译的时候，如何把握好中性翻译和中国价值观视角下的翻译之间的尺度？

【主讲老师】杨金才：

我想在翻译的时候，我们首先应该有一个自己的立场，比如说中国的社会制度、意识形态和文化等，都应该作为我们考量一切外来文学文化思想时应把握的基本尺度。然后，我们再去看待如何表达在翻译过程中接受的这些外来的思想、概念和文化等特性。比如，在西方的一些传记作家笔下，在描写一些伟人，包括中国伟人的时候，他们可能用某种揶揄的方式，或者站在他们的历史文化角度来写。但在翻译的时候，我们一定要尊重我们自己的表述方式，而不能直接将之译出。我想我们在翻译当中也要有价值取向，我们一定要对我们自己的国策、社会、文化有充分的认识，只有这样，才能在翻译过程当中很好地把握、处理一些问题，供你参考。

【主持人】潘若愚：

好的，谢谢杨老师。评论区有一位校友问了这样一个问题，他说：杨教授，能否谈一下在中国式现代化语境下外国文学研究的新趋势？

【主讲老师】杨金才：

外国文学研究目前还是很有活力的，呈现蓬勃发展之势，尤其是近年来，涌现出一大批优秀的青年学者，已经成为外国文学研究的主力军。此外，研究生队伍也在逐渐地茁壮成长，成为本领域的新锐。值得肯定的是，他们的学术敏感度非常强，关注国际学术前沿。目前，我们与国外研究基本上是同步的，文学中的身份、性别、记忆、创伤和移民、离散等文学命题依然是研究的主要方向。除此之外，文学、地理学和有关后人类叙事，特别是人类世语境下的生态、气候和非人类叙事，已经成为21世纪以来外国生态文学研究的热点。这些都需要我们立足比较的视野。我觉得只要我们能够坚持世界文化多样性和文明互鉴，深刻地了解中国式现代化的语境，那么我们对于外来的东西不会轻易盲从，而是在一个比较的视野下把握好我们的尺度，知道什么东西我们可以借鉴，什么东西我们可以扬弃。这么做丝毫不代表我们有狭隘的心态，我们始终以开放的心态去了解一切外来思想文化，只是在借鉴过程当中秉持我们自己的视角和价值判断罢了。

现在，一部分学者特别关注作家的创作动态，比如热衷于文学奖和获奖作家作品研究等。文学研究中的现实主义观照，其实既是传统的学术命题，又是能够演绎新生观点和思想的课题，而且还能持续地绽放异彩。所以我认为，这些不同的研究课题都值得我们去开掘。这些研究在中国文化和中国学术走出去方面已经开展了一些探索，也取得了一定成效，他们积累的经验和未来的方向意识也是值得我们关注的。我们需要不断地矫正和完善我们的视角和研究者角色，最主要的是，我们不能亦步亦趋，而应该立足世界文化多样性和文明互鉴，运用比较的视野去开拓创新，努力发出中国学者的声音。谢谢你的问题。

【主持人】潘若愚：

谢谢杨老师。下一个问题，一看就是我们的本科生在提问，他说：本科生在阅读外国文学作品的过程中，如何锻炼批判性的思维能力，如何辩证地来看待这个世界？

【主讲老师】杨金才：

好的，谢谢你的提问。外国文学其实一直是本科生，特别是外语专业学生重要的学习资源，也是提高自我文化素养和培养对象国语言表达能力的“老师”。由于外国作家的思想意识和价值观念和我们不同，其文化立场也因人而异，这就需要我们有一个辨别的过程，在品鉴中吸收知识营养，同时加强母体文化的熏陶。如果没有我们自己的母体文化做支撑的话，我们是不能够也无法来进行中外比较的。所以在学习外国文学的同时，我们还是需要了解我们自己的民族文学文化，用习近平新时代中国特色社会主义思想武装头脑，坚定文化自信，充分领会中国式现代化的发展历史及其内涵。一方面，睁眼看世界，打开国际视野；另一方面，努力培养自己中外比较的能力。我想只要有这个意识，一定能够不断提升我们的批判性思维能力，也更有助于我们辩证地看待世界，进而更加有能力去讲好中国故事，并以中国的视角和立场去讲好世界故事。

【主持人】潘若愚：

谢谢杨教授。我们下一位同学说：杨老师，我是一名留学生，我们在跨国文化交流的过程中，因为生活方式和思维模式的不同，不同文化背景的人们对于同样的一部文学作品往往有着不同的理解，那么我们应该如何去看待这种差异呢？

【主讲老师】杨金才：

其实这个问题跟我们前面的这个问题很相似。我们在观照外国文学作品，或者是在跨文化过程中接触我们以外的文化时，首先应该立足自我，有一个自己的定位。我们处于一种什么样的文化背景当中，我们有什么样的文化观念、价值观念等。我接触过不少留学生。有的已经回到国内就职，我在看他们的论文时，发现他们的留学收获并不少，但在一定程度上背离了中国的价值观，甚至对自己祖国的国策、国家原则等出现某种认知的偏差，完全依附于学习所在国的思想文化和价值，甚至忘记自己还是一个中国人。我觉得这个现象需要引起我们重视。跨文化交流既是过程，其实也是能力的摇篮，我们需要不断地去努力耕耘和体验。我们讲中国视角，并不是封闭自我，而是强调中国学人的立场、观点和看待问题的角度与方法。外国文学理论中的很多概念其实是不适合中国国情的，在中国没有其生长的土壤和现实语境，比如说用离散的概念去讨论中国作家笔下的人口流动，我觉得就不妥。再如用布尔迪厄的习性概念去讨论中国社会现实生活现象，也不合适。基于以往学术批评的西方生命哲学的理论，也是需要进行价值评判的。因此，我认为我们应该坚持马克思主义的立场、观点和方法，能够辩证地去审视一切外来思想文化，包括外国文学作品等。我想我们只要有了这样一个意识，就一定能在跨文化交流的过程当中不断增强自己的交流能力，也一定能担负起中外文化交流的使命。谢谢。

【主持人】潘若愚：

谢谢杨老师，那我们再问最后一个问题：在推动文明互鉴和中国学术走出去的过程中，最大的障碍是什么呢？

【主讲老师】杨金才：

这个问题很有挑战性。就我个人而言，我觉得所谓的障碍实际上是多方面的。一个是语言障碍，我们在讲好中国故事，或者说我们要用外语去讲我们自己母体文化的时候，可能在这方面能力还不够。我觉得一方面是需要我们不断地去加强外语学习，并扎实形塑中国视角和立场。目前，学好外语还是国家迫切需要的。我们还不能够很好地用外语来传递我们自己的思想，这足以显示外语学习的重要性。另一方面，我们在外语翻译过程中也缺少对母体文化的了解和把握，实际上我们外语工作者对中国文化思想的熟悉程度还有待进一步加强。再则，意识形态不同，价值观念肯定不同。对西方的东西我们也应有个认识的过程，彼此的隔阂和矛盾需要通过不断交流来化解。推动中国学术走出去是一个需要持续努力的奋进过程，任重而道远。只要我们持之以恒地努力，相信我们在这方面一定会做得越来越好。谢谢。

【主持人】潘若愚：

非常感谢杨教授的精彩分享。推动外国文学研究走出去，传播中国声音、中国理论、中国思想，是讲好中国故事、实现中华民族伟大复兴的时代要求。我们要充分借鉴中国传统文化，发出中国学者的声音，努力构建具有中国特色的外国文学研究知识体系。再次感谢杨教授的精彩讲座和解答，也感谢我们线上参与的各位校友、老师、同学们。今天的直播课程到此结束，欢迎大家继续关注南京大学校友终身学习辅助计划“诚计划”，咱们下期再见！

（文稿整理：彭韵筑）